시대가 인물을 만드는가,
인물이 시대를 만드는가

인디스펜서블

INDISPENSABLE
: When Leaders Really Matter
by Gautam Mukunda

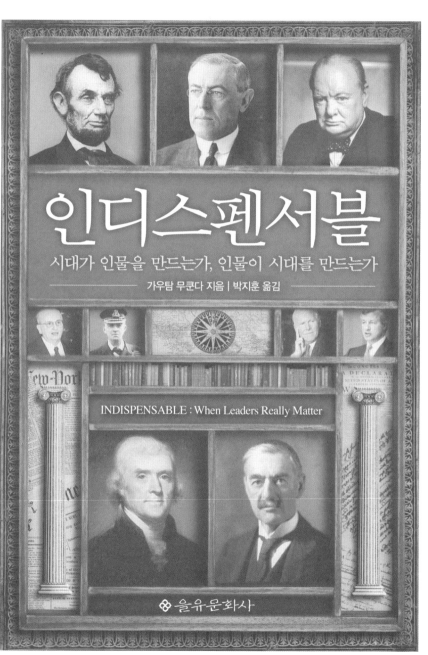

인디스펜서블

시대가 인물을 만드는가, 인물이 시대를 만드는가

가우탐 무쿤다 지음 | 박지훈 옮김

INDISPENSABLE : When Leaders Really Matter

을유문화사

인디스펜서블

발행일
초판 1쇄 발행 2014년 5월 25일

지은이 | 가우탐 무쿤다
옮긴이 | 박지훈
펴낸이 | 정무영
펴낸곳 | (주)을유문화사

창립일 | 1945년 12월 1일
주 소 | 서울시 종로구 우정국로 51-4
전 화 | 734-3515, 733-8153
팩 스 | 732-9154
홈페이지 | www.eulyoo.co.kr
ISBN 978-89-324-7234-8 03340

내 모든 것을 있게 해 준 부모님께 이 책을 바칩니다.

차례

"가장 빛나는 천사가 그 빛을 잃는다 해도 천사들은 여전히 빛나는 것이오.
온갖 추악한 것들이 미덕의 가면을 쓴다 해도,
미덕이 결코 다른 모습을 띨 수 없는 것처럼 말이오."
— 윌리엄 셰익스피어, 『맥베스』 4막 3장

"자갈밭에는 필요불가결한 인물이 널려 있다."
— 엘버트 허버드, 조르주 클레망소, 샤를 드골 등이 말한 것으로 종종 인용됨

서문

이 책의 바탕이 된 발상은 단순하고도 수사적인 질문에서 비롯되었다. 나의 멘토, 스티브 반 에브라 교수님이 어느 날 내 연구실에 홀연히 찾아와 다음과 같은 질문을 던진 적이 있다. "광기로 가득 찬 사람들이 국가를 다스리게 되는 이유가 뭐라고 생각하나?" 히틀러, 스탈린, 폴 포트, 사담 후세인 등이 이러한 인물에 해당한다. 그들은 아무에게도 지도자로 선택받지 못했으나 버젓이 국가를 통치했다.

놀랍게도 공식적인 정치학 자료들은 이 문제를 거의 언급하지 않았다. 대부분의 정치학 연구 사례는 지도자 개개인이 그다지 중요하지 않다고 명시적으로 주장하거나, 묵시적으로 가정한다. 좀 더 자세히 파고들면 다른 분야, 특히 경영 분야도 이와 같은 결론에 도달한다는 사실을 알 수 있다.

놀라운 것은, 이 문제를 다루는 사회 과학 전반이 거의 모든 대학생의 고전적인 화제를 더 정교하게 다듬은 내용에 불과하다는 사실이었다. 대학생이라면 누구나 기숙사 방에서 이 문제를 두고 갑론을박한 적이 있을 것이다. '시대가 인물을 만드는가, 인물이 시대를 만드는가?' 학계에서는 이 논쟁의 답을 지나치게 한쪽으로만 몰아갔다. 샤를 드골이 말했다고 잘못 알려진 유명한 인용구가 있다. "자갈밭에는 필요불가결한 인물이 널려 있다." 이는 곧 지도자들(특히 자만심이 강한 지도자들)이 알고 보면 그다지 중요한 존재가 아니라는 뜻이다. 지도자들은 충분히 스스로를 필요불가결한 존재라고 생각할 수 있다. 반드시 필요한 존재처럼 보이더라도, 모든 지도자들은 결국 다른 사람으로 교체될 수밖에 없다. 대부분의 지도자들은 자신을 어떻게 생각하건, 어떻게 생각하고 싶건, 결국에는 필요불가결하지 않은 존재일 뿐이다.

이 문제를 더 많이 생각할수록 '대부분'이라는 단어가 더욱 절실하게 느껴졌다. 나는 '모든' 지도자가 쉽게 다른 사람으로 대체될 수 있다고 생각하지 않았다. 최소한 일부 지도자들은 매우 중요한 존재라고 인정할 수 있다. 그들은 영향력을 행사하며, 좋은 방향으로건 나쁜 방향으로건 역사의 흐름을 바꿀 수 있다. 이러한 사람들은 그 자리에 설 수 있었던 대부분의 사람들과 정말로 다른 존재들이며, 비단 정치만이 아닌 모든 분야에 등장한다. 마틴 루터 킹이 중요한 지도자였다는 사실을 그 누가 부정할 수 있을까? 스티브 잡스나 빌 게이츠도 마찬가지다. 군사 지도자는 어떨까? 나폴레옹의 지휘 아래, 유럽을 휩쓸던 프랑스군은 평생 패배를 모르던 웰링턴 공작의 영국군에 패배했다. 만일 사건의 양상이 조금이라도 다르게 흘러갔다면 어땠을까? 예컨대 각 사건에 등장했던 지도자가 없었다면, 역사의 흐름이 완전히 바뀌었을까?

결국 나는 스티븐의 질문에 대한 답이 대체 역사에 관한 문제라는 사실을 깨달았다. 기숙사 방에서 토론하던 고전적인 화제 또한 마찬가지였다. 어떤 지도자가 권력을 얻지 못하고, 그 직책에 있을 법한 사람이 대신 자리를 차지했다면 결과가 어떻게 달라졌을까? 공상과학 소설가들은 늘 이러한 소설을 구상한다. 그러나 소설은 어디까지나 소설일 뿐이다. 아무리 그럴듯해 보여도, 소설은 해답을 주지 못한다. 나에게 필요했던 것은 딱 그 사람이, 딱 그 위치에서, 딱 맞는 시점에 등장해 역사를 바꾸어 놓았다는 사실을 확인할 체계적 방법론이었다.

지금 나는 해답을 찾았다고 확신한다. 나는 기숙사 토론에도 아쉬움 없이 참여했고, 대체 역사도 좋아한다. 그러나 이러한 차원을 넘어 진정으로 중요한 지도자를 인지하고 그들의 영향력을 가늠할 수 있는 방법을 찾는다면 역사를 더없이 잘 이해할 수 있을 것이다. 나는 이 방법론을 활용해 동시대의 지도자들을 마음 깊이 이해할 수 있었다. 우리는 이 방법론에 의지해 더 나은 지도자를 선택할 수도 있을 것이다.

스티븐의 기초적인 질문에서부터 사회 과학, 기숙사 토론, 대체 역사를 아우르는 모든 화두는 다음과 같은 질문을 달리 표현한 것에 불과하다. 한 개인이 역사를 바꿀 수 있는가? 한 개인이 정말로 필요불가결한 존재인가? 이 책은 이러한 질문에 대한 나의 해답이다.

제1장

영향력이 높은
지도자들

1860년 5월 중순, 시카고에서는 전미 공화당 전당 대회가 열렸다. 대의원들은 공화당의 대통령 후보를 선출하기 위해 이 대회에 참석했다. 당시 미국은 독립 전쟁 이후 가장 큰 위기를 겪고 있었고, 민주당은 전당 대회에서 후보를 선출하기 불가능할 정도로 심각한 분열에 시달리는 상황이었다. 따라서 공화당이 선택한 후보는 대통령 직을 예약한 것이나 다름없었고, 그 후보는 남부의 분리 독립이라는 엄청난 숙제와 마주 서야 했다. 이러한 위기의 시대에 공화당 대의원들은 당시 미국에서 가장 뛰어난 두 명의 정치인, 윌리엄 헨리 수어드William Henry Seward와 샐먼 P. 체이스Salmon P. Chase 중 한 명을 후보로 선택할 수 있었다. 그들은 미국의 상원 의원인 동시에 주요 주의 주지사를 맡고 있었다. 두 사람 모두 최고의 교육을 받았고, 공직 경험 또한 수십 년에 달했으며, 노예 제도 폐지에 앞장서 유명세를 떨쳤고, 최고의 권력과 명성을 누리고 있었다. 그러나 전당 대회에서는 일리노이 주 상원 의원에 출마했다가 낙선해 별 명성을 얻지 못한 단임 경력의 하원 의원이 선출되었다. 그 사람의 이름은 바로 에이브러햄 링컨Abraham Lincoln이었다.

당시 미국이 처한 위기의 심각성과 후보자들에 대해 알려진 바를 생각하면 수어드나 체이스 대신 링컨을 선택한다는 것은 몹시 경솔한 행위로 보였다. 국가적인 지명도를 갖춘, 재능이 많고 경험도 풍부한 두 명의 후보가 있는데, 왜 무명에 가까운 인물을 선택한 것일까? 그러나 이보다 더 어렵고, 더 중요한 질문은 따로 있다. 그들의 선택이 중대한 의미를 지녔다고 평가할 수 있을까? 무슨 말인즉, 수어드나 체이스가 대통령이 되었다고 할지라도 링컨만큼 대통령직을 훌륭히 수행할 수 있었을까? 정말 링컨은 필요불가결한indispensable 존재였는가?

조직이 성공하면 지도자가 명성을 얻고, 조직이 실패하면 지도자가 비난을 받는다. 꼭 그래야 하는 것일까? 질문을 바꿔 본다면, 지도자가 차지하는 비중은 정확히 어느 정도일까? 지도자 개인이 최종 결과에 정말 책임이 있을까? 혹은 결과가 좋건 나쁘건 우연히 당시에 지도자를 맡았던 것에 불과한 것일까? 우리가 제어할 수 없는 힘이 역사를 만드는 것일까? 그렇지 않다면 지도자들이 정말 역사를 바꾸는 것일까?

링컨을 두고 이런 질문을 던지는 것은 거의 이단적인 도전으로 보인다. 우리는 링컨을 숭배한다. 우리 생각에 그는 분명 중요한 역할을 담당했다. 하지만 그 생각이 정말 맞는지는 불확실하며, 모든 지도자들이 중요한지도 확실하지 않다. 지도자들에게 선택의 여지가 허락되지 않는 경우도 있다. 진주만을 공격받은 상황에서는 누가 대통령이 되었더라도 일본에 전쟁을 선포했을 것이다. 그러나 조지 W. 부시George W. Bush가 아닌 다른 사람이 대통령이었다면 2003년에 이라크를 공격하지 않았을 수도 있다.

이 의문을 푸는 비결은 어떤 지도자가 중요하고, 지도자가 중요한 때는 언제이고, 중요한 이유는 무엇이고, 그러한 지도자로부터 어떠한 교훈을 얻을 수 있는지 밝히는 것이다. 이는 바로 이 책이 풀고자 하는 과제다. 이러한 질문에 대한 해답을 찾아가는 과정에서, 우리는 여느 사람들과 매우 다른 인물들에 초점을 맞추기로 한다. 보통 사람들이 그들의 지위에 있었다면 그들과는 아주 다른 결정을 내렸을 것이다. 그들에게 지속적으로 나타나는 패턴은 "어떤 인물이 역사에 영향을 미쳤는가?"라는 질문에 대한 해답의 실마리가 될 수 있다. 또한 이러한 패턴을 살피면 지대한 영향력을 미친 동시대의 지도자들이 누군지 알 수 있고, 지도자직을 맡으려는 후보자들이 자질을 갖추었는지 평가할 수도 있다. 그 과정에서 우리는 지도자 여과 이론Leader Filtration Theory이라는 새로운 이론을 제안할 것이다. 그렇지만 이 이론은 대부분의 지도자들은 영향력이 미미한 반면, 드물고 특수한 여건에 처한 개인이 역사를 만들 수 있다는 점을 인정하고 있다.

철학자들과 사회 과학자들은 수백 년에 걸쳐 지도자의 역할을 두고 논쟁했다. 플라톤Platon은 기원전 4세기에 저술한 『공화국Republic』에서 이상적인 도시는 지도자를 교체할 수 있는 정교한 체계를 갖추어야 한다고 주장했다. 투키디데스Thucydides는 플라톤보다 조금 일찍 저술한 책에서 페리클레스Perikles를 위시한 아테네의 지도자들이 펠로폰네소스 전쟁에서 어떤 핵심적인 역할을 담당했는지 기술하면서 플라톤과는 완전히 다른 입장을 취했다. 그가 주장한 바에 따르면, 아테네의 지도자들이 지닌 다양한 기술과

취향이 아테네의 승패를 좌우했다.

　많은 학자들은 그리스 철학자들의 논쟁을 답습하는 수준에서 벗어나지 못했다. 그러나 위대한 사상가 두 명 덕분에 이러한 논쟁은 새로운 국면을 맞이하게 된다. 카를 마르크스Karl Marx는 지도자는 중요하지 않다면서 이렇게 단언했다. "인류는 스스로 역사를 창조한다. 하지만 그들은 마음대로 역사를 창조하지 못한다. 스스로 선택한 환경이 아닌, 발견되고 주어지고 과거로부터 내려온 환경에서 역사를 창조할 뿐이다." 경제학을 '우울한 과학'이라고 부른 스코틀랜드 작가 토머스 칼라일Thomas Carlyle은 마르크스와 다른 견해를 주장한 것으로 유명하다. "세계의 역사는 위인들의 전기다."[1]

　지도자의 역할을 높이 사는 칼라일(과 투키디데스)의 편에 서고 싶은 것이 사람들의 자연스러운 본능이다. 분명 많은 지도자들, 특히 성공한 지도자들이 지도자의 역할을 옹호하는 입장을 전파한다. 서점에 가서 비즈니스 코너를 둘러보기만 해도 쉽게 알 수 있는 사실이다. 하지만 리더십을 체계적으로 연구하는 사회 과학자들도 마르크스의 생각에 전반적으로 동의한다. 심리학, 정치학, 경영학, 경제학을 막론하고 리더십을 연구하는 학자들은 지도자가 생각보다 중요하지 않다고 주장하거나, 중요하지 않다고 추정한다.

　놀랍게도 모든 분야에 걸친 사회 과학자들은 지도자들의 영향을 쪼그라뜨리는 세 가지 동력이 있다고 말한다. 이 세 가지 동력은 한꺼번에 작용해 지도자들의 영향을 축소시킨다. 학자들이 주장하는 동력의 내용은 겉보기에는 조금씩 다르더라도 본질에 있어서는 동일하다. 이 세 가지 동력은 자주 주목받지는 않더라도, 지도자의 역할을 경시하는 모든 사회 과학에 깃들어 있다. 세 가지 동력이 한데 모이면 지도자들은 보통 그들이 이끄는 조직에 거의 영향을 미치지 못한다. 이 세 가지 동력은 다음과 같다.

동력 1. 외부 환경

지도자들은 외부 환경의 압력에 따라 행동하게 된다. 지도자 개개인은 정책 결정이나 집행에 있어 재량권을 발휘하거나 영향력을 행사하기 어렵다.

동력 2. 내부 조직 동력

조직에 속한 지도자는 관료 정치나 선거구민의 이해관계에 따라 행동하게 된다. 지도자의 정체성은 조직 내에서 지속되는 내부 동력에 묻힐 수 있다.

동력 3. 지도자 선택 체계

권력을 얻는 과정에서 지도자들의 차이점이 중화될 수 있다. 사람에 따라 다르게 행동할 수 있지만, 다른 선택을 감행한 사람들은 결코 처음부터 권력을 얻지 못한다.

동력 1과 동력 2는 외부 동력과 내부 동력으로 구분된다. 이 두 가지 동력은 엄청나게 강력하며 지도자의 영향력을 현저히 제한할 수 있다. 조직이 지도자를 선택하는 방식과 관련된 동력 3은 이러한 문제를 배가시킨다. 조직은 지도자를 조심스럽게 선택하려는 경향이 있다. 따라서 더 높은 자리에 앉은 사람일수록 더 비슷한 경향을 보인다. 달리 표현하면, 조직은 정신이 바르지 못하고, 무능하고, 자리에 적합하지 않은 사람들을 솎아 내려 한다. 이는 곧 CEO를 비롯한 기타 지도자들이 비슷비슷한 사람들 속에서 선출되기 쉽다는 의미와 일맥상통한다. 승리자는 자신의 이익에 도움이 되는 방향으로 조직의 이해관계를 유도해 자리를 승계한다. 경영은 중요한 과제임이 틀림없으나 경영자 개인이 중요한 사람이 될 필요는 없다.[2]

지도력을 기준으로 후보자를 '거르는' 기타 선택 과정도 마찬가지다. 이 과정은 독특한 개성을 지닌 사람들이 지도자가 되지 못하도록 예방해 준다. 또는 국가의 정치 이념이 일정한 유형의 개인만을 지도자로 용납하거나 지도자를 선택하는 과정이 후보자를 환경에 적응하도록 만들 수도 있다.

세 가지 동력이 작용한 결과는 무엇일까? 지도자가 되려는 후보는 지도자의 역할을 충족해야 하지만, 그 사람 자체가 중요한 것은 아니며, 다른 사람이어도 괜찮다는 결론이 도출된다.

세 가지 동력이 지니는 힘을 고려한다면, 지도자가 어떤 식으로든 영향력을 가진다는 생각은 공허한 믿음으로밖에 보이지 않는다. 하지만 때로는 동력 1과 동력 2가 약해져 지도자들이 상당한 재량권을 행사할 수 있는 상황이 벌어지기도 한다. 특히 위기 상황에서 이러한 경우가 생긴다. 그리고 후보 여과 과정을 어떻게든 건너뛰었다면, 다른 유력한 후보들과 한참 다른 지도자가 권력을 차지할 수도 있다. 이러한 지도자는 어느 정도 제약에서 벗어날 경우, 지대한 영향력을 행사할 수 있다.

지도자의 영향이란 무엇을 의미하는가? 단지 지도자가 권력을 잡고 있다는 이유만으로 모든 일에 대한 책임을 그에게 돌려야 하는가? 이러한 주장은 지도자의 역할을 상대적으로 폄하하는 사회 과학의 논지를 모조리 무시한다. 개인적으로 이러한 주장에 동의하지 않는다. 그보다는 지도자의 영향력에 대한 정의를 동력 3에서 찾을 수 있다고 생각한다. 모든 사람이 지도자가 될 수 있다고는 생각하지 않는다. 우리는 누가 권력을 얻었고, 그 결과가 어땠는지 알고 있다. 만약 그가 권력을 얻지 않았다면, 다른 사람이 같은 역할을 담당했을 것이다. 실제로 일어난 사건과 가능성이 가장 높았던 경쟁자가 이겼을 때 벌어졌을 사건을 비교해, 그 미미한 차이로 지도자의 영향력을 생각하면 가장 정확한 판단을 내릴 수 있다. 지도자가 영향력을 갖는 이유는 그가 조직을 맡았을 때와 다른 사람이 조직을 맡았을 때 벌어지는 사건이 다르기 때문이다. 지도자의 영향력을 가늠하려면 역사를 자세히 연구해 그가 아니었으면 어떤 일이 벌어졌을지 자세히 확인해 보아야 한다.

잭 웰치Jack Welch가 제너럴 일렉트릭GE의 CEO로 있던 시절을 상기해 보라. 대부분의 기준에서 그는 『포천Fortune』지에서 '20세기의 경영자'라고 부를 정도로 대성공을 거둔 CEO였다. 웰치의 전임자였던 레지널드 존스Reginald Jones 역시 남다른 성공을 거둔 기업가였다. 그는 세 번이나 올해의 CEO로 선정되었고, 「월스트리트저널Wall Street Journal」에서는 그를 '경영의 전설'이라는 말로 칭송했다. GE는 훌륭한 경영자와 CEO를 고르기 위해 남다른 노력을 쏟아붓는다. 그렇다면 GE의 역사에서 웰치의 비중은 어땠을까?3

이러한 질문을 던지는 이유는 웰치가 최고의 경영자였음을 부인하기 위함이 아니다. GE처럼 철저한 조직이 경력도 없던 그를 선택했다는 사실 자체가 그가 경영자로서 적합한 인물이었다는 증거다. 웰치가 GE에 미친 영향은 GE의 성공이 아니다. 그가 이룩한 GE의 성과와 다른 사람이 GE를 맡았을 때 이룩했을 성과와의 차이가 그의 영향을 설명해 준다. 경영자를 뽑는 GE의 노하우를 고려한다면, 다른 CEO를 뽑았더라도 아주 좋은 경영자가 되었을 것이라고 충분히 생각할 수 있다. 아마 웰치만큼 훌륭하지는 않아도 충분히 좋은 경영자가 되었을 것이라고 생각해도 큰 무리가 없을 것이다.

『머니볼Moneyball』이라는 책을 읽었거나 동일한 제목의 영화를 관람했다면 이러한 생각에 이미 친숙할 것이다. 야구 선수의 몸값을 분석하는 방법으로 '대체 가능한 선수'와 비교하는 방법이 있다.[4] 얼마나 훌륭한 3루수인지 알아보려면 거의 비용을 들이지 않고 팀에 끼울 수 있는 훌륭한 마이너리그 선수와 타격과 주루 능력을 비교해 보면 된다. 메이저리그 3루수를 스카우트하기 위해서는 대체 가능한 마이너리그 선수를 능가하는 능력치만 보상해 주면 된다. 마찬가지로 지도자의 영향력을 가늠하려면 특정한 지도자와 '대체 가능한 지도자'를 비교해 보면 된다. 대체 가능한 지도자는 실제 지도자 대신 지도자 자리에 설 수 있었던 사람을 의미한다.

따라서 지도자를 '좋다, 나쁘다' 또는 '영향력이 높다, 낮다'는 말로 표현하는 대신, 각 지도자에 대한 평가를 정규 분포표로 도시한다고 생각해 보라. 이 통계의 모수는 지도자의 역할을 맡을 수 있었던 모든 사람이다. 대부분의 지도자들은 가장 두터운 중앙 부위에 위치할 것이다. 이러한 사람들은 어느 조직이든 맡았을 가능성이 크다. 웰치와 마찬가지로 그들이 세심한 선택과 평가를 거쳐 선정되었다면 그들은 자신의 직업에 훌륭한 능력을 발휘했을 가능성이 크다. 하지만 그들 또한 비슷한 선발 과정을 거친 다른 지도자들로 대체될 수 있고, 개인의 영향력은 그만큼 감소할 수밖에 없다. 우리는 이러한 지도자들을 가리켜 최빈값 지도자라고 부를 것이다. 이들은 정규 분포표의 최빈값 근처에 위치하기 때문이다. 반면 정규 분포표의 양극단에 위치하는 높은 영향력을 가지는 지도자들은 최극단 지도자라고 부르기로 한다.

그렇다면 최극단 지도자와 최빈값 지도자를 어떻게 구분할 수 있는지 의문이 남는다. 이상적인 방법은 몇 번이고 과거로 돌아가 어떤 결과가 나왔을지 살피는 것이다. 대통령 선거가 있었던 2000년으로 몇 번이고 돌아갈 수 있다고 가정해 보자. 모든 정치 구조와 후보자들의 상황이 같고(예컨대 조지 W. 부시, 앨 고어, 존 매케인 간의 권력 상황), 가변적 요소(예컨대 날씨나 플로리다 주의 유권자 구성)는 변할 수 있다고 가정해 본다. 이러한 가변적 요소가 변한다면 다른 후보가 승리할 수 있다. 부시와 앨 고어 Al Gore는 다른 후보자에 비해 더 많이 이길 수 있을 테지만, 존 매케인 John McCain도 가끔 이길 수 있을 것이고, 작은 사건들이 물밀듯 커져 거대한 변화를 초래한 결과, 현실에서는 전혀 가능성이 없던 사람이 남녀를 막론하고 대통령이 될 수도 있을 것이다.

과거로 돌아가는 우리의 상상 속에서 가장 많이 이겼을 것이라고 생각되는 사람들이 가장 유력한 승리자다. 그들은 특정한 시스템이 지도자를 선택하기 위해 활용하는 기준을 통과할 최적의 특성을 지니고 있다. 후보를 효율적으로 걸러 주는 시스템을 갖추면 잭 웰치와 기타 경쟁자들의 사례가 재현된다. 이들은 최빈값 지도자들로, 선발 과정에서 그려지는 정규 분포표의 중간에 위치한 사람들이다. 최빈값 지도자 한 명이 다른 사람을 대체하더라도 결과의 차이는 매우 작다. 이것이 바로 잭 웰치 시나리오다.

하지만 때로 양극단에 위치한 지도자가 일부 희귀한 사건들이 복합적으로 작용해 승리하는 경우도 있다. 이러한 사람들의 특색은 조직의 기준을 통과하기 쉽지 않으나 불가능한 정도까지는 아니라는 것이다. 최극단 지도자들은 좋은 쪽이건, 나쁜 쪽이건 영향력이 높은 지도자가 되기 쉽다.

이러한 접근 방식은 현실적으로 불가능하다는 문제가 있다. 그렇다면 어떻게 '잭 웰치 테스트'를 더욱 광범위하게 시도할 수 있을까? 한 지도자가 다른 잠재적 지도자에 비해 추가적으로 기여한 정도를 어떻게 가늠할 수 있을까? 이러한 질문은 지도자 선택에 활용하는 동력 3에 초점이 맞춰진다 (이 책에서는 이러한 과정을 지도자 여과 과정 또는 LFP^{Leader Filtration Process}라고 부르겠다). 누가 지도자의 지위에 올라서건, 그는 자신의 행동을 제약할 동일한 유형의 동력과 마주 서게 될 것이다(내부적 제약일 수도, 외부적 제약일 수도 있다). 여기에서 다음과 같은 질문이 대두된다. 그가 다른 잠재 후보자에 비해 현저히 다른 결정을 내리게 될까?

...

최극단 지도자 찾기

...

오늘날의 미국 선거 제도는 상당 부분 선거 자금 동원 능력, TV에서의 토론 능력, 국가 정책 기관을 다루는 효율성에 따라 후보를 선택한다. 각 선거는 그 이전에 있었던 선거와 동일하지 않으며, 각기 다른 LFP를 표방한다. 수상을 선출하는 영국의 LFP는 상당 부분 당권 장악 능력을 평가한다. 쿠데타 조직은 상당 부분 성공적인 음모를 꾸밀 수 있는 능력, 대중 운동을 이끌 수 있는 혁명 능력을 염두에 둔다.

여과 체계가 각기 다르다 보니 최극단 지도자를 거르게 될 가능성 또한 경우에 따라 달라진다. 이상적인 LFP의 유형 두 가지를 상상해 보자. 첫 번째 LFP는 모든 후보를 철저하게 걸러 낸다. 이러한 기제는 이상적인 체계로부터 조금이라도 벗어나는 후보를 남김없이 배제한다. 이 과정을 거치다 보면 후보자군이 균일화되어 모든 후보가 LFP를 통해 걸러진 특색에서 큰 차이를 보이지 않게 된다. 한 후보자를 제거해 보았자 효과는 미미하다. 제거된 후보자를 몹시 비슷한 다른 후보자로 대체할 수 있기 때문이다. 간신히 LFP를 통과한 후보자들조차 최빈값 후보자들과 크게 다르지 않을 가능성이 높은데, 그들이 가장 유력한 후보자에서 멀어질수록 걸러지기 쉽기 때문이다. 이 과정은 매우 '깐깐'하다. 이처럼 깐깐한 이유는 무수한 과거의 재현을 통해 분포표를 만들면서 가능한 후보자의 범위가 현격히 좁혀지기 때문이다. 최빈값 지도자가 아니고서는 이 기준을 통과하기 어렵다.

이처럼 깐깐한 과정의 대표적인 실례로 미군의 선임 장교 선발 체계를 들 수 있다. 윗선에서는 장교들의 모든 경력 사항을 끊임없이 평가하고 순위를 매긴다. 최악의 평가를 받은 장교는 진급에서 탈락하고, 그보다 나은 장교들은 진급에 성공한다. 이러한 체계적 평가를 거치다 보면 선임 장교의 배경은 제3자의 관점에서 볼 때 놀라우리만큼 비슷해진다. 특정 계급의 장교들은 나이, 졸업한 사관 학교, 군 경력 등이 비교적 비슷하다. 군대의 진급 체계는 최극단 지도자들을 솎아 내고, 그들이 높은 지위에 도달하기 전에 조직에서 탈락시켜 고위 장교들의 후보군을 균일화한다. 깐깐한 LFP 체계는 여러 조직에서 찾아볼 수 있다. GE는 CEO를 선발하는 기준이 매우 엄격한 것으로 유명하다. 싱가포르의 정권 인수 체계는 이상적인 '깐깐한' 과정을 구현하기 위해 신중하게 기획된 것처럼 보인다. 싱가포르는 후보자들을 고위직에 앉히고 나서 그들이 수십 년간 경쟁한 결과를 보고 지도자를 선출한다.[5]

두 번째 LFP는 훨씬 여유로운 구석이 있다. 여기에도 최빈값이 존재하지만 최빈값에서 크게 벗어난 후보들이 통과할 가능성이 훨씬 높다. 이러한 후보자들은 보통 후보자들과 특색이 다르고, 내리는 결정 또한 다르다. 한 마디로 '느슨한' 여과 과정이며, 과거를 여러 번 재현하면서 만든 분포표는 상대적으로 넓은 폭을 보여 준다. 따라서 최빈값 지도자와는 한참 다른 후보자들도 선발될 가능성이 있다. 이들이 바로 최극단 지도자에 해당한다.

기업가 선발 과정은 매우 느슨하다. 당신 스스로 회사를 차려야겠다고 마음먹으면서 기업가가 되는 것이다. 이것이 처음이자 끝이다 보니 여과 과정이 개입될 여지가 없다. 외부 자금 조달이 필요한 경우 투자자는 상당 부분 당신에 대한 평가를 바탕으로 투자 의사를 결정하게 된다. 그러나 그들이 접하는 정보는 제한되기 마련이다. 이러한 정보는 그들의 결정에 필요한 한 가지 요소일 뿐이며, 기업가들은 최극단 지도자들이 우글대는 메이저 기업의 중역들보다 더욱 다양한 특색을 보여 주어야 한다.

LFP에서 종잡을 수 없는 요소가 존재한다는 것은 비록 최후의 승자는 한 사람이더라도 여러 사람이 각기 다른 확률로 성공을 노릴 수 있다는 의미다. 이념에서 지적 능력에 이르기까지, LFP가 평가하는 모든 특색이 조합되어 이러한 확률을 결정한다.

LFP가 평가하는 후보자군이 최빈값 후보자들로 구성된 경우를 가정해 보자. 이들은 LFP를 통과할 가능성에 근접한 사람들이다. 반면 최극단 후보자들은 이들과 반대다. 최극단 후보자들의 유일한 공통점은 최빈값에서 벗어나 있다는 것이다. 그렇다면 지도자나 후보자가 최빈값 지도자인지, 최극단 지도자인지 어떻게 구분할 수 있을까? LFP는 최극단 후보자들을 배제하려는 경향이 있다. 따라서 후보자나 지도자의 경력이 길어 LFP가 그들의 진정한 면모를 평가할 기회가 많다면 최극단 후보자가 LFP를 통과할 기회는 더욱 줄어들게 된다. 철저한 LFP의 검증을 거친 지도자는 거의 대부분 최빈값 지도자이기 마련이다. LFP의 여과 과정을 건너뛴 지도자들은 최극단 지도자일 확률이 훨씬 높다. 이는 곧 영향력이 높은 지도자들을 알아보려면 권력을 쥐기 전까지 노출된 인생만을 여과 과정의 근거로 삼아야 한다는 것을 의미한다.[6]

여과 과정은 평가와 결단이라는 두 가지 요소로 구성된다. 여과를 거치려면 LFP는 후보자가 정말로 어떤 사람인지부터 평가해야 한다. 달리 말하면, 내면에 깃든 특색을 평가해야 한다는 뜻이다. 평가를 마치면 그가 지도자가 될 수 있는지 결정해야 한다. 평가는 어려운 작업이다. 내 친구는 이를 가리켜 이렇게 말했다. "누군가를 진정으로 안다는 것은 서로를 천천히 폭로하는 과정이다. 인터뷰 에티켓을 차리는 것에서 점점 벗어나 믿음을 조금씩 쌓아 가야 한다…… 서둘러서는 곤란하다."[7] 후보자와 이처럼 오랜 기간 접촉하는 것은 조직 내의 엘리트들만이 가능한 일이다. 조직의 엘리트들이 관찰할 수 있는 지위에 오래 있었던 사람들은 여과 과정으로 걸러 낼 수 있다. 반면 엘리트들에게 거의 검증 기회를 주지 않았던 후보자들을 걸러 내기란 어렵다.

평가란 후보자나 지도자를 걸러 내기 위한 필요조건이지만 충분조건은 아니다. 군주제에서 왕위와 권력이 세습된다고 생각해 보라. 엘리트들은 왕자나 공주를 평가할 기회가 충분하지만 평가한다고 해서 왕 또는 여왕이 되는 데 영향을 미칠 수 있는 것은 아니다. 따라서 가장 철저히 평가한 후보자라도 여건 탓에 평가가 결단으로 이어지지 못한다면 걸러 낼 기회를 상실하게 된다. 평가와 결단 가운데 어느 한 쪽이 미비하다면 후보자를 여과하지 못한 것이며, 이들은 곧 최극단 지도자가 되기 쉽다.

지도자가 얼마나 철저한 여과 과정을 거쳤는지 알려면 다음 두 가지를 검토해야 한다. 그가 유력한 지위에 재임했던 기간과, 의미 있는 판단을 내릴 수 있을 정도로 충분히 그를 관찰했는지 고려하는 것이 첫째요, 이러한 관찰이 그가 권력을 쥔 핵심적인 계기가 되었는지 살피는 것이 둘째다. 예컨대 미국의 하원 의원, 상원 의원, 각료, 주지사, 시장, 고위 장교 들은 항상 평가와 여과에 노출된다. 반면 주 의회나 작은 도시의 시장들은 사람들의 시야에 노출되는 빈도가 낮으므로 이들에 대한 많은 정보를 얻기가 상대적으로 힘들다. 여과된 후보자들은 권력을 쥐기 전에 높은 지위를 비교적 오래 차지하고 있었던 경우가 많지만, 비여과 후보자들은 그렇지 않은 경우가 대부분이다.

...

최극단 지도자가 발견되는 곳

...

규모가 크고 힘이 센 조직의 촉망받는 지도자들 대부분은 오랜 기간 높은 자리를 차지하기 마련이다. 미군 장성들은 근무 경력이 수십 년에 육박한다. 공기업의 CEO들은 공직에서 오랜 기간 경력을 쌓은 경우가 대부분이다. 이러한 경력 없이 지도자가 된 후보자는 다른 이들과 뚜렷이 구분되는 장점이 있을 수도, 상당한 위험을 지닐 수도 있으며, 이러한 두 가지 면모를 모두 갖출 수도 있다. 이러한 특색은 유형을 가리지 않는다. 남다른 카리스마일 수도 있고, 좋은 집안 배경일 수도 있고, 국가적 영웅으로 추앙받는 명성일 수도 있다. 어떤 유형의 특색이건, 이러한 특색은 후보자들뿐 아니라 다른 승리자로부터 이들을 분명히 구분 짓는 요소로 작용한다. 이러한 후보자는 다른 후보자들에 비해 상당히 다른 면모를 보이며, 최극단 후보자가 될 가능성이 높다.[8]

　마찬가지로 후보자들을 띄엄띄엄 평가하는 시스템에서는 최극단 후보자들이 이길 가능성이 높아진다. 정해진 기간에만 사람들을 평가하는 시스템에서는 최극단 후보자들이 많고, 평가와 여과가 상시 이루어지는 시스템에서는 적기 마련이다.[9] 그들은 한 번 권력을 쥐면 능력에 따라 환경을 바꾸고 업무에 매진한다. 민주주의 국가에서 재임자들은 보통 이러한 특권을 누린다. 독재자는 자신의 권력을 넘어서지 못하도록 내부적인 비밀 조직을 만들 수 있다. CEO는 자신을 평가하는 이사회의 구성원 선발에 막대한 영향력을 행사할 수 있다. 의원 내각제에서는 수상이 끊임없는 평가를 받아야 하므로 더욱 엄격한 여과 체계를 갖출 수밖에 없다. 후보자가 얼마나 충분히 여과되었는지는 권력을 쥐기 전에 얼마나 철저히 평가했는지를 기준으로 판단해야 한다.

　승자가 독식하는 경쟁 체계라면 최극단 지도자를 찾기가 쉬워진다. 평균 성적은 엉망이지만, 워낙 기복이 심해 가끔씩 엄청난 성적을 기록하는 새내기들의 시합을 가정해 보라. 이러한 전략은 보통은 시원찮으나 가끔 뛰어난 성과를 만들기도 한다. 마찬가지로 경쟁에 참가한 새내기들 가운데는 뛰어난 성적을 기복 없이 자랑하는 이들도 있다. 그들은 평균적으로 꾸준히 우수한 성과를 보인다. 하지만 경쟁에서 1등을 한 사람은 기복에 있어서도 1등일 가능성이 높다. 왜냐하면 기복이 많다는 것은 최소한 그들 중 한 사람이 기복이 낮은 참가자들에 비해 더 높은 성과를 올릴 수 있다는 사실을 의미하기 때문이다.

　색다른 전략은 모든 사람이 따르는 전략에 비해 승리자를 배출할 가능성이 높다. 승자 독식 경쟁에서 기복이 크고 평균 성과가 낮은 전략은 기복이 작고 평균 성과가 높은 전략에 비해 우월하다. 왜냐하면 2등과 꼴찌 사이에 아무런 차이가 없기 때문이다. 혁명에서는 승자가 절대 권력을 갖게 되고, 패자는 죽음을 맞게 된다. 2등과 꼴찌에 아무런 차이가 없는 상황에서 최고의 전략은 할 수 있는 한 기복을 키워 최고의 점수를 획득하는 것이다. 최극단 후보자는 이처럼 높은 기복 전략을 지향하는 사람이기 쉽다. 이들의 특색은 보통 LFP를 통과하지 못하지만 때로는 비상한 성공을 이루기도 한다는 것이다.[10]

최극단 지도자들은 실패를 너그럽게 받아들이는 시스템에서 등장하기 쉽다. 실패를 용납하지 않는 시스템에서는 후보자들이 보수적인 입장을 취하는 경향이 있다. 대성공으로 얻을 보상에 집착해, 작은 실패로 퇴출되는 위험은 무릅쓸 가치가 없다는 것을 알기 때문이다. 실패 후에도 지도자 경쟁에 다시 참가할 수 있는 시스템이라면 과거에 실패했으나 조용히 때를 기다린 최극단 후보자들을 배출할 가능성이 높다. 아울러 이는 과거에 비참한 실패를 경험한 지도자가 최극단 지도자가 될 가능성이 높다는 것을 의미한다.

최극단 지도자들은 후보자들을 검증하기 어려운 신설 체제에서 나타날 가능성이 높다. 처음 수립된 정부의 지도자들은 안정적이고 장기적인 여과 과정을 거치기 어렵다. 마찬가지로 인수 합병이나 조직 개편으로 큰 변화를 겪은 기업체 또한 LFP를 제대로 거치지 못할 확률이 크다. 시간이 지날수록 이해관계가 정리되면서 LFP가 공고해진다. 이로써 기복은 줄어들고, 최극단 지도자들은 운신의 폭이 좁아진다. 시간이 지날수록 열정적인 지도자들은 LFP에서 살아남을 가능성을 극대화하는 자질을 더 깊이 이해하며, 이러한 가능성을 높이도록 행동을 교정한다. 그 결과 그들은 서로가 점점 더 비슷해지기 시작한다.[11]

마지막으로 독특한 장점이나 특수한 환경 덕분에 일부 후보자들이 여과 과정을 건너뛰는 경우가 생긴다. 남다른 재력, 카리스마, 국가적 영웅의 호칭을 지닌 후보자들은 여과 없이 권력을 쥘 수 있다. 만약 이들이 여과를 거쳤다면 탈락했을 것이다. 비상시국에서는 평가와 결정의 고리가 끊어져 박한 평가를 받은 후보자들이 권력을 쥐는 상황이 벌어질 수 있다. 위기 상황으로 정상적인 의사 결정 과정이 어려워지고 다른 후보자들이 몽땅 사라질 수도 있기 때문이다. 또한 조직 내에서의 LFP는 시간이 지나면서 선호하는 특색이 크게 변할 수도 있다. 권력의 이동은 LFP가 작동한 결과이며, 새로운 지도자를 내세우기 위한 변화의 과정이다. 〈표 1-1〉은 여과를 거친 후보자와 여과를 거치지 않은 후보자의 특색을 요약하고 있다.

〈표 1-1〉 여과를 거친 후보자와 여과를 거치지 않은 후보자의 지표

	비여과형 후보자 (잠재적 최극단 후보자)	여과형 후보자 (최빈값 후보자)
경력	짧음, 관련 경험이 길지 않음	긺, 경력 기간 중 평가에 노출됨
평가 횟수	적음, 가끔씩 평가받음	많음, 지속적으로 평가받음
승자 독식	예, 2등과 꼴찌 사이에 아무런 차이가 없음	아니요, 성적에 따라 보상이 배분됨
실패를 용인하는 정도	높음, 후보자들은 실수에도 회복이 가능함	낮음, 한 번의 실패로 재기할 기회가 사라짐
조직의 역사	짧음, 정치 체계나 조직이 새로이 구성됨	긺, 정치 체계나 조직이 오랜 기간 존속해 왔음
독특한 장점	후보자들은 비상 상황 등으로 인해 정상적인 여과 과정을 건너뛸 수 있음	독특한 장점이 없고 위기 상황이 닥치지 않음

최극단 후보자들은 어떤 점에서 다른가

지도자들을 최빈값 후보자와 최극단 후보자로 분류해 보면, 리더십과 관련된 여러 성향을 이해하는 데 도움이 된다. 예컨대 카리스마는 사회학자 막스 베버Max Weber가 19세기에 리더십을 주제로 책을 집필하면서부터 리더십 연구의 초점으로 자리 잡았다. 대부분의 지도자들은 카리스마가 떨어진다는 것이 진실이다. 카리스마가 넘치는 지도자들은 매우 드문데, 이들은 남다른 영향력을 행사하고 자신에게 완전히 복종하는 추종자들을 거느리기도 한다. 특히 나르시시스트 지도자들은 종종 돋보이는 카리스마를 보여 주며, 조직을 위대한 성공 또는 참담한 실패로 몰고 가기도 한다.

카리스마는 강화 요소intensifier다. 카리스마는 자신만의 개성을 발휘해 합리적인 주장으로는 설득하지 못했을 사람들을 확신시키는 능력이다. 카리스마를 갖춘 지도자는 자신의 소망을 정책으로 이끌 가능성이 높아지며, 카리스마가 없는 후보자와 달리 여과 과정을 피할 수 있다. 이처럼 카리스마는 최극단 지도자로 하여금 여과 과정을 피하도록 도와주며, 여과 과정을 피한 이상 정책에도 영향을 미칠 수 있다. 카리스마란 그것 자체로는 지도자에게 좋거나 나쁜 자질이라고 평가할 수 없다.[12]

강화 요소는 최극단 지도자들이 어떻게 활동하는지 이해할 수 있는 핵심 요소다. 예컨대 집안 배경, 재력, 명성 등은 LFP로 여과될 위험 부담 없이 권력을 순조롭게 쥘 수 있는 수단으로 작용한다.

최극단 지도자들은 최빈값 지도자들에 비해 심신 장애와 성격 장애에 시달리는 비율이 높다. 대부분의 환경에서 이러한 장애는 분명 단점으로 작용하지만 때로는 정상적인 사람들이 얻기 힘들었던 성과를 얻게 만들어 잠재적 강화 요소로 작용하기도 한다. 보통 심신 장애는 사회 부적응과 일맥상통한다. 따라서 오랜 기간에 걸쳐 후보자를 평가할 경우 심신 장애에 시달리는 대부분의 후보자는 여과 과정을 통과하지 못할 것이다(하지만 철저한 여과 과정을 통해서만 이러한 장애가 밝혀질 것이다. 심신 장애나 성격 장애는 바로 드러나지 않는 경우가 많기 때문이다). 나르시시즘을 비롯한 다양한 자기 파괴적 특색을 지닌 후보자는 좋은 첫인상과 같은 단기적 대가에 집착해 더 큰 장기적 대가를 희생하기 쉽다. 그러나 나르시시즘이 만들어 낸 좋은 첫인상은 시간이 지날수록 사라진다. 따라서 장기적인 평가를 통해 후보자의 진정한 특색을 밝혀 이러한 문제를 걸러 내야 한다. 하지만 이러한 장애가 이득이 되는 여건도 존재할 수 있다. 예컨대 적당한 편집증은 열정적인 쿠데타 주동자나 혁명 지도자에게 도움이 될 수 있다. 이는 곧 일부 LFP에서는 나르시시즘이나 편집증 등의 장애에 시달리는 비여과 후보자를 선호할 수 있다는 뜻이다. 이러한 후보자들은 장기적 성과를 희생해 단기적 인상을 개선하는 데 집착할 수 있다.[13]

최극단 지도자들은 위험을 무릅쓰고 잘못된 낙관에 빠질 가능성이 높다. 최극단 지도자들은 열성적인 자들을 여과하는 과정을 이기고 살아남는 과정에서 비정형적인 수단을 취한다. 이들 대부분은 권력 투쟁에서 승리할 가망이 보이지 않았던 사람들이다. 따라서 이들은 이기기 힘들다는 것을 알지만 어쨌건 싸우고 보자는 사람들과, 아예 이기기 힘들다는 것을 인식하지 못할 정도로 낙천적인 사람들로 대별된다. 이들이 어떤 생각으로 뛰어들었든 간에 위험 감수 또는 낙관 과잉으로 귀결된다. 이는 승자 독식 LFP

에서 특히 두드러지는 현상이다. 이러한 점에서 최극단 지도자들은 실패할 확률이 높으나 성공에 따른 보상이 지대한 과정을 추구하는 기업가들과 유사한 면모를 보인다.[14]

심신 장애나 노력 없이 얻은 강점만이 최극단 지도자를 만드는 것은 아니다. 최극단 지도자를 만들어 내는 특색은 낡은 이념, 제도권에 얽매이지 않는 충성심, 동료들과 공유를 거부하는 목표나 기술 등이 될 수도 있다. 후보자 또는 권력을 부여한 시스템을 살피면 그들을 최극단 지도자로 만들어 준 특정한 성향을 확인할 수 있다(《표 1-2》 참고).

최극단 지도자들이 전형에서 벗어난 특색을 지니기 쉬운 것처럼 그들이 선택한 정책 또한 다른 지도자들이 선택할 수 있었던 정책과 다르기 마련이다. 이러한 정책은 종종 현저히 다른 정책이 될 수도 있다. 예컨대 1992년 조지 H. W. 부시George H. W. Bush와 빌 클린턴Bill Clinton은 미국 대통령 자리를 두고 경쟁했다. 분명 승리자의 정체성은 정책에 상당한 영향을 끼칠 수 있었다. 두 사람 모두 아이비리그 출신이고, 주 또는 연방에서 정치 경력을 오래 쌓았다. 두 사람 모두 정당의 유력 인사들로부터 인정받았고, 당내 온건파의 입장을 대변했다. 두 사람은 서로 다른 특색의 소유자였으나, 두 사람 모두 여과를 거치지 못했다.[15]

반면 로스 페로Ross Perot가 승리했다면 무슨 일이 일어났을지 생각해 보라. 페로는 정무직 공무원을 단 한 번도 맡은 적이 없었다. 그는 분명 촉망받는 비즈니스맨이었으나, 그러한 경력에 근거해 백악관에서 무슨 일을 벌일지 짐작하기는 불가능하다. 하지만 클린턴이나 재선된 부시와는 한참 다른 일을 벌였을 것이라는 점만은 확실하다. 예컨대 페로는 북아메리카 자유 무역 협정을 앞장서 반대했다. 하지만 클린턴과 부시는 열정적으로 이 협정을 지지했다. 이 조약 말고도 많았을 것이다. 여과되지 않은 로스 페로가 선출되었다면 미국의 4년이 매우 달랐을 것이라는 점은 명약관화하다.

〈표 1-2〉최극단 지도자가 지니기 쉬운 특색

여과 과정을 건너뛰기 쉽게 만드는 특색	카리스마, 재력, 집안, 명성
정신 질환	특정한 질환에 국한되지 않으나, 편집증과 나르시시즘에 시달릴 확률이 특히 높음
과도한 위험 감수 / 그릇된 낙천주의	성공 가능성을 그들의 독특한 능력으로 설명하려는 경향이 두드러짐

. . .

최극단 지도자와 종잡을 수 없는 도박

. . .

우리는 혁신이라는 단어를 통해 최극단 지도자를 어느 정도 이해할 수 있다. 혁신의 핵심 딜레마는 간단하다. 혁신적인 경쟁자와 마주 선 조직은 살아남기 위해 혁신을 감행해야 한다. 그러나 혁신은 위험할뿐더러 실패할 경우 지지자들의 경력을 망가뜨릴 수 있다. 완전히 합리적인 개인이라면 대부분의 환경에서 혁신이라는 선택을 하지 않을 것이다. 혁신이란 '종잡을 수 없는 도박'이다. 이는 성공 확률을 모르는 도박이며, 예측 가능성이 혁신의 정도에 따라 줄어들게 된다. 혁신이란 권력을 추구하면서 일탈의 전략을 사용하는 것과 다름없다. 혁신과 도박 모두 성공 확률은 낮지만, 승리에 대한 보상이 크다는 속성을 지닌다. 최극단 지도자들은 원래부터 모험을 선호해 특정 상황에서 도박을 감행할 확률이 높다. 또한 LFP 이론에 따르면, 이러한 도박은 그들의 성공 비결이기도 하다.[16]

최극단 지도자들은 최빈값 지도자들과 다르기 때문에 혁신을 감행할 확률이 높다. 이들은 최빈값 지도자들과 배경의 차이, 문제를 인식하는 스타일, 신념 등에서 차이를 보일 수 있다. 차이점이 무엇이건, 최극단 지도자들은 이러한 차이점에 근거해 조직의 상황을 경쟁자와 다른 방식으로 분석한다.

혁신이라는 단어의 긍정적인 함의에도 대부분의 혁신은 실패하기 마련이다. 최극단 지도자들이 중요한 이유는 보통의 지도자들과는 다른 결정을 내리기 때문이다. 대부분의 사람들이 똑같이 행동하고, 한 사람만 다르게 행동하는 경우, 대부분의 사람들이 틀리고 한 사람만이 옳을 수도 있다. 그러나 이러한 경우는 많지 않으며, 이러한 선택을 감행해 성공으로 이끄는 사람들은 천재로 기억된다. 실패하는 사람은 뇌리에서 잊히기 마련이나 일반적 규범에서 벗어나는 선택 편향selection bias은 더 나은 전략으로 과대평가되는 경우가 많다.[17]

혁신의 우월한 점이 '분명하다면', 그것은 이미 혁신이라고 말할 수 없다. 지금껏 시도해 본 적 없는 혁신은 성공 여부가 불투명하기 때문이다. 혁신가가 자신의 아이디어가 효과를 발휘할 때까지 기다린다면, 다른 이들도 이미 그 방법을 시도했을 것이다. 자신의 판단이 항상 경쟁자들의 판단을 앞서는 후보자들도 있으나, 이러한 사람들은 매우 드문 것이 현실이다. 이처럼 탁월한 후보자가 아닌 바에야, 대다수의 우수한 경쟁자들과 비슷한 수준에서 머무르게 된다. 따라서 혁신이라고 생각해서 내린 결정 또한 평범한 수준을 벗어나지 못한다. 만일 누군가가 대부분의 지도자가 내리는 결정과 다른 결정을 내리고 그러한 결정이 성공을 거둔다면, 이는 능력이 뛰어나서라기보다는 위험과 행운의 결과일 확률이 크다.

마찬가지로 최극단 지도자들은 조직이나 국가가 추구하는 목표를 바꾸고 다른 지도자들이 선택하지 않았을 수단을 선택할 확률이 크다. 이것이 바로 그들이 최빈값 지도자들에 비해 뚜렷한 영향력을 행사하는 이유다.

원래 기업이 경쟁하는 목표는 재론의 여지없이 이익의 극대화로 요약된다. 기업가들은 종종 주주의 이익보다는 자신의 이익을 위해 회사를 경영하기도 한다. 하지만 목표에 미치는 지도자의 영향력은 정치에서 특히 중요하다.

국가가 추구하는 목표를 근본적으로 바꾸고 싶어 하는 후보자를 상상해 보라. 이 후보자는 현재의 국제 관계에 만족하는 국가 분위기를 근본적으로 바꾸기를 바란다. 여러 단체들은 국가의 목표를 바꾸는 것에 반대 의사를 표명할 것이다. 대부분의 단체와 이익 집단들은 현상 유지status quo를 선호할 것이다(status quo라는 말의 어원도 여기에서 비롯된다). 여과 과정은 다른 방향으로 움직이려고 하는 지도자들을 제거하려는 속성이 있다. 이익 집단들이 경력이 짧은 최극단 지도자를 선택할 경우, 이러한 지도자의 진정한 의도를 몰라 그가 권력을 잡아서 벌이는 일들에 놀라게 될 수도 있다. 상황이 어떻게 흘러가건, 최극단 지도자들은 최빈값 경쟁자들에 비해 국가의 목표를 바꾸려고 더욱 적극적으로 나설 가능성이 높다.

지도자들이 조직의 목표에 영향을 미치거나 목표 자체를 결정할 수 있는 것과 마찬가지로 조직이 목표에 이르는 과정을 결정하는 데 이바지할 수도 있다. 이는 곧 조직이 활용하는 수단을 결정한다는 의미다. 폭력보다 외교를 선호하는 국가 지도자들이 있는 반면, 그와 반대 입장을 취하는 국가 지도자들도 있다. 인수 합병을 선호하는 CEO들이 있는 반면, 내부 성장을 중시하는 CEO들도 있다. 주변 여건이 어떻든 간에, 최고 책임자는 전략의 선택에 상당한 재량권을 행사한다.[18]

고위험을 감수하고 지나친 낙관을 일삼는 최극단 지도자의 성향은 수단의 선택이라는 문제에서 가장 뚜렷이 드러날 확률이 높다. 가장 보수적인 지도자라도 권력이 무너지거나 자리에서 쫓겨날 위기에 처한다면 도박을 감행할 확률이 높아진다. 하물며 고위험을 감수하고 지나친 낙관을 일삼는 최극단 지도자라면 최빈값 지도자들이 엄두도 못 낼 도박을 시도하거나, 다른 이들이라면 타협안을 찾을 일에서도 극단적인 목표를 추구할 것이다.[19]

그 결과 최극단 지도자들은 일탈을 감행하게 된다. 그들은 최빈값 지도자들에 비해 극적인 성공이나 실패를 경험하기 쉽다. 이러한 특색 탓에 그들은 행동이 훨씬 자유롭고 선택의 폭 또한 광범위하며 외부의 제약에 구애받지 않는다(좋은 방향이냐, 나쁜 방향이냐는 중요하지 않다).

돌이켜 보면, 다수의 최극단 지도자들은 손에 승리의 패를 쥐고 연속적인 도박을 감행하는 도박꾼으로 보인다. 그들의 접근 방식은 성공한 사례가 많으며, 이러한 성공은 운이 다하거나 경쟁자가 부상할 때까지 지속되기 쉽다. 최극단 지도자들은 대대적인 성공 이후에 대대적인 실패를 경험하는 패턴을 종종 보인다.

이 모든 것에서 최극단 지도자들의 양면성이 드러난다. 최극단 지도자들을 나쁘다고 말할 수는 없다. 그들은 다른 것뿐이다. 조직의 여과 방식이 우수할수록, 이를 건너뛰거나 거치치 않은 최극단 지도자들은 조직을 해칠 가능성이 높아진다. 하지만 반드시 그런 것은 아니다. 편집증에 시달리는 정부 수반은 국가에 해를 끼치기 쉽고, 그의 재직 기간 대부분이 국가에 해로울 것이다. 그러나 인접 국가에서 당장 침략 계획을 세우고 있었다면 역사가들은 이러한 편집증적 인물을 주의력과 예지력이 남달리 탁월했던 사람으로 기억할 것이다. 우울증 또한 많은 부작용을 초래한다. 그러나 우울증에 시달리는 지도자는 정상인에 비해 성공 확률을 더욱 현실적으로 검토할 수 있다. 이는 우울증적 현실주의라는 용어로도 알려져 있는 현상이다. 따라서 약간의 우울증에 시달리는 지도자는 그의 경쟁자들에 비해 나은 성과를 달성할 수 있다. 전임자나 동시대인과 이념이 극단적으로 다른 지도자는 국가를 파괴하는 독재자가 될 수도, 국가를 구하는 선지자가 될 수도 있다.[20] 이러한 극단을 오고가는 이유는 그들이 그 누구도 하지 못했을 결정을 내리기 때문이며, 이처럼 평범하기 어려운 행동은 눈부시게 성공할 수도, 비참하게 실패할 수도 있다. 최극단 지도자들은 크게 성공하거나 크게 실패하기 마련이며, 대부분 사람들의 기억 속에 오래오래 남는다.

여기에서 주목할 놀라운 진실은 플라톤과 마르크스가 대부분 옳았다는 것이다. 대부분의 환경에서 누가 지도자가 되느냐는 그다지 중요하지 않다. 지도자들이 여과된다면 쉽게 다른 사람으로 대체할 수 있다. 일부 예외적인 상황에서는 심사를 거치지 않은 비여과형 지도자가 등장한다. 때로 역사적인 사건이 이러한 사태를 조장하기도 한다. 선출된 지도자가 사망하고, 후보자를 선출한 정당이 기능을 잃고, 시스템이 예기치 못하게 망가질 수도 있다. 이러한 사태가 일어나는 순간 비여과형 지도자는 조직을 파멸시킬 수도, 화려하게 부활시킬 수도 있다. 비여과형 지도자를 의도적으로 선택하는 경우도 있다. 이러한 경우, 조직의 구성원들은 곤란한 상황에 처해 새로운 지도자가 필요한 상황이라는 것을 알고 있다. 그러나 이 시점에서 회색 플란넬 양복 차림으로 등장할 지도자는 존재하지 않는다. 이때가 바로 와일드카드가 필요한 시점이다. 이때 선택하는 지도자는 실패할 확률이 높으나 눈부신 성공을 가져올 수도 있다. 주사위를 굴려야 할 시간이 다가온 것이다.

　다음 장에서는 이 책에서 다루게 될 지도자들을 소개하고, 왜 이러한 지도자들이 저자가 제시하는 패러다임에 부합하는지 설명할 것이다. 그다음에는 실제 사례를 살피고 나서 당신이 처한 상황에 이러한 이론을 어떻게 적용할 수 있는지 논의할 것이다. 투표권을 행사하는 시민, CEO를 선출하는 이사회 구성원, 더 나은 계획을 집행하려는 지도자, 개인이 역사를 바꾸는 과정과 역사 자체에 대한 새로운 이해를 추구하는 독자 모두에게 도움이 되리라 확신한다.

| 제2장 |

미국 대통령의 사례

이론이란 검증할 수 있어야만
이론으로서 가치가 있다. 그렇다면 어떻게 지도자 여과 이론Leader Filtration
Theory, LFT을 검증할 수 있을까? 각기 다른 분야의 지도자들에게 원래 맡지
않던 다른 조직을 맡길 수는 없는 일이니, 이론을 검증하려면 역사적 기록
에 의지할 수밖에 없다. 가장 중요한 두 가지 가정은 다음과 같다.

1. 비여과형 지도자들은 높은 영향력을 행사하기 쉽다.
2. 비여과형 지도자들은 여과형 지도자들에 비해 성과의 기복이 심하다.

LFT를 검증하기 위한 이상적인 역사적 상황은 일정한 요구 기준을 충족
한다. 우리는 지도자들이 여과를 거쳤는지, 거치지 않았는지 알기 위해 권
력을 쥐기 전에 어떤 경력을 밟았는지, 어떻게 직책을 맡게 되었는지 알아
볼 필요가 있다. 그러한 영향력을 가늠하려면, 그들이 어떤 일을 했는지 알

고, 그를 대체할 개연성이 가장 높았던 경쟁자가 누구였고, 그러한 경쟁자가 권력을 쥐었다면 어떤 일을 했을지 알며, 그러한 행위가 어떠한 결과를 초래했을지 최소한의 지식을 갖추고 있어야 한다. 또한 우리는 지도자의 성과를 객관적이고 믿을 수 있는 방법으로 측정해야 한다. 마지막으로 비교군 지도자들을 대상으로도 이와 같은 자료를 모두 확보해야 한다. 특히 마지막 항목이 중요한데, 그래야만 LFT를 지지하는 결과가 단지 운에서 비롯되지 않았다는 사실을 신뢰할 수 있다.

...

대통령 분석하기

...

미국 대통령들은 1789년 이후 동일한 헌법 체계 안에서 선출되고, 동일한 헌법상의 권력을 부여받았다. 대통령 후보들은 대통령직을 맡기 전까지 더 낮은 공직을 맡으며 대통령이 되기 위한 교두보로 삼았다. 해당 공직이 지닌 권력과 권력이 집행되는 환경은 반드시 이겨야 할 선거와 마찬가지로 엄청난 변화를 겪었다. 하지만 주지사, 상원의원, 하원 의원, 각료, 군 장성 등 공직의 종류는 전반적으로 크게 변하지 않았다. 나아가 대통령직을 보호하려면 다수당의 지원이 항상 필요했고, 이를 위해서는 정당 엘리트들의 상시적인 지원이 필수적이었다. 대통령이 되고 싶은 자들은 그보다 낮은 공직을 차근차근 맡아서 평가를 받거나, 이러한 과정을 건너뛰고 대통령에 곧바로 도전해야 했다. 후보자의 성공을 결정하는 덕목이 바뀌더라도, 여과 과정이 이루어지는 자리는 없어지지 않고 남아 있었다.[1]

우리는 대통령들이 대통령이 되기 전까지 살아온 인생, 그들을 선택한 사회 체제, 그들이 승리한 선거에 대해 자세히 알고 있다. 또한 해당 사회 체제와 선거에서 그들을 이길 수도 있었던 경쟁자에 대해서도 충분히 알고 있다. 나아가 대부분의 대통령들이 주요 현안에 대해 어떻게 고민했는지 자세한 정보를 알고 있으며, 여기에는 각료들이나 경쟁자들이 제시한 대안도 포함된다. 그들이 심사숙고했던 가장 중요한 결정 사항은 다른 결정을 내리더라도 최소한 단기 결과라도 충분히 예측할 수 있는 문제였다. 지난 60년간 역사학자들은 성과와 순위에 바탕을 둔 간편한 방법으로 대통령을 평가해 왔다. 순위는 서로 다른 평가 항목을 모두 조합하는 것을 전제로, 대통령 각자의 성과를 비교적 객관적으로 평가할 수 있다(이러한 순위는 충분히 일관적이고 객관적이어서 과거에 심리학자들은 이 순위를 지도자와 리더십에 대한 이론을 검증하는 용도로 활용했다).[2]

미국 대통령들부터 검토한다면, 검증해야 할 두 가지 가설이 명확해진다. 비여과형 대통령들은 영향력이 크고 성과의 기복이 심할 가능성이 높아 역사가들의 평가가 여과를 거친 비교 대상에 비해 양극단을 오가기 쉽다.

...

대통령과 여과 과정

...

모든 공직이 효과적인 여과 기능을 발휘하는 것은 아니다. 예컨대 보안관 경력은 대통령의 자질을 판단하는 데 거의 도움이 되지 못한다. 여과를 거치려면 엘리트들이 후보자를 면밀히 관찰해야 한다. 그래야만 여과에 필요한 통찰력을 발휘할 수 있기 때문이다. 이는 곧 국가적으로 알려진 정무직 인사들이 대통령직에 적합한지 판단할 효과적인 여과 대상이라는 뜻이다. 백악관, 상원, 정부에 있으면 검증의 눈을 피해 갈 수 없다. 미국의 육군, 해군 장성들은 의회가 비준한 공약을 내걸기에 최소한의 정치적 성향을 띠게 된다. 따라서 이 자리 또한 여과를 거치는 자리로 분류할 수 있다. 전임 부통령이 출마해서 대통령으로 선출되었다면 부통령 재임 기간도 여과 기간에 들어간다. 그러나 대통령이 사망했거나 물러난 상황에서 대통령을 맡았다면 결정 검증이나 평가 결과가 대통령직에 오르는 데 아무런 영향을 끼치지 못해 여과 기간으로 간주할 수 없다. 주지사로 재직한 기간은 분명히 포함되지만, 몇 가지 세부 요소는 고려해야 한다. 몇몇 주에서는 주지사가 정부 기능과 집행을 담당하기보다는 형식적인 지위에 있기도 한다. 이러한 경우, 여과 기제를 평가하는 기준으로 주지사 재임 기간을 고려해서는 곤란하다.[3]

임시직 또는 현재 폐지된 공직이라도 최소한 각료 구성원에 준하는 검증과 평가를 받는 자리였다면 국가적으로 주목받는 정무직의 목록에 포함될 수 있다. 예컨대 점령지에 파견된 관할관이나 국가적, 국제적 위기를 다루는 임시 기관의 수장들은 정부 기관에서 원래 구비한 자리에 있는 사람들에 비해 경력이 중단되거나 새로운 경력을 갖게 될 가능성이 높다. 이러한 자리에 있었던 시간은 후보자나 대통령의 자격을 여과한 기간으로 간주되어도 무방하다.

미국의 정치 체계에서 여과 과정을 건너뛸 수 있는 방법에는 두 가지가 있다. 이러한 경우 정상적인 과정에서 여과되었을 지도자가 대통령이 될 수도 있다. 하나는 부통령이 대통령직을 승계하는 경우이고, 또 하나는 다크호스 후보자가 대통령이 되는 19세기적 현상이다.

부통령

대통령 후보자가 러닝메이트를 고르는 이유는 정당을 통합하고자 하는 필요에서부터 핵심 유권자에게 어필하고 싶은 의도까지 다양하다. 일부 부통령은 공천 후보자에 최우선 순위로 지명되기도 하지만, 선택되지 않아 사람들의 뇌리에서 완전히 사라지는 부통령도 있다. 대통령이 사망하면 여과 과정은 일어날 여지가 없다. 부통령이 어떤 특색의 소유자이건 대통령이 사망하면 무조건 대통령이 되어야 한다.

그렇다면 어떤 부통령이 여과되지 못하는가? 대통령직에 오른 부통령은 세 가지 유형으로 분류될 수 있다. 첫 번째 유형은 재임 대통령이 곧 사망하거나 자리에서 물러날 것을 예상하고 부통령이 된 경우다. 하지만 이런 사례는 매우 드물다. 이러한 여건에서는 부통령 또한 남다른 심사 절차를 거치며, 그 여과 과정은 대통령이 거치는 과정과 별반 다르지 않다.

대부분의 부통령들은 대통령 후보자가 임기를 채울 것이라는 가정하에 선출된다. 따라서 두 번째 유형은 대통령 후보자가 되었을지도 모르는 당내 주요 인사가 부통령이 되는 경우다. 이러한 부통령은 대통령 후보자와 마찬가지로 여과 과정을 거쳤다고 보아야 한다. 부통령이 당내 유력 인사인지 판단하려면 그해의 대통령 후보 지명식에서 그를 지지하는 대표단의 수를 헤아려 보면 된다. 이러한 후보는 여과 과정에서 걸러지나, 철저한 검증을 거치지는 않는다. 린든 존슨Lyndon Johnson이 이러한 부통령에 해당한다. 게

다가 이러한 과정을 거쳐 대통령이 된 자의 여과 수준은 정상적으로 선출된 대통령과 동일한 방식으로 평가되어야 한다.

세 번째 유형은 그 누구도 대통령 후보감으로 생각하지 않은 자가 특이한 이유로 후보자에 선정된 경우다. 대통령의 궐위로 대통령직에 오른 모든 부통령들은 과거의 경력이 어떻든 여과되지 않았다고 간주해야 한다. 그들의 특색을 평가한 결과가 대통령으로 선출된 과정에 별다른 영향을 미치지 못했기 때문이다. 여과 과정을 거쳐 대통령에서 탈락된 이들이 대통령이 되기 위해서는 개연성이 낮은 두 가지 사건이 겹쳐야 한다. 우선 부통령이 되어야 하고, 대통령이 사망해야 한다. 체스터 아서Chester Arthur가 이러한 유형에 속했다. 이러한 유형의 부통령들은 예외 없이 여과되지 못한 경우로 분류해도 무방하다.

다크호스

다크호스 후보자들은 미국에서의 여과 과정을 건너뛸 수 있는 또 다른 유형에 해당한다. 오늘날의 주요 체계가 등장하기 전에, 기존 제도가 혼란에 빠지면서 기존 체계에서 아무도 후보자나 대통령감으로 생각하지 않았던 자라도 후보자로 지명할 수 있었다. 이러한 후보자는 여과 과정에서 걸러져 잠시 패배를 경험하지만 제도의 혼란을 틈타 부활한다. 그가 여과 과정에서 탈락한 이유는, 만일 심사를 통과했다면 기존 제도의 틀에서 강력한 도전자로 부상했을 것이기 때문이다. 그러나 이러한 그의 장점은 선택받는 데 아무런 도움을 주지 못한다. 평가를 통과한 모든 사람이 다 거기서 거기이기 때문이다. 바로 이러한 획일성이 조직의 몰락을 자초한다. 다크호스 대통령들의 정체성을 주제로 삼은 역사적 논의는 찾아보기 힘들다. 하지만 객관적인 기준은 간단하다. 대통령이 제도권 안에서 여러 번의 투표를 통해 지명되고 초반에 별로 지지를 받지 못했다면 그는 다크호스 후보자로 분류된다. 정당에서 상당한 지지를 받았지만 대통령으로 당선되기까지 투표를 여러 번 거쳐야 했던 후보자는 정상적인 사례로 분류하면 충분하다. 후보자가 최초 투표에서 별로 지지를 받지 못했다면 그를 대통령 재목으로 생각한 정당의 엘리트들이 거의 없었다는 뜻이다. 이러한 후보자들은 항상 비여과형으로 분류되어야 한다.

지금까지 설명한 내용을 참조하면 대통령이 여과형인지 아닌지 쉽게 판단할 수 있다. 이제 두 가지 숙제가 남아 있다. 이러한 기준에 따라 대통령을 분류하고, 대통령의 순위를 매겨 보는 것이다. 이로써 향후 진행 방향을 잡아 줄 로드맵을 얻을 수 있다.

…

대통령 분류하기

…

그렇다면 대통령들의 잘잘못을 어떻게 평가할까? 총 44명의 대통령 가운데 4명은 연구 대상에서 제외했다. 버락 오바마Barack Obama는 재임 기간이 너무 짧아 순위를 매기기 어렵다. 그로버 클리블랜드Grover Cleveland는 중임을 한 대통령이므로 두 번 평가하지 않았다. 윌리엄 헨리 해리슨William Henry Harrison과 제임스 A. 가필드James

A. Garfield는 대통령이 되자마자 사망했으므로 이들을 포함시키는 것은 무의미하다.

우선 다크호스 후보자들과 특이하게 부통령으로 선출된 대통령들을 비여과형으로 분류했다. 나머지는 대통령이 되기 전까지 8년 이상의 정치 경력이 있는지를 기준으로 8년 이상의 경력을 보유한 이들은 여과형으로, 그보다 경력이 적은 이들은 비여과형으로 분류했다. 〈표 2-1〉이 분류 결과를 보여 준다.

· · ·

대통령의 서열

· · ·

대통령을 여과형과 비여과형으로 분류한 지금, 대통령의 서열을 지도자 여과 이론의 첫 번째 검증 수단으로 활용할 수 있다. 아서 M. 슐레진저Arthur M. Schlesinger 경이 1948년에 역사학자들 중 처음으로 대통령의 서열을 정리한 이후, 많은 이들이 여러 차례에 걸쳐 같은 작업을 수행했다. 60년간 이 결과는 꾸준히 대동소이한 양상을 보여 주었다.[4]

나는 기존의 결과 13건을 평균했다. 여기에서 임기를 마치기 전에 매긴 서열은 배제했다. 그리고 필요에 따라 윌리엄 헨리 해리슨이나 제임스 A. 가필드의 점수는 제거한 다음 그 아래 위치한 대통령을 한 단계 위로 올렸다. 또한 줄어든 대통령의 수에 맞춰 서열을 다시 매기고, 이 수치를 평균해 대통령의 업적에 대한 수치를 도출했다.[5]

최상위와 최하위는 비교적 재론의 여지가 없었다. 서로 간의 순위는 다를 수 있어도, 미국 역사상 가장 위대한 대통령으로 링컨, 프랭클린 루스벨

〈표 2-1〉 미국 대통령 유형 분류

대통령	유형	근거
• 조지 워싱턴	비여과형	혁명적 지도자
• 존 애덤스	여과형	여과용 직책에 23년 재직
• 토머스 제퍼슨	여과형	여과용 직책에 16년 재직
• 제임스 매디슨	여과형	여과용 직책에 19년 재직
• 제임스 먼로	여과형	여과용 직책에 14년 재직
• 존 퀸시 애덤스	여과형	여과용 직책에 13년 재직
• 앤드루 잭슨	여과형	여과용 직책에 8년 재직
• 마틴 밴 뷰런	여과형	여과용 직책에 14년 재직
• 존 타일러	비여과형	남부의 지지를 얻기 위해 부통령으로 선출됨
• 제임스 포크	비여과형	다크호스 — 전당대회 제8차 투표에서 선출됨
• 재커리 테일러	여과형	여과용 직책에 17년 재직
• 밀러드 필모어	비여과형	지리적 배분을 위해 부통령으로 선출됨
• 프랭클린 피어스	비여과형	다크호스 — 전당대회 제35차 투표에서 선출됨
• 제임스 뷰캐넌	여과형	여과용 직책에 24년 재직
• 에이브러햄 링컨	비여과형	여과용 직책에 2년 재직, 다크호스
• 앤드루 존슨	비여과형	전쟁을 지지하는 남부 민주당원으로서 부통령에 선출됨
• 율리시스 S. 그랜트	비여과형	남북 전쟁의 국가적 영웅
• 러더퍼드 B. 헤이즈	여과형	여과용 직책에 10년 재직
• 체스터 A. 아서	비여과형	다크호스* 밑에서 부통령을 맡음, 부통령 이전에는 중요한 공직을 맡은 적이 없음
• 그로버 클리블랜드	비여과형	여과용 직책에 2년 재직
• 벤저민 해리슨	비여과형	여과용 직책에 6년 재직, 다크호스
• 윌리엄 매킨리	여과형	여과용 직책에 16년 재직

---

* 제임스 가필드를 의미한다.
  이하 *표시 모든 각주는 옮긴이 주이다.

대통령	유형	근거
• 시어도어 루스벨트	비여과형	뉴욕 주지사를 그만두게 만들기 위해 부통령으로 선출됨
• 윌리엄 하워드 태프트	여과형	여과용 직책에 10년 재직
• 우드로 윌슨	비여과형	여과용 직책에 1.5년 재직
• 워런 하딩	비여과형	여과용 직책에 6년 재직
• 캘빈 쿨리지	비여과형	하딩 밑에서 부통령을 맡음, 여과용 직책에 2년 재직
• 허버트 후버	여과형	여과용 직책에 13년 재직
• 프랭클린 루스벨트	비여과형	여과용 직책에 4년 재직
• 해리 트루먼	여과형	여과용 직책에 10년 재직, 곧 대통령이 되리라는 기대를 받으며 부통령으로 선출됨
• 드와이트 D. 아이젠하워	비여과형	제2차 세계 대전의 국가적 영웅, 여과용 직책에 7년 재직
• 존 F. 케네디	여과형	여과용 직책에 13년 재직
• 린든 존슨	여과형	여과용 직책에 22년 재직, 1960년 대통령 후보자 지명을 위한 민주당 전당대회에서 케네디의 가장 유력한 경쟁자였음
• 리처드 닉슨	여과형	여과용 직책에 15년 재직
• 제럴드 포드	여과형	여과용 직책에 24년 재직, 곧 대통령이 되리라는 기대를 받으며 부통령으로 선출됨
• 지미 카터	비여과형	여과용 직책에 4년 재직
• 로널드 레이건	여과형	여과용 직책에 8년 재직, 당시 정치 체계가 성숙했고 레이건의 정치 경력 또한 짧지 않음
• 조지 H. W. 부시	여과형	여과용 직책에 13년 재직
• 빌 클린턴	여과형	여과용 직책에 12년 재직
• 조지 W. 부시	비여과형	권한이 협소한 주지사로 6년 재임, 집안의 도움을 받음

트Franklin Roosevelt, 조지 워싱턴George Washington을 꼽지 않은 사람은 드물었다. 마찬가지로 최악의 대통령으로 워런 하딩Warren Harding과 제임스 뷰캐넌James Buchanan을 뽑는 데 이의를 제기하는 사람도 드물었다.[6]

목록의 최상위와 최하위 또한 LFT 검증에서 매우 중요하다. 우선 대략적인 결과치로 예측해 보면 비여과형 대통령들은 매우 뛰어난 성과를 보이거나, 매우 초라한 성과에 그치는 극단적인 결과로 갈리는 경우가 많다. 상위 4명과 하위 4명의 대통령만 분석해 보면 LFT는 8명 중 6명을 예측할 수 있고, 상위 6명과 하위 6명을 분석해 보면 12명 중 10명을 예측할 수 있다. LFT의 예측치와 역사가들이 매긴 서열이 일치하지 않고, 다수의 비여과형 대통령을 배출하고 있는 미국의 정치 체계를 감안한다면, 이 결과는 표면적으로 LFT를 강력히 지지한다고 할 수 있다.

. . .
서열, 조사 결과, 역사에 없어서는 안 될 나머지 대통령들
. . .

그렇다면 역사가들이 매긴 서열순으로 대통령들을 정리하고, 이 가운데 지대한 영향력을 미쳤을 것이라고 LFT가 예측하는 사람들을 표시한다면 어떤 결과가 도출될까? 〈표 2-2〉에서 이에 대한 답을 확인할 수 있다. 대통령의 여과 정도가 임기 중 업적에 아무런 영향을 미치지 못한다면 비여과형 대통령들이 다양한 서열로 분포되는 양상을 보일 것이다. 그러나 실제 결과는 이와 다르다. 실제로 비여과형은 업적의 분산도가 매우 크다. 비여과형이 업적의 분산도에 영향을 미치지 않는 경우는 1천 번에 1번 있을까 말까다. 비율이 0.1퍼센트 미만인 것이다(궁금하다면, 부록에서 이러한 확률을 계산하는 방법을 자세히 언급했으니 확인해 보라).

모든 대통령을 심도 있게 검토할 수는 없으므로 이어지는 3, 4, 5장에서는 여과형과 비여과형을 가리지 않고 대통령 몇 명을 분석해 이들이 미치는 영향력을 폭넓게 검토할 것이다. 이를 분석하려면 최소한 여과형 대통령 한 사람과 비여과형 대통령 한 사람이 필요하다. 역사적으로 매우 중요한 사건을 살피는 것 또한 바람직한데, 이토록 중차대한 사건을 설명해 주는 이론이 그렇지 못한 이론에 비해 우수하리라고 생각되기 때문이다. LFT가 예측하는 비여과형 지도자의 영향은 긍정적일 수도, 부정적일 수도 있으므로 두 사례 모두를 단 한 가지라도 검토해야 한다.

LFT는 지도자의 경력에 따라 지도자의 영향력을 예측할 수 있다고 주장한다. 다소 극적인 면이 보이는 이러한 주장을 뒷받침하려면 극적인 증거가 필요하다. 이를 처음부터 검증하는 것은 어려운 작업이 될 수밖에 없다. 예컨대 역사학자들이 높이 평가했지만 LFT에 따르면 영향력이 낮을 것이라고 예측되는 경우 LFT를 입증하기가 그만큼 어려워진다. 그러한 대통령이 뚜렷한 성공을 거뒀더라도, 누가 대통령이 된들 마찬가지였을 것이라는 사실을 입증해야 하기 때문이다.

〈표 2-2〉 미국 대통령 서열

이름	재임 기간	평균 서열
에이브러햄 링컨	1861~1865	1.6
프랭클린 루스벨트	1933~1945	2.3
조지 워싱턴	1789~1797	3.0
토머스 제퍼슨	1801~1809	5.0
시어도어 루스벨트	1901~1909	5.3
우드로 윌슨	1913~1921	7.2
해리 트루먼	1949~1953	7.5
앤드루 잭슨	1829~1837	9.9
드와이트 D. 아이젠하워	1953~1961	11.4
제임스 포크	1845~1849	12.0
존 F. 케네디	1961~1963	12.4
존 애덤스	1797~1801	13.4
린든 존슨	1963~1969	14.0
제임스 매디슨	1809~1817	14.4
로널드 레이건	1981~1989	15.1
제임스 먼로	1817~1825	15.3
그로버 클리블랜드	1885~1889, 1893~1897	16.5
윌리엄 매킨리	1897~1901	17.7
존 퀸시 애덤스	1825~1829	18.7
빌 클린턴	1993~2001	19.9
윌리엄 하워드 태프트	1909~1913	21.5
조지 H. W. 부시	1989~1993	22.2
마틴 밴 뷰런	1837~1841	23.7
러더퍼드 B. 헤이즈	1877~1881	24.3
제럴드 포드	1975~1977	26.8
지미 카터	1977~1981	27.1
체스터 아서	1881~1885	27.7
허버트 후버	1929~1933	28.2
벤저민 해리슨	1889~1893	29.1
리처드 닉슨	1969~1975	29.9
캘빈 쿨리지	1923~1929	30.1
재커리 테일러	1849~1850	31.3

이름	재임 기간	평균 서열
존 타일러	1841~1845	33.5
밀러드 필모어	1850~1853	34.3
율리시스 S. 그랜트	1869~1877	34.5
조지 W. 부시	2001~2009	35.0
앤드루 존슨	1865~1869	36.4
프랭클린 피어스	1853~1857	36.8
제임스 뷰캐넌	1857~1861	38.5
워런 하딩	1921~1923	39.1

음영 처리된 대통령은 비여과형 대통령을 가리킨다.

토머스 제퍼슨Thomas Jefferson이 이러한 사례를 연구하기에 가장 적합하다. 그는 여과형 대통령이지만, 서열이 수위를 다툰다. 그는 철저한 여과형에 속하므로, 이론에 따르면 영향력이 낮은 것이 정상이다. 그러나 역사가들은 그를 영향력이 매우 컸던 대통령으로 평가한다. 이처럼 모순되어 보이는 결과를 설명하기란 매우 어렵다. 제3장에서처럼 제퍼슨을 검토하는 것도 나름의 장점이 있다. LFT가 좋은 지도자를 선택하는 경우와 마찬가지로, 지도자를 선택하는 체계가 지도자가 이룩하는 성과와 관련성을 보인다면 정상적인 여건에서는 여과형 최빈값 지도자가 좋은 성과를 낼 수 있다. 토머스 제퍼슨은 이러한 예측을 정당화하는 완벽한 사례다.

제4장에서 다루는 에이브러햄 링컨은 미국 역사상 최고의 대통령에 늘 포함되지만, 가장 여과되지 못한 대통령의 목록에서도 빠지지 않는다. 따라서 두 번째 사례로 들기에 적합하다. 링컨은 역사상 가장 돋보이는 지도자로 널리 알려져 있어 이 이론을 검증하기에 안성맞춤이다. LFT가 링컨에게 적용될 수 없다면 그 누구에게도 적용하기가 어려울 것이다. 여기에서 우리

는 링컨이 가장 훌륭한 대통령이었다는 사실을 바탕으로, LFT의 예측 결과를 다른 관점에서 파악해 볼 수 있다. 때때로 그 누구도 하지 않는 선택이 최고의 선택이 되기도 한다. 이처럼 우리는 탁월한 결정을 천재의 특징으로 받아들인다. 비여과형 지도자들의 분산도가 높다는 것은 무엇을 의미할까? 이 분산도 덕분에 최고의 비여과형 지도자들은 그 어떤 여과형 최빈값 지도자들에 비해 우수한 성과를 보인다.

링컨이 성공한 지도자의 표본이라면, 실패한 지도자를 관찰해 LFT가 동일하게 작동하는지 알아보는 것도 유용하다. 최극단 지도자들을 더욱 극단적으로 만드는 강화 요인은 우호적인 여건에서는 대성공을, 그렇지 못한 여건에서는 대실패를 유도할 수 있다. 이러한 강화 요인은 비여과형 최극단 지도자들이 행운을 이용해 권력을 거머쥘 수 있도록 도와주지만, 상황이 바뀌는 즉시 이들을 배신하기 때문이다. 우드로 윌슨Woodrow Wilson은 성공한 대통령으로 취급되지만 재임 중 베르사유 조약의 상원 비준을 받는 데 실패했다. 이는 그가 재임 중 겪은 사건 가운데 가장 극적이고 후폭풍이 큰 사건이었다. 이로써 미국은 제1차 세계 대전 이후 국제연맹에 가입하지 못했다. 제5장에서는 미국의 정치 제도에서 더 나은 여과 체계가 작동했다면 이러한 실패를 초래할 윌슨의 특색을 밝혀낼 수 있었을지 검토한다. 만일 이러한 여과 체계가 작동했다면 이 이론을 강력히 지지하는 근거로 충분했을 것이다. 이처럼 역사적인 사건을 설명해 줄 수 있다면, 이 이론의 유용성을 더욱 확실하게 뒷받침하는 논거가 될 수 있다.

미국의 대통령들을 대상으로 LFT를 철저히 검증한 다음에는 이 이론을 다른 분야에 적용해 보아야 한다. 대통령제는 수상이 어느 때건 해임될 수 있는 의원 내각제에 비해 지도자의 권한이 강력하다. 따라서 영국 수상은 좋은 검증 사례가 될 수 있다. 일반적으로 영국 수상은 미국 대통령에 비해 풍부한 경력을 자랑한다. 이는 곧 대부분의 영국 수상이 여과형 지도자라는 뜻이다. 경험 부족은 여과 과정을 건너뛸 수 있는 유일한 방법이 아니다. 여과 과정을 건너뛸 수 있는 또 다른 방법은 정상적인 상황에서는 수상이 될 수 없었던 인물이 특수한 환경의 영향으로 수상에 취임하는 것이다. 1940년 영국의 수상을 맡은 윈스턴 처칠Winston Churchill이 이러한 경우에 해당한다. 한편, 전임 수상이던 네빌 체임벌린Neville Chamberlain은 엄청난 경력의 소유자로 전폭적인 지지를 받으며 보수당을 이끌었다.7

이 두 사람을 비교 분석하는 것이 유리한 이유는 두 사람 모두 재임 기간 중에 나치 독일이라는 동일한 문제를 고심했기 때문이다. 게다가 두 사람 모두 이 문제를 다룰 당시 의회로부터 다수의 지지를 받았다. 두 사람이 처한 대내외적 여건 또한 큰 변화가 없었다. 우리는 그들이 어떤 결정을 내렸는지 충분한 문서 자료를 갖고 있으며, 각자가 상대방의 위치에서 하고 싶었던 일을 확실히 알고 있다. 두 사람은 비교에 적합한 한 쌍으로, 우리는 이들을 통해 결과에 영향을 끼칠 기타 요소를 제거하고 개인이 미치는 영향에만 초점을 맞출 수 있다. 제6장에서는 체임벌린을, 제7장에서는 처칠을 검토할 것이다.

이 두 가지 사례를 통해 LFT의 두 번째 가정을 검증할 수 있다. 체임벌린과 같은 여과형 최빈값 지도자는 자리에 있을 때 한 번은 맞닥뜨릴 상황을 어떻게 다루느냐에 따라 타인의 평가를 받게 되고, 이러한 평가를 바탕으로 LFT를 통과하게 된다. 그러나 그가 맞닥뜨려 해결한 상황은 지도자를 선택하는 사람들이 바라는 것과는 매우 다를 수 있다. 최빈값 지도자는 정상적인 여건에서는 무난한 능력을 보일 수 있으나, 이처럼 특이한 상황에서는 심각한 한계를 보여 자신이 미치는 영향력이 낮은데도 크나큰 실패를 경험할 수 있다. 체임벌린은 보수당의 가장 유력한 인사였고 만장일치로 수상에 추대되었다. 그는 거의 국내 정책에만 집중된 경력을 통해 그 위치까지 올라갔다. 재임 기간 중 그는 나치 독일과 맞서야 했고, 그의 대처 방식은 최빈값 지도자들이 어떻게 특수한 상황을 헤쳐 나가는지 알 수 있는 좋은 사례에 해당한다.

반면 처칠은 체임벌린과 달리, 아무도 그를 1순위 수상 후보로 생각하지 않았다. 그는 재능과 정력이 넘치면서도 판단력을 끊임없이 의심받은 탓에 독일이 유럽 각지를 초고속으로 점령하는 중대한 위기가 닥치고 나서야 LFT를 통과할 수 있었다. 여과 과정은 바람직하지 못한 특색을 지닌 지도자들이 권력을 얻지 못하도록 예방하는 효과가 있다고 생각된다. 앞 장에서 설명한 것처럼, 바람직하지 못한 특색들이 항상 부정적인 것만은 아니며, 상황에 따라서는 커다란 자산이 될 수 있다. 한 사람이 같은 자리에서 이러한 양면적인 사태를 모두 경험할 수도 있다. 평범하지 않았던 처칠의 인생 가운데 수상직에 올라 1940년 5월에 내린 결단을 보면, 그의 독특한 정치적 감각과 신념이 미친 엄청난 영향력을 낱낱이 살필 수 있다.

제8장에서는 정치가 아닌 다양한 분야에서 LFT가 적용될 수 있는지를 보여 준다. 하지만 사업, 군사, 과학 등 다양한 분야에 걸쳐 다섯 명을 선정해 자세히 분석하기에는 지면의 한계가 있다. 그러나 사회 과학 문헌에서는 지도자들이 미치는 영향력이 매우 낮다는 사실을 언급하고 있다. 이러한 발견을 감안하면 각 분야의 인물에 그다지 많은 지면을 할애할 필요가 없을 것이다. 언론인이나 역사학자들이 개인적인 영향이 지대했다고 평가하는 네 명의 지도자를 살피면, 경력으로 보아 비여과형인지, 이 책에서 제시한

기준에 따라 영향력이 큰 지도자인지를 알 수 있다.

그들이 큰 영향력을 행사한 비여과형 지도자였다면, LFT를 다양한 분야에 적용할 수 있다는 강력한 증거가 된다. 그리고 특수한 환경에서는 지도자가 상대적으로 중요하지 않다는 사회 과학의 통념이 틀린 것으로 드러난다. 내가 고른 정치와 무관한 유력 지도자는 네 명이다. 역사에 남을 해전으로 유명해진 영국 해군의 전설적인 제독 재키 피셔Jackie Fisher 경과 1년 만에 회사를 파산에 이르기 한 선빔Sunbeam사의 CEO '전기톱' 앨버트 던랩'Chainsaw' Albert Dunlap, 2007~2008년 금융 위기를 뚫고 은행을 살린 JP모건 체이스JPMorgan Chase의 CEO 제이미 다이먼Jamie Dimon, 암에 대한 이해를 획기적으로 변화시킨 주다 포크먼Judah Folkman을 선정했다. LFT가 특정 환경에 국한되지 않고 개인이 미치는 영향을 설명할 수 있다면, 여러 맥락에서 유용한 통찰을 제공한다고 생각할 수 있다.

마지막으로 결론에서는 이러한 새로운 이론의 교훈, 이 이론이 영향력 높은 지도자들을 분석하는 데 제공하는 시사점, 필요한 순간에 영향력 높은 지도자를 선택하는 방법을 분석한다. 만일 LFT가 옳다면, 지도자를 위대하거나 끔찍하다고 생각하는 것은 분류상의 오류일 수도 있다. 지도자들은 평범하면서 영향력이 낮은 지도자와 특이하면서 영향력이 높은 지도자로 대별되는데, 후자의 경우 성공한 지도자가 될 수도, 실패한 지도자가 될 수도 있다. 그러나 긍정적인 최극단 지도자와 부정적인 최극단 지도자는 거의 차이를 보이지 않는다. 따라서 비여과형 지도자를 선택하는 모험의 순간을 판단하거나, 올바른 결정을 내릴 방법을 찾는 것은 더욱 어려운 일이 되고 만다. 지도자를 선택해야 하는 사람들, 스스로를 이끌어야 하는 사람들 모두 마찬가지다.

진도를 나가기 전에, 이 책의 모든 장이 백인에 초점을 맞추고 있다는 사실에 유의해야 한다. 이 이론은 역사적 자료와 다수의 지도자를 바탕으로 검증해야 하는데, 이러한 기준을 충족하는 최고의 대상군은 미국 대통령들이며, 그보다 약간 못 미치는 대상군은 영국 수상들이다. 하지만 이 이론은 다른 집단의 지도자들에게도 똑같이 적용할 수 있다. 나는 LFT가 전 세계적으로 확산되어 각종 사회 체계 내에서 검증되고 논의되며, 모든 종류의 지도자들에게 적용되기를 진심으로 바란다.

제3장

"식민지 전체를
넘길 생각이야"

제퍼슨과 루이지애나 매입

여기 토머스 제퍼슨이 잠들다.
독립 선언문의 기초자
버지니아 종교 자유법의 기초자
버지니아 대학교의 아버지.

당신이 직접 쓴 당신의 묘비에 미국 대통령으로 연임한 경력을 언급할 필요가 없다면 그 삶이 얼마나 훌륭한가.[1]

토머스 제퍼슨이 1801년 미국 제3대 대통령으로 취임한 것은 역사적인 사건이었다. 공화당원이자 현직 부통령이었던 제퍼슨은 1800년 대선에서 연방주의자이자 현직 대통령이었던 존 애덤스John Adams를 물리치고 대통령에 취임했다. 그가 대통령에 취임한 것은 근대 역사상 최초로 여당이 야당에 권력을 평화롭게 넘긴 사례였다. 제퍼슨은 대통령직을 성공적으로 수행했고, 역사가들은 그를 링컨, 워싱턴, 프랭클린 루스벨트에 이어 역사상 네 번째로 위대한 대통령으로 꼽기를 주저하지 않는다.[2]

대통령으로서 오랜 경력을 쌓으며 훌륭한 업적을 남긴 그는 지도자 여과 이론으로 설명하기 어려워 보인다. LFT의 예측과 제퍼슨의 서열 사이에 존재하는 분명한 모순을 어떻게 설명할 수 있을까?

우선 제퍼슨의 서열이 이처럼 높은 이유를 생각해 보자. 루이지애나 주를 매입해 미국 영토를 두 배로 늘린 것은 제퍼슨이 임기 중에 이룬 '최고의 업적'으로 간주된다.[3] 설령 루이지애나 매입이 그가 임기 중에 이룬 '유일한 업적'이었다 할지라도 그는 성공한 대통령으로 기억되었을 것이다. 루이지애나 주 매입은 그처럼 중대한 의미를 지니고 있었다. LFT는 최빈값 지도자들이 내리는 중차대한 결정은 그들의 전유물이 아니며, 대체 후보자들 또한 동일한 결정을 내릴 수 있었다고 예상한다. 만약 제퍼슨, 오직 제퍼슨만이 루이지애나 매입을 결정할 수 있었다면, 이는 LFT의 신뢰성을 현저히 떨어뜨리는 증거임이 분명하다. 반면, 그가 아닌 다른 대통령 또한 루이지애나를 매입했을 것이라면, 이는 LFT를 뒷받침하는 증거로 충분하고, 예측이 서열과 맞지 않는 이유는 대통령의 업적과 지도자의 영향에 차이가 있기 때문이다.

이 장에서는 다음과 같은 질문을 던지고자 한다. "다른 사람이 대통령을 맡았어도 루이지애나를 매입하기로 결정했을까?" 짧게 답하면, 그를 대신할 확률이 가장 높았던 최빈값 지도자라도 같은 결정을 내렸을 것이다. 제퍼슨은 협상의 여지를 두지 않으려 했고, 헌법을 엄격하게 해석하다 보니 매입을 성공적으로 마무리하는 데 상당한 고초를 겪었다. 제퍼슨의 경력을 보면 다음과 같은 사실을 알 수 있다. 정상적인 여건에서도 유능하게 일을 처리한다면 크게 성공할 수 있다는 것이다. 최극단 지도자의 특징인 독특한 결단과 남다른 능력이 없어도 가능한 일이다.

백악관에 입성하다

1800년 미국 대선을 묘사하자
면, 파란만장했다는 표현으로도 부족하다. 당시 선거는 현직 대통령과 야당
출신 부통령의 싸움이었다. 자그마치 12회에 걸쳐 투표가 진행되었고, 제퍼
슨의 러닝메이트이자 부통령 후보였던 에런 버Aaron Burr가 부통령이 아닌
대통령직을 차지하려는 공작을 펼치기도 했다. 선거인단들 사이에서 승부
를 가리지 못해, 결국 하원에서 승자를 가리게 되었다. 마침내 현직 부통령
이자 공화당 대통령 후보였던 제퍼슨은 현직 대통령이자 연방주의자 후보
였던 존 애덤스와 대통령직을 차지하려던 버를 이기고 대통령이 될 수 있었
다. 제퍼슨은 분명 미국에서 가장 돋보이는 공화주의자로 손꼽혔고, 대통령
직을 맡자마자 오랜 친구이자 부사수였던 제임스 매디슨James Madison을 국
무장관으로 임명했다. 그 또한 제퍼슨과 더불어 공화당을 진두지휘했고, 나
중에는 제퍼슨에 이어 대통령직을 맡았다.

대통령 후보들

제퍼슨, 애덤스, 버, 매디슨 모두 1800년 미국 대선의 유력한 후보자였다.
이 가운데 세 사람은 최빈값 지도자였다. 거의 제퍼슨을 이길 뻔했던 버는
헌법의 불비不備로 원래 자리에 머물러야 했다. 대선이 끝나고 헌법이 개정
된 것은 그에게 몹시 아쉬운 일이었으리라. 제퍼슨, 애덤스, 매디슨은 여과

형 지도자였으나, 버는 비여과형 지도자였다.

토머스 제퍼슨

제퍼슨은 1743년 4월 13일 버지니아 주에서 태어났다. 부유한 농장주를 아버지로 둔 그는 가정 교사에게 교육받으며 윌리엄&메리 대학에 진학해 대학원 과정을 밟았다. 그는 대학원에서 뚜렷한 두각을 나타내지 못했고, 학교를 졸업하고 나서는 5년간 법학을 공부했다. 그는 1768년 버지니아 버지스 의회Virginia House of Burgesses에 진출해 주지사에 반대하는 극단적인 단체에 참가했다. 제퍼슨은 1774년까지 변호사로 일했고, 대통령 임기를 마치고 고향으로 돌아올 때까지 미국 최고의 법률가 중 한 사람으로 인정받았다. 1776년 그는 제2차 대륙 회의에 참가해 독립 선언문의 초안을 작성하는 위원회의 위원을 맡았다. 초안 작성에 주도적인 역할을 맡은 것은 어찌 보면 존 애덤스의 제안에 의해서였다. 당시 위원들 가운데 독립 선언문이 미국의 정신에 중대한 역할을 담당하리라고 예상한 사람은 거의 없었다. 실제로 1784년이 되어서야 제퍼슨이 독립 선언문 작성에 지대한 역할을 담당했다는 사실이 알려졌으나, 그가 독립 선언문 작성에 기여한 바는 미국 역사에 길이길이 남아 있다.[4]

제퍼슨은 곧 버지니아로 돌아가기 위해 의회를 떠났다. 버지니아에서 그는 한 번 더 하원 의원을 맡았고 법률 개혁에 지대한 역할을 담당했다. 1779년에 그는 1년 임기로 주지사에 선출되었고 1780년에 재선되었다. 그러나 두 번째 임기를 실패로 끝마쳤다. 베네딕트 아널드Benedict Arnold가 이끄는 영국군이 그의 임기 마지막 날 버지니아의 수도를 공습했다. 제퍼슨은 임기가 끝난 이후에도 이 위기를 앞장서서 수습했다. 그러나 임기가 끝나고 계승자에게 권한을 이양하지 않고 몬티첼로의 집으로 돌아와 며칠 간 주지사를 공석으로 남겨 두었다. 이러한 사건에도 제퍼슨은 미국 정치에서 단단한 입지를 구축했고 매디슨과 제임스 먼로James Monroe와 평생을 친구로 지냈다. 매디슨과 먼로 또한 루이지애나 매입에 핵심적인 역할을 담당했고, 매디슨은 제퍼슨에 이어 대통령직을 맡았다.

렘브란트 필Rembrandt Peale이 1800년에 그린 「토머스 제퍼슨의 초상화」

제퍼슨은 매디슨에게 대통령직을 물려주고 정계 은퇴를 선언했다.[5]

제퍼슨은 1782년에 아내가 사망하면서 정계에 복귀한다. 그는 1784년부터 5년간 프랑스 대사로 파견되었다. 그는 미국에 돌아오자마자 국무장관으로 임명되었다. 이는 그 자신도 예상하지 못한 일이었다. 내각에 있을 당시 제퍼슨은 미국의 미래를 바라보는 시각에서 재무성 장관 알렉산더 해밀턴Alexander Hamilton과 정면으로 충돌했다. 제퍼슨은 미국이 중앙 정부의 힘이 약화된 농업 국가로 남기를 바랐다. 반면 해밀턴은 강력한 중앙 집권 체제를 갖춘 상업 국가로 미국의 미래를 그렸다. 제퍼슨은 프랑스와의 동맹을 바랐으나, 해밀턴은 영국과의 동맹을 원했다. 이러한 의견 차이가 미국 정치의 밑그림을 그리게 된다. 제퍼슨은 공화당(지금의 민주당)을 키웠고, 해밀턴의 시각은 연방파가 계승했다. 두 사람은 종종 신문에 날 정도로 극렬히 대립했고, 제퍼슨은 1794년 1월 5일 내각을 떠났다. 그는 다시는 정치를 하지 않겠다고 공언했으나 여느 때와 마찬가지로 자신의 생각을 바꾸게 된다.[6]

조지 워싱턴 행정부는 명목상 당파와 무관하게 구성되었으나, 실제로는 연방주의자들이 정책을 펼치고 있었다. 이를 참을 수 없었던 제퍼슨은 정치에 복귀했다. 워싱턴이 1796년 9월 공직에서 물러나겠다고 발표했을 때, 그의 뒤를 이을 사람으로 제퍼슨과 애덤스가 거론되었다. 처음에 제퍼슨은 매디슨이 공화당 후보가 되기를 바랐으나, 매디슨은 제퍼슨을 설득해 전면에 나서도록 만들었다. 선거는 존 애덤스의 박빙의 승리로 끝났다. 제퍼슨은 선거인단의 투표에서 2위를 기록했고, 이에 부통령에 당선될 수 있었다.[7]

이로써 제퍼슨은 '애덤스 행정부에 속한' 야당 지도자라는 독특한 지위를 보유하게 되었다. 연방파는 외국인 규제 및 선동 금지법Alien and Sedition Acts을 통과시켜 점차 힘을 키워 가는 공화파에게 대항하려 했다. 정치적 자유를 제한하는 여러 규제 가운데 이 법률은 특히 일부 연방 관료들에 대한 비판을 위법으로 규정했다. 단, 해당 관료들의 목록에서 부통령은 빠져 있었다. 1800년 선거가 다가오면서 제퍼슨과 애덤스는 다시 한 번 일전을 벌였다.[8]

제퍼슨의 경력을 보면 충분히 여과되고 사람들에게 잘 알려진 후보라는 사실을 알 수 있다. 그가 활동하던 당시만 해도, 공직자로서 그와 비견될 수 있는 인물은 많지 않았다. 그는 주지사, 국무장관, 부통령을 역임했다. 그는 오랜 기간 이러한 공직을 맡았고, 자리를 맡을 때마다 성과를 남겨 누구도 이의를 제기하지 않는 공화당의 지도자로 인정받았다.

존 애덤스

존 애덤스는 1735년 10월 19일, 매사추세츠 브레인트리에서 태어났다. 그의 가문은 1638년에 처음 미국 땅으로 건너왔다. 집사를 아버지로 둔 그는 15세에 하버드에 입학해 1755년에 졸업했다. 이후 낮에는 학교에서 아이들을 가르치고 밤에는 법률을 공부해 1759년에 변호사 자격을 취득했

다. 그는 변호사로서 승승장구하며 1764년 아비가일 스미스Abigail Smith와 결혼했다.[9]

1760년대에서 1770년대 초, 보스턴에서는 영국식 규칙이 제정되었다. 이를 반대하는 움직임이 태동하면서 애덤스는 주도적인 역할을 담당했다. 그는 지도자의 지위를 걸고 보스턴 대학살에 참가한 영국군을 자발적으로 변호했다. 8명 중 6명은 무죄 판결을 받았고, 나머지 2명은 오직 살인 혐의에 대해서만 유죄 판결을 받았다. 애덤스는 모든 사람이 재판받을 권리를 누려야 한다고 주장해 사회적으로 큰 존경을 받았다. 1774년, 그는 주 의회로부터 지명을 받아 제1차 대륙 회의에 참가했고, 1775년에는 제2차 회의에도 참가하기에 이르렀다.[10]

애덤스는 대륙 회의에서도 탁월한 능력을 발휘했다. 1777년, 그는 프랑스에 외교 사절로 파견되었으나, 협상을 위해 프랑스에 도착했을 때 이미 양국은 조약에 서명을 마친 상태였다. 하지만 그는 프랑스 대사로 파견된 벤저민 프랭클린Benjamin Franklin과 함께 프랑스와의 관계 개선에 힘썼다. 그는 1779년 중반에 보스턴으로 돌아왔고, 귀국 즉시 매사추세츠 주 제헌 의회 의원으로 선출되었다. 10월에 그는 영국과 조약을 협상하도록 다시 프랑스로 파견되었다. 자신이 그 일을 맡겠다고 주장하거나 기대한 것은 아니었지만, 의회는 만장일치로 그를 특사로 선정했다. 요크타운에서 미국이 승리했다는 소식이 도착했을 때, 그는 미국의 지원을 받으며 암스테르담에 머물고 있었다. 그는 프랑스로 돌아가 파리 조약의 협상을 주도했다. 파리 조약은 독립 전쟁을 종결시키고 미국의 독립을 보장한 역사적인 내용을 담고 있었다. 조약의 서명을 마친 다음에는 제퍼슨이 합류해 애덤스, 프랭클린, 제퍼슨이 함께 활동했다. 세 사람은 애덤스가 1785년 첫 영국 대사로 취임해 영

존 트럼불John Trumbull의 「독립 선언, 1776년 7월 4일」. 1976년 미국 재무성에서 건국 200주년을 기념하여 만든 미국의 2달러 지폐의 앞면에는 토머스 제퍼슨의 초상화가, 뒷면에는 이 그림이 새겨져 있다. 존 애덤스, 프랭클린, 토머스 제퍼슨, 로버트 리빙스턴, 로저 셔먼 등 5인으로 구성된 독립 선언 기초 위원회 위원들이 대륙 회의에 독립 선언서를 제출하고 있다.

1798년 'XYZ 사건'을 풍자한 영국의 정치 만평. 한 여성(미국)이 다섯 명의 프랑스 남성에게 둘러싸여 약탈당하고 있다.

국으로 떠날 때까지 파리에서 미국의 이익을 대변했다. 애덤스는 1788년 3월 미국으로 돌아올 때까지 영국에 머무르며 대사직을 수행했다.[11]

애덤스는 이에 미합중국 최초의 부통령이 될 수 있었다. 그러나 부통령으로 재임하던 당시 제퍼슨과의 관계에 심각한 문제가 생겼다. 두 사람은 서로 다른 정치적 견해를 취하기 시작했고, 이러한 갈등은 토머스 페인Thomas Paine의 『인권The Rights of Man』에 대한 논란으로 확대되었다. 다른 사람이 아닌 제퍼슨이 이 책의 소개 문언을 담당했고, 애덤스는 이러한 제퍼슨의 행동을 자신을 공개적으로 공격하는 것으로 받아들였다. 공화당에서는 부통령을 조지 클린턴George Clinton으로 교체하려고 애썼지만, 애덤스는 1793년 2월에 다시 부통령으로 선출되었다. 조지 워싱턴 대통령이 은퇴를 발표하고 나서, 제퍼슨과 애덤스는 각 정당에서 워싱턴의 뒤를 이을 대통령 후보 1순위로 여겨졌다. 애덤스의 연방주의자들은 워싱턴의 명성을 등에 업고 매우 유리한 지위를 확보할 수 있었다. 따라서 애덤스와 해밀턴 사이에 불협화음이 존재했지만, 애덤스는 선거인단 표 가운데 71표를 얻으며 68표를 얻은 제퍼슨을 따돌릴 수 있었다.[12]

애덤스는 재직 기간 내내 대외적으로는 프랑스와 대립해야 했고, 대내적으로는 공화파와 투쟁해야 했다. 프랑스 해군이 미국 상선을 공격하면서 프랑스 해군과 미국 해군은 선전 포고도 없이 바다에서 충돌했다. 애덤스는 프랑스에 특사를 보내 전쟁을 종결하려 했다. 그러나 이러한 노력은 이른바 'XYZ 사건'으로 마무리되었다. 이 사건에서 프랑스의 비밀 요원은 협상을 시작하기에 앞서 프랑스 외무장관 탈레랑Talleyrand에게 바칠 뇌물과 거액의 차관을 요구했다. 이에 분노한 영국 국민들은 전쟁을 전폭적으로 지지했고, 연방파들은 외국인 규제 및 선동 금지법을 통과시켰다. 애덤스는 당 차원에서 지속된 전쟁의 압력에 굴하지 않고 프랑스와 평화 협정을 맺기 위해 전권 공사를 파견했다. 그의 계획은 성공했으나, 협정에 수반된 조건을 두고 연방주의자들 사이에서도 의견이 갈려 1800년 대선에서 제퍼슨에게 확실한 우위를 점하기가 어려워졌다.[13]

제퍼슨과 마찬가지로, 애덤스는 선거 이전에 철저한 검증을 받았다. 국내 현안, 외교 현안을 막론하고 오랜 기간에 걸쳐 달성한 업적을 보면 대통령직을 맡기 전에 많은 부분이 검증된, 전형적인 여과형 지도자라는 사실을 알 수 있다.

제임스 매디슨

매디슨은 1800년 선거에 출마하지 않았다. 그러나 제퍼슨이 출마하지 않았다면, 공화당의 가장 유력한 인사로 전면에 나섰을 것이다. 실제로 제퍼슨은 매디슨이 1796년 공화당 후보로 출마하기를 바랐고, 1808년에는 제퍼슨에 뒤이어 미국 대통령에 취임하게 된다.[14]

매디슨은 제퍼슨과 마찬가지로 부유하고 명망 있는 버지니아 가정에서 태어났다. 그는 1771년에 프린스턴을 졸업했고, 1774년 12월 아버지와 함께 버지니아 오렌지 카운티의 안전 위원회 위원으로 선출되었다. 이 위원회는 제1차 대륙 회의에서 의결된 영국과의 무역 금지 조치를 집행하기 위해 구성되었다. 1776년 4월, 그는 버지니아 독립 선언 위원회에 참가했고 1777년에는 주 정부 의회에서 버지니아 행정 회의Virginia Council of State 위원으로 선출되었다. 1779년, 제퍼슨이 주지사에 선출되면서 두 사람의 동반자 관계가 시작되었고, 그 후 매디슨은 제퍼슨과 함께 남은 정치 인생을 마쳤다.[15]

매디슨은 대륙 회의에서 노련한 전략가로 자리매김하며 외교 사안에도 관심을 보이기 시작했다. 주미 프랑스 대사였던 라 뤼제른^{La Luzerne}은 그를 "모든 의원 중 가장 합리적인 판단력의 소유자"라고 묘사했다. 매디슨은 의회가 전쟁 지원에 어려움을 겪는 것을 보며 중앙 정부가 세금을 부과하고 대외 정책을 수행할 권한을 가져야 한다고 생각했다. 그는 1783년에 의회를 떠나 정치계에서 거의 발을 뗀 채로 4년간 집안 형편을 살리기 위해 노력했다. 그러나 정치와 완전히 담을 쌓지는 않고 버지니아 연합 총회에서 대표로 활동했다. 1787년, 그는 의회에 재입성해 제2의 정치 인생을 시작했다.[16]

1787년 매디슨은 제헌 의회에 참가하기 위해 필라델피아에 도착했다. 제헌 의회는 5월 말부터 9월 중순까지 헌법 초안의 세세한 부분까지 논의했다. 매디슨은 새로운 정부의 자세한 틀을 구성하는 데 주도적인 역할을 담당해 '헌법의 아버지'라는 별명을 얻었다. 중앙에서 활동하던 정치 엘리트들은 오랜 기간에 걸쳐 헌법 제정에 기여한 매디슨의 활약을 뚜렷이 확인할 수 있었다. 매디슨은 헌법 초안을 기획하고, 이를 뒷받침하기 위한 헌법 제정 회의를 소집하는 데 핵심적인 역할을 담당했다. 정치 지도자가 이처럼 철저히 검증된 사례도 드물 것이다.[17]

제헌 의회에서 할 일을 마친 매디슨은 뉴욕으로 떠나 헌법의 비준을 위해 투쟁했다. 그는 존 제이^{John Jay}와 해밀턴과 함께 『연방주의자 논고^{The Federalist Papers}』로 알려진 에세이를 집필했다. 이 논문은 새로운 헌법을 지지하는 내용을 담고 있었다. 1788년 3월, 그는 버지니아로 돌아와 버지니아주의 헌법 비준에 매진했다. 그는 버지니아 주에서 연설가와 토론자로서 능력을 발휘해 헌법 지지 세력에 힘을 보탰다. 버지니아 비준 회의에서는 마침내 8표를 던지며 헌법을 승인했다.[18]

1789년 1월 매디슨은 미국 역사상 첫 하원 의원 선거에 출마했다. 선거구가 그에게 불리하게 획정되었는데도 그는 오랜 친구인 제임스 먼로를 당당히 이길 수 있었다(제임스 먼로는 나중에 대통령의 지위를 물려받는다). 하원에 입성한 그는 수입품에 대한 관세 부과 조치, 프랑스와 영국과의 외교 관계, 해밀턴이 주도한 연방의 채권 발행 정책, 권리 장전의 헌법 추가 등 여러 가지 현안에 두각을 나타냈다. 1797년 매디슨은 의원직에서 물러났고, 제퍼슨이 1801년에 그를 국무장관에 임명할 때까지 버지니아 주 의회에서 일하는 것 말고는 정치에 별다른 관여를 하지 않았다.[19]

애덤스, 제퍼슨과 마찬가지로 매디슨은 1800년 선거에 출마하기 전까지 미국의 정치 엘리트들로부터 오랜 기간 밀착된 검증을 받았다. 제퍼슨이 출마하지 않았더라도 애덤스와 매디슨이 대통령 선거에서 승리했을지 확신하기는 어렵다. 그러나 제퍼슨과 애덤스처럼 시스템을 통해 철저히 여과된 매디슨 또한 최빈값 대통령이 되었을 것이라고 충분히 짐작할 수 있다.

에런 버

버는 1756년 2월 6일 뉴저지에서 태어났다. 그의 아버지는 프린스턴 대학교의 전신인 뉴저지 대학교의 총장이었고, 어머니는 미국의 유명한 신학자이자 목사인 조너선 에드워즈Jonathan Edwards의 딸이었다. 그는 열세 살의 나이에 프린스턴 대학교 2학년에 입학했고, 입학 이후 목사가 되려고 했으나 6개월 후에 변호사의 길을 걷기로 생각을 바꿨다. 1775년, 베네딕트 아널드가 퀘벡 주에 맹렬한 공격을 퍼붓기 시작했고, 버는 이 전쟁에 참가하기 위해 잠시 공부를 중단했다. 그는 중령까지 진급했으나 건강 악화로 1779년에 전역했다. 전역 후 다시 법학 공부에 매진해 1782년에 변호사 시험을 통

과했고, 1783년에 전쟁이 잠잠해지면서 법률가로서 경력을 쌓기 위해 뉴욕시로 활동 무대를 옮겼다.[20]

버의 1780년대는 대부분 법률가로서의 활동에 집중되어 있었다. 그는 1784년에 주 의회 의원으로 선출되어 반연방주의자들과 유대를 맺기 시작했는데도, 별다른 영향력을 미치지는 못했다. 1788년과 1789년에는 조지 클린턴의 선거 운동을 도왔다. 뉴욕 주지사에 당선된 클린턴은 버를 뉴욕 주 법무장관으로 임명했고, 1791년에는 그가 상원 의원에 진출하도록 지원을 아끼지 않았다. 버는 선거에서 승리했으나 이 과정에서 자신의 장인이라는 이유로 필립 슈일러Philip Schuyler를 지지한 해밀턴을 영원한 적으로 돌리게 되었다. 버는 상원에서 두드러진 역할을 맡았다. 그는 특히 외교 문제에 집중하고, 공화당 인사들과 협력했으나, 본인이 희망했던 프랑스 대사로 지명되지는 못했다. 1796년 그는 부통령 선거에 출마했으나 패배했다. 선거인단의 투표 결과, 애덤스는 71표, 제퍼슨은 68표를 얻은 반면, 그는 30표밖에 얻지 못했다. 1797년에 상원에서의 임기가 끝났지만, 연방주의자들이 뉴욕 의회를 장악한 탓에 재선에 실패했다.[21]

뉴욕의 집으로 돌아오고 나서 버는 바닥난 집안 살림을 되살리는 데 집중했다. 그는 주 의회 의원을 연임하면서 상업 정책을 뒷받침해 뉴욕 상인으로 구성된 공화주의자들의 지지를 끌어냈다. 또한 세금 감면 정책을 뒷받침해 노동자들의 지지를 얻을 수 있었다. 탁월한 능력을 발휘하다 보니 연방주의자들의 표적이 되었고, 연방주의자들은 1799년 의회에서 가까스로 그를 낙선시키는 데 성공했다. 그러나 버는 전통적으로 연방주의자들의 텃밭이던 뉴욕에서 공화당의 힘을 키우는 데 성공했고, 주 의회에서 공화당의 기반을 확실히 마련한 지도자로 기억될 수 있었다. 그는 뉴욕의 중요한

선거에서 표심을 결정짓는 커다란 변화를 가져왔다.[22]

버는 공화당의 주요 인사임이 분명했다. 그러나 공직 경력은 제퍼슨, 애덤스, 매디슨에 비해 훨씬 짧았다. 소수당 출신으로 상원 의원을 한 번 거치면서 미국의 정치 엘리트들과 교류할 기회가 생겼으나, 차기 대선 경쟁자들에 비해서는 여과를 거친 기간이 짧았다. 버가 대통령에 당선되었다면 상대적으로 짧은 정치 경력과 권력을 쥐게 된 독특한 행보 탓에 비여과형 지도자로 분류되었을 것이다. 향후 다루겠지만, 그가 대통령이 될 수도 있었던 과정을 보면 비여과형 지도자가 확실해 보인다.

1800년 선거

초기에 공화당은 강력한 동력 두 가지에 힘입어 선거 운동을 진행할 수 있었다. 첫째, 워싱턴이 죽으면서 가장 명성을 떨친 연방파 인물이 사라졌다. 실제로 워싱턴은 가장 명성을 떨친 연방주의자를 넘어 가장 명성을 떨친 미국인이라고 표현하는 편이 정확했다. 이로써 연방파는 그에게 쏠린 대중의 존경심을 더 이상 선거에서 이용할 수 없었다. 둘째, 연방주의자들은 프랑스의 미국 상선 공격 사건을 다루는 애덤스의 방식을 두고 의견이 분열되었다. 해밀턴 측에서는 선전 포고를 비롯해 강력하게 대처해야 한다고 촉구했으나, 애덤스는 평화 협정을 끌어내는 데 성공했다. 해밀턴은 애덤스가 대통령으로 자격 미달이라고 부르짖는 팸플릿을 발간해 복수를 감행했고, 애덤스는 강력한 지지를 업고 선거에 나가기가 어려워졌다.[23]

1796년 선거는 박빙이었다. 공화주의자들은 1800년 선거에 진출하는 것이 책임을 맡는 일임을 잘 알고 있었다. 공화당은 뉴저지 입법부를 장악했고, 1799년 펜실베이니아 주지사 선거에서 승리하는 한편 연방주의자들의 텃밭이던 뉴잉글랜드에서도 3석이나 차지했다. 연방주의자들의 마지막 희망은 1800년 봄 선거에서 무참히 짓밟혔다. 버는 공화주의자들의 입지를 강화하기 위해 맹렬히 노력했고, 특히 뉴욕에 가장 많은 공을 들였다. 심지어 그는 거리 연설을 감행하며 선거 운동의 상식을 깨뜨렸다. 그가 뉴욕 의회 선거에 출마하기 위해 불러 모은 사람들 중에는 전임 주지사와 미국 우체국장을 비롯해 다양한 유명 인사들이 즐비했다. 뉴욕에서 그에게 대항할 수 있는 유일한 연방주의자는 해밀턴이었지만, 그는 당시 새로 창설된 군대를 인솔하기에 바빴다. 그 결과 공화파가 의회를 장악하기에 이르렀고, 제퍼슨이 부상하고 애덤스는 타격을 입었다. 1796년, 애덤스는 뉴욕 선거인단의 12표를 싹쓸이하면서 3표 차로 승리했다. 1800년에는 그를 지지하던 뉴욕 선거인단의 12표가 전부 제퍼슨 쪽으로 돌아섰다. 뉴욕 의회가 어떤 대통령 후보자가 선거인단의 표를 가져갈지 결정했기 때문이다. 초여름까지 제퍼슨은 선거의 승리를 가져다줄 가장 유력한 후보였다.[24]

개인적인 사건을 넘어, 공화주의자들은 관료주의적인 연방주의자들에 비해 훨씬 효율적인 민주주의적 정치가들이었다. 연방주의자들은 "경기의 본질이 바뀌었는데도 여전히 낡은 규칙을 고집했다. 공화주의자들은 유권자들에게 정력적이고 진심 어린 접근을 시도했으나, 연방주의자들은 복지부동이었다". 연방주의자들은 신문이 공적인 사건을 논의하는 것이 맞는지를 두고 찬반으로 의견이 갈렸고, 그중 다수는 엘리트들 사이에서 은밀하게 논의하는 편을 선호했다.[25]

1800년 대통령 선거는 오늘날의 선거와 많이 달랐고, 이러한 차이점이 위기를 촉발했다. 당시 미합중국 헌법은 선거인단에 대통령과 부통령의 선거권을 부여했다. 각 주를 대표하는 선거인단의 숫자는 해당 주의 상원 의원 수와 하원 의원 수를 합한 숫자와 같아야 했고, 선거인단을 선출하는 방식은 각 주의 재량에 달려 있었다. 최다 득표자가 전체 선거인단, 즉 총유권자의 과반수를 넘기면 대통령으로 선출되며 차순위 득표자는 부통령으로 선출되었다. 여기에서 중요한 것은, 각 유권자가 1인당 2표를 행사할 수 있었다는 사실이다. 한 표는 대통령, 한 표는 부통령을 염두에 두었지만 사실상 각 지위를 구분해서 표를 던지는 유권자는 찾기 어려웠다. 헌법 제정자들은 헌법을 제정하면서 정당 내에서 획일적으로 투표하는 투표 연합이 형성될 것을 예측하지 못했다. 그들은 모든 대통령 선거에서 많은 후보자들이 난립할 것이며, 과반수를 득표하는 후보자는 거의 등장하지 않을 것이라고 예상했다.[26]

최종 득표수가 같을 경우에는 하원에서 선거 결과를 정했다. 여기에서 복잡한 문제가 발생했다. 첫째, 하원에서는 하원 의원의 지위가 아닌 주를 대변하는 지위에서 투표했다. 당시 연방을 구성하는 주가 16개인 것을 감안할 때, 대선에서 승리하려면 하원 의원들의 과반수가 아닌 주 대표단의 과반수를 득표해야 했다. 따라서 최소한 9개 주 대표단을 자신의 편으로 끌어와야 했다. 둘째, 새로운 대통령을 선출한 하원은 이전 선거에서 선출된 하원이었다. 당시 상황에서는 1800년에 구성된 하원이 아니라, 1798년에 구성된 하원이 새로운 대통령을 선출한 것이다. 재론의 여지없이 만장일치가 보장되었던 워싱턴이 물러나자 안정적인 선출 과정은 사라지고 혼란, 예상치 못한 결과, 배후 협상이 끝없이 난무했다.[27]

1800년 선거는 16개 주에서 여러 가지 방법을 통해 선거인단을 선정하면서 몇 달을 끌었다. 뉴욕 주를 비롯한 일부 주에서는 의회에서 유권자를 결정했고, 직접 선거 방식을 택하는 주, 승자가 투표권을 독차지하는 주, 구역에 따라 유권자를 선택하는 주 등 주에 따라 각기 다른 방법을 취하고 있었다. 사람들 대부분은 사우스캐롤라이나 주에서 승패가 갈릴 것이라 예상했고, 이 예상은 정확히 맞아떨어졌다. 10월에 있었던 사우스캐롤라이나 의회 선거가 결정적이었다. 연방주의자들이 찰스턴Charleston에서 선전했는데도 제퍼슨의 공화파가 지방에서 과반수를 차지해 의회를 장악했다. 모두들 이제 애덤스는 끝났다고 생각했다. 공화주의자들은 의회 선거에서도 좋은 성적을 거둬 연방파들로부터 하원을 접수할 수 있었고, 상원에서도 연방파들에 비해 5석을 더 확보할 수 있었다.[28]

선거인단의 정확한 투표 결과는 12월 15일까지 오리무중이었다. 제퍼슨은 버에게 편지를 보내 사우스캐롤라이나 주와 테네시에서 한 명씩 확보하면 버에게 표가 가지 않고 자신이 대통령이 되리라 생각했는데, 그 과정에서 '형편없는 실수'가 있었거나 '위험하게 방치'했다는 것을 인정했다. 버는 제퍼슨에게 자신이 대통령이 될 생각이 없으며, 기꺼이 제퍼슨에게 양보하겠다고 답신했다. 12월 19일, 제퍼슨이 선거인단의 최종 투표 결과를 확인했을 때 미국은 갑자기 존립을 위협받을 정도의 위기에 봉착했다. 제퍼슨과 버는 똑같이 73표를 얻었고, 마지막 공은 하원으로 넘어갔다. 대통령을 결정하는 일에서라면 하원은 공화파가 아닌 연방파에 좌우되는 상황이었다. 연방파들은 연방파의 정책에 따라 국정을 운영할 것을 조건으로 버에게 표를 던지고 싶은 유혹에 휩싸였다. 만일 그렇게 된다면 공화파의 승리가 무의미해지며, 의회에서 이해관계를 두고 이전투구하는 상황이 벌어질 수 있었다.[29]

대부분은 버의 약속을 믿고 버가 제퍼슨에게 쉽게 양보할 것이라고 예상했다. 상원은 2월 11일 선거인단의 선거 결과를 집계했고, 이후 하원에서는 다음 대통령을 선출하기 위한 절차를 연이어 진행해야 했다. 하원 의원 대다수가 연방파였으나, 공화파는 16개 주 가운데 8개 주 대표단state delegation을 통제할 수 있었다. 이 가운데 2개 주는 비등했고, 나머지 6개 주는 연방파들이 장악하고 있었다. 제퍼슨이 승리하려면 1개 주만이 추가로 필요했다. 반면 버가 승리하려면 연방파 6개 주가 만장일치로 그를 지지하고, 2개 주가 교착 상태에 빠지고, 공화파가 장악한 8개 주 가운데 1개 주의 지지를 확보해야 했다.[30]

이 밖에 하원이 애덤스의 임기가 끝날 때까지 교착 상태에 빠질 수도 있었다. 이러한 상황이 발생한다면 두 가지 결과가 가능했다. 상원 의장이 임시로 대통령직을 수행하거나, 연방파가 장악한 상원이 대통령을 뽑지 못하도록 제퍼슨이 상원의 모든 회의에 참석해 상원 의장으로서의 권한을 행사하는 것이었다. 부통령은 상원 의장을 겸직하기에 가능한 자리였다. 그 대신 헌법은 대통령이나 부통령 유고 시 권한 대행자를 지명하는 권한을 하원에 부여했다. 예컨대 하원은 대통령직을 수행하도록 장관을 지명할 수 있었다. 교착 상태가 지속되었다면 하원은 연방주의자를 선택했을 것이다.[31]

버는 자신이 당선되기 위해 배후에서 공작을 펼쳤다. 공화파들은 버몬트, 뉴저지, 조지아, 테네시에서 한 표씩을 확보할 수 있었다. 그의 뒤를 받쳐줄 수도 있는 연방주의자들과 손을 잡으려면 3명의 하원 의원이 필요했다. 5개 주 가운데 3개 주만 자신의 편을 들어 준다면 대통령이 될 수 있었다. 버는 메릴랜드 주 하원 의원이었던 새뮤얼 스미스Samuel Smith에게 편지를 썼다. 그는 메릴랜드 대표의 뜻을 좌지우지할 수 있는 인물이었다. 버는 편지에서 대통령직을 맡을 기회가 주어진다면 기꺼이 받아들일 준비가 되어 있다고 고백했다. 전해지는 말에 따르면 버는 스미스를 만났고, 싸울 준비가 되어 있다는 이야기를 했다고 한다. 제임스 바야드James Bayard는 연방주의자이자 델라웨어 주의 유일한 하원 의원이었다. 이 위기를 해결할 수 있는 강력한 지위에 있었던 그는 버를 지지하겠다고 공표했다.[32]

연방주의자들은 버를 그다지 높이 평가하지 않았다. 해밀턴은 버를 '대통령직에 가장 어울리지 않는 미국인'이라고 생각했다. 하지만 사람들은 그를 홀로 내버려 두지 않았다. 대부분의 연방주의자들은 버를 지지했다. 그 이유는 제퍼슨이 미운 탓도 있었지만 버의 야심을 이용해 그를 대통령에 앉히면 자신들이 권력을 행사할 수 있을 것이라고 믿었기 때문이다. 많은 연방주의자들이 권력을 유지하기 위해 버를 대통령에 앉히는 위험을 감수하려 했으나 해밀턴만큼은 예외였다. 그는 연방파 하원 의원들에게 버 대신 제퍼슨을 밀어 달라고 말했다. 해밀턴은 과거에 비해 영향력이 많이 줄었으나, 선거 결과를 결정할 인물로 바야드를 지명한 것만큼은 올바른 판단이었다. 또한 그는 연방주의자들에게 제퍼슨을 지지하라고 제안했다. 제퍼슨은 자신을 지지해 주는 대가로 연방주의자들의 핵심 정책 몇 가지를 흥정하지는 않을 것이라고 약속했다. 이것이 바로 그가 제퍼슨을 옹호한 이유였다.[33]

1801년 2월 11일 정오, 투표함이 열리고 개표가 시작되었다. 놀랍지 않은 결과가 나왔다. 제퍼슨과 버는 각각 73표씩을 얻었고, 애덤스는 65표, 연방파의 부통령 후보였던 찰스 핀크니Charles Pinckney는 64표, 존 제이는 1표를 얻었다. 오후 1시에 하원은 투표에 들어갔다. 제퍼슨은 공화파가 우세한 주의 8표, 버는 연방파가 우세한 주의 6표를 가져갔다. 한편 메릴랜드와 버몬트 주의 선거인단은 동률로 나뉘어 기권으로 간주되었다. 이러한 결과로는 여전히 승자를 가릴 수 없었고, 하원에서는 2월 14일에 휴회될 때까지 33번이나 투표를 거듭했다. 투표가 계속되면서 긴장이 고조되었다. 버지니아 주와 펜실베이니아 주의 공화파 주지사들은 제퍼슨이 당선되지 않으면 군대를 움직여 무력을 행사하겠다고 위협했다.[34]

델라웨어 주의 하원 의원 바야드는 휴회 기간을 이용해 버지니아 출신이자 제퍼슨의 측근인 존 니컬러스John Nicholas를 만났다. 바야드는 니컬러스에게 제퍼슨이 연방파의 세 가지 핵심 정책을 지속할 수 있겠느냐고 질문했다. 세 가지 정책은 연방 부채를 상환하고, 해군에 재정을 지원하고, 연방파라는 이유만으로 정부 관료직에서 해임하지 않는 것이었다. 니컬러스는 바야드에게 이러한 요구들이 타당하다고 말하면서도 제퍼슨에게 전달하기를 거부했다. 이후 바야드는 메릴랜드에서 새뮤얼 스미스를 만나, 제퍼슨과 만나서 이야기해 보겠다는 답변을 들을 수 있었다. 스미스는 제퍼슨을 만나 이러한 요구를 전달했고, 제퍼슨은 스미스에게 동의한다는 의사를 표시했다. 스미스는 돌아와서 바야드에게 제퍼슨의 의중을 전달했다. 이러한 술책에도 하원은 2월 16일 회기를 열어 두 번에 걸쳐 투표를 진행했으나 결과는 마찬가지였다. 결국 또 한 번 휴회에 들어갈 수밖에 없었다. 버는 최소한 공식적으로는 협상에 아무런 역할을 담당하지 못했다. 여러 해가 지나, 매디슨은 버가 대통령직을 차지하려는 계획의 일환으로 교착 상태를 유도하고 있다고 주장했다. 제퍼슨이 이후 자신의 딸에게 쓴 편지에서는 버에 대한 생각이 담겨 있었다. "총구가 휜 총, 뒤틀린 기계와 같은 사람이야. 그 사람의 목표가 무엇인지, 그 사람의 총구가 어디로 향할지 아무도 예측할 수 없어."[35]

그날 오후 사건이 발생했다. 버는 하원의 연방파 의원 몇 명에게 서신을 보냈다. 그 내용은 아직까지 알려지지 않았다. 읽는 즉시 문건 자체를 파기했기 때문이다. 그러나 바야드는 아내와 해밀턴에게 연방파들 입장에서는 버의 조건을 받아들이기 어렵다고 말했다. 다음 날 2월 17일 정오, 바야드는 기권했다. 바야드의 기권은 델라웨어 주의 기권과 마찬가지였고, 이는 곧 제퍼슨의 승리를 의미했다. 나아가 메릴랜드, 버몬트, 사우스캐롤라이나 주의 연방파들 또한 기권했다. 이로써 메릴랜드와 버몬트는 제퍼슨을 지지하게 되었고, 연방파 대표가 장악하고 있던 사우스캐롤라이나는 버를 지지하는 입장에서 기권으로 돌아섰다. 제퍼슨은 10개 주에서 승리했으나, 버는 2개 주가 기권함에 따라 4표밖에 얻지 못했다.[36]

제퍼슨은 항상 대통령직을 지키기 위해 타협하는 것을 거부했다. 하지만 바야드는 제퍼슨이 항상 타협했다는 정반대의 이야기를 일삼았다. 바야드에 따르면, 제퍼슨은 연방파들이 제안한 협상안과 매우 비슷한 정책을 펼쳤다. 바야드와 제퍼슨의 가교 역할을 담당했던 새뮤얼 스미스가 증언 녹취록에서 밝힌 바에 따르면, 제퍼슨은 공적으로는 대통령직을 두고 협상하지 않겠다는 뜻을 스미스에게 표시했다. 하지만 상투적인 우아한 논리로 포장해 사적으로는 자신의 신념을 기꺼이 털어놓을 수 있다고 고백했다. 또한 연방주의자들의 요구 사항 하나하나를 들어줄 수 있다고 말하면서, 자신이 쓴 글을 인용해 그가 기꺼이 무언의 협상을 지킬 의사가 있다는 것을 보여 주었다.[37]

제퍼슨이 승리한 데는 여러 가지 이유가 있었다. 그중 1순위는 헌법의 허점 탓에 승리를 보장받지는 못했더라도 거의 모든 사람이 그를 진정한 대통령감이라고 생각했다는 점이다. 둘째, 그는 연방주의자들과 협상을 거부하지 않을 정도로 유연한 면을 보여 주었고, 드러내고 협상하지 않는 것처럼 가장하는 정치적 수완도 갖추고 있었다. 셋째, 많은 연방주의자 엘리트들은 버를 잘 알고 있었다. 그들은 제퍼슨을 싫어했지만, 버를 잘 알고 있었기에 제퍼슨이 버보다 낫다는 결정을 내릴 수 있었다. LFT에 따르면, 버는 여과 과정에 노출되었고, 여과 과정을 거쳤다고 평가할 수 있다.

...

루이지애나 매입

...

다음과 같은 질문을 던져 보기로 한다. 제퍼슨이 최빈값 지도자였다면, 다른 대체 후보 지도자 또한 그와 같은 결정을 내렸을까? 1800년 9월 30일, 모르트퐁텐 조약에 서명하면서 루이지애나 매입의 서막이 열린다. 이 조약은 애덤스 행정부의 산물이었다. 애덤스 행정부는 선전 포고 없이 발발했던 미·프 해전을 종결하기 위해 노력했고, 미국과 프랑스 사이의 영구 평화 조약을 이끌어 낼 수 있었다. 그다음 날 프랑스는 스페인과의 비밀 조약을 체결했고, 이 조약에 따라 스페인은 방대한 루이지애나 영토를 프랑스에 양도했다. 프랑스는 제3국에 절대로 영토를 할양하지 않을 것이라고 약속했다. 프랑스의 절대 통치자였던 나폴레옹Napoléon은 역동적인 품성 탓에 허약한 스페인 정부보다는 미국의 모험에 더 많은 관심을 보여 미국을 위협할 가능성이 높았다. 미국인 중 그 누구도 이 조약의 내용을 알지 못했으나, 이미 조약은 체결된 상태였다.[38]

애덤스와 연방파들이 영국과의 동맹을 선호한 반면 제퍼슨과 공화파들은 프랑스에 우호적이었다. 제퍼슨과 국무장관 매디슨은 프랑스가 루이지애나에 다시 욕심을 낸다는 것을 알고 있었다. 하지만 이러한 욕심을 부리는 이유는 애덤스 행정부가 프랑스를 적대했기 때문이라고 믿었다. 프랑스

위 1803년의 뉴올리언스. J.L 부케토 드 우아서리J. L. Bouquet de Woiseri가 미국의 루이지애나 주 매입을 축하하고, 경제적 번영에 대한 기대를 담아 그린 그림이다. 독수리 아래에 "내 날개 아래 모든 것이 번영할 것이다"라고 적혀 있다.

아래 헨리 루이스Henry Lewis가 그린 1840년대 후반의 뉴올리언스의 미시시피 강 유역.

에 대한 우호적인 시각에도, 두 사람은 프랑스가 미시시피를 관리하게 된다면 미국의 이익을 심각하게 위협하고 미국의 존립 자체를 위태롭게 만들 수 있다고 생각했다. 미시시피는 미국의 생산품을 해외로 수출하는 통로였다. 미시시피가 봉쇄되어 미국 상선이 통과할 수 없게 된다면 강에 의지하는 지역들은 강을 관리하는 제3국과 독립적인 협상을 시도할 수 있고, 그러다 보면 해당 지역들도 독립을 꾀하는 상황이 벌어질 수 있었다. 이러한 위협은 쉽게 볼 사안이 아니었다. 제퍼슨은 이 문제를 두고 이렇게 말했다. "점유자가 우리의 타고난 적이 될 수밖에 없는 지구 상의 단 한 지역, 그곳이 바로 뉴올리언스다. 우리 영토에서 나온 물품의 38퍼센트 정도가 뉴올리언스를 거쳐야만 시장으로 나갈 수 있다."[39]

스페인은 정부의 힘이 약해 미국에 문제를 일으키기 어려워 보였다. 그러나 훨씬 야심차고 활동적이던 나폴레옹의 프랑스는 스페인과 달랐다. 프랑스가 미국을 가만두지 않으리라는 느낌은 미국 전역에 퍼져 있었다. 미국은 이러한 위협을 심각하게 받아들였고, 확신에 찬 제퍼슨은 뉴올리언스를 프랑스에 할양하면 미국과 프랑스의 반목이 불가피하며 영미 동맹이 불안해질 것이라는 견해를 프랑스에 분명히 전달했다. 뉴올리언스의 운명은 제퍼슨 행정부에 닥친 가장 중요한 현안이었다.[40]

제퍼슨은 프랑스가 루이지애나를 다시 요구할 것이라 예상하고 있었다. 그는 1801년에 뉴욕 변호사이자 정치가로 오랜 기간 공화파에 몸담았던 로버트 리빙스턴Robert Livingston을 프랑스 특사로 임명했다. 리빙스턴이 맡은 임무는 두 가지였다. 프랑스의 미국 상선 공격에 대한 미국인들의 요구 사항을 최종 협상으로 이끌어야 했고, 프랑스가 루이지애나를 다시 얻지 못하도록 막아야 했다. 리빙스턴은 예전에 워싱턴으로부터 동일한 자리를 제안받

앗으나 고사한 적이 있었다. 하지만 이번에는 수락했고, 프랑스에 도착하자마자 프랑스가 루이지애나를 관리하는 내용의 조약이 체결되었다는 사실을 알게 되었다. 그는 제퍼슨에게 이 소식을 알렸고, 지명도 되기 전에 임무는 실패로 돌아가고 말았다.[41]

1802년, 미시시피에 대한 우려가 실제 위기로 확대되기에 이르렀다. 1800년, 프랑스는 비밀리에 공식적으로 루이지애나를 관리하기 시작했다. 하지만 스페인 관료들이 행정직에 그대로 남아 있었다. 1802년 11월 스페인 관료 후안 벤투라 모랄레스Juan Ventura Morales는 뉴올리언스 항을 폐쇄하고 미국 상인들로부터 화물을 쌓아 두는 권리를 박탈했다. 무슨 동기로 그러한 조치를 취했는지는 모르나 대부분의 미국인들은 그의 행동이 프랑스의 음모에서 비롯되었다고 생각했다. 엄청난 반발이 뒤따랐고, 연방파 주요 인사들은 전쟁을 부르짖었다.[42]

제퍼슨은 압력을 받아들여 상원 의원과 주지사를 역임했던 먼로를 전권 대사로 지명하고, 하원에 200만 달러를 협상 비용으로 승인해 달라고 요청했다. 그는 버지니아 출신으로 제퍼슨의 오랜 친구였다. 먼로는 워싱턴 밑에서 프랑스 대사를 역임했으나, 프랑스를 공식적으로 지지해 영국과 대항하면서 미국의 중립성을 해쳤다는 이유로 경질된 적이 있었다. 하지만 제퍼슨은 먼로와 친분을 유지하면서 버지니아 주지사에 당선되도록 도움을 아끼지 않았다. 제퍼슨은 먼로의 재정 상황이 매우 좋지 않아서 공직을 흔쾌히 맡기가 힘들다는 것을 알고 있었다. 그럼에도 국가의 위기를 걱정했던 제퍼슨은 다시 한번 친구에게 개인적인 이익을 '희생'해 이 난국을 풀어 달라고 요청했다.[43]

제퍼슨과 메디슨은 프랑스로 떠나기 전에 먼로에게 분명한 지침을 하달했다. 매디슨은 먼로에게 "뉴올리언스와 플로리다를 미국에 양허하고, 미시시피를 미국과 루이지애나 사이의 경계로 확정할 것"이라는 목표를 안겼다. 하지만 미시시피 서쪽의 영토는 아무도 언급하지 않았다. 그들은 뉴올리언스와 플로리다에 600만 달러를 쓸 준비가 되어 있었다. 매디슨이 내린 과제는 이것 말고도 더 있었다. 프랑스가 뉴올리언스를 팔 생각이 없다면, 먼로 스스로 항구를 건설할 적당한 영토를 찾아야 했다. 그것도 아니라면 최소한 미국이 뉴올리언스에 상품을 적치할 권리를 확보하거나 해당 지역에서 소유권을 인정받는 협상이라도 이끌어야 했다. 그러나 매디슨이 먼로에게 보낸 4페이지짜리 서신에서는 루이지애나 전체를 매입할 가능성이 전혀 논의되지 않았다.[44]

먼로가 파리로 향하는 와중에도 정세는 빨리 변하고 있었다. 나폴레옹과 프랑스 외무장관 탈레랑은 북미에 프랑스 제국을 건설하려는 야망을 품었다. 하지만 생도밍구Saint Domingue 섬에서 프랑스의 지위를 급격히 반전시키는 사건이 일어나면서 그들의 꿈은 엄청난 타격을 입었다. 오늘날 아이티Haiti가 된 생도밍구 섬에서 반란이 일어났고, 프랑스는 이를 진압하기 위해 군대를 파견했다. 대규모 반란이 일어난 이유는 나폴레옹이 생도밍구 섬에서 노예 제도를 부활시킨 데 있었다. 반란군의 지도자 투생 루베르튀르Toussaint L'Ouverture는 아슬아슬하게 포로로 잡힐 때까지 남다른 지도력으로 반란군을 이끌었다. 설상가상으로 미국 땅에 도착한 프랑스 군대가 황열병에 시달리면서 신세계에 프랑스 제국을 건설하려던 야심찬 계획에 짙은 그림자가 드리워졌다. 심지어 나폴레옹의 매제이자 프랑스 군대를 지휘했던 샤를 르클레르Charles Leclerc 장군마저 황열병으로 사망했다. 나폴레옹은 2만 5천 명의 군대를 추가로 파견했으나 별다른 진전이 없었다.[45]

나폴레옹이 볼 때, 루이지애나의 식민지 주민들이 농산물을 서인도에 수출하면 서인도의 프랑스 농장주들은 노예들을 이용해 사탕수수 경작에만 집중할 수 있었다. 프랑스 장군 장 바티스트 베르나도트Jean-Baptiste Bernadotte는 식민지로 두고 있던 네덜란드의 주민들을 소집해 1만 명의 군사와 함께 루이지애나로 파견할 준비를 하고 있었다. 당시 프랑스는 설탕을 팔아서 얻은 이익으로 영국과의 전쟁에서 소모한 재정을 근근이 보충하는 정도였으나, 영국은 엄청난 경제력을 기반으로 나폴레옹에 대항하는 상황이었다. 생도밍구 섬을 통제하지 못하면 루이지애나의 효용 가치는 한참 떨어질 수밖에 없었다.[46]

더욱 중요한 것은 영국과의 전쟁 가능성이었다. 프랑스인들은 곧 전쟁이 일어날 것으로 예상했고, 전쟁 자금을 마련하기 위해 안간힘을 쓰고 있었다. 루이지애나의 장기적 효용 가치는 분명했으나 당장 유럽에 닥친 일이 훨씬 다급했다. 나폴레옹은 프랑스의 뉴올리언스 통치에 미국인들이 반감을 갖고 있으며, 상원에서 전쟁을 지지하는 의견이 비등하다는 사실을 잘 알고 있었다. 영국과 전쟁이 시작되면 재정이 바닥날 것이고, 프랑스의 국력을 미국에 쏟으면 더욱 어려운 상황에 처할 것이 분명했다. 특히 영국 및 미국과 동시에 전쟁을 치르는 상황이 우려되었다. 1803년 3월 24일, 리빙스턴은 매디슨에게 보낸 서신에서 프랑스와 영국과의 긴장이 고조되면서 베르나도트가 군대와 식민지 주민들을 더 이상 끌어 모으지 않는다고 보고했다.[47]

사면초가에 몰린 나폴레옹은 프랑스의 정책을 좌지우지할 중대한 결단을 내려야 했다. 1803년 4월 10일 부활절에 그는 생클루Saint Cloud에 있는 나폴레옹 궁전에서 회의를 소집해 루이지애나 영토 전체를 매각할 계획을 논의했다. 먼로는 프랑스 영토의 매입을 논의하도록 공식적으로 권한을 위임받았지만, 아직 파리에 도착하지 못한 상태였다.

나폴레옹은 해군 참모총장 드니 드크레^{Denis Decrès} 장군과 재정부 장관 프랑수아 바르베 마르부아^{François Barbé-Marbois}에게 매각 계획을 논의하도록 지시했다. 드크레는 식민지가 없다면 프랑스는 더 이상 해군력을 발휘할 수 없을 것이라고 주장하며 강력하게 반대 의견을 펼쳤다. 바르베 마르부아는 루이지애나는 어차피 언젠가 미국에 봉속될 것이라고 주장하며 매각을 강력히 지지했다. 나폴레옹은 루이지애나를 아무 대가 없이 포기할 수 없다는 점을 분명히 하면서 이렇게 말했다. "내가 미국의 공화주의자들을 친구로 삼고 싶은 건 사실이지만, 적(영국)을 상대할 최소한의 시간만 있었다면 아무것도 주지 않았을 거야. 그들은 오직 루이지애나의 한 도시만 요구하고 있으나, 나는 루이지애나 전체를 넘기려 생각하고 있어. 점점 강력해지는 미국이 루이지애나를 갖는 편이 프랑스의 정책과 교역에 유리해 보이거든." 바르베 마르부아가 저술한 책의 내용을 언급하면, 그는 드크레와 논의하면서도 이미 나폴레옹이 마음속으로 결정을 내린 지 오래라고 생각했다. 다음 날 아침, 나폴레옹은 그에게 이렇게 말했다. "루이지애나를 포기할 거야. 뉴올리언스만 포기하는 게 아니라 식민지 전체, 말하자면 루이지애나 전체를 남김없이 넘긴다는 뜻이야."⁴⁸

　하지만 이 시점에 미국에서는 루이지애나 전체는 말할 것도 없고, 뉴올리언스를 매입하려는 시도조차 하지 않았다. 실제로는 미국조차 가능성 있는 계획이라고 생각하지 않았던 것 같다. 뉴올리언스 문제를 협상하기 위해 특사로 지명된 먼로는 아직 파리에 도착하지 않은 상태였다. 나폴레옹이 명령을 전달하는 방식은 특이했다. 나폴레옹은 자신만의 방식으로 의중을 전달했고, 프랑스 정부는 그의 생각을 즉시 실행에 옮겼다. 그날 오후 탈레랑은 리빙스턴의 집을 방문해 미국이 루이지애나 전체를 살 의향이 있느냐고 표연히 질문했다. 공식적인 자리에서 논의를 개시하고 싶지 않았던 그의 전형적인 전략이었다. 깜짝 놀란 리빙스턴은 미국은 단지 뉴올리언스와 플로리다에만 관심 있다고 말하며 말꼬리를 흐렸다. 탈레랑은 뉴올리언스 없는 루이지애나는 무용지물이라고 말해 주었다. 리빙스턴은 루이지애나 전체 매입 금액으로 2천만 프랑 또는 400만 달러를 제시했다. 탈레랑은 금액이 너무 낮다고 대답하며 리빙스턴에게 재고를 요청했다.[49]

먼로는 4월 12일 파리에 도착해 이 소식을 들었다. 먼로와 그의 가족은 리빙스턴과 함께 저녁 식사를 하고 있었다. 프랑스 재정부 장관 바르베 마르부아는 이에 아랑곳하지 않고 그들을 방문해 그날 저녁 자신의 사무실로 올 수 있느냐고 물었다. 먼로는 아직 정식으로 승인을 받지 못한 상태였다. 매입 협상을 자신의 공으로 돌리고 싶어한 리빙스턴은 밤에 홀로 그의 사무실을 찾아갔다. 리빙스턴과 대면한 바르베 마르부아는 루이지애나를 넘기는 대가로 2500만 달러를 제안했다. 이 가운데 500만 달러는 리빙스턴의 임무였던 군사 분쟁을 해결하기 위한 용도였다. 가격이 너무 높다는 리빙스턴의 항의에 바르베 마르부아는 1500만 달러로 제안 가격을 떨어뜨리고, 리빙스턴에게 미국의 신용이 우수하므로(역설적으로 제퍼슨과 매디슨이 반대했던 해밀턴식 정책 덕에 이러한 평가를 받을 수 있었다) 차관을 받을 수도 있을 것이라고 말했다. 리빙스턴은 믿지 못하는 척하면서도 집으로 달려가 자정이 다 된 시간에 매디슨에게 편지를 보냈다. "가격을 낮추기 위해 할 수 있는 건 다 해야겠죠. 하지만 우리가 결국 사게 될 것이라는 느낌이 드네요."[50]

제퍼슨이 먼로에게 허락한 재량의 상한은 5천만 프랑이었다. 먼로는 이 금액을 한도로 플로리다 일부분에 대한 소유권과 미시시피 강의 통항권을 확보해야 했다. 하지만 바르베 마르부아와 논의되고 있던 금액은 의회가 승인한 범위를 훨씬 초과하는 액수였다. 게다가 그 누구도 루이지애나 전체를 매입하는 문제를 먼로와 논의한 적이 없었다. 이처럼 예상치 못한 기회를 갖게 된 먼로는 이틀에 걸쳐 루이지애나 전체에 대한 매입 금액을 제안했다. 4월 15일에는 4천만 프랑, 16일에는 5천만 프랑을 제안했으나, 두 제안 모두 거절당했다. 2주일 후, 기회가 영영 사라질지도 모른다는 생각에 먼로는 8천만 프랑 또는 2천만 달러로 금액을 올려 제안했다. 이 가운데 2천만 프랑은 리빙스턴의 원래 임무였던 프랑스의 미국 상선 공격에 대한 미국의 요구 사항을 해결하는 비용이었다. 1803년 5월 2일 정식 조약이 체결되었다. 2주일 후 나폴레옹은 영국과의 전쟁을 재개한다고 선포하면서 루이지애나 매각을 승인한다는 성명을 아울러 발표했다.[51]

리빙스턴이 자정에 매디슨에게 보낸 편지는 6월 말 워싱턴에 당도했다. 매디슨은 곧바로 먼로와 리빙스턴에게 매입을 진행할 권한을 부여했다. 매디슨은 몰랐지만, 그들은 이미 매입 협상을 마무리한 상태였다. 그리고 먼로가 프랑스를 떠날 때 루이지애나 전체를 매입하는 것이 '가능성의 단계'에 머물러서는 안 된다고 언급했다. 협상이 완료되었다는 소식은 6월 30일 보스턴에서 처음 발표되고 나서 7월 3일 워싱턴에 도달했다. 많은 연방파들은 공식적으로 매입을 반대했으나, 공화파들이 1800년 선거에서 승리하고 1802년 중간 선거에서도 더욱 많은 의석을 확보하면서 큰 목소리를 내기 어려웠다. 당시 공화파와 연방파의 의석수는 하원은 103대 29, 상원은 25대 9로 공화파가 의회를 장악하고 있었다. 게다가 매입을 지지하는 연방주의자도 있었다. 해밀턴 역시 「뉴욕 이브닝 포스트New York Evening Post」에서 지지의 목소리를 높였고, 존 애덤스 또한 1811년에 개인적으로 쓴 편지에서 "루이지애나 전체를 매입한다는 소식을 듣고 매우 기뻤다. 루이지애나 전체를

확보하지 못하면 미시시피 강의 통항권을 보장받을 수 없기 때문이다"라고 말했다.[52]

조약의 자세한 내용을 보고받은 제퍼슨은 딜레마에 빠졌다. 미국 헌법의 아버지들은 연방 정부의 권한을 확실히 제한했고, 제퍼슨이야말로 이처럼 엄격한 해석을 앞장서 지지했다. 그의 딜레마는 간단했다. 제퍼슨이 생각하기에 미국 헌법은 새로운 영토를 합병할 권한을 연방 정부에 부여하지 않았다. 이는 그 스스로 공식석상에서 누차 이야기한 사항이었다. 헌법이 연방 정부에 권한을 부여하지 않았다면, 연방 정부는 그러한 권한을 전혀 갖지 못한다고 말해 왔던 것이다.[53]

쉽게 오지 않는 기회를 놓칠 수 없었던 제퍼슨은 가장 소중히 생각했던 원칙 하나를 버릴 수밖에 없었다. 그는 7월 16일 각료 회의에서 연방 정부에 영토를 편입할 수 있는 권한을 부여하는 헌법 개정안을 통과시키려고 했다. 거의 불가능해 보이는 일을 감행하는 무리수를 둔 탓에 그 어떤 정부 위원도 그를 지지하지 않았다. 하지만 조약은 서명일로부터 6개월 이내에 비준을 받아야 했다. 미국은 10월 30일까지밖에 시간이 없었다(조약의 공식적인 체결 일자는 4월 30일이었다). 헌법 개정안이 그토록 빠른 시간 안에 통과될 수는 없었다. 하지만 제퍼슨은 이에 아랑곳하지 않고 계획을 밀어붙였다. 심지어 그는 상원의 공화파 지도자들에게 헌법 개정의 필요성을 역설했다. 또한 그는 루이지애나를 차지하기 위해 군대에 뉴올리언스를 점거할 준비 태세를 갖추라고 명령했다. 아울러 10월 17일 하원에 특별 회기 소집을 요청해 상원의 조약 비준 및 하원의 재정 승인을 이끌어 내려 했다.[54]

제퍼슨은 대내외적 압력을 이기지 못하고 헌법을 개정하려는 계획을 포기했다. 나폴레옹은 헌법상 문제가 있다는 주장에는 전혀 귀를 기울이려 들지 않았다. 프랑스 의회(프랑스의 입법부)의 동의 없이 루이지애나를 매각하는 것이 위헌이라는 말을 듣고 그는 "헌법! 위헌! 공화국! 주권! 아주 거창한 말이로군! 엄청난 단어들이야! 당신들 아직도 생막시맹St. Maximin의 학술 모임에 속해 있다고 생각하는 건가?"라고 말했다.

제퍼슨은 8월 17일 리빙스턴으로부터 나폴레옹이 조약을 철회하고 싶어 한다는 편지를 받았다. 제퍼슨은 헌법적 원칙에 충실하느냐, 루이지애나를 얻느냐를 결정해야 하는 갈림길에 서 있었다. 다음 날 제퍼슨은 리빙스턴의 편지를 매디슨에게 전달하며 헌법 개정 논의를 중단하라고 지시했다. 나폴레옹에게 철회의 명분을 줄 수도 있다는 이유에서였다.[55]

두 번째 이슈는 상원을 통해 조약의 비준을 시도할 것인지였다. 9월 상원의 공화파를 주도하던 버지니아 주의 윌슨 케리 니컬러스Wilson Cary Nicholas 의원은 제퍼슨에게 헌법 개정의 필요성을 언급하는 것만으로도 조약의 비준이 위험해질 수 있다는 편지를 보냈다. 그 이유는 편지의 다음 내용에서 잘 드러난다. "헌법이 부여한 조약 체결권의 범위를 지키지 못했다고 당신 스스로 고백하는 꼴이 되므로 상원에서 통과되기 어려울 겁니다." 매디슨도 나섰다. 그는 제퍼슨에게 아주 강경한 태도를 취했고, 리빙스턴과 먼로가 보낸 편지를 인용해 "헌법 개정을 조금이라도 언급한다면 일 전체를 그르칠 수도 있다"라고 경고했다.[56]

결국 제퍼슨은 헌법 개정 없이 일을 진행하기로 한걸음 물러났다. 그는 공개적으로 헌법 개정을 언급하지 않고, 자신의 헌법적 권한을 남용했다는 우려를 상원에 알리지 않았다. 제퍼슨이 이러한 내홍을 겪고 난 이후, 비준을 위한 상원의 논의는 용두사미로 끝났다. 10월 20일, 조약은 24대 7로 가볍게 통과되었다.[57]

제퍼슨이 헌법 개정에 집착했다면 조약은 상원에서 엄격한 법 해석을 중시하는 상원 의원과 정부에 반대하는 연방주의자들 탓에 통과되기 어려웠을 것이다. 이 과정을 요약하자면, 그는 국가의 영토를 두 배로 늘릴 기회를 놓치지 않으려 자신의 원칙과 타협했고, 이에 대한 보상을 받을 수 있었다.[58]

평가

그 어떤 기준에서도 제퍼슨은 재능이 넘치는 지도자였다. 하지만 그의 시대에는 헌법을 제정한 매디슨,『연방주의자 논고』대부분을 집필한 해밀턴, 세계에서 가장 뛰어난 과학자에 속했던 벤저민 프랭클린 등 뛰어난 정치인이 즐비했다. 해밀턴이 재무장관 시절 저술한 보고서는 현대 경제학의 기틀로 자리 잡았다. 놀랍게도 루이지애나 매입에 제퍼슨이 특별한 재능을 발휘한 것은 아니었다. 하지만 이는 그가 재임 기간에 이룩한 가장 위대한 업적으로 간주된다. 특별한 외교 전략이나 지적 능력을 발휘한 것도 아니었고, 쉽게 오지 않는 기회를 훌륭한 수완을 발휘해 잡은 정도였다. 전반적인 과정에서 평범한 대통령이라면 결코 하지 못했을 특별한 것은 아무것도 없었다.

당시의 눈높이나 공화당의 기준에서 보더라도 제퍼슨은 작은 정부를 강력히 선호했다. 정부가 그를 푸대접한 적이 없는데도 그는 이러한 철학을 고수했다. 이러한 이념은 실용주의와 맞물려 있었다. 이러한 실용주의 덕에 그는 대내외적 정치 환경의 제약하에서 효율적으로 일할 수 있었다. 그러나 한편으로는 이러한 정치관 탓에 주어진 기회를 활용하기가 어려웠다. 하지만 나폴레옹이 제공한 기회를 두고 결단의 순간이 다가왔을 때 그는 자신의 정치 철학과 기꺼이 타협했다. 제퍼슨이 이념적으로 완고해서 매입할 기회를 날리거나, 조언자들의 간언을 듣지 않고 헌법 개정을 밀어붙였다면 남에게 기대하기 어려운 독특한 영향력을 행사했을 것이다. 하지만 그는 다른 길을 택했다. 이념을 고수하기보다는 상황에 따라 유연한 입장을 취해 최후의 승자가 될 수 있었다. 그가 대륙 절반을 얻을 기회를 두고 융통성을 전혀 발휘하지 못하는 완고한 인물이었다면, 그러한 외골수 기질이 오랜 경력 가운데 드러나 대통령이 되기 힘들었으리라고 예상할 수 있다. 예컨대 그를 대통령으로 만들어 준 세심한 협상은 유연성과 실용주의 없이는 불가능했다.

제퍼슨에게서는 특별한 카리스마형 지도자의 특징을 찾아볼 수 없었다. 예컨대 그는 연설 실력이 뛰어나지 못했다. 그가 연두교서를 서면으로 대신한 이유도 사람들 앞에서 연설하는 것을 꺼려했기 때문이라고 짐작할 수 있다. 또한 제퍼슨은 정신 질환의 낌새가 있거나 판단에 영향을 미칠 남다른 이념을 갖고 있었던 것도 아니다. 사람들은 2세기에 걸쳐 그의 인생을 꼼꼼히 연구했지만, 대통령직을 맡기에 곤란한 아무런 특징도 찾을 수 없었다.[59]

루이지애나 매입 사례에서 제퍼슨의 선택은 여느 여과형 대통령들이 했을 법한 결정과 아무런 차이가 없었다. 애덤스와 매디슨 또한 매입을 열렬히 지지했다. 사실 매디슨은 제퍼슨보다 더 큰 열의를 보였고, 제퍼슨에게 상원에서 통과될 수 있는 전략을 취하도록 종용했다.

이는 곧 제퍼슨이 루이지애나 매입에서 담당한 역할이 미미했다는 점을 강력히 시사한다. 매디슨이나 애덤스가 대통령직을 맡았어도 결과는 같았을 것이다. 그렇다고 제퍼슨이 대통령직에 수완을 발휘하지 못했다는 뜻은 아니다. 분명 제퍼슨은 뛰어난 수완가였다. 대통령직을 맡기 전에 쌓은 남다른 경력을 보면 그의 수완을 충분히 예측할 수 있다. 애덤스나 매디슨이 대통령직을 맡았더라도 유사한 수완을 발휘했을 것이라고 생각할 수 있다. 두 사람 모두 제퍼슨의 전임자, 후임자로서 백악관에 있을 무렵 충분히 그러한 면모를 보여 주었기 때문이다.

...

결론

...

　　　　　　　　　　나폴레옹은 루이지애나 매입 과정에서 누구라도 동일한 결정을 내렸으리라고 예측할 수 없는 대체 불가능한 인물이었다. 이 과정에서 대체 불가능하다고 간주될 인물은 나폴레옹이 유일했다. 나폴레옹은 이와 같은 결정을 내리면서 "미국은 2~3세기 후에 유럽이 감당하기 어려울 정도로 강력한 국가가 될지 모른다"라고 말했다. 곧이어 "하지만 내가 그토록 먼 훗날의 위협까지 예측할 수는 없다"라고 덧붙였다. 제퍼슨은 버지니아 주지사로 있을 때 미국을 '자유의 제국'이라고 주장했지만, 2~3세기 후에 미국이 어떤 힘을 지니게 될지 예측하지 못했을 수도 있다.[60]

루이지애나 매입으로 미국은 국경선을 다시 그리게 되었다. 제퍼슨은 비용을 거의 들이지 않고 평화적인 방법으로 영토를 두 배나 확장해 엄청난 명성을 얻었다. 대통령에 대한 역사적 평가는 지도자의 영향력과 연관되어 있다. 하지만 서열과 지도자의 영향력은 엄연히 다른 것이며, 이 차이점은 제퍼슨의 사례에서 뚜렷이 부각된다. 제퍼슨이 성공적인 대통령이었다는 평가에는 재론의 여지가 없다. 나폴레옹의 제안을 받은 대통령이 애덤스나 매디슨이었더라도 동일한 결정을 내렸을 테고, 그 공로를 가져가 남다른 업적으로 인정받았을 것이다. 제퍼슨이 루이지애나 매입을 성사시키지 못했다면 그는 애덤스나 매디슨처럼 더 낮은 순위를 기록했을 것이다. 이를 보면 서열로는 LFT에 따른 영향력이 높은 지도자를 확인하기 어렵다. LFT는 제퍼슨을 최빈값 지도자로 분류했고, 그의 재임 기간 중에 있었던 가장 중요한 사건을 자세히 살피면 이러한 분류 결과를 강력히 지지하는 근거로 삼을 수 있다.

최빈값 지도자들이 일정한 기회를 얻어 훌륭한 성과를 낼 수 있다는 LFT의 가정은 제퍼슨 행정부를 통해서도 확인할 수 있다. 제퍼슨의 행동에는 특별한 면이 없었다. 대통령으로서의 영향력 또한 낮았다. 하지만 커다란 업적을 성취할 기회가 왔을 때 수완·결단력·용기를 발휘했고, 자신의 선택이 조약 체결을 위태롭게 만들었을 때 매디슨의 판단에 따르는 지혜를 보여 주었다. 다른 여과형 지도자라도 매입 협상을 성공적으로 이끌었을 것이다. 그렇다고 모든 사람이 그랬을 것이라는 의미는 아니다. 존 애덤스와 제임스 매디슨 모두 오랜 경력을 통틀어 출중한 능력의 소유자임을 보여 주었다. 미국의 후보자 선택 과정은 성공적인 대통령의 자질을 갖춘 여과형 최빈값 후보자들을 배출했고, 제퍼슨은 그러한 기대를 능숙히 실현했다.

제4장

"우리들 중 최고야"

링컨과 남북 전쟁

미국의 16대 대통령 에이브러햄 링컨은 영어권 서적에서 예수 다음으로 많이 언급되는 인물이다. 아무리 보아도 외모부터 범상치 않았던 링컨은 오늘날까지 미국 대통령 중 최장신으로 기록되고 있다. 그 누구와도 비교를 불허하며 미국 역사와 대중의 기억을 지배하고 있다. 링컨은 심각한 위기의 순간에 백악관에 입성했다. 그는 스프링필드의 집을 떠나 워싱턴을 향하면서 운집한 군중에게 이렇게 말했다. "지금 나는 떠납니다. 언제 돌아올지 모르며, 돌아올 수 없을지도 모르겠습니다. 내 앞에는 조지 워싱턴에게 주어졌던 것보다 더 엄청난 책무가 기다리고 있습니다." 그는 살아서 고향에 돌아오지 못했으나, 미합중국의 구원자이자 노예 해방 선언의 선포자라는 불멸의 명예를 후세에 남길 수 있었다.[1]

나는 지도자 여과 이론을 개발하면서, 모든 미국인 가운데 링컨이 가장 핵심적인 검증 대상이 될 것이라고 예감했다. LFT가 링컨에 대해 뭔가 새로

링컨의 노예 해방 선언문

운 분석을 제시할 수 있다면, 지도자를 이해하는 데 크게 이바지할 수 있을 것이라고 생각했기 때문이다.

링컨이 대통령에 당선된 과정과 공직을 맡을 당시의 행동을 연구해 보면, 그의 인생이 LFT와 거의 맞아떨어진다는 사실이 드러난다. 링컨은 공직 경험이 미미해 대통령이 되기 전까지 만나 본 공화당 정치 엘리트가 거의 없을 정도였다. 이 사실을 보면, 그는 비여과형으로 분류된다. 그러나 여기에서 나아가 그가 1860년 공화당 후보로 지명된 특이한 과정을 보면 다음과 같은 사실을 알 수 있다. 돌이켜 보면 링컨의 등장이 필연적인 것 같지만, 실은 몹시 가능성이 희박한 일련의 사건들이 조합되면서 발생한 결과였다. 경험이 부족한 선거 보좌관들과 함께 상황을 교묘히 조종하고, 상대방의 실수가 생기고, 엄청난 행운이 겹치면서 후보자로 지명될 수 있었던 것이다. 전당 대회 전까지만 해도, 링컨 자신을 비롯해 그 시대를 살던 사람들 가운데 링컨이 대통령이 되리라고 생각한 사람이 한 명이라도 있었을지 의문이다.

링컨의 특색과 공직에 있던 기간도 LFT 이론과 부합한다. 비여과형 지도자들은 정신 질환을 앓기 쉽다. 그리고 링컨은 평생 만성 우울증에 시달리며 최소한 두 번의 자살 위기를 겪었다. 비여과형 지도자들은 여과형 대체 후보자들과 다른 선택을 선호하기 쉽다. 링컨이 대통령으로서 내린 결정은 최고의 라이벌인 윌리엄 헨리 수어드 뉴욕 주지사가 내렸으리라고 예상되는 결정과는 상당히 달랐다. 링컨이 지명된 이유 중 하나는 수어드에 비해 더 보수적으로 보였기 때문이다. 그러나 그가 수어드보다 연방을 유지하는 데 더욱 큰 의지를 보이며 전쟁을 마다하지 않았다는 사실은 놀랍다.

대통령이 되기 전과 대통령 재임 당시 링컨의 경력은 지도자의 업적에 대한 LFT의 두 번째 가정을 여실히 증명해 준다. 진정한 최고 지도자는 비여과형 최극단 지도자일 가능성이 높다는 것이 LFT의 두 번째 가정이다. 링컨 행정부에 닥친 첫 위기와 남북 전쟁을 다루는 과정에서 링컨은 스스로가 전략적·정치적 천재임을 입증했다. 그는 전쟁을 솜씨 있게 수행하고, 군대와 정부에 속해 있던 까다로운 인물들을 능숙하게 다뤘다. 그의 이러한 자질은 연방의 승리에 핵심적인 역할을 담당했다. 링컨이 아닌 다른 사람이 대통령이 되었다면 남부 연합이 승리할 가능성이 높았을 것이다. 미국 역사상 최고의 대통령으로 꼽히는 비여과형 지도자 링컨은 최극단 지도자가 얼마나 위대할 수 있는지를 명확히 보여 준다.

...

백악관으로

...

1860년 선거는 노예 제도를 둘러싼 북부와 남부의 지역 대립으로 점철되었다. 공화당은 노예 제도에 반대하는 입장을 기치로 단결했고, 미합중국에 편입되지 않은 서부 지역을 중심으로 분포되어 있었다. 이는 곧 링컨과 같이 대통령을 노리는 공화당원이라면 공화당을 감복시킬 정도로 노예 제도에 반대해야 한다는 사실을 의미했다. 당시 공화당은 노예 제도에 무심한 사람들과 평화를 중시하는 사람들을 배척하지 않았다. 실제로는 어땠는지 몰라도, 제3자가 보기에는 최소한 그런 것 같았다.

경쟁자들

가장 강력한 경쟁자는 수어드였다. 그는 공화당 내에서 가장 유력한 인물인 동시에, 이론의 여지없는 선두주자였다. 그다음으로 유력한 후보자는 오하이오 주지사 샐먼 P. 체이스였다. 두 사람 모두 링컨보다 정치 경력이나 국가적 지명도가 한참 앞섰다. 사실 공화당 전당 대회 전날까지만 해도 링컨을 두 사람의 라이벌로 생각한 사람은 거의 없었다.[2]

에이브러햄 링컨

링컨은 1809년 2월 12일, 켄터키 주의 통나무집에서 태어났다. 이후 그의 가족은 인디애나를 거쳐 일리노이로 이사했다. 1832년에 링컨은 블랙 호크 전쟁Black Hawk War에 짧게 참가했으나, 직접 전투를 경험하지는 못했다. 그는 집으로 돌아와 휘그당원으로 일리노이 의회 의원 선거에 출마했으나 낙선했고, 1834년 다시 출마해 당선될 수 있었다. 그는 1836년, 1838년, 1840년에 연이어 당선되었고, 우수 의원으로 명성을 얻었다. 그는 휘그당의 원내 대표와 재정 위원회 의장이 되었다. 휘그당원들은 1846년 연방 하원 의원 후보로 그를 지명했다. 링컨은 하원 의원에 당선되었으나, 뚜렷한 입법 활동이 없어 임기가 한 번으로 끝났다. 그는 연방 하원에서 멕시코 전쟁을 반대한 인물로 각인되면서 인기가 떨어져 다음 선거에서는 민주당이 의석을 가져갔다. 그의 정치 생명은 끝난 것처럼 보였다.[3]

그 후 링컨은 5년간 변호사 업무에 집중하며 상당한 변호 기술을 보여 주었고, 유능하고 정직한 변호사의 이미지를 구축했다. 빛나는 경력을 쌓으면서도 그는 법률가로서 이렇다 할 철학이 없었고, 법률적으로 중요하거나 국가적으로 중요한 사건을 맡지도 않았다.

일련의 협상을 통해 북부와 남부의 힘의 균형이 유지되면서 각 지역의 평화를 지킬 수 있었다. 가장 중요한 협상은 미주리 협상이었다. 이 협상은 미주리 주 이남의 연방 영토에서는 노예 제도를 인정한다는 내용을 담고 있었다. 미주리 주 이남의 주는 노예주slave state로 연방에 들어올 수 있었고, 이북의 주는 노예를 인정하지 않는 자유주free state가 되어야 했다. 단, 미주리 주만이 예외를 인정받아 노예주로 인정되었다. 1854년 스티븐 더글러스Stephen Douglas는 캔자스-네브래스카 법률Kansas-Nebraska Act을 소개했다. 이 법률은 미주리 타협선 이북에 위치한 네브래스카 지역과 캔자스 지역을 두 주로 분리하는 내용을 담고 있었다. 이 법률은 미주리 협약을 폐지하는 대신 연방 영토 내의 노예 제도가 '대중의 주권popular sovereignty', 즉 해당 지역의 투표에 의해 결정되도록 규정했다. 네브래스카가 자유주인 것은 분명했으나, 양 진영의 극렬분자들이 결과를 좌지우지하기 위해 캔자스에 몰려들면서 '피의 캔자스Bleeding Kansas'라고 불리는 게릴라 전쟁이 촉발되었다. 휘그당이 단말마의 고통을 겪는 상황에서도, 캔자스-네브래스카 법률은 북부를 자극해 노예 제도에 반대하는 휘그당과 민주당의 연합을 유도했다. 그 결과 이들은 '반(反)네브래스카' 운동을 연합하여 진행하게 되었다.[4]

링컨은 노예 제도에 반대하는 휘그당원으로서 캔자스-네브래스카 법률을 반대하기 위해 정치에 재차 발을 담갔다. 당시 상원 의원은 주 의회에 의해 선출되었다. 1854년 선거에서는 네브래스카 법률을 반대하는 여론이 일리노이 주 의회를 휩쓸었고, 링컨은 자신이 상원 의원으로 선택받을 수 있을 것이라고 생각했다. 1855년 2월, 주 의회의 투표가 시작되었으나, 링컨은 네브래스카 법안을 반대하는 소수 민주당 의원들이 휘그당에 선뜻 투표하지 않을 것이라는 사실을 간파했다. 링컨은 가장 많은 지지를 받았으나, 상원 의원 자리가 네브래스카에 대한 태도가 불분명한 사람에게 가는 것을 원치 않았다. 마침내 그는 자신에 대한 지지의 목소리를 네브래스카 법률에 반대하는 민주당원 라이먼 트럼불Lyman Trumbull 쪽으로 돌리면서 상원 의원 자리를 양보했다. 이것이 바로 상원 의원 선거에서 첫 패배였다. 이로써 링컨은 아무런 정무직도 맡지 못했다. 그러나 그는 일리노이 주 반네브래스카 연합의 명실상부한 지도자로 인정받았으며, 1858년 상원 의원 선거에서 더글러스를 위협할 최고 유력한 후보로 부상했다.[5]

링컨과 더글러스의 경쟁은 승패가 뻔해 보였을 수도 있다. 링컨은 1856년에 다음과 같은 글을 쓴 적이 있다. "22년 전에 더글러스를 처음 알게 되었다. 그가 나보다 조금 어렸지만, 우리 둘 다 젊고 야망에 부풀어 있었다. 내 야망은 그에 못지않았으나, 나는 줄곧 실패의 연속인 반면, 그는 찬란한 성공 가도를 달렸다. 그는 전 미국에 명성을 떨쳤고, 심지어 해외에까지 이름이 알려졌다."[6]

더글러스는 당시 세대에서 두각을 나타내는 정치인이었다. 그는 하원 의원에 두 번, 상원 의원에 두 번 선출되었고, 1850년 미주리 협약을 앞장서 기획했다. 이 협약은 다양한 법률을 조합해 텍사스 병합과 멕시코 전쟁에서 비롯된 북부와 남부의 영토 확장에 관한 논쟁을 잠시나마 봉합할 수 있었다. 이 밖에도 그는 캔자스-네브래스카 법률을 지지했다. 링컨과 더글러스는 1838년 이후 라이벌 구도를 형성하며 정치뿐 아니라 링컨의 아내 메리 토드를 두고서도 경쟁했다.[7]

설상가상으로 더글러스가 뷰캐넌과 결별하면서 동부의 공화주의자들은 일리노이의 공화당원들에게 사실상 무명에 가까운 링컨보다는 더글러스를 지지하는 것이 좋겠다는 의견을 피력했다. 링컨은 주 공화당 전당 대회에서 지명을 받으면서 이러한 위기에서 벗어났다. 미국 역사상 주 전당 대회에서 상원 의원 후보를 선출한 것은 이번이 두 번째였다.

그는 수락 연설에서 노예 제도로 양분된 미국을 언급했다. "갈라진 집은 버틸 수가 없습니다. …… 하나가 되느냐, 남남이 되느냐의 선택만이 있을 뿐입니다." 이 연설은 노예 제도에 관해 지금껏 어떤 주요 공화당 인사가 했던 연설보다 극단적인 내용을 담고 있었다. 이렇게 연설하면 선거에서 질 수도 있었다. 링컨의 친구들과 조언자들은 연설문을 수정하라고 한목소리로 종용했다. 이후 링컨과 더글러스는 역사에 길이 남을 여섯 번의 토론을 진행하게 된다. 유명한 더글러스에게 전혀 밀리지 않았던 링컨의 토론 능력은 그의 정치적 입지를 강화하고 국가적 명성을 안겨 주는 계기가 되었다.[8]

링컨 후보는 주 전체적으로는 더 많은 표를 얻었지만, 일리노이 선거구의 게리맨더링gerrymandering에 의해 46표를 얻는 데 그쳤다. 더글러스의 지지자들은 54표를 얻었다. 일리노이의 공화당원들은 링컨을 탓하지 않았다. 링컨은 공화당에서 가장 두드러진 서부 지도자들 가운데 하나였다. 선거 후 이틀이 지나 「라콘 일리노이 가제트Lacon Illinois Gazette」라는 작은 지역 신문은 자발적으로 그를 차기 대통령으로 지지하기 시작했다.[9]

1859년 1월 6일 링컨의 친구들은 한자리에 모여 그를 대통령 후보로 만들 방법을 토의했다. 링컨은 그들을 말렸다. 그는 자신이 대통령이 될 자격이 없다고 말하면서도 이러한 자신감을 내비쳤다. "지명될 수 있고, 당선될 수 있고, 정부를 운영할 수 있는 것은 사실이야." 그의 일천한 경력을 감안할 때 상당히 놀라운 자신감이었다. 그렇다면 그의 인생에서 어떤 부분이 이처럼 어려운 세 가지 일을 할 수 있다고 생각하게 만들었을까? 1860년 대통령 선거전에는 수어드, 체이스, 상원 의원 사이먼 캐머런Simon Cameron, 연방 대법원 판사 존 매클린John McLean과 저명한 미주리 출신 정치인 에드워드 베이츠Edward Bates가 참가하고 있었다. 한 사람 한 사람 모두가 링컨보다 훨씬 많은 경력을 보유하고 있었다. 「록 아일랜드 레지스터Rock Island Register」의 편집장 토머스 J. 피켓Thomas J. Pickett은 대통령 후보에 출마하는 것이 어떤지 물어보기 위해 링컨에게 편지를 썼다. 그는 다음과 같은 답신을 보내면서 편지를 공개하지 말아 달라고 부탁했다. "솔직히 말하면, 내가 대통령 자리에 적합하다는 생각은 들지 않아요." 그러나 링컨의 의사와 관계없이, 대통령 선거전은 막이 올랐다.[10]

윌리엄 헨리 수어드

수어드는 1801년 5월 16일 뉴욕의 오렌지 카운티에서 부유한 사업가의 장남으로 태어났다. 그는 15세에 유니언 칼리지에 들어와 1820년에 졸업했다. 그는 1년 남짓 법학을 공부한 다음, 1821년 뉴욕의 법률 사무소에서 실무를 연마했다. 그는 뉴욕 쿠야호가 카운티Cuyahoga County의 저명인사 엘리야 밀러Elijah Miller 판사와 함께 법률 실무를 다듬었고, 그의 딸 프랜시스Frances와 결혼했다.[11]

수어드는 젊을 때부터 정치에 관심을 보였다. 그는 1830년 상원 의원에 당선되었고, 1834년에는 휘그당의 주지사 후보로 지명되었다. 이 당시 휘그당은 원로 후보자들의 논쟁을 해결하지 못하고 있었다. 비록 패배했으나 그는 뉴욕의 휘그당 지도자들 사이에서 입지를 단단히 구축할 정도로 선전했다. 그리고 1838년 미국 정치계에서 최고의 정보통으로 알려진 뉴욕 시의 설로 위드Thurlow Weed와 연합해 주지사에 당선되었다. 그는 1840년에 재선되어 1842년에 물러날 때까지 두 번의 임기를 정치와 관련해 진보적인 정책을 펼치며 강력한 반노예 정책을 주도했다. 그는 교육 여건을 개선하는 데도 남달리 애썼다. 이 일은 많은 재정이 필요한 일이었다. 이민자의 자녀를 공립학교에 보내고 뉴욕 가톨릭 신자들의 교구 학교에 공적 자금을 지원하면서 이민을 배척하는 모르쇠 당원*들의 미움을 사게 되었다.[12]

수어드는 주지사에서 물러난 이후 법률 사무소를 개업했다. 오늘날 뉴욕 최고 로펌에 속하는 크라바스, 스웨인&무어Cravath, Swain&Moore의 전신이 바로 이 법률 사무소이다. 그는 뛰어난 변론술과 정치적 인맥으로 많은 돈을 벌 수 있었다. 그는 1846년 살인죄로 재판에 선 두 흑인, 헨리 와이어트Henry Wyatt와 윌리엄 프리먼William Freeman을 용기 있게 변호하면서 대중의 뇌리에 각인되었다. 수어드는 이 사건으로 법률가로 명성을 떨쳤고, 이 사건을 다룬 책은 한 해에만 4쇄를 찍을 정도로 날개 돋친 듯 팔렸다. 그의 법률 사무소는 엄청난 성장 가도를 달렸다.[13]

수어드는 1848년, 정치에 복귀해 미국 상원 의원 선거에 출마했고, 위드가 능숙하게 선거 운동을 진행한 덕분에 가볍게 당선되었다. 그는 당선 이후 상원에서 주도적인 역할을 담당해 대통령 재커리 테일러Zachary Taylor를

---

* 모르쇠 운동Know-Nothing movement이란 1850년대 이민자 배척을 내걸었던 미국의 정치 운동을 가리킨다. 이들은 이민자들의 대부분이 가톨릭 신도라는 이유로 가톨릭교회를 혐오했다.

압도한다고 회자될 정도였다. 상원에서 수어드는 늘 화려한 언변의 유혹을 이기지 못했다. 그는 연설에서 "헌법 위의 상위법이 존재합니다. 이러한 상위법은 서부 지역에 대한 우리의 권리를 규율합니다"라고 외쳤고, 그 결과 남부인들과 북부 보수주의자들은 그를 극단적인 노예 반대론자로 인식하였다. 남부인들은 당연히 그를 혐오했다. 1854년 가볍게 재선에 성공했으나 휘그당이 전국적으로 참패하면서 새로 창당된 공화당에 입당했다. 그 뒤 전국적인 지명도 덕분에 1856년 공화당 대통령 후보로 지명될 뻔했으나, 위드는 신설 정당이 대통령을 배출하기에는 아직 힘이 약하다고 판단해 그를 만류했다. 위드의 판단은 정확했고, 수어드와 다른 조언자들은 그가 1860년 대통령 후보로 쉽게 지명될 수 있을 것이라고 기대했다.[14]

수어드는 1858년 중간 선거에서 공화당 후보의 선거 운동을 도우며 1860년 대통령 후보 경선을 준비했다. 선거 운동 와중에 한 연설에서 그는 노예주와 자유주 사이의 '억누를 수 없는 충돌irrepressible conflict'을 예견하며 극단적인 반노예주의자 이미지를 구축했다. 1858년 말, 그는 공화당의 최고 유력 인사로 자리매김했으며 중도파에 가까웠는데도 극단적인 반노예주의자들의 수장으로 사람들의 뇌리에 각인되었다.[15]

샐먼 P. 체이스

체이스는 수어드와 달리 노예 제도를 열정적으로 반대했다. 그는 1808년 1월 13일, 코네티컷에서 빈농의 아들로 태어났다. 아버지가 1817년에 세상을 떠난 이후 체이스는 삼촌 필랜더Philander가 있는 오하이오로 보내졌다. 그는 1826년 다트머스 대학교를 졸업하고 워싱턴으로 옮겨 가 교사로 일하면서 법학을 공부했다. 1830년에 신시내티로 돌아와 법률가로서의 경력을

시작해 명성을 확고히 쌓았고, 그의 법률 사무소는 많은 수입을 올렸다.[16]

체이스는 시간이 지나면서 인종과 노예 제도에 대한 생각을 바꾸었다. 1830년대 초반에는 식민지 운동에 초점을 맞춰 노예건 아니건 모든 흑인을 미국에서 쫓아내 아프리카나 라틴아메리카에 식민지를 건설해야 한다는 생각이었다. 1836년에는 노예 제도를 찬성하는 폭도들이 신시내티 주에 소재한 노예 폐지론자들의 신문사 「박애주의자Philanthropist」를 공격했다. 체이스는 노예 폐지론자들과 의견이 달랐지만, 그들 또한 자신의 견해를 말할 자유가 있다고 생각했다. 폭동을 제압하면서 체이스는 신시내티의 기성 체계와 결별했다. 이어지는 정치 투쟁에서 그는 노예 폐지론자로 변모했다. 1840년대 초반에 있었던 여러 재판에서 도망치다가 체포된 노예를 변호하고, 그들을 남부에 있는 주인들에게 돌려보내서는 안 된다고 주장했다. 1845년까지 그는 탈주 노예 문제에 관해서는 신시내티에서 가장 유명한 변호사로 자리매김했다.[17]

체이스는 1840년, 신시내티 시 의회에 휘그당 의원으로 선출되면서 정치에 입문했다. 노예 폐지에 대한 목소리를 높이면서 그의 정치색 또한 바뀌었다. 휘그당의 윌리엄 헨리 해리슨이 사망하고 버지니아에서 노예를 부리던 민주당의 부통령 존 타일러John Tyler가 대통령이 되면서 체이스는 노예 제도를 반대하는 자유당에 가입했다. 1848년 체이스는 자유당과 마틴 밴 뷰런Martin Van Buren을 대통령 후보로 내세운 자유지역당의 합당에 지대한 역할을 담당했다.[18]

자유지역당이 미국 전역에서 승리를 거둔 것은 아니었으나 11명의 당원을 오하이오 의회에 진출시키는 데 성공했다. 토리당이나 휘그당 모두 과반수를 차지하지 못하면서 체이스는 상당한 협상력을 지니게 되었다. 자유지역당은 체이스나 휘그당 의원이었던 조사이어 R. 기딩스^{Josiah R. Giddings}를 선출할 수 있는 선택권을 갖고 있었다. 체이스가 이긴 이유는 기딩스와 달리 당을 쪼갤 수도 있었기 때문이다. 그는 오하이오의 선거 사무실이 분열되는 상황과 자유지역당 다른 후보자들이 갖는 불편한 기분을 감수하고 이 직책을 맡았다.[19]

체이스는 상원에서 두드러진 경력을 쌓았다. 수어드와 마찬가지로 그는 1850년 협약에 반대했으나, 수어드처럼 앞장서서 반대하지는 않았다. 1852년과 1853년에 민주당이 대승리를 거두고 오하이오 의회를 확고히 장악하면서 체이스가 1854년 상원 의원에 선출될 가능성은 희박해 보였다. 그는 캔자스-네브래스카 법을 앞장서 반대했고, 오하이오로 돌아와 반네브래스카 파벌을 만들어 연합 운동의 기치를 올렸다. 그는 워낙 효율적으로 반네브래스카 정당을 조직하고 이끈 덕에 1855년 주지사로 선출될 수 있었다. 이윽고 반네브래스카 정당은 공화당에 합병되었다. 1856년 그는 공화당 대통령 후보에 출마했으나 참패했다. 그러나 1857년 미국 전역에 걸친 민주당의 승리에도 주지사로 재선되었다. 그는 취임하자마자 1860년 공화당 대통령 후보에 출마하기 위한 행보를 개시했다.[20]

1860년 공화당 대통령 후보에 출마한 세 사람은 캔자스의 게릴라 전쟁, 남부의 분리 독립 주장과 같은 어려운 상황에서 경쟁해야 했다. 사실 경쟁이라고 할 것도 없었다. 링컨의 경력은 수어드나 체이스에 비해 너무 짧았기 때문이다. 링컨 스스로도 이러한 한계를 인정했다. 그렇다면 어떻게 링컨이 두 사람을 제치고 대통령 후보에 지명될 수 있었을까?

1859년 「레슬리 신문Frank Leslie's illustrated newspaper」에 실린 존 브라운의 봉기를 묘사한 삽화. 습격대에 포위되기 전, 총과 칼을 든 채 무기고를 점령한 브라운과 동료, 인질 등의 모습을 담고 있다. 존 브라운은 하퍼스 페리의 연방 무기고를 탈취하려다 로버트 리가 이끄는 해병대에 생포되어 그해 12월 반역죄로 교수형에 처해졌다. 이 사건을 계기로 남북의 정당과 의회가 노예제 문제를 놓고 분열되었다.

전당 대회로

1859년 10월 16일, 노예 제도를 혐오하는 존 브라운John Brown은 노예 해방 반란을 일으키려고 버지니아의 하퍼스 페리Harpers Ferry 무기고를 습격했다. 이 사건으로 미국 정치의 전체적인 그림이 변하게 된다. 공격은 실패로 끝났다. 로버트 E. 리Robert E. Lee 장군이 반격을 감행해 브라운을 체포했고, 45일 후 브라운은 교수형으로 생을 마감했다. 하지만 그의 행동은 미국 전역을 들끓게 만들었다. 남부에서는 극단주의자들이 분리 독립을 부르짖었다. 대부분의 북부 주민들은 브라운의 행동에 경악을 금치 못했다. 그 결과 노예 폐지론자들에 대한 반대 목소리가 커졌고, 노예 제도를 반대하는 움직임 또한 추진력을 잃게 되었다. 사건 이후 진행된 뉴욕 선거에서는 공화당 후보들이 참패했다. 노예 폐지 운동의 선봉에 서 있던 수어드는 커다란 난관에 부딪혔다. 공화주의자들이 좀 더 보수적인 후보를 찾으면서 당연히 대통령 후보로 지명되리라고 생각했던 수어드에 비해 명성도 떨어지고 지명도도 약한 링컨이 지명되는 반전이 일어났다.[21]

링컨은 오하이오에서 유세를 진행하며 1859년 선거를 치렀다. 공화파가 승리하면서 링컨은 미국 전역에 걸쳐 상당한 명성을 얻었다. 그러나 캔자스의 상황은 달랐다. 원래 공화파가 약세를 면치 못했던 캔자스는 브라운의 사건으로 공화파의 입지가 더욱 좁아진 상태였다. 링컨의 먼 친척이던 마크 W. 델러헤이(Mark W. Delahay)는 링컨에게 캔자스로 와서 공화파들을 규합해 달라고 부탁했다. 12월 첫째 주, 링컨은 캔자스에서 이 지역 공화주의자들의 도움을 받아 선거 유세를 진행했다. 이들은 링컨이 아니었다면 수어드를 지지했을 사람들이었다.[22]

미국의 공화당 인사들 중 그를 대통령 후보로 생각한 사람은 거의 없었다. 이러한 점을 이용하리라 마음먹은 링컨은 최측근인 노먼 주드(Norman Judd)를 뉴욕 시에 급파해 공화당 중앙 위원회 회의에 참가하도록 지시했다. 이 회의에서는 공화당 전당 대회를 개최할 날짜와 장소를 정하기로 되어 있었다. 위원회는 12월 21일 개최한 회의에서 공화당 전당 대회를 1860년 6월 13일에 개최하기로 의결했다. 이 날짜는 민주당 전당 대회를 개최한 이후였다. 링컨은 놀라운 정치적 혜안을 발휘해 1858년 12월 다음과 같은 예측을 감행했다. 민주당원들은 1860년에 찰스턴과 사우스캐롤라이나에서 개최한 전국 전당 대회에서 의견이 분열될 것이고, 더글러스는 미연방에서 '노예법(노예 제도를 옹호하는 법률)'의 제정을 찬성하는 정당 정책을 떠맡게 될 것이다. 이로써 더글러스는 민주당과 결별하고 노예 제도를 찬성하는 움직임을 무너뜨릴 후보자로서 북부 주민들의 지지를 얻으려 할 것이다. 더글러스의 행보에 대한 예상은 빗나갔지만, 민주당원들의 분열로 공화당은 1860년 선거에서 승리할 수 있었다. 더글러스에 대항할 수 있는 후보를 내세우기만 한다면 누구나 예상할 수 있던 결과였다. 링컨은 자신이 그러한 자격이 있음을 증명해 보였다.[23]

장소 또한 중요했다. 주드가 대박을 터뜨렸다. 시카고가 전당 대회를 개최할 후보지로 거론되고 있었다. 그 이유는 위원 가운데 그 누구도 링컨을 비롯한 일리노이 출신이 후보로 지명되리라는 생각을 하지 않았기 때문이다. 따라서 주드는 시카고를 중립적인 장소로 선전할 수 있었다. 시카고와 세인트루이스가 최종 후보지로 집약되었고, 주드는 노예주인 세인트루이스에서 전당 대회를 개최한다면 전당 대회 효과가 반감될 것이라고 주장했다. 노예주에서는 공화파에 투표하지 않을 것이 분명했다. 주드는 또한 세인트루이스에서 전당 대회를 개최한다면 링컨에게 기회가 돌아오지 않을 것이라는 사실을 알고 있었다. 반면 시카고에서 개최한다면 홈 어드밴티지 효과를 무시할 수 없었다. 그날 저녁 이루어진 투표에서 시카고는 11표, 세인트루이스는 10표를 얻었다. 주드의 표가 아니었으면 결과는 달라졌을 것이다.[24]

링컨은 점차 유리한 지위를 확보해 나가고 있었지만 여전히 최종 후보로 지명될 가능성은 희박해 보였다. 1860년 초, 그의 가장 절친한 친구인 판사 데이비드 데이비스David Davis조차 베이츠나 수어드가 최종 후보가 될 것이라고 생각했다. 일리노이에서조차 링컨은 정당 지도자들의 지지를 결집하지 못했고, 공화당 색채가 강한 일리노이 주요 일간지들은 링컨을 언급하지도 않았다. 오하이오 동쪽으로는 아예 무명의 존재였다. 한마디로 그는

제3의 후보자에 불과했다.[25]

링컨은 동부에서 존재감을 키울 필요가 있었다. 그는 1859년 10월 브루클린에서 연설하도록 초청받았다. 그런데 이 계획이 1860년 2월로 연기되면서 첫 선거 유세를 위한 완벽한 타이밍을 잡을 수 있었다. 여기에서 떨어지는 지명도가 다시 한 번 이점으로 작용했다. 뉴욕은 수어드의 텃밭이므로 사람들이 수어드 쪽으로 모이는 것이 당연했고, 링컨을 라이벌로 여기는 대중은 찾아보기 힘들었다.[26]

링컨은 선거 유세에 어떤 내용을 담을지 몇 주에 걸쳐 고심했다. 1860년, 더글러스는 건국의 아버지들이 노예 문제에 가장 정통했다고 발언한 적이 있었다. 링컨은 이러한 더글러스의 진술을 바탕으로 독자적인 조사를 곁들인 결과 제2차 대륙 회의에서 연방에 미편입된 서부의 노예 제도 전면금지 안에 반대표를 던진 대표단의 수가 다섯에 불과했다는 것을 근거로 건국의 아버지들 대다수가 노예 제도의 확산에 반대했다는 주장을 펼쳤다.

이러한 입장은 공화당의 창당 철학이었고, 더글러스의 국민주권주의에 대한 신랄한 비판이 담겨 있었다. 링컨은 헌법에 서명한 인사들과 권리 장전을 통과시킨 하원 의원들의 투표 내역을 샅샅이 검토했다. 그는 39명이 연방의 노예 제도 안건에 투표했고, 이 가운데 21명이 금지안에 찬성했다는 사실을 발견했다. 그는 청중에게 노예 제도의 확산을 반대하라고 촉구하며 우렁찬 말로 이렇게 끝맺었다. "권리가 힘을 만든다는 믿음을 가집시다. 그러한 믿음 속에서 끝까지 우리가 알고 있는 의무를 다합시다."[27]

링컨의 연설은 놀라운 성공을 거두었다. 뉴욕의 4대 주요 일간지는 연설 내용 전문을 게재했고, 민주당 성향의 신문도 마지못해 이 연설을 칭찬했다. 링컨은 뉴햄프셔 소재 필립스 엑세터 아카데미Phillips Exeter Academy로 첫째 아들을 보러 가야 한다는 핑계를 들어 미국 동부에서의 연설 일정을 계획했다. 그리고 뉴욕에서 영감을 얻은 이슈를 이야기하며 전국적인 명성을 얻기 시작했다.[28]

연설의 성공 여부를 가늠하는 가장 좋은 방법은 또 다른 일리노이 출신 정치가 버락 오바마의 연설과 비교해 보는 것이다. 오바마 역시 2004년도 연설로 전 미국인에게 강한 인상을 남겼다. 그러나 그가 대통령 후보자로 발돋움하는 과정은 더욱 힘들었다. 오바마는 상원에서 7년이라는 시간을 기다린 다음에야 대통령 후보가 될 수 있었다. 오바마가 2004년 상원 의원 선거에서 패배하고 나서 2008년 대통령 후보로 출마해야겠다고 결심했다면 어땠을까? 이것이 바로 뉴욕에서 특별한 성과를 올린 이후 링컨에게 닥친 상황이었다.

이로써 링컨의 전략은 간단해졌다. 그는 다음과 같은 말로 자신의 상황을 묘사했다. "내가 지명되는 경우 지금껏 나를 반대해 왔던 사람들 모두 나에게 투표해야 기회가 있어. 난 아직 신인에 불과하니 내가 대다수 유권자의 첫 번째 선택이 되기는 어려울 거야. 우리 정책은 첫사랑과 결별해야 하는 그들을 자극하지 않고 자연스럽게 우리에게 오도록 내버려 두는 거야."[29]

수어드는 자타가 공인하는 선두주자였다. 링컨은 그가 어려움에 봉착하고 대표자들의 시선이 자신에게 쏠리기를 바라야 했다. 하지만 이를 위해서는 네 개의 장벽이 남아 있었다. 첫째, 전당 대회에 참석하기로 예정된 대표자의 절반 이상이 수어드의 편에 서지 않아야 했다. 아직 도착하지도 않은 사람들의 의중을 예측해야 했던 것이다. 만일 절반 이상이 수어드를 지지한다면 1차 투표에서 수어드의 당선이 확정될 수 있었다. 둘째, 수어드를 지지하지 않은 주 대표들이 2차 투표에서 수어드 쪽으로 기울지 말아야 했다. 셋째, 체이스, 베이츠, 캐머런과 같은 유력한 후보자들이 링컨을 제치고 반수어드파의 선두 주자로 나서지 말아야 했다. 넷째, 1차 투표에서 최소한 2~3등을 해서 강력한 인상을 남기고 반수어드 운동의 리더로 부상해야 했다. 4월 1일까지는 이 네 가지 사항 모두 가능성이 희박해 보였다. 링컨의 상황은 페넌트 레이스에서 몇 경기를 뒤져 네 팀이나 따라잡아야 하는 야구 팀의 상황과 마찬가지였다. 수어드가 비틀대고 링컨이 솟구치는 것만으로는 부족했다. 링컨이 기회를 잡으려면 체이스, 베이츠, 캐머런 모두가 추락해야 했다.[30]

링컨의 친구이자 상원 의원인 라이먼 트럼불이 동부 대통령 후보를 동지 삼아 부통령으로 지명될 계획을 세우면서 링컨의 가능성은 더욱 쪼그라들었다. 물론 대통령 후보로는 수어드가 가장 유력했다. 링컨은 전국 전당 대회 이전에 일리노이 공화파 전당 대회에서 마지막 세몰이를 마쳤다. 링컨의 참모들은 탁월한 연출로 링컨이 구축해 온 대중과 밀착된 이미지를 전당 대회에서도 퍼뜨릴 수 있었다. 일리노이의 대의원들은 링컨에게 몰표를 던진다는 결의안을 통과시키려 했고, 링컨의 팀은 이러한 열기를 십분 활용했다.[31]

이러한 약진에도, 전국 전당 대회에서 링컨은 겨우 최근에 와서야 국가적인 관심을 받게 된 군소 후보에 불과했다. 주 전당 대회 이후 『하퍼스 Harper's』지는 공화당 지명 후보 상위 11명의 약력을 지면에 실었는데, 링컨은 맨 마지막에 가장 짧게 실렸다. 당시에는 후보자가 전당 대회에 참석하지 않는 것이 관행이었다. 따라서 링컨은 선거 본부가 시카고에 가 있을 때 스프링필드에 머물렀다.[32]

1859년 링컨이 서서히 영향력을 확대해 나갈 무렵 수어드는 8개월간 유럽과 중동을 여행했다. 여행을 마치고 돌아온 그는 1860년 2월 상원에서 보수파를 달래고 자신의 지명을 공고히 하기 위해 강력한 연설을 감행했다. 지명도의 한계를 벗어나지 못하던 상황과 수어드의 복귀가 맞물리면서 링컨은 상위 네 명에 들기가 더욱 어려워졌다. 민주당이 4월에 후보자를 지명하기 어려워지면서 수어드가 공화당 후보로 지명되어 공화당에서 대통령을 배출할 가능성이 높아졌다. 민주당이 분열되면서 더글러스를 이길 후보를 선택하는 것이 상대적으로 쉬워졌기 때문이다.

체이스는 무능한 데다 대중과 직접 접촉하는 것을 싫어하고, 공화당에서도 가장 극단적인 공화주의자로 취급받다 보니 점점 영향력을 상실하기 시작했다. 체이스는 전국적인 선거 운동 기구라고 말할 만한 조직을 전혀 구성하지 않았고, 상시 보좌관도 없었으며, 선거 기지인 오하이오를 공고히 하거나, 중도적인 공화주의자들을 제 편으로 만들고 달래기 위한 어떠한 노력도 기울이지 않았다. 체이스는 공화당을 창당한 업적과 노예 제도에 취한 강경한 태도로 국가적인 관심을 받았다. 하지만 이러한 경력은 대통령 후보로 지명받기 어려운 장애가 되고 말았다. 이러한 약점을 아는 사람들은 많지 않았으나, 체이스는 선거 운동마저 매끄럽게 이끌지 못했다. 체이스 자신은 몰랐더라도 링컨은 오하이오 대표가 오직 1차 투표에서만 그를 지지할 것이라는 사실을 손바닥 보듯 훤히 꿰뚫고 있었다.[33]

시카고에서의 일주일

수어드는 여전히 높은 인기를 구가했다. 뉴욕에서 워낙 명성을 떨쳐 민주당에 우호적이었던 「뉴욕 헤럴드New York Herald」조차 그를 "정치적 성향에 관계없이 모든 계층의 사람들이 좋아한다"고 묘사했다. 공화당 측 신문과 민주당 측 신문 모두 그가 승리할 것이라고 예상했다. 민주당 측 신문인 「아틀라스와 아거스Atlas and Argus」는 "우리처럼 수어드의 정치 원칙에 직설적으로, 줄기차게 반대해 온 언론도 없을 것이다. 그러나 우리는 그의 지도력과 천재성을 인정할 수밖에 없다"고 공표했다.[34]

링컨 팀의 약점은 시카고에 도착했을 때 극적으로 드러났다. 다른 후보자들의 팀은 모두 방을 예약한 반면, 데이비드 데이비스가 이끄는 링컨의 선거팀은 선거 본부가 묵을 방조차 없었다. 그들은 가까스로 호텔 하나를 잡아 방 몇 개와 응접실을 예약할 수 있었다. 데이비스가 5월 12일 토요일에 도착하면서 전국 전당 대회에 처음 참석하고, 팀 전체가 처음으로 한 몸이 되어 선거 운동을 진행했다. 수어드의 보좌관인 위드는 미국 전체에서 가장 뛰어난 보좌관으로 알려져 있었다. 그는 지금의 칼 로브Karl Rove와 같은 존재였다.[35]

위드는 그가 목록에 넣은 다섯 주와 캔자스 주에서 이기면 수어드의 승리를 위해 필요한 과반 가까이를 확보할 수 있다고 생각했다. 나아가 그는 뉴잉글랜드와 미드웨스트의 지지를 기대했다. 공화당 전국 위원회Republican National Committee 의장조차 수어드의 열혈 지지자였다. 하지만 출신 주의 지지를 등에 업은 '우리 고장의 아들favorite son' 후보들의 난립으로 1차 투표에서 수어드가 지명될 가능성은 높지 않았다. 1차 투표가 수어드의 승리로 끝나려면 전당 대회에서 고조된 들끓는 감정에 의지하는 수밖에 없었다. 링컨은 5월 9일 입헌통일당이 창당되면서 도움을 받을 수 있었다. 이 정당은 국경 인근의 주와 가톨릭에 반대하는 모르쇠 당원들의 전폭적인 지지를 받았다. 모르쇠 당원들은 수어드를 극단적인 노예 폐지론자라는 이유로 싫어했다. 수어드는 특히 입헌 통일주의자들에게 표를 빼앗길 가능성이 높았다.

따라서 더욱 급히 대안을 찾아야 했다. 일요일 밤에 데이비스는 수어드가 1차 투표에서 이기지 못하리라는 사실을 알고 있었다.[36]

5월 14일 월요일, 수어드 팀이 도착했을 때 두 진영의 동원 규모는 명확히 대비되었다. 거의 2천 명에 가까운 수어드 팀은 시카고의 모든 주요 호텔을 꽉꽉 채우고 선거 자금을 아낌없이 퍼부었다. 체이스의 낙선 가능성은 점차 확실해졌고, 링컨의 팀은 소리 없이 효율적으로 움직여 인디애나 대의원의 지지를 얻어 냈다. 기자들은 링컨의 잠재력을 주목하기 시작했고, 중도적인 후보자로 부상할 가능성을 보도하기 시작했다.[37]

링컨의 팀은 화요일에 수어드를 무너뜨릴 전략을 짰다. 그들은 링컨이 노예 제도에 보인 중도적인 색채, 살아온 역정, 일리노이·인디애나·펜실베이니아·뉴저지와 같은 격전장에서 보여 준 대중적 매력으로 볼 때, 그가 대통령으로서 손색이 없다는 주장을 펼쳤다. 수어드의 지지율은 모르쇠들의 적대감으로 더욱 하락했다. 링컨은 "흑인 탄압을 반대하는 사람이 어떻게 백인의 지위를 떨어뜨리는 일에 찬성할 수 있겠는가?"라고 반문했다. 그의 신념은 강력했으나, 개인적인 차원에 그쳐 모르쇠들의 분노를 공개적으로 자극할 일은 없었다.[38]

화요일에 주드는 두 번째 대박을 터뜨렸다. 그는 이미 철도 관련 변호사의 영향력을 발휘해 일리노이 다른 지역에서 시카고로 가는 열차의 요금을 대폭 낮췄다. 그 결과 시카고에는 링컨의 지지자들이 넘쳐났다. 그는 전당 대회장(위그왐Wigwam이라고 불리는 장소)에서 자리를 배치하는 일을 담당했다. 그는 뉴욕 대의원의 자리를 수어드를 강력히 지지하는 주 대의원들 자리 주변에 배치하고, 펜실베이니아와 미주리처럼 1차 투표 이후 수어드 쪽으로 표심을 돌릴 수 있는 주와 최대한 멀리 떨어뜨렸다. 그는 또한 표심이 변할 수 있는 대의원들을 일리노이 대의원들과 최대한 가깝게 배치했다. 전당 대회가 시작되면서 수어드의 보좌관들은 자신들의 지지자들에게 둘러싸여 마음을 정하지 못한 대의원들을 구슬릴 기회를 사실상 봉쇄당했다.[39]

수요일 아침 전당 대회가 열렸을 때, 링컨 팀은 수어드가 1차 투표에서 승리하지 못할 것이라 확신했다. 바로 그날 막후 분위기를 살피면 체이스와 다른 다크호스 후보자들이 추가적인 지지를 얻지 못하면서 경쟁에서 탈락하고 있었다. 수어드 팀은 링컨이 가장 강력한 경쟁자라는 사실을 인지하기 시작했다.[40]

수어드가 계속 승리하면서 링컨 팀의 자신감은 커져 갔다. 위드는 매사추세츠와 뉴햄프셔를 수어드 쪽으로 돌아서도록 만들었다. 펜실베이니아의 표는 상원 의원 사이먼 캐머런에게 달려 있었다. 펜실베이니아의 대의원들은 1차 투표에서 그를 지역 출신 후보자로 지지할 것이 확실했다. 캐머런의 친구 알렉산더 커밍스Alexander Cummings는 위드에게 펜실베이니아가 첫 표를 캐머런에게 던졌지만, 수어드 쪽으로 설득할 여지가 있다고 말했다. 그날 밤 금요일 투표에서 승리할 것이라고 확신한 수어드 팀은 이미 축하 파티를 개시한 상태였다. 링컨 팀은 갑작스러운 반전에 당황해 뉴욕을 그들 편으로 만들 수 있을지 자신감을 잃기 시작했다. 수어드와 앙숙이던 전설적인 편집인 호레이스 그릴리Horace Greeley조차 대부분의 참석자들과 마찬가지로 다음 날 수어드가 승리할 것이라고 생각했다.[41]

수어드의 약진을 느낀 데이비스는 근본적인 방책을 취했다. 데이비스는 1차 투표에서 인디애나가 링컨을 지지했다는 사실을 밝혀 전당 대회에 파문을 일으켰다. 그는 수어드의 약진을 멈추려면 2차 투표에서 주요 주 하나가 링컨 쪽으로 표심을 돌려야 한다고 생각했다. 이를 위한 가장 유력한 후보지는 펜실베이니아였다. 데이비스는 링컨에게 캐머런이 입각을 약속받는다면 펜실베이니아의 표심을 움직일 수 있을 것이라고 말한 적이 있었지만, 당시 링컨은 어떠한 약속도 하지 말라고 지시했다. 하지만 상황에 맞서는 데이비스의 반응은 가차 없이 현실적이었다. "링컨은 지금 여기에 없다. 따라서 지금 당장 필요한 것이 무엇인지 모른다. 마치 그에게 아무 지시도 듣지 못한 것처럼 우리의 판단에 따라 진행하자. 링컨은 우리 생각에 동의해야만 한다." 데이비스는 자리를 약속해 링컨이 지명받을 수만 있다면, 링컨이 사전 동의를 했건 하지 않았건 약속을 지킬 수밖에 없을 것이라는 사실을 알고 있었다. 그리하여 캐머런은 엄청난 개인적 비리에도 링컨 정부의 전쟁부 장관을 맡게 되었다.[42]

5월 18일 아침, 투표가 시작되었다. 위그왐에는 1만 명 가까운 군중이 운집했고, 각 후보자의 이름이 불릴 때마다 지지자들은 우렁찬 목소리로 동의 의사를 표시했다. 링컨 팀은 홈 어드밴티지를 다시 한 번 이용해 군중을 링컨의 지지자들로 채웠다. 이들 중 다수는 목소리가 크다는 이유로 선발되었다. 체이스, 베이츠, 캐머런은 군중의 목소리가 미미해 낙오가 코앞에 닥친 것 같았다. 수어드의 이름이 불렸을 때 커다란 함성이 터져 나왔다. 하지만 링컨의 이름이 불리는 순간 터져 나온 환호 소리는 대회장의 창문을 뒤흔들 정도였다. 수어드의 대의원들은 충격을 받아 말문이 막혔다. 정오에 개표가 이루어졌다. 수어드는 승리에 필요한 233표에서 60표 모자란 173.5표를 받았고, 링컨은 102표를 받아 강력한 2위로 부상하며 위드를 비롯한 수어드 팀을 놀라게 만들었다. 기타 10명의 후보들이 나머지 표를 나눠 가졌다. 캐머런은 50표 정도를 얻어 3위를 기록했다.[43]

데이비스와 주드의 책략이 효과를 발휘하는 순간이었다. 2차 투표에서 펜실베이니아는 링컨에게 표를 던졌고, 캐머런은 경쟁에서 탈락했다. 그 결과 링컨에게 더욱 힘이 실렸고, 71표로 앞서가던 수어드는 이제 3.5표 차로 쫓기게 되었다. 수어드는 184.5표, 링컨은 181표였다. 위드는 자신의 경험과 우월한 동원력을 이용해 마음을 정하지 못한 대의원들을 자신의 편으로 끌어와야 했다. 하지만 자리가 좋지 않은 데다, 링컨 지지자들이 내는 소음에 둘러싸여 의사소통 자체가 불가능했다. 3차 투표에서 링컨은 230표를 얻어 선두로 치고 나갔고, 수어드의 표는 180표까지 떨어졌다. 오하이오 주의 4표가 링컨에게 이동해, 링컨은 마지막 승리를 거둘 수 있었다. 그가 후보로 확정된 다음에도 「뉴욕 타임스」는 그의 이름조차 제대로 모르고 있었다. 공화당 대통령 후보의 확정을 보도하는 「뉴욕 타임스」의 기사에는 "아브람 링컨Abram Lincoln"이라고 적혀 있었다.[44]

선거와 평가

링컨이 전당 대회에서 놀라운 승리를 거둔 다음, 미국 대선은 허탈하게 끝났다. 북부에 기반을 둔 링컨의 친구와 지지자들은 그의 승리를 의심치 않았다. 민주당의 4월 전당 대회에서 남부 8개 주가 노예 제도에 중도적인 입장을 반대하며 탈퇴 의사를 표시했다. 그 결과 민주당은 분열되었고, 그해 6월 볼티모어에서 전당 대회를 다시 개최했다. 이번에는 국경에 있는 주조차 더글러스를 지지하지 않았다. 그는 결국 전체 대의원 가운데 3분의 2 미만의 지지로 겨우 지명될 수 있었다. 남부의 민주당원들은 별도로 전당 대회를 열어 켄터키 주의 존 C. 브레킹리지John C. Breckinridge를 후보자로 지명했다.[45]

링컨은 공화당 내에서 자신의 입지를 공고히 하기 위해 재빨리 행동을 개시했다. 그는 전략을 짜기 위해 위드를 만나고, 자신을 지지하는 공식 서한을 비준하도록 베이츠를 설득함으로써 입헌통일당의 입지를 약화시킬 수 있었다. 또한 펜실베이니아, 뉴저지, 더 웨스트에서 입지를 확보하기 위해 보호관세와 홈스테드법을 지지했다. 선거 날이 다가오자, 링컨을 반대하는 세 정당의 지도자들은 링컨의 승리가 거의 확실하다고 인정했다. 일부 표가 더글러스를 향한 뉴저지를 제외하고, 링컨은 모든 자유주에서 압승했다. 11월 7일 수요일 아침 일찍, 링컨에게는 미국의 16대 대통령이라는 운명이 주어졌다.[46]

이 모든 과정을 볼 때 링컨은 비여과형으로 분류할 수밖에 없다. 그는 베일에 가려진 인물이었고, 여과 과정을 전혀 거치지 않았다. 사실 수어드는 링컨보다 대통령이 될 가능성이 훨씬 높았다. 반면 링컨은 국가적 차원에서 쌓은 정치 경력이 짧았고, 전반적으로 성공적이지도 못했다. 링컨이 부상할 수 있었던 것은 그의 인성과 수완 덕택이었다. 또한 그는 수어드가 고전한다면 기회를 잡을 준비가 되어 있었고, 그러한 계획을 현실로 이루어 냈다.[47]

링컨 역시 여러모로 결정적인 도움을 받았지만, 그에게 도움이 된 일련의 사건들은 오직 운으로밖에 생각할 수 없었다. 존 브라운의 반란, 입헌통일당의 결성, 자기 고장 출신 후보를 선호하는 움직임 모두 수어드의 표를 갉아먹었다. 또한 체이스의 정치적 무능 탓에 서부에서 링컨의 입지가 전혀 약화되지 않았다. 모르쇠들의 원칙에 반대했는데도 그들을 자신의 편으로 만들 수 있었던 것은 경력이 일천한 덕분이었다. 경험이 없고 자금도 부족했지만 전설의 설로 위드를 이길 수 있었던 것은 수하들이 링컨의 명시적인 지시를 거스른 덕분이었다. 주드는 시카고에서 전당 대회를 열어 유리한 기회로 활용할 수 있었지만, 이것 또한 다른 후보들이 링컨을 전혀 위협적인 경쟁자로 생각하지 않았기에 가능한 일이었다. 위원회에서 한 표만 이탈했어도 전당 대회는 세인트루이스에서 개최되었을 것이다. 여기에서는 베이츠가 홈 어드밴티지의 이점을 누려, 링컨의 팀이 그러한 이익을 효과적으로 이용할 기회가 영영 사라졌을 것이다. 베이츠는 링컨과 마찬가지로 전직 휘그당원이었고, 서부에서 노예 제도를 반대하는 보수파로 알려져 있었다. 전당대회는 링컨의 승리라기보다는 수어드의 패배에 가까웠다.[48]

그렇다고 링컨의 승리가 우연이었다는 뜻은 아니다. 오히려 그 반대였다. 그의 정치적 역량은 핵심적인 역할을 담당했다. 가장 큰 아이러니는 수어드가 패배한 이유에 있었다. 수어드는 지나치게 극단적이라는 이유로 패배했으나, 오히려 그는 남부를 달래고 그들과 타협하는 데 상당한 관심을 표명했다. 이 문제에 관해서 링컨은 수어드에 비해 훨씬 보수적이었다. 이 모든 것을 볼 때, 링컨은 너무나 뚜렷한 비여과형 지도자였다. 그가 지명될 수 있었던 것은, 모르쇠 정책에 대한 그의 견해, 노예제 폐지에 대한 강력한 열정을 대의원들이 몰랐기에 가능한 일이었다. 또한 사람들은 링컨에게 우울증이 있다는 사실을 몰랐다. 그를 검증할 기회가 많았다면 이 사실이 밝혀졌을 테고, 중대한 위기 상황에서 대통령으로 적합하지 않다는 주장에 힘이 실렸을 것이다. LFT에 따르면, 이러한 비여과형 지도자는 최극단 지도자가 되기 쉽고, 독특한 개성을 지니며, 대체 후보자가 하지 못했을 정책을 시행하고, 정책의 선택과 실행 과정에서 지대한 영향력을 행사한다. 지금부터는 링컨이 이러한 예측에 부합하는지 검증하기로 한다.

...

에이브러햄 링컨의 영향

...

역사가들은 링컨이 죽은 이후 줄곧 그의 이력을 연구하는 프로젝트에 매진해 왔다. 링컨에 대한 연구는 잠시도 중단된 적이 없다. 아마 내가 더 할 말이 없을지도 모른다! 하지만 LFT와 관련 있다고 간주되는 링컨 개인의 특징 및 대통령직을 수행하면서 보인 특별한 면모를 찾아 LFT를 검증해 볼 수는 있다. 지금부터는 링컨의 정신 질환, 수어드와 비교되는 정치적 성향, 그의 행정적·전략적·정치적 수완의 영향을 살펴보기로 한다. 이러한 세 가지 사항에 비추어 볼 때 에이브러햄 링컨의 사례는 LFT를 뒷받침하는 강력한 근거가 된다.

우울증 : 나는 지금 세상에서 제일 불쌍한 사람이야

비여과형 지도자들은 여과형 지도자들에 비해 다양한 특색과 성향을 지닌다고 생각된다. 링컨은 겉으로 드러난 것만 보아도 확실히 이례적인 면모가 많다. 예컨대 그는 13개 식민지 주가 아닌 다른 곳에서 태어난 최초의 대통령이었다. 실제로 애팔래치아 산맥 서쪽에서 태어난 대통령은 그가 최초였다. 더욱 실질적인 의문은 그가 정신 질환에 시달렸는지다. 링컨이 정신 질환에 시달렸다면, LFT의 가장 중요한 예측 하나를 확인해 줄 수 있을 것이다.[49]

물론 옆에 있지도 않은 사람을 진단하기는 어렵다. 게다가 1865년에 사망한 사람을 파편화된 정보에만 근거해 진단하기란 더욱 어려운 일이다. 그렇지만 링컨이 주기적으로 우울증에 시달렸다는 증거는 상당한 정도를 넘어 압도적이다. 그는 극심한 우울증을 초래할 사건을 최소한 두 번 경험했고, 일생 동안 만성 우울증에 시달렸다.

첫 번째 사건은 약혼녀 앤 러틀리지Ann Rutledge의 사망이었다. 1835년 그녀가 사망한 이후, 링컨은 심신의 건강을 걱정할 정도로 깊은 슬픔에 빠졌다. 링컨이 자살하고 싶다는 말을 수시로 내뱉어, 그의 친구들은 그가 자살하지 않을까 옆에서 감시해야 할 정도였다. 1840년대 후반에 두 번째 발작이 찾아왔을 때는 너무나 심각해 의회 일정을 중단해야 할 정도였다. 당시에는 극단적인 선택을 할 가능성도 있었다. 가장 친한 친구였던 조슈아 스피드Joshua Speed는 "링컨이 미쳐 가고 있었다. 방에서 면도기를 없애야 했다. 칼이나 위험한 물건들을 방에서 전부 치워야 했다. 끔찍한 상황이었다"라고 말했다. 또 다른 친구는 그를 "지금 뭘 하는지 모를 정도로 의식이 혼미한 상태"라고 묘사했다. 그의 우울증은 너무 심각해 모르는 사람이 없을 정도였다. 지역 신문도 이 사실을 공개적으로 언급했으나, '가벼운 질병'으로 희화화하는 정도에 그쳐 심각하게 생각하지는 않았던 것 같다.[50]

링컨 스스로도 이러한 정신 상태를 '비참하다deplorable'고 표현했다. 그의 동료 변호사에게 보낸 편지에서는 중증 우울증에 시달리는 인간의 극심한 고통을 힘겹게 묘사하고 있다. "나는 지금 세상에서 가장 불쌍한 사람이야. 내가 느끼는 감정을 세상 사람들에게 똑같이 나눠 줄 수 있다면, 지구 상에서 웃는 사람이 사라질 거야. 내가 좋아질 수 있을지 확신이 없어. 아마 좋아질 수 없을 것 같아. 하지만 지금 이대로 사는 건 불가능해. 죽거나, 좋아지거나, 둘 중 하나만이 가능할 텐데." 조슈아 스피드는 몇 년 후 링컨에게 네가 빨리 회복하지 못하면 죽을 것 같아 걱정이라고 말했던 사실을 털어

놓았다. 당시 링컨은 자신이 죽지 못하는 이유는 단 하나뿐이라고 말했다. "인류가 내 존재를 기억하고, 내 이름을 남길 수 있는 업적을 현세에 이뤄 인류의 복리 향상에 기여하는 일이 내 인생의 목표였다는 평판을 이 세상에 남기고 싶어. 그렇지만 아직 그러한 업적을 이루지 못했어."[51]

이렇게 심각한 발작이 다시 찾아오지는 않았지만, 만성적인 우울증은 그의 일생을 지배했다. 재판 연구원의 기록에 따르면, 1840년대 후반 그에게 '청색증'이 찾아왔다고 한다. 1850년대에는 수시로 찾아오는 우울증 탓에 정상적인 생활이 불가능해져 동료 변호사가 그의 사생활을 보호하기 위해 커튼을 쳐야 했다. 링컨의 동료들은 그가 순회 재판소를 다닐 때 너무나 의기소침해지고, 항상 악몽에 시달렸다고 말했다. 우울증은 링컨이 대통령직을 수행하는 내내 지속되었고, 백악관을 방문했던 사람들은 1862년에서 1864년에 특히 심했던 것으로 기억했다.[52]

링컨이 심각한 우울증에 시달렸다는 사실은 분명하다. 그는 원인, 증상, 경과에서 심각한 우울증 환자의 전형적인 사례를 보여 주었다. 발작을 유발하는 주요 사건을 두 번 겪은 사람들은 이러한 사건을 한 번 더 경험할 확률이 70퍼센트에 이른다. 그리고 1850년대에서 1860년대에 계속된 증상을 보면 성인 시절의 상당 기간 동안 만성 우울증에 시달렸다는 사실을 짐작할 수 있다.[53]

링컨은 전혀 반대되는 자질을 조합한 특이한 성품의 소유자였다. 우울증이 이러한 성품을 만든 핵심적인 요소였고, 대통령직을 수행하는 데 상당한 힘의 원천으로 작용했다. 1840~1841년에는 우울증이 심해져 주 의회에서 활동하기가 어려울 정도였다. 이처럼 지속되는 중증 우울증은 남북 전쟁의 원만한 수행에도 상당한 장애가 되었을 것이다. 어떤 경우건, 그가 심각한

정신 질환에 시달렸다는 사실은 LFT의 가정과 일치한다.[54]

정책의 선택: "평화냐, 칼이냐?"

링컨은 전시에 재임한 여느 대통령과 마찬가지로 무수히 많은 중대한 결정을 내려야 했다. 영국과 프랑스가 남부 연합 편에 서지 못하게 하려면 어떻게 해야 할까, 언제 그리고 어떻게 노예 해방을 선언할까, 전쟁이 막바지에 이른 상황에서 남부 연합에 어떤 조건을 제안할까 등 링컨에게 주어진 과제는 어느 하나도 쉬운 것이 없었다. 그러나 이 모든 과제에 앞서 해결해야 할 문제가 링컨을 기다리고 있었다. 링컨이 취임한 당시 딥사우스Deep South*의 일부 주는 이미 분리 독립을 선언한 상태였으나, 연방 정부는 아무런 대응도 하지 않고 있었다. 링컨의 전임자인 제임스 뷰캐넌은 분리 독립이 불법이라 하더라도 정부가 이를 막을 법적 권한이 미비하다고 생각했다.[55]

딥사우스는 연방에 머무느니 싸우겠다는 의사를 명확히 표현했다. 어퍼사우스Upper South**와 국경 인근의 노예주는 어떤 결정을 내릴지 모르는 상태였다. 하지만 최종 결정은 북부의 손에 달려 있었다. 뉴욕의 신문 「트리뷴Tribune」의 공화당파 편집인 호레이스 그릴리가 조언한 바대로, 북부는 남부 주들을 "평화롭게 놓아 주는" 선택을 할 수도 있었다.[56]

---

* 앨라배마, 조지아, 루이지애나, 사우스캐롤라이나 등을 포함하는 미국 남부에 속한 부속 지역으로 남북 전쟁 이전에 플랜테이션에 대부분 의지한 어퍼사우스 지역과 차별화된다.
** 버지니아, 노스캐롤라이나, 테네시, 아칸소 등을 포함한 지역으로 섬터 요새 공격 이후에 항복하지 않은 남부 연합을 가리킨다.

남부 연합군에 포격당하는 섬터 요새를 그린 『하퍼스 위클리*Harper's Weekly*』의 삽화. 1860년 링컨이 대통령에 당선되자 찰스턴이 위치한 사우스캐롤라이나 주를 비롯한 남부의 7개 주가 연방에서 탈퇴하였다. 그러던 중 사우스캐롤라이나가 섬터 요새에 주둔하고 있던 북부 연방군의 철수를 요청하였지만 북군이 거절하자 1861년 4월에 포격을 개시했다. 결국 남부군은 요새를 탈환하는 데 성공하였으나 이 전투로 남북 전쟁이 시작되었다.

연방의 미래는 섬터 요새Fort Sumter에 달려 있었다. 섬터는 찰스턴 항구에 있는 유일한 요새로, 전략적·군사적 중요성을 찾아볼 수 없는 곳이었다. 사우스캐롤라이나 군대에 포위된 섬터는 분리 독립을 이룬 주에서 연방 정부의 통제하에 있는 몇 개 안 되는 지점 중 하나였다. 링컨 행정부는 이곳을 남부에 평화롭게 양보할 것인지, 포위된 군인들에게 보급품을 수송하고 추가 병력을 파견해 결전의 의지를 보일지 결정해야 했다.[57]

위기의 결과뿐 아니라 북부 연합의 미래 또한 예측하기 어려웠다. 민주당원들보다 호전적인 공화당원들조차 세 그룹으로 나뉘었다. 첫 번째 그룹은 전쟁에 겁을 먹고 남부의 분리 독립을 평화롭게 승인하려고 했다. 두 번째 그룹은 피를 흘리지 않고 연방을 유지할 협상 방안을 찾으려고 했다. 세 번째 그룹은 협상은 곧 분리 독립을 조장하고 배신을 보상하는 꼴이 되어 공화당을 파멸시킬 것이라고 믿었다.[58]

이러한 분열 양상은 당시 정치 여건에서 드러나는 가장 중요한 특색이었다. 위기 상황에서 특히 바라기 마련이지만, 링컨 행정부는 남다른 재량권을 갖고 있었다. 대외적으로 보면 광활한 대서양과 19세기 운송 수단의 한계 탓에 남북 전쟁 초기에는 유럽 열강들이 개입할 가능성이 희박했다. 하지만 전쟁이 무르익은 다음에는 능숙한 외교 수완에 의지해야 했다. 어쨌든 전쟁 초기에는 링컨 행정부가 유럽 열강을 끌어들이려 하지 않은 이상 개입할 방법이 없었다.[59]

대내적으로도 행정부가 재량권을 갖고 있었다. 주로 공화당을 통해 전달되는 대중의 압력은 링컨 행정부의 결정에 거의 영향을 미치지 못했다. 링컨은 중요한 결정은 자신의 몫으로 남기는 대신, 직위를 나누어 주면서 정당의 엘리트들을 통제할 수 있었다. 상황이 상황인지라 공화당원들은 거의 모든 통제 권한을 연방 정부에 넘겨주었다. 분리 독립하는 남부 주들은 민주당 하원 의원과 상원 의원 다수를 데리고 나갔다. 이들이 남아 있었다면 링컨 행정부를 방해하거나 분리 독립주의자들을 달래도록 추가적인 압력을 행사했을 것이다. 분리 독립은 결과적으로 1860년 선거에서 공화당이 승리한 효과를 극대화했다.[60]

공화당의 최고 유력 인사였던 링컨과 수어드는 위기에 대처하는 방식에서 견해가 완전히 달랐다. 링컨의 취임 연설 초안은 명시적인 선언으로 끝을 맺었다. 링컨은 연방을 지키기 위해 싸우겠다는 의지를 표명하며 남부에 "평화냐, 칼이냐?"를 택일하도록 요구했다.[61] 겁에 질린 수어드는 남부인들에게 대안을 제시하며, 전쟁은 없을 것이라는 자신의 생각을 납득시키려고 했다. 링컨은 분명히 수어드의 제안에 영향을 받았다. 링컨의 실제 연설은 원고 초안에 비해 표현이 완화되었지만 결론의 대부분은 그대로였고, 남부와의 전쟁을 불사하겠다는 의지를 재확인했다. 그는 수어드의 딱딱한 제안을 아름다운 시구로 승화시킨 문구로 연설을 끝맺었다.

> 연설을 어쩔 수 없이 끝맺습니다. 우리는 적이 아니라 친구입니다. 우리는 적이 되어서는 곤란합니다. 열정을 자제할 필요는 있지만, 우리의 유대에 금이 가서는 곤란합니다. 모든 전쟁터와 애국자들의 무덤에서 시작해 만인의 고동치는 심장과 화로의 바닥돌, 이 광활한 땅에까지 미치는 신비로운 기억의 선율은 우리의 본성에 깃든 천사들의 손길과 반드시 조우해 연방의 합창으로 울려 퍼질 것입니다.[62]

수어드는 좀 더 유화적인 태도를 취하면서 링컨과 충돌했고, 이는 링컨 정부의 첫 한 달간 핵심적인 현안으로 부상했다.

선거에서 취임까지, 링컨은 4개월간 위기에 대처할 계획을 세울 수 있었다. 그가 정부를 구성하는 와중에도, 분리 독립을 부르짖는 남부의 선동가들은 독자적인 행동을 개시했다. 사우스캐롤라이나는 12월 20일 분리 독립을 선언했다. 플로리다, 미시시피, 앨라배마, 조지아, 루이지애나, 텍사스 또한 질세라 이에 가담했다. 이 주들은 국경 내 연방 재산을 압류했다. 독립을 선언한 주에 남은 연방의 주요 시설은 플로리다의 피켄스 요새Fort Pickens와 섬터 요새뿐이었다.[63]

링컨 행정부가 정권 인수를 준비할 무렵, 정치인들은 협상을 끌어내기 위한 행동을 재빨리 개시했다. 예컨대 설로 위드는 미주리 협상의 부활을 주도했다.[64] 그러나 모든 시도는 상당한 반대에 부딪혔고, 대통령 당선자가 영향력을 발휘해야만 이같은 실타래를 풀 수 있었다. 링컨은 이러한 모든 협상을 협박에 굴복하는 것으로 생각하며 이렇게 선언했다. "내가 죽기 전에 헌법이 부여한 정부의 권리를 두고 타협하는 일은 없을 것입니다."[65] 수어드는 국무장관직을 예약했는데도 남부를 달래기 위해 모든 노력을 기울였다. 그는 위기를 평화롭게 해결할 방법을 찾는 데 주력했다. 그는 심지어 남부를 평화롭게 독립시킬 생각이 있다고 말했다.[66]

이제 갓 취임한 링컨은 정부 조직 구성으로 정신없는 와중에도 위기 상황을 해결해야 했다. 취임식에서 그는 사우스캐롤라이나가 섬터 요새 주변에 쌓은 방어 시설이 너무 견고해 여기를 뚫으려면 2만~3만 명의 인원이 필요하다고 보고받았다. 하지만 이것은 불가능했다. 연방군의 수는 연방 의회법에 의해 1만 6천 명으로 상한이 제한되었기 때문이다. 섬터를 포기할 수 없다는 것이 북부의 지배적인 여론이었다. 그러나 주둔지는 점점 보급품이 고갈되었고, 보급품을 조달하거나 철수하거나 둘 중 하나만이 남겨진 상황이었다. 링컨이 사면초가에 몰린 요새에 보급품을 전달할 방도를 찾을 무렵, 수어드는 철수 의견을 줄기차게 주장했다. 그는 연방 정부가 자극하지 않는다면, 분리 독립주의자들의 열기가 사그라들 것이라고 생각했다. 따라서 최고의 전략은 완벽하게 수비적인 자세를 취해 이미 분리 독립한 주를 일절 자극하지 않고, 어퍼사우스 중 특히 버지니아의 충성을 확보하며, 이미 독립하기로 결심한 주들이 자발적으로 독립 의사를 포기하도록 기다리는 것이었다. 링컨이 3월 15일 각료 회의에서 의견을 수렴했을 때, 거의 모든 위원이 수어드에 동의했다. 당시 섬터는 외부의 지원 없이도 4월 초까지는

버틸 수 있었다. 이를 알고 있던 링컨은 기다려 보기로 결정했다.[67]

3월 말에 사태가 본격적으로 악화되었다. 3월 27일, 링컨은 분리 독립을 감행한 주에서 연방주의자들의 세가 얼마나 강력한지 조사하기 위해 친구들을 파견했다. 조사를 마친 그들은 강력은 고사하고 거의 전무한 것이나 다름없다고 보고했다. 다음 날 섬터에서 보급품이 바닥났다는 소식이 도착했다. 3월 29일 상원 일정이 연기되었고, 링컨은 자신만의 결정을 내릴 수 있었다. 같은 날 링컨은 섬터에서 두 번째 각료 회의를 개최했다. 이번에는 위원 대부분이 섬터를 지원해야 한다고 생각했으나, 분리 독립주의자들의 병력을 자극하지 않기 위해 노골적으로 그러한 의사를 표명하지는 않았다. 하지만 수어드는 여전히 반대 의사를 견지했다. 링컨은 섬터를 지원해야 한다는 생각을 공표했다. 그는 회의가 열리기 전에 이미 그러한 생각을 굳힌 것 같았다.[68]

수어드는 경악을 금치 못했다. 그는 섬터를 조용히 넘겨주려 애썼고, 심지어 남부 연합 대표에게 이를 약속한 적도 있었다. 그가 링컨에게 보인 반응은 몹시 인상적이었다. 그가 대통령에게 보낸 문서는 지금껏 대통령이 받은 서한 중 가장 주목할 만한 내용을 담고 있다. 4월 1일, 그는 '대통령의 생각에 대한 소고'라는 제목의 문건을 작성했다. 그는 처음부터 링컨 행정부가 대내외적으로 전혀 효과적인 정책을 세우지 못하고 있다고 주장했다. 그는 링컨에게 섬터를 포기하도록 종용했다. 문건에 담긴 더욱 충격적인 주장은 외국과의 마찰을 일으켜 분리 독립에 대한 관심을 다른 곳으로 돌릴 수 있다는 내용이었다. 그는 스페인과 프랑스는 서반구에서 취한 행동을 설명해야 하고, 영국과 캐나다 및 러시아는 분리 독립 사태에 개입하려는 이유를 설명해야 하며, 미국은 그러한 설명을 요구할 권리가 있고, 답변이 만족스럽지 않으면 그들에게 전쟁을 선포해야 한다고 주장했다. 이러한 엇박자는 한 번으로 끝나지 않았다. 그는 타국과의 충돌이 미국을 다시 뭉치게 만들 것이라 생각해 유럽 외교관들을 상대로 잉글랜드, 프랑스, 스페인과 전쟁을 원한다는 말을 몇 번이고 반복했다.[69]

마지막으로 수어드가 링컨에게 말한 내용은 몹시 특이했다.

> 어떤 정책을 선택하건, 열과 성의를 다해 집행해야 합니다. 이를 위해 누군 가가 나서서 목표를 추구하고 끊임없이 인도해야 합니다. 대통령이 직접 나서 서 정력적으로 진행하거나, 각료 중 누군가에게 위임해도 좋습니다. 한 번 정 책을 고른 이상 논란은 종식되어야 하며, 모두가 이에 동의하고 이를 지켜야 합니다. 내가 맡아야 할 문제는 아니지만, 일부러 피할 생각도 없고, 앞장서 책임을 맡을 생각도 없습니다.[70]

수어드는 링컨이 국무장관의 뜻에 따르는 꼭두각시 대통령이 되기를 원했다.

수어드는 잘못 짚어도 크게 잘못 짚은 셈이었다. 대통령의 반응은 즉각적 이고도 능수능란했다. 링컨은 수어드에게 링컨 정부의 국내 정책은 수어드 의 제안과 완벽히 일치한다는 점을 주지시켰다. 그는 수어드의 국면 전환용 전쟁 계획을 가볍게 무시하고, 자신의 권한을 노리는 시도 역시 단칼에 잘 라 버렸다. "해야 하는 일은 반드시 하고 보는 게 내 신조입니다." 사람을 다 루는 링컨의 남다른 수완이 드러나는 순간이었다. 그는 수어드를 손아귀에 두는 한편, 막후의 실세라는 수어드의 믿음에 찬물을 끼얹었다. 하지만 링 컨은 두 사람의 긴밀한 관계를 자신이 암살되는 순간까지 완벽하게 유지했 고, 너무나 신속하고 매끄럽게 이러한 관계를 정립했다. 이에 감탄한 수어드는 6월에 아내에게 이렇게 고백했다. "실행력과 용기는 아주 드문 자질에 속하는데, 대통령은 두 가지 면에서 우리들 중 최고야." 그해가 가기 전에 또다른 친구에게는 이렇게 말했다. "미국에서 링컨만큼 역경에 닥친 국가를 안전하게 이끌어 갈 수 있는 사람은 없을 거야."[71]

수어드는 한풀 꺾였으면서도 단호하게 주장을 이어 나갔다. 그는 여전히 섬터에서 철수해야 한다는 주장을 굽히지 않았다. 섬터에서 철수할 경우 버지니아 통일당의 힘을 강화할 수 있다고 생각한 그는 링컨과 존 볼드윈John Baldwin의 회담을 주선했다. 존 볼드윈은 버지니아 통일당 대표의 특사로 나왔으나, 회담은 역효과만 낳고 종결되었다. 볼드윈은 링컨에게 섬터뿐만 아니라 플로리다의 피켄스 요새에서도 철수하라고 요청했다. 링컨은 수어드와 달리 이 말을 믿지 않았다. 볼드윈은 연방 정부가 섬터에서 철수하는 이유는 남부를 달래기 위함이지 군사적인 필요 때문이 아니라고 공표할 것을 주장했다. 마지막으로 볼드윈은 섬터에 군량미를 보내서는 안 된다고 주장했다. 그렇게 주장한 것은 섬터를 포위한 사우스캐롤라이나 군대가 군량미 수송을 막으려 공격을 감행할 것이고, 충돌이 발생하면 남부 전체가 분리 독립을 감행하는 상황이 올 수도 있다는 이유였다. 이 회담은 링컨의 추가적인 양보를 이끌어 내기보다, 링컨으로 하여금 분리 독립한 주를 포기할 수 없고, 어퍼사우스를 연방 안에 두어야겠다는 의지를 다지게 만들었다.[72]

링컨은 다음 행동을 개시했다. 이는 링컨의 영리한 머리가 가장 돋보이는 전략이었다. 링컨은 각료 몇 명이 주장한 것처럼 배를 비밀리에 보내지 않고, 섬터에 보급품을 보내는 계획을 사우스캐롤라이나 주지사에게 사전에 통지했다. 그는 이 배들은 오직 식량만을 수송할 것이며 무기, 탄약, 군대는 전혀 싣지 않을 것이라고 공표했다. 링컨은 사우스캐롤라이나가 필요한 경우 무력으로 보급품 수송을 막을 것이라는 점을 알고 있었다. 따라서 보급품 수송 계획이 평화적이라는 사실을 공표함으로써 연방 정부의 희생 없이 최대한 너그러운 자세를 취하려 한다는 사실을 주지시켰다. 하지만 사우스캐롤라이나는 4월 12일 섬터를 공격했고, 4월 14일에 항복을 받아냈다. 링컨은 곧이어 반란 진압을 위해 7만 5천 명의 자원병 모집 공고를 발령했다. 마지막 도미노가 무너졌다. 버지니아, 테네시, 아칸소, 노스캐롤라이나가 이 공고에 대한 반발로 분리 독립을 선언했다.[73]

링컨의 수완은 엄청난 성과를 거두었다. 북부는 전쟁을 두고 의견이 양분되었으나, 단숨에 모든 상황이 바뀌었다. 남부가 선제공격을 개시하면서 분노에 찬 북부 청년들이 모여들기 시작했고, 링컨에 대한 전폭적인 지지와 자원입대 물결이 북부를 휩쓸었다. 선제공격이 미친 효과는 엄청났다. 미국 역사에서 이처럼 대중의 의견이 바뀐 전례를 찾아볼 수 없었다. 심지어 남부를 강력히 지지하던 뉴욕 시에서조차 25만 명이 연방 쪽으로 돌아섰다. 민주당원 또한 이에 가담했다. 스티븐 더글러스도 연방의 화합을 보여 주기 위해 백악관을 방문해서 이렇게 주장했다. "이 전쟁에서 중립이란 없다. 애국자가 되거나 배신자가 되거나 하나의 선택만이 있을 뿐."[74] 하원의 회기가 종료되고 더글러스가 링컨을 지지하기 시작하면서 반대 세력의 구심점이 사라졌다. 링컨은 일리노이에서 공화당을 설립하며 당을 다루는 기술을 연마했다. 그는 이러한 능력을 발휘해 당을 자신의 든든한 지지 세력으로 만들 수 있었다.[75]

처음 닥친 위기에서 링컨이 내린 결정은 가장 유력한 대체 후보자인 수어드가 내렸을 법한 결정과는 한참 달랐다. 수어드의 특이한 국면 전환 전쟁론을 차치하더라도, 시카고 전당 대회에서 많은 이들의 예상대로 수어드가 승리했다면 위기 상황의 최종 결과는 엄청나게 달라졌을 것이다. 수어드는 섬터 요새에서 철수했겠지만 링컨은 이와 정반대의 길을 택했고, 철수를 거부하면서 남부가 전쟁을 선택할 수밖에 없도록 만들었다. 분리 독립주의자들은 '연방이 살아남는 꼴을 지켜보느니 전쟁을 택하겠다'는 속내를 드러냈다. 하나 된 북부는 연방을 지키기 위해 이들과 싸우겠다는 움직임을 보였다.[76]

영향력: "미국 전체가 우리 땅이야!"

지도자들은 그들이 선택하는 결정 이상의 영향력을 행사하는 경우가 있다. 조직의 성과를 향상시키는 지도자도 있고, 조직을 다루는 기술이 부족해 조직을 위기에 빠뜨리는 경우도 있다. 최극단 지도자들이 이러한 영향력을 가져오기 쉽다.

링컨이 남북 전쟁에 기여한 바를 의심하는 사람은 거의 없다. 이 책에서는 특히 세 가지 사항에 초점을 맞추려고 한다. 첫째, 그 누구도 따라올 수 없는 링컨의 언변이다. 퓰리처상을 수상한 게리 윌스Garry Wills는 『게티즈버그에서의 링컨Lincoln at Gettysburg』에서 링컨의 유창한 언변이 연방의 유지를 위한 전쟁에서 노예 해방을 위한 전쟁으로 전환하는 결정적인 계기였다고 주장한다. 로널드 C. 화이트Ronald C. White는 링컨의 달변이 남북 전쟁의 향방과 의미를 결정하도록 도왔다고 주장했다.[77]

둘째, 링컨의 남다른 정치적 수완이다. 이러한 능력은 북부의 성공에 핵심적인 역할을 담당했다. 북부가 전쟁을 효율적으로 진행하기 위해서는 공화당의 화합이 필수적이었고, 링컨이라는 인물은 이러한 화합을 유지하는 데 가장 중요한 역할을 담당했다. 중용의 미덕, 적절한 자리 배분, 공화당의 극우파와 중도파를 달래 분리 독립의 위기를 헤쳐 나가는 능력은 연방의 승리에 엄청나게 기여한 요인들이었다.[78]

마지막으로, 전쟁을 지휘하는 탁월한 능력이다. 세 가지 가운데 가장 중요하다고 말할 수 있는 이 능력은 전쟁의 승패를 결정짓는 요소였다. 만일 링컨과 남부 연합 대통령 제퍼슨 데이비스Jefferson Davis의 지위가 서로 바뀌었다면 전쟁의 승패가 달라졌을지도 모른다. 그렇다고 데이비스가 무능한 대통령이었다는 뜻은 아니다. 데이비스의 전쟁을 지휘하는 능력에 많은 비판이 있었던 것은 사실이지만, 대통령직을 그보다 더 잘 수행하기도 어려웠다. 데이비스는 웨스트포인트West Point를 졸업했고, 군에서 7년 동안 현역으로 복무했다. 또한 멕시코 전쟁에서 자원병 연대를 훌륭히 이끌었고, 상원 의원을 역임하면서 4년간 국방장관직을 맡았다. 이 기간 중 군대의 총기와 탄약을 현대화하는 성과를 올렸고, 상원으로 다시 돌아와 병무에 매진했다. 블랙 호크 전쟁에 무늬만 참가하고, 하원에서 2년을 무명 인사로 보낸 링컨과는 비교할 수 없는 경력이었다.[79]

링컨이 전쟁을 다루는 능력은 두 가지 측면에서 두드러졌다. 첫째, 링컨은 전략적 발상이 탁월했다. T. 해리 윌리엄스T. Harry Williams는 링컨이 전시에 발휘한 역량을 연구했다. 무심히 넘기기 어려운 이 연구 결과에서 그는 링컨을 "위대한 전쟁 대통령"이자 "타고난 위대한 전략가"이며, "그랜트Ulysses S. Grant를 비롯한 그 어느 장군보다도 연방의 승리에 기여한 바가 많다"라고 평가했다.[80]

전략의 핵심은 몹시 단순했다. 링컨은 승리의 비결이 남부군의 파멸에 있다고 생각했다. 1863년 그는 상원 의원 제임스 G. 콩클링James G. Conkling에게 다음과 같은 편지를 썼다. "반란의 힘은 군대에서 나온다. 군사력이 미치는 범위에서는 군대가 국가 전체와 모든 국민을 지배한다. …… 미드Meade(포토맥 군의 사령관) 장군의 군대는 리 장군의 군대를 펜실베이니아에서 격퇴할 수 있고, 내 생각으로는 영원히 소탕할 수 있을 것 같다." 장군들 대다수는 이 말을 이해하지 못했다. 일찍이 링컨은 사령관 헨리 할렉Henry Halleck에게 보낸 편지에서 이렇게 말했다. "나는 포토맥 군이 리치먼드*가 아닌 리의 군대를 주된 목표로 삼기를 바랐다."[81]

링컨은 전략상 공세를 유지할 필요가 있다고 생각했다. 이러한 링컨의 생각은 워낙 확고해 대승리 이후에도 여전히 동일한 입장을 유지했다. 게티즈버그의 승리 이후, 미드는 군대를 향해 이렇게 연설했다. "사령관은 우리 땅에서 침입자들의 흔적을 완전히 지우기 위해 제군들에게 더 큰 노력을 요구할 것입니다." 이 문장이 몹시 탐탁지 않았던 링컨은 할렉에게 이렇게 말했다. "내가 이 문장을 마음에 들어 하지 않았다는 것을 잘 알고 있을 거야." 그는 미드의 원고를 처음 보고 "두 손을 무릎까지 떨어뜨린 다음, 우려 섞인 목소리로 이렇게 말했다. '우리 땅에서 침입자를 몰아낸다고? 오 세상에, 그게 전부야?'" 그는 이렇게 다그쳤다. "장군들 머리에서는 이런 생각이 안 떠오르나? 미국 전체가 우리 땅이야!"[82]

미드는 그랜트의 전임자였다. 그는 1862년 서부에서 첫 승리를 거둔 다음부터 링컨 밑에서 경력을 쌓아 갔다. 그랜트는 링컨의 진정한 신임을 얻은 최초의 장군이었다. 1864년 4월 30일, 링컨은 그에게 다음과 같은 편지를 쓸 정도로 전폭적인 신임을 보여 주었다. "지금껏 장군이 이룬 성과에 완벽히 만족합니다. …… 장군의 세세한 계획을 알지는 못하지만, 굳이 알아볼

---

* 남북 전쟁 시 남부 연합의 수도.

필요도 없다고 생각합니다." 하지만 그랜트는 이 메시지보다 훨씬 부담을 느껴야 되는 상황임을 알았다. 그랜트는 탁월한 연방 기마단 사령관, 셰리던Sheridan을 파견해 남부 연합군을 '지옥 끝까지' 추격해 섬멸하려고 했다. 8월 3일 링컨은 그랜트의 이러한 계획을 승인했다. 그랜트는 피터즈버그 기지에 주둔 중인 군대를 인솔할 생각이었다. 하지만 막대한 힘으로 지원하지 않는 이상 그랜트의 명령이 먹혀들 리 없었다. 그랜트 혼자서는 피터즈버그에서 이러한 힘을 끌어들이기 어려웠고, 이것을 안 링컨은 그랜트에게 다음과 같이 지시했다. "여기에서 보낸 특전을 몇 번이고 검토하시오. 이미 특전의 내용대로 명령을 내렸다고 하더라도 마찬가지입니다. 그리고 '우리 군대를 적의 남쪽에 배치하거나,' '적이 어디로 가든, 지옥 끝까지 추격할' 아이디어를 갖고 있는 사람이 있는지 살펴시오. 매일 매시간 관찰하고 실행하지 않는 이상, 그 무엇도 시도하거나 행동으로 옮겨서는 곤란하다는 사실을 재차 강조합니다." 그랜트는 곧 워싱턴으로 떠났다.[83]

링컨은 남부군을 격파하면 엄청난 인명의 희생이 뒤따르리라는 사실을 알고 있었다. 1862년 12월 북부군은 프레더릭스버그Fredericksburg에서 남부 연합의 로버트 E. 리 장군에게 참패했다. 1만 3천 명 이상의 사상자가 발생했지만, 리 측의 피해 규모는 이의 절반에 지나지 않았다. 링컨은 참담한 기분으로 이렇게 말했다. "차라리 지옥이 더 편할 것 같군!" 그럼에도 그는 '무시무시한 계산'을 감행했다. "똑같은 전쟁을 1주일간 매일매일 치른다면, 리가 지휘하는 군대는 전멸할 거야. 하지만 포토맥 군대는 여전히 많은 병력을 유지하고 있겠지. 그럼 전쟁은 끝날 테고, 남부 연합의 운명도 거기에서 끝날 거야." 전쟁의 역사를 연구한 제프리 페렛Geoffrey Perrett이 다음처럼 말한 데에는 나름의 이유가 있었다. "링컨의 전쟁에 대한 의지는 북부의 보이지 않는 무기였다. …… 그의 찬란한 의지가 없었다면 전쟁은 연방의 종말로 끝났으리라고 예상할 수 있다. 1860년과 1864년에 대통령이 될 수 있었던 다른 정치인들은 하나같이 남부와 타협했을 것이다. 그러나 링컨의 관심은 오직 승리뿐이었다."[84]

전쟁에 크게 기여할 수 있었던 두 번째 자질은 수하들을 활용하는 능력이었다. 링컨은 아랫사람들이 아무리 특이하고, 말을 듣지 않더라도 이들을 능수능란하게 다뤘다. 이러한 기술은 그랜트와 셔먼에게서 가장 큰 빛을 발했다. 두 사람 모두 남북 전쟁 승리의 주역으로 인정받는 인물들이다. 하지만 전쟁 초기에만 해도 두 사람은 많은 물의를 일으켰다. 그랜트는 술고래로 유명했고, 실로Shiloh에서 치른 첫 전투에서 대패했다. 셔먼은 정서가 불안한 사람으로 통했다. 이들의 평판은 다음과 같은 셔먼의 말을 통해 짐작할 수 있다. "내 정신이 오락가락하는 순간에는 그랜트가 내 옆에 서 있고, 그랜트가 술에 취해 해롱대는 순간에는 내가 그랜트 옆에 서 있다. 지금 우리 두 사람은 이런 꼴로 항상 서로의 곁을 지킨다."[85]

이 기술은 링컨이 조지프 후커Joseph Hooker 장군을 다룬 방식에서 가장 확연히 드러났다. 후커는 챈설러즈빌Chancellorsville에서 대패했으나, 북부 포토맥 군의 지휘관으로 지명되면서 무패 행진을 달리던 리를 격파할 수 있는 가장 유력한 인물로 부상했다. 후커는 전임 지휘관을 끌어내리려고 계획하는 동시에, 독재자가 권력을 잡아야만 미국이 제대로 굴러갈 것이라고 말한 적이 있었다. 이를 알고 있던 링컨은 그에게 몸소 편지를 썼다. 이는 편지를 이용한 우아한 용인술의 걸작이었다. 링컨은 이 편지에서 후커의 과도한 야망을 꾸짖는 동시에 자신이 독재자가 될 수 있는 유일한 방법은 후커가 전쟁에서 이기는 것이라고 설명했다. 그러면서 만일 후커가 전쟁에서 이겨 준

다면 '독재자가 되는 모험'을 감행하겠노라고 고백했다.[86]

이 편지로 링컨 밑에서의 지위와 링컨이 후커에게 기대하는 바가 명확해졌다. 또한 이 편지는 그의 장점을 북돋우고, 잘못을 감싸 주었다. 후커는 편지를 받은 후 링컨에게 전적으로 복종했고, 몇 달 후 감상에 젖어 "아버지가 아들에게 쓴 편지 같다"고 말하며 이 편지를 기자들한테 읽어 주었다. 후커, 그랜트, 셔먼과 같은 군인, 수어드와 체이스(링컨은 체이스를 재무장관으로 임명했다) 같은 시민은 연방의 엄청난 축복이었다.[87]

최극단 지도자들의 귀감:
"탁월한 천재는 사람들이 많이 걸었던 길을 좋아하지 않는다."

1838년, 스물아홉 살의 링컨은 스프링필드 청년 문화회관에서 '정치 기관의 영속'이라는 주제로 연설하며, 특별한 재능을 타고난 인물이 미국의 미래를 바꿀 수 있다고 역설했다. 돌이켜 보면, 이는 복선을 담은 연설이었다. 이는 링컨이 새로 이사한 지역에서 시도한 첫 번째 연설이었다. 당시만 해도 대통령 시절에 보여 주었던 그만의 위풍당당함을 찾아보기 어려웠다. 지나치게 미사여구가 많았던 연설을 보면, 새로운 이웃들에게 자신의 존재를 각인시키고 싶은 자신 없는 청년의 결과물이라고 평가할 수도 있을 것이다.

그는 전형적인 화법으로 연설을 시작했다. 초반에 건국의 아버지들을 칭찬한 뒤 미국의 힘이란 곧 외세의 위협에서 자유롭다는 의미라고 단언했다. 그다지 독창적이지 못한 연설을 마친 다음, 링컨은 새로운 방향을 선택했다. 생각지 못한 깨달음을 얻은 그는 정부를 전복하고 싶은 사람들의 정신세계

피격된 링컨을 그린 석판화. 왼쪽부터 헨리 래스본Henry Rathbone, 클라라 해리스Clara Harris, 메리 토드 링컨 Mary Todd Lincoln, 링컨, 존 윌크스 부스John Wilkes Booth. 1861년 4월 14일 존 윌크스 부스는 포드 극장에서 연극을 관람하던 링컨을 저격했다. 링컨은 곧 응급 처치를 받았지만 결국 아홉 시간 후 숨을 거두었고, 탈주한 존 부스도 며칠 후 기병대에 포위당한 뒤 사살되었다.

를 탐구했다. 그는 과거에는 미국의 실험이 성공할 수 있을지 불확실했으나, 이를 달성했기에 최고의 영광을 누릴 수 있었다고 주장했다. 곧이어 미국의 실험이 성공한 지금에는 이를 강화하는 것만으로 위대한 영광을 찾을 수 없다고 덧붙였다. 하지만 미국은 동일한 명성을 바라는 엄청난 능력의 소유자들을 계속해서 배출할 것이다. 이러한 사람들이 선사하는 위험 요소를 다음과 같이 묘사할 수 있었다. "탁월한 천재는 사람들이 많이 걸었던 길을 좋아하지 않는다. …… 그들은 탁월함에 목말라하고 탁월함을 위해 스스로를 불사른다. 가능하다면 노예를 해방하거나 자유인을 노예로 삼는 희생을 감행해서라도 탁월함을 찾을 것이다."[88]

젊은 링컨이 노예 해방을 언급한 것은 놀라운 일이며, 이러한 야망을 보였다는 것은 더욱 놀라운 일이다. 링컨의 친구인 윌리엄 헌든William Herndon

은 링컨의 야망을 "쉬지 않고 돌아가는 작은 엔진"이라고 묘사했다. 1841년 링컨이 고백한 유일한 삶의 이유는 이름을 남길 만한 업적을 하나라도 이루는 것이었다. 2년 전, 링컨은 노예 해방이 영예를 획득할 한 가지 방법이라고 말한 적이 있었다. 21년 후, 그는 정확히 그 말을 실행으로 옮겼다.[89]

링컨은 한때 메인 주의 상원 의원 로트 M. 모릴Lot M. Morrill에게 이렇게 말한 적이 있었다. "신이 이 엄청난 위기를 이해할 수 있는 인물로 나를 창조했는지 확신이 서지 않는다. …… 이 위기를 해결하고 사람들을 인도할 지혜를 나에게 부여했는지도 잘 모르겠다. …… 나는 여기에서 능력이 닿는 한 내 의무에 충실해야 한다." 링컨이 암살당한 순간, 그는 연방의 건재와 노예 제도의 붕괴에 자신의 노력이 결정적이었고, 필사적으로 추구해 오던 탁월함을 성취했다는 사실을 알고 있었다. 그가 이룬 업적은 최고의 탁월함을 갖춘 지도자, 최극단 지도자 중에서도 최고의 지도자만이 가능한 일이었다. 미국 역사상 이러한 평가를 받을 수 있는 인물은 링컨이 유일했다.[90]

제5장

"윌슨은 항상 믿음직해요.
한 번도 우리를
실망시킨 적이 없거든요."

윌슨, 상원, 베르사유 조약

1918년 11월 11일, 제1차 세계 대전이 종결되던 그날, 미국의 28대 대통령 우드로 윌슨은 전후 질서를 정립하기 위한 파리 평화 회의에 참석하기로 마음먹었다. 이는 미국 대통령이 유럽을 처음 방문하는 역사적인 사건이었다. 윌슨은 전쟁 중에 대중에게 수차례 연설했고, 연설 속에 녹아든 이상적인 수사 덕에 유럽 대중의 마음속에 영웅으로 자리 잡았다. 실제로 유럽 대중에게 이러한 평가를 받은 미국 대통령은 매우 드물었다. 그가 파리에 도착하자 200만 명의 파리 시민들은 어쩔 줄 몰라 하며 그의 이름을 환호했다. 윌슨은 이러한 인기와 연합국의 승리에 이바지한 미국 대통령의 지위를 십분 활용해 전쟁 종결을 선언하는 베르사유 조약에 국제 연맹에 관한 내용을 추가했다. 그는 국제 연맹의 창설로 이러한 비극의 재발을 막으려고 했다.[1]

국제연맹은 미국인들의 정치적 의중을 벗어나지 않았다. 윌슨의 전임자였던 공화당의 윌리엄 하워드 태프트William Howard Taft는 연맹 결성을 찬성

1919년 5월 27일 파리 평화 회의를 위해 모인 4대국 정상. 왼쪽부터 영국의 로이드조지 수상, 이탈리아의 비토리오 오를란도Vittorio Orlando 수상, 프랑스의 조르주 클레망소 대통령, 미국의 우드로 윌슨 대통령.

하는 로비 단체의 수장을 맡았고, 태프트의 전임자였던 시어도어 루스벨트 Theodore Roosevelt는 당시 세상을 떠났지만, 전쟁 이후에 이와 유사한 연맹의 결성을 일찌감치 지지했다.

반면 유럽의 정치 지도자들은 윌슨이 제안한 국제 질서에 적대적이었다. 영국의 수상 데이비드 로이드조지David Lloyd George가 연맹에 회의적인 태도를 보인 정도가 그나마 나은 편이었고, 프랑스 대통령 조르주 클레망소 Georges Clemenceau는 공개적으로 연맹의 결성을 조소했다. 이처럼 비협조적인 여건에서도 윌슨은 그들의 동의를 받아 워싱턴으로 돌아왔고, 상원의 비준을 받아 미국을 연맹에 가입시키려고 했다. 대부분의 사람들은 조약이 원안 그대로 비준될 것이라고 예측했다. 그러나 의회에서 극적인 진통을 겪은

끝에 상원이 조약을 거부했고, 그 결과 미국은 연맹에 가입하지 못했다.[2]

왜 미국은 미국 대통령이 창설한 조직에 가입하기를 거부한 것일까? 국제 연맹은 미국의 불참으로 삐걱대기 시작했다. 이후 수십 년간 파리에서 체결된 협정들은 내용 자체가 매우 부적절했다. 그 결과 전쟁의 참화에서 일어나 안정적인 평화를 얻기 위해 더욱 참혹한 세계 대전을 치러야 했다. 미국이 연맹에 가입했다면 유럽의 현실에서 물러난 방관자가 되지 않았을 테고, 그랬다면 1930년대에 유럽이 경험한 비극의 역사는 현실과 달랐을지도 모른다.

윌슨은 비여과형 지도자이자, 최극단 지도자의 면모를 갖추고 있었다. 그의 경력을 자세히 살피면 분류의 실마리를 찾을 수 있다. LFT의 가정을 상기해 보자. 윌슨이 최극단 지도자였다면, 그의 재임 시절 있었던 주요 사건들 일부가 그의 독특한 특색에서 비롯되었다고 말할 수 있다.

베르사유 조약의 비준을 두고 발생한 상원에서의 잡음은 LFT의 탁월한 검증 수단이다. 물론 앞 장에서 언급한 검증 수단처럼 말끔하지는 않다는 것을 감안해야 한다. 이 사건은 윌슨의 연임 당시에 일어났다. 그리고 대체 후보자 대통령으로 가장 유력했던 민주당의 최빈값 지도자는 이 사건에서 아무런 역할을 담당하지 않았다. 게다가 윌슨은 논쟁이 한창일 무렵 심장 발작을 일으켰다. 심혈관 질환이 악화되고 심장 발작으로까지 이어지면서 판단력에도 심각한 영향을 미쳤을 것이다. 물론 심장 발작이 찾아오기 전에도 상원에서는 조약을 거부할 요량이었으나, 윌슨의 독특한 행동, 최극단 지도자로서의 특색이 최종적인 거부를 이끌어 냈다. 다른 사람들의 판단이나 그를 반대하던 사람들의 생각에서 최빈값 지도자에 속하는 대체 후보자 대통령이 내렸을 결정을 엿볼 수 있다. 윌슨의 편에 섰던 협력자들마저 줄곧 달리 행동할 것을 채근했고, 윌슨에게 반대하던 자들이 승리의 비결을 그의 독특한 성향으로 돌리고, 역사가들이 윌슨의 행동을 특별히 이례적이라고 평가한다면, 이는 LFT를 뒷받침하는 가장 강력한 근거가 될 것이다. 경력 초기에 보였던 유사한 성향은 여과 과정을 거치지 못하도록 훼방을 놓았을 것이고, 이러한 측면은 LFT를 뒷받침하는 추가적인 증거로 간주될 수 있다.

...

백악관으로

...

윌슨은 그 어느 미국 대통령보다는 정치 경험이 짧았다. 1911년 대통령 선거 운동을 시작했을 때, 그가 선출직 공무원으로 재직한 경력은 2년을 넘지 못했다. 그 전까지는 변호사와 프린스턴 대학교의 정치학 교수로 일했고, 교수로 재직하며 프린스턴의 법학 수준과 학부의 위상을 엄청나게 높여 놓았다. 그의 끝없는 야망과 타협을 모르는 성격은 프린스턴의 공동체를 분열시켰다. 마침내 그는 총장직에서 물러나라는 압력을 이기지 못하고 프린스턴을 떠날 수밖에 없었다. 미국 언론은 그의 개혁에 대한 의지를 완고한 엘리트들에 대한 저항으로 묘사했다. 이로써 그는 국가적인 인물로 부상하며 뉴저지의 첫 번째 주지사와 미국 대통령이 될 기반을 닦을 수 있었다. 윌슨은 워낙 특이한 개성의 소유자로, 윌슨의 심리 전기를 편찬한 지그문트 프로이트Sigmund Freud는 그를 놀랄 만큼 부정적으로 묘사했다.[3]

정치학자, 대학 총장, 주지사

윌슨의 경력은 다른 미국 대통령들과 아무런 공통점을 찾아볼 수 없다. 그는 변호사로 첫 사회생활을 시작한 이후 대학원에 진학했다. 곧이어 교수가 되었고, 교수 경력의 마지막에는 프린스턴 대학교 총장에 선출되었다. 엄청난 성공가도를 달려 총장에 취임했으나, 엄청난 실패와 함께 자리에서 물러나게 되었다. 하지만 이러한 실패 덕에 정치 경력을 시작하고 뉴저지 주지사가 될 수 있었다.

프린스턴 학생에서 프린스턴 총장으로, 프린스턴 총장에서 뉴저지 주지사로
토머스 우드로 윌슨은 1856년 12월 28일, 버지니아 스톤턴에서 1남 2녀 중 막내아들로 태어났다. 그의 아버지는 지역의 명사였던 조지프 윌슨Joseph Wilson 목사였다. 그는 1873년에 데이비드슨 대학에 입학했으나 1년 만에 그만두고 집으로 돌아왔다. 이후 그는 집에서 1년을 독학해 1875년에 다시 프린스턴에 입학했다. 프린스턴 재학 시절, 그는 친구들에게 인기는 좋았으나 학업에서 뛰어난 성적을 거두지는 못했다. 그러나 4학년이 되어 「미국에서의 내각 책임제 연구Cabinet Government in the United States」라는 에세이를 『인터내셔널 리뷰International Review』에 발표하는 성과를 올릴 수 있었다. 이 저널은 미래의 정적인 헨리 캐벗 로지Henry Cabot Lodge가 출판한 미국의 유력 저널이었다. 프린스턴을 졸업한 윌슨은 버지니아 대학 로스쿨에 입학했고, 1882년에는 애틀랜타에서 변호사 사무실을 열었다.

변호사 업무가 마음에 들지 않았던 윌슨은 사무실을 폐업하고 볼티모어에 있는 존스 홉킨스 대학원 정치학 박사 과정에 입학했다. 그가 대학원에서 집필한 『의회 정부Congressional Government』는 워싱턴에 한 번도 가 본 적 없이 집필한 처녀작이었는데도 엄청난 호평을 받았다. 그는 박사 과정을 밟기보다는 브린 모어 대학에 가서 학생들을 가르치기로 마음먹었다. 1888년 그는 웨슬리언으로 자리를 옮겼고, 1890년에는 프린스턴으로 복귀했다. 프린스턴에서 그는 학생들로부터 6년 연속 가장 인기 있는 교수로 선정되었다. 그는 1898년에 버지니아 대학으로부터 총장직을 제안받았으나, 프린스턴에 남기 위해 이 제안을 거절했다. 이 기간 동안 그는 현실 정치에 거의 관심을 보이지 않았다. 그가 당시에 심취해 있던 분야는 학문으로서의 정치학이었다. 의미를 둘 만한 유일한 정치적 활동은 1896년 볼티모어에서 개최한 민주당 회합에서의 연설 정도였다. 그는 여기에서 또 한 명의 미래의 정적을 만났다. 그 주인공은 바로 시어도어 루스벨트였다.[4]

1896년 프린스턴 창립 100주년을 맞으면서 학문의 수준과 학부의 역량을 향상시키기 위한 움직임이 활발해졌다. 당시 프린스턴의 총장이었던 프랜시스 패턴Francis Patton은 이 목표의 가장 큰 장애물로 생각되었다. 윌슨은 개혁을 앞장서 부르짖었고, 1902년에는 이사들을 규합해 패턴을 물러나게 만들 계획을 세웠다. 사태를 파악한 패턴은 총장직에서 사임했고, 이사들은 만장일치로 윌슨을 총장에 추대했다. 윌슨은 특유의 열정과 에너지로 개혁을 단행했다. 취임 후 몇 년에 걸쳐 그는 교수진을 강화하고, 커리큘럼을 개혁하며, 후원을 얻고자 졸업생들을 상대로 여러 차례 연설을 진행했다.[5]

하지만 그는 총장직을 수행하면서 대학 내의 많은 사람을 적으로 돌렸다. 프린스턴 내부에서 그를 지켜본 사람들에 따르면, 그는 항상 자기 사람들에게만 둘러싸여 반대자들을 가혹하게 다루었다고 전해진다. 윌리엄 B. 스콧William B. Scott이라는 사람은 이렇게 언급했다. "누가 반대하거나 신경을 거스르면 그는 오만해지고 냉소적으로 변했다. …… 가끔 그가 나를 대하는 태도는 정말 참을 수 없을 정도였다. 다른 사람이 그랬다면 가만있지 않았을 것이다." 윌슨은 교수 회의에서 자신에게 반대하는 사람들을 혹독하게 공격했다. 마크 볼드윈Mark Baldwin이라는 교수가 윌슨을 피해 프린스턴을 떠났을 때, 윌슨은 마지막 교수 회의에서 그의 면전에 대고 이렇게 말했다. "내가 틀렸다고 말한 걸 평생 후회하게 될 거요!"[6]

또한 윌슨은 이 당시 심혈관 질환이 시작되고 있었다. 이때 시작된 심혈관 질환은 결국 그의 건강을 완전히 망가뜨렸다. 1896년에 가벼운 심장 발작이 찾아와 오른손의 감각을 잃었다. 1906년에는 왼쪽 눈의 혈관이 파열되어 왼쪽 눈을 거의 실명했다. 의사들은 그에게 다시는 일할 수 없을 것이라고 충고했다. 윌슨은 이들의 충고를 무시하고 유례없이 힘겨운 인생을 시작했다. 또한 그가 의사의 충고를 무시한 것은 이번이 마지막이 아니었다. 건강 악화는 이미 그의 판단력을 해치기 시작했을 테고, 정신에 곧바로 영향을 미치는 것은 물론, 혼자 있어야 하는 시간이 늘어나면서 간접적으로도 영향을 미칠 수 있었다.[7]

쿼드 플랜

1906년, 윌슨은 프린스턴에서의 몰락을 초래한 첫 번째 전쟁을 치르게 된다. 프린스턴의 학문 수준을 향상시키려는 프로젝트의 일환으로 윌슨은 캠퍼스에서의 사회생활을 재편하는 방안을 제안했다. 나중에 이 계획은 '쿼드 플랜Quad Plan'이라는 이름으로 알려지게 된다. 그는 1학년부터 4학년까지 일부 초임 교수들과 함께 지낼 수 있는 사각형 기숙사를 설립하려 했다. 당시 프린스턴의 3, 4학년 학부생들은 이른바 '밥터디' 클럽eating clubs에 들어가기 위해 치열한 경쟁을 벌였다. 이 클럽은 캠퍼스 내에서의 사회생활을 지배했다. 클럽에서 거부당한 불행한 학부생들은 영영 프린스턴을 떠나는 경우도 있었다. 클럽의 영향은 프린스턴의 학문 수준을 향상시키는 데 분명한 장애물이었다. 사각형 기숙사에 학생들을 밀어 넣으면 이 클럽은 와해될 수밖에 없었다. 이러한 계획은 재학생들뿐 아니라 졸업생들의 엄청난 반발을 야기할 것이 분명했다.[8]

윌슨은 이 계획을 사전에 그 누구와도 상의하지 않았다. 아마도 심장 발작 후유증이 남아 있었던 탓일 수도 있다. 그는 자신의 계획을 이사들에게 설명했고, 24대 1의 압도적인 지지를 얻어 냈다. 그는 자신의 생각을 졸업생들에게 전혀 알리지 않았다. 무엇보다도 영향력이 지대했던 학장, 앤드루 웨스트Andrew West에게 알리지 않은 것은 그냥 넘길 수 없는 일이었다. 윌슨의 차기 개혁안이 대학원 설립이라고 믿고 있었던 웨스트는 윌슨이 자신에게 거짓말을 하고, 자신을 배신했다고 생각했다.[9]

이러한 실수로 윌슨은 곤란한 상황을 맞게 되었다. 그는 쿼드 플랜에 대해서는 교수 회의의 지지를 받았다. 하지만 졸업생 동문회와 웨스트는 기타 반대파들과 함께 이사진을 상대로 그를 반대하도록 막후 로비를 진행했다. 이사진은 2차 투표를 진행했고, 이번에는 정반대 결과가 나왔다. 한 명만 뺀 모든 이사진이 반대표를 던졌고, 나아가 이 안건을 다시 토론하는 것을 금지시켰다.[10]

이사진은 대신 윌슨의 체면을 살려 주기 위해 졸업한 동문들을 상대로 쿼드 플랜을 설명할 기회를 마련했다. 그는 미국 전체를 돌아다니며 연설했고, 연설에서 어떠한 타협도 거부하며 반대파를 혹독히 비난했다. 그의 연설은 전혀 성공을 거두지 못했으나 세 가지 결과를 가져왔다. 첫째, 프린스턴과의 원만한 관계가 영원히 망가졌다. 둘째, 유명 언론이 그를 조명하면서 전국적인 관심을 받게 되었다. 당시 언론은 기득권 세력에 대항하는 그를 우호적인 태도로 서술했고, 그의 기득권 세력과의 싸움은 능히 투쟁이라 불릴 만했다. 셋째, 클럽으로 대표되는 기득권에 대항하면서 그는 타고난 보수주의 색채를 완화할 수 있었다. 이 사건을 계기로 윌슨의 정치적 성향은 왼쪽으로 기울기 시작했다. 이러한 세 가지 효과가 조합되면서 뉴저지의 민주당 지도자들은 윌슨을 차기 상원 의원, 심지어 대통령 후보로 거론하기 시작했다.[11]

쿼드 플랜의 실패로 윌슨의 개혁이 중단된 것은 아니었다. 1909년 그는 웨스트 학장 및 이사진들과 대학원의 입지를 두고 일명 '프린스턴의 전투'로 불리는 충돌을 다시 한 번 겪었다. 이 논쟁은 대규모의 기부 두 건과 연관되어 있었다. 윌슨은 이사진에게 기부 두 건이 하나로 취급되지 못하고 각기 다른 프로젝트에 쓰이게 된다면 총장직에서 사임하겠다고 말했다. 1910년 1월 기부자는 윌슨의 제안에 동의했으나 윌슨은 기부금의 용도에 아무런 관심이 없다고 선언해 이사진을 충격에 빠뜨렸다. 오직 대학의 운영 권한만이 그의 관심사였다. 윌슨은 자신의 제안마저 뒤집으면서 이사진뿐 아니라 그의 편에 서 있던 사람들과도 결별했다. 그는 가장 우호적인 타협안마저 거부해, 그의 편에 서 있던 사람들조차 이러한 그의 태도를 도무지 이해할 수 없을 정도였다. 윌슨은 여기에서 물러서지 않고 판을 더욱 키워 갔다. 그는 자신의 주장을 언론과 대중에게 알리면서 부유한 기득권 세력과 싸우는 전사의 이미지로 스스로를 포장할 수 있었다. 그러나 이 투쟁은 윌슨의 참패로 끝났고, 프린스턴에서 쌓아 올린 그의 명성은 완전히 무너졌다.[12]

대학 총장에서 주지사로

완고한 성격, 극단적인 목표 추구, 민중의 대변자로서의 이미지는 동문들과의 관계를 망쳐 놓았지만, 그 희생의 대가로 대중에게 다가갈 수 있었다. 그의 아내는 프린스턴 대학교가 아무리 그를 싫어하더라도 "이번 사건으로 전국적인 지명도를 '무한히' 높일 수 있었어요. 셀 수 없는 신문 사설들이 당신의 편을 들고 있어요"라고 말했다. 뉴저지의 당대표들이 그를 받아들일 수 있었던 것은 그가 지금까지 보수적인 정치색을 띤 덕분이었다. 그러나 이번 사건을 계기로 윌슨은 미국 전역의 진보주의자들로부터 높은 인기를 얻을 수 있었다. 프린스턴의 총장직에서 물러난 그는 새로운 경력이 필요했다.[13]

전임 상원 의원이던 제임스 스미스James Smith는 뉴저지 민주당의 실세였고 사실상 당대표나 다름없었다. 「하퍼스 위클리Harper's Weekly」를 발행했던 보수적인 민주당원 조지 하비George Harvey는 오랜 기간 윌슨을 유망한 정치인으로 점찍어 왔고, 『미국인들의 역사History of the American People』라는 책을 윌슨과 함께 작업해 세상에 내놓았다. 윌슨은 민주당과 거의 접촉이 없었으나, 하비의 노력으로 점차 교감을 이루게 되었다. 하비는 스미스가 윌슨에게 관심을 갖도록 몇 년간 애썼다. 그 결과 스미스는 공화당을 이기고 주지사를 탈환할 기회를 윌슨을 통해 마련하리라 마음먹었다.

공화당은 진보주의자들과 태프트 행정부의 대립으로 분열되었다. 이 대립은 뉴저지에서 그대로 드러났다. 스미스는 국가적으로 존경받는 인물을 후보로 내세우고, 반대파의 분열을 이용하는 전략에 구미가 당겼다. 윌슨이 스미스에게 뉴저지의 민주당 활동을 방해하지 않겠다고 다짐하자, 스미스는 당대표들이 후보자를 자신들의 입맛에 맞게 고르려 한다는 진보주의자들의 분노 어린 반대에 맞서 윌슨을 후보자로 지명할 계획을 세우기 시작했다.[14]

윌슨은 아무런 정치적 경험이 없었다. 그는 정치학자였으나 현실 정치에는 거의 관심을 두지 않았다. 그는 뉴저지 내에서도 거의 돌아다닌 장소가 없었다. 그 같은 초짜가 뉴저지 주지사로 당선된 사례는 전무했다. 당 지도부는 윌슨이 전당 대회에서 보여 준 엄청난 연설에도 그를 통제할 수 있다고 생각했다. 윌슨은 이 연설에서 "나는 국민에 대한 봉사라는 단 한 가지 목표 말고는 어떠한 약속도, 어떠한 타협도 한 적이 없습니다"라고 말했다. 강당에 모인 대의원들은 감동의 눈물을 흘렸다. 윌슨은 뉴저지의 공화당 지도자인 조지 레코드George Record에게 편지를 써서 자신이 연설을 뒷받침했다. 그는 이 편지에서 민주당 조직과 싸울 것이고, 개혁의 이상을 구현하기 위한 십자군이 될 것이며, 당 지도부 체제를 무너뜨릴 것이라고 약속하면서, 이미 민주당 내에서 이러한 계획을 실행하는 중이라고 말했다. 물론 몇 달 전에 스미스에게 보낸 편지와는 정반대의 내용이었다. 하지만 이 편지는 진보주의자들의 심금을 울려 선거의 승리를 보장하는 결과를 가져왔다. 1910년 11월 8일, 윌슨은 압도적인 승리를 거뒀다.[15]

윌슨은 취임 전부터 뉴저지 주 민주당을 뒤흔들기 시작했다. 보수주의자들이 선택한 후보였는데도, 그들의 지지를 뒷전으로 민 다음 확실하지도 않은 가능성에 의지해 당의 진보주의자들과 의견을 같이하려 했다. 민주당원들은 주지사와 함께 주 하원을 장악했고 상원 의원을 선출할 기회를 확보할 수 있었다. 제임스 스미스는 상원으로 복귀하기를 원했다. 처음에 윌슨은 구속력이 없는 민주당 상원 예비 선거는 '익살극'에 불과하고, 승자인 제임스 마르틴James Martine을 지지할 하등의 이유가 없다고 말했다. 그러나 그는 곧 생각을 바꿔 예비 선거의 결과를 존중해야 한다고 말하며 마르틴의 지지에 동참했다. 스미스가 그를 주지사 후보로 지명한 장본인이었는데도, 저지 시 군중 대회에서는 스미스를 반대하는 것은 "사마귀를 잘라 내는 것"과 마찬가지라고 주장할 정도였다. 예비 선거 결과 마르틴은 압승을 거두었고,

스미스의 당권 기반은 붕괴되었다.[16]

월슨이 1911년 1월 주지사에 취임하면서 반대파를 압도하려는 성향, 동료와 기꺼이 갈라서는 결단력, 타협을 거부하는 과단성은 나름의 성과를 낼 수 있었다. 그는 프린스턴에서의 초기 시절과 마찬가지로 무수히 많은 개혁안을 내놓았다. 그는 예비 선거와 본 선거 제도, 부패한 선거 운동 관행, 공기업, 노동자의 임금 체계를 성공적으로 개혁할 수 있었다. 1911년 4월 의회 회기가 끝날 무렵, 월슨을 대통령 후보로 추대하자는 이야기가 슬슬 피어나왔다. 월슨은 자신의 성공이 과단성과 타협을 거부하는 의지력 덕분이라고 생각했다. 그러나 프린스턴에서와 마찬가지로 어떠한 비판도 참지 못하는 인물로 자리매김하면서 그를 격렬히 반대하는 정적들이 생겨났다.[17]

월슨은 이러한 접근 방식에 대한 대가를 지불해야 했다. 그는 주지사로서 별다른 의미 있는 성과를 거두지 못했다. 스미스는 경력에 치명상을 입었다. 하지만 스미스의 주변 사람들은 월슨의 배신에 분노했고, 단지 월슨을 떨어뜨리기 위해 1911년 의회 선거에서 당의 선거권을 포기했다. 그는 자신이 미는 후보들을 지지하기 위해 선거 유세를 다녔지만, 스미스의 사람들은 고의적으로 뉴어크Newark의 투표율을 떨어뜨려 공화당에 하원을 넘겨주었다. 월슨은 1912년 이를 타개하기 위해 훨씬 유연한 안건을 제시했으나 뉴저지 공화당 의원들은 월슨이 유력한 대통령 후보라는 사실을 알고 어떤 안건도 통과시키지 않았다. 월슨은 공화당 반대파들과 문제를 원만히 풀기 위해 아무런 노력도 하지 않았다. 그리고 회기 마지막까지 공화당 의원들은 몇 번이고 그의 거부권을 무력화시켰다. 마침내 월슨은 주지사의 굴레에서 벗어나 1912년 대통령 선거로 관심을 돌렸다.[18]

1912년 대선

1912년 대통령 선거는 미국 역사상 가장 드라마틱한 선거였다. 네 명의 후보 가운데 세 명이 유력한 후보였다. 이 세 사람은 바로 현직 대통령 윌리엄 하워드 태프트, 전임 대통령이자 급진적인 혁신당을 이끌던 시어도어 루스벨트, 그리고 윌슨이었다. 윌슨은 1892년 그로버 클리블랜드 이후 대권을 노리는 첫 민주당 후보였다. 후보들의 경력차가 이렇게 심하게 벌어진 적은 처음이었다. 현직 대통령과 전임 대통령이 선출직 공무원을 한 번도 경험한 적 없는 새내기 주지사와 맞서는 상황이었다. 태프트와 카리스마 넘치는 루스벨트를 두고 공화당은 심각한 분열을 겪었다. 절친이던 두 사람은 적이 되었고, 이러한 공화당의 분열은 공화당의 시대에서 벗어나 민주당의 시대를 개막하는 계기로 작용했다.

대통령

1912년 대선은 1904년에 시어도어 루스벨트가 압도적인 표 차로 재선되면서 예견된 무대였다. 그는 재선 이후 승리에 취해 1908년 대선에 출마하지 않겠다고 약속했다. 그는 곧 이러한 약속을 공연히 했다고 후회했으나, 한번 뱉은 말은 지켜야 한다고 생각했다. 1908년 3선에 도전할 수 없었던 루스벨트는 자신의 정책을 이을 후계자를 골라야 했다. 그는 필리핀 총독을 맡아 능력을 보여 준 윌리엄 하워드 태프트를 후계자로 지명했다.[19]

대통령이 될 생각이 없었던 태프트는 선출직 공무원에 한 번도 출마하지 않았다. 루스벨트는 인기가 워낙 높고, 공화당에 미치는 영향력 또한 지대했다. 이런 루스벨트가 점찍은 후보가 지명되고 대통령이 되는 것은 따 놓은 당상이었다. 태프트가 윌리엄 제닝스 브라이언William Jennings Bryan을 가볍게 물리친 결과, 루스벨트는 실질적인 3선을 달성할 수 있었다. 루스벨트는 태프트를 당선시킨 다음 아프리카로 사파리 여행을 떠났다.[20]

여러모로 태프트는 루스벨트의 개혁 노선을 따르려 했다. 루스벨트는 연임 중에 셔먼법을 시행해 독과점 문제를 해결하려 했으나, 태프트는 이보다 더욱 적극적인 행보를 보여 주었다. 하지만 태프트는 루스벨트와 달리 진보주의자들의 마음을 움직이지 못했고, 루스벨트에 비해 대기업과 보수주의자들에게 더욱 우호적이었다. 마침내 태프트가 반발 표시로 루스벨트가 임명했던 루스벨트의 친구 기퍼드 핀초Gifford Pinchot를 산림청장직에서 해고하면서 두 사람 사이에 금이 가기 시작했다.[21]

아프리카에서 돌아온 루스벨트는 처음부터 태프트를 공개적으로 비난하지는 않았다. 1911년 10월, 태프트는 치명적인 실수를 저지르게 된다. 태프트 행정부는 US 스틸에 반독점 소송을 제기했고, 소송에서 법무장관은 US 스틸이 테네시 석탄Tennessee Coal과 아이언 컴퍼니Iron Company의 매수 승인을 얻기 위해 루스벨트를 오도했다고 주장했다. 루스벨트는 1907년 대공황 와중에 이 인수 합병을 승인했다. 그가 승인했던 이유는 합병으로 말미암아 US 스틸이 취할 수 있는 사업적 이익이 전무하다고 들었기 때문이다. 그들이 말한 합병의 목적은 오직 시장의 안정이었다. 그러나 US 스틸 회장은 재판에서 사실과 다르다고 증언했다. 사기를 당한 것에 격노한 루스벨트는 자신의 결정이 옳았다는 보도 자료를 배포했다. 루스벨트는 이를 선거 운동의 개시 전략으로 삼아, 공화당 대통령 후보로 지명될 계획을 세웠다.[22]

다른 유일한 장애물은 위스콘신 주의 로버트 라폴릿Robert LaFollette이었다. 진보적 성향의 라폴릿은 필라델피아의 잡지 출판인들을 상대로 두 시간

반 동안 연설한 끝에 경선에서 이길 희망을 접었다. 이 연설에서 그는 개인적으로 출판인들을 공격했을 뿐 아니라, 원고 전체를 중언부언하며 논리를 망친 끝에 자멸했다. 8일 후, 7명의 공화당 출신 주지사들은 루스벨트의 경선 참가를 요구하는 서한에 서명했다. 1912년 2월 말, 루스벨트는 이 요구를 받아들이면서 이 서한을 언론에 게재했다.[23]

태프트는 자신의 친구이자 스승과 경쟁해야 하는 현실에 고통스러워했다. 1910년 5월, 그는 루스벨트에게 쓴 편지에서 "내가 다른 대통령들에 비해 운이 나빴는지는 모르겠지만, 지금껏 성취한 바가 미미하다는 것만은 잘 알고 있습니다. 나는 당신의 정책을 완성하기 위해 성실히 노력해 왔습니다만, 내 방법이 원만하지 못했던 것 같습니다"라고 고백했다.

루스벨트가 1910년 아프리카에서 돌아왔을 때, 그는 태프트에 대한 불만이 커져 있는 상태였다. 돌아오자마자 그는 서부를 돌며 공화당의 세를 결집했다. 그는 이러한 활동을 벌이면서도 태프트와 전혀 의사소통을 하지 않았다. 태프트는 불편한 심기를 감추지 못하고 측근에게 이렇게 말했다. "루스벨트가 뭘 원하는지 알고 싶어. …… 안다면 나도 해 보겠어. 하지만 그는 나와 이야기할 생각이 없는 것 같아. 나는 어둠 속에 있는 것이나 마찬가지야. 나는 깊이 상처받았어. 그는 내 입장을 설명하거나 그의 입장을 알 수 있는 기회를 전혀 허락하지 않고 있어."[24]

하지만 태프트는 대통령직을 지키기로 마음먹었고, 재선되지 않더라도 최소한 자신이 공화당의 지명을 받아야겠다고 생각했다. 루스벨트가 경선에 뛰어들자, 처음에는 그에게 후보 지명을 빼앗길 것이라고 생각했다. 루스벨트가 당과 백악관의 체계적인 지원 없이 선거 조직을 허둥지둥 구성한 반면, 태프트는 현직 대통령의 지위를 활용해 선거 조직을 구성하고 예비 선

거 없이 각 주, 특히 남부의 전당 대회 대의원들을 통제할 수 있었다.[25]

루스벨트의 조직은 각 주의 대의원 선택 방식을 전당 대회에서 직접 예비 선거로 바꾸며 반격을 감행했다. 이와 동시에 루스벨트는 전국을 누비며 태프트를 공격했다. 태프트는 처음에 루스벨트에 대한 비판을 삼갔으나, 결국에는 루스벨트의 '잘못된 비난'을 반박하며 보스턴에 모인 청중을 상대로 이렇게 호소했다. "루스벨트는 공정한 게임의 규칙을 모르는 것 같습니다." 연설을 마친 태프트는 대기 중인 기차에 탑승한 후 두 손으로 머리를 감싸 쥐었다. 기자가 그에게 다가오자 태프트는 고개를 들고 눈물을 흘리며 이렇게 말했다. "루스벨트는 내 가장 친한 친구였어요."[26]

두 사람은 박빙의 승부를 펼쳤다. 태프트는 3월에 압도적으로 앞서 나갔으나 루스벨트는 4월에 일리노이 예비 선거에서 압승을 거둔 다음 펜실베이니아에서도 승리했다. 태프트는 매사추세츠에서, 루스벨트는 메릴랜드와 캘리포니아에서 승리했다. 또한 루스벨트가 태프트의 홈그라운드인 오하이오에서 승리한 것은 특별히 주목할 만한 사건이었다. 예비 선거에서 루스벨트는 1,164,765표, 태프트는 768,202표를 얻었다. 그러나 두 사람의 전투가 끝나기에는 아직 갈 길이 멀었다. 전당 대회에는 1,078명의 대의원이 참가했고, 전당 대회 이전에 언론이 집계한 바에 따르면 411명은 루스벨트를, 211명은 태프트를, 36명은 라폴릿을 지지할 예정이었다. 166명은 지지 후보를 정하지 못했으나 이들 대부분은 태프트 쪽으로 마음이 쏠려 있었고, 254명은 완벽한 부동층이었다.[27]

전당 대회에서 태프트는 공화당 엘리트들의 지지를 흡수할 수 있었다. 이러한 이점은 지대한 역할을 담당했다. 공화당 전국 위원회는 경쟁 후보들 중 누구에게 표를 줄지 결정해야 했고, 이 결정은 태프트 지지자들의 손에 달려 있었다. 결과적으로 235표가 태프트에게, 19표가 루스벨트에게 가면서 태프트가 앞서기 시작했다. 라폴릿은 자신을 진보적인 공화당원들의 지도자로 인정해 달라는 주장을 무시했다는 이유로 루스벨트에게 앙심을 품고 전당 대회에서 태프트를 지지했다. 이러한 제반 사건들로 말미암아 결국 태프트가 승리를 거머쥐었다. 라폴릿이 진보적인 철학을 공유하는 루스벨트를 동료로서 응원했다면, 루스벨트가 공화당 후보로 지명되었을 것이다.[28]

이러한 결과를 맞은 루스벨트는 공화당에서 완전히 탈퇴했다. 그와 그를 지지하던 대의원들은 전당 대회를 떠나 혁신당을 창당하고 루스벨트를 대통령 후보로 지명했다. 혁신당은 기성 정당의 인프라가 부족한 탓에 아주 큰 어려움에 직면해야 했다. 하지만 루스벨트의 카리스마와 유명세는 엄청난 강점이었다. 어쨌건 공화당의 표가 분산되면서, 민주당이 승리할 가능성은 현저히 높아졌다.[29]

민주당

민주당에서는 챔프 클라크Champ Clark가 선두를 달리고 있었다. 그는 달변가는 아니었지만, 하원 의장 역할을 무리 없이 수행하고 있었다. 하원 세입 위원회 의장 오스카 언더우드Oscar Underwood와 오하이오 주지사 저드슨 하먼Judson Harmon 또한 유력한 후보였다. 전당 대회가 교착 상태에 빠진다면 이미 세 번이나 지명되었던 윌리엄 제닝스 브라이언으로 낙점될 가능성이 농후했다. 네 명 모두 공직 경험에서 윌슨을 압도했다.[30]

윌슨에게는 몇 가지 강점이 있었다. 프린스턴에서의 경력과 뉴저지 주지사직을 성공적으로 수행한 경험 덕분에 국가적인 명성을 쌓을 수 있었고 진보주의자들로부터 강력한 지지를 얻을 수 있었다. 그는 연설가와 개혁가로서 쌓아 올린 명성을 기반으로 루스벨트와 박빙의 경쟁을 펼칠 수 있었다. 그에게는 남부의 피가 흘렀지만, 북동부에서 명성을 쌓으면서 전국적인 지지 기반을 구축할 수 있었고, 뉴욕에 본부를 둔 전국적 언론에 쉽게 접근할 수 있었다. 이러한 강점을 기반으로 그는 경쟁자들, 특히 워싱턴에서 하원 의장직을 수행하기 바빴던 클라크에 비해 우위를 점할 수 있었다. 그는 이러한 강점을 십분 활용해 남부를 공략했고 텍사스, 뉴저지, 펜실베이니아에서 강력한 기반을 구축할 수 있었다.[31]

제임스 보샹 '챔프' 클라크는 1850년 켄터키 주에서 태어났다. 그는 1892년 하원 의원에 처음 당선되었고, 1894년에는 낙선했으나 1896년에 재선되어 1911년에 하원 의장을 맡았다. 그는 정치계에 광범위한 인맥을 형성하고 있었고, 하원의 민주당원을 능숙히 끌어모아 1911년도 의회 회기에서 관세를 인하하도록 유도했다. 정치적으로 그는 브라이언을 항상 성심껏 뒷받침했고, 브라이언은 그를 민주당 후보로 지지하리라 예상되었다. 클라크는 민주당의 중도파를 가장 잘 대변하는 대통령 후보였을 것이다. 비록 능력과 성격을 두고 내부자들이 의심의 눈초리를 거두지 않았지만, 공화당이 분열되고, 태프트가 공화당 후보로 지명된 덕에 그의 입지가 점차 넓어지고 있었다. 루스벨트와 대등한 언변을 갖춘 윌슨 같은 인물을 꼭 민주당 후보로 내세울 필요가 없어졌기 때문이다.[32]

윌슨은 과거에 쓴 글이 폭로되면서 선거 운동에 타격을 입었다. 1907년, 보수적이던 윌슨은 "브라이언을 일거에 무너뜨릴 효과적이고도 위엄 있는 행동을 뭐라도 해야 할 거야"라는 편지를 썼다. 「뉴욕 선New York Sun」은 옳거니 하고 이 내용을 보도했다. 다행스럽게도 일이 터졌을 당시 브라이언은 윌슨의 지지자를 방문하던 중이었다. 그는 윌슨이 브라이언을 만나고, 연설에서 브라이언을 칭찬하고, 용서를 받을 때까지 브라이언을 묶어 두었다. 윌슨의 백인 우월주의 성향은 대통령직을 수행하는 데 상당한 흠집으로 작용했다. 당시만 해도 그의 이러한 성향을 알고 있는 사람은 많지 않았으나, 그는 『미국인들의 역사』라는 책에서 이민자에 대한 솔직한 생각을 들키게 된다. "남부 이탈리아의 최하층민과 이보다 더한 헝가리와 폴란드의 천민들이 셀 수 없이 유입되었다. 이들은 기술도 없고, 기운도 없고, 번뜩이는 머리나 진취성도 없다. 이들의 숫자는 해마다 늘어나고 있다." 윌슨의 반대파들은 이 발언을 찾고 나서 회심의 미소를 지었다. 그는 맥락에서 벗어나 인용된 것이라고 주장했지만, 허울만 그럴듯한 변명에 불과했다. 그는 이민 정책을 지지하는 단체의 지도자들에게 자신의 진정한 의도는 다르다고 설명하며, 자극적인 단어를 삭제한 신판을 발행했다. 그러나 이미 그가 입은 타격을 돌이킬 수는 없었다.[33]

윌슨은 이 사건으로 향후 행보에 난항을 겪었다. 그는 예비 선거에서 이기고자 일리노이에서 대대적인 선거 운동을 진행했다. 이 당시 클라크는 워싱턴에 머물고 있었다. 그럼에도 윌슨은 참패를 면치 못했다. 클라크의 218,483표에 비해 윌슨이 얻은 표는 고작 75,257에 불과했다. 클라크는 캘리포니아에서도 이와 비슷한 표 차로 대승을 거두었다. 그는 볼티모어에서 열린 민주당 전국 전당 대회에서 400~500명의 대의원을 확보했다. 반면 윌슨이 확보한 대의원은 248명이었고, 75명은 확실하지는 않지만 그에게 마음이 쏠리고 있었다. 당 지도부는 224표의 향방을 결정할 수 있었으나, 그들 대부분은 클라크를 지지했다. 클라크는 압도적인 선두주자였고, 윌슨이 내연 관계로 지냈다고 생각되는 메리 펙Mary Peck이라는 여성에게 보낸 편지에서도 이러한 내용이 여실히 드러난다. "내가 후보로 지명되는 일은 없을 거야." 그러나 브라이언은 아직 클라크의 지지를 확정하지 않은 상태였다. 아마도 공식적인 후보로 추대하기보다는 전당 대회가 교착 상태를 이루면서 자연스럽게 그가 후보로 지명되기를 바랐는지도 모른다.[34]

전당 대회는 1912년 6월 25일에 시작되었다. 6월 28일에 진행된 1차 투표에서 클라크는 440.5표, 윌슨은 324표, 오하이오의 하먼은 148표, 언더우드는 117.5표를 얻었다. 57표는 군소 후보들이 나눠 가졌다. 클라크와 윌슨은 이후 8회에 걸친 투표에서 몇 표를 더 획득할 수 있었다. 뉴욕의 90표는 10차 투표에서 클라크에게 이동했고, 이로써 클라크는 과반수를 넘기게 되었다. 당규에 따르면 3분의 2 이상의 표를 얻어야 후보자로 지명될 수 있었다. 그러나 1844년 이후로는 3분의 2를 넘기지 못하더라도, 과반수만 넘기면 후보자로 지명되는 규칙이 통용되었다. 대부분의 사람들은 대의원들의 표심이 클라크 쪽으로 쏠릴 것이라 예상했다. 결과가 예상대로 흘러가지는 않았으나, 어쨌건 윌슨의 운은 여기에서 다한 것처럼 보였다. 그는 선거 운동 보좌관에게 자신을 지지하는 대의원들을 놓아주고, 클라크의 승리를 축하하는 축전을 기안하라고 지시했다. 그러나 지시 사항이 전달되기 전에 또 다른 지지 세력이 윌슨의 편에 서면서 지시를 철회해도 되겠다고 확신할 수 있었다. 전당 대회는 끝나지 않고 지속되었다.[35]

14차 투표에서 윤곽이 드러났다. 브라이언은 뉴욕 타마니 홀 기구에 반대 입장을 표명했고, 네브래스카가 클라크에서 윌슨으로 돌아선다면 전당 대회를 교착 상태에 빠뜨려 윌슨이 지명되도록 만들 수 있을 것이라 생각했다. 토요일 밤에 26차 투표가 끝났다. 개표 결과 윌슨은 83.5표를 얻었으나 여전히 클라크에 비해 56표가 뒤처져 있었다. 일요일은 쉬는 날이었다. 윌슨은 그의 선거 본부가 추가표를 얻기 위해 미친 듯이 협상을 시도했는데도,

표를 얻기 위한 거래는 없을 것이라고 선언했다. 7월 1일 월요일, 인디애나가 마셜에서 윌슨으로 갈아탔고, 아이오와의 대의원 가운데 14명이 클라크에서 윌슨으로 표심을 옮겼다. 윌슨은 선두로 나서기 시작했으나 아직 그의 득표수는 3분의 2는 고사하고 과반수에도 미치지 못했다.[36]

7월 2일, 일리노이 대표단은 윌슨을 지지하기로 결정했다. 그들이 58표를 보태면서 윌슨은 처음으로 과반수를 넘길 수 있었다. 버지니아와 웨스트버지니아도 각각 24표를 보태 48표가 늘어났으나, 여전히 3분의 2에는 미치지 못했다. 45차 투표까지 교착 상태는 풀리지 않았다. 일리노이 대표단을 이끌었던 설리번Sullivan은 앨라배마 대표단의 수장이자 언더우드의 핵심 지지자이던 뱅크헤드Bankhead에게 윌슨과 언더우드를 지지하겠다는 이전 약속에도 불구하고 클라크로 지지자를 바꿀까 생각한다고 통지했다. 뱅크헤드는 언더우드로는 이기기 힘들다는 사실을 깨닫고 언더우드에 대한 지지를 철회하겠다고 공표했다. 이로써 선두주자에 대한 표 쏠림이 시작되었다. 미주리 대표단의 수장이 대의원들을 윌슨에게 풀었고, 메사추세츠가 윌슨으로 이동했다. 이때 하먼이 기권해, 윌슨은 990표를 확보해 후보로 지명될 수 있었다. 윌슨이 후보로 지명된 것은 너무 뜻밖의 일이라, 10년 후 클라크의 아내는 뭐가 어찌 된 일인지 영문을 모를 지경이었다고 고백했다. 윌슨 또한 그가 그토록 무너뜨리려 했던 막후 협상과 보스 정치의 대가들에게 후보 지명을 의지한 셈이었다.[37]

대선

후보자 지명을 위한 드라마틱한 싸움 이후, 미국 대선은 어떤 면에서 긴장감이 떨어졌다. 공화당을 분열시킨 루스벨트의 결정으로 윌슨의 승리가 거의 확실시되었다. 이길 가능성이 없다고 판단한 태프트는 자신이 당선되기보다 루스벨트의 3선을 막는 쪽으로 선거 전략을 잡았다. 태프트는 민주당의 집권보다 루스벨트의 집권이 더욱 두려웠다. 선거는 처음부터 루스벨트와 윌슨의 경쟁 구도로 흘러갔고, 윌슨은 통합된 정당을 등에 업는 막대한 이점을 누릴 수 있었다.[38]

윌슨은 인종 차별적인 시각을 가졌는데도 흑인들의 상당한 지지를 얻었다. 그는 프린스턴에서 분리 정책을 유지했고, 대부분의 흑인들은 그가 남부 출신이라는 이유로 그를 의심적은 눈길로 바라보았다. 뉴저지 주지사로 재임했던 짧은 기간에 인종 차별 이슈는 별다른 영향을 미치지 못했다. 그러면서 W. E. B. 듀보이스W. E. B. DuBois를 비롯한 일부 유명 흑인 지도자들의 지지를 이끌어 낼 수 있었다. 듀보이스는 윌슨이 "남부의 과두 정치를 종용하지 않을 것이고, '짐 크로Jim Crow'*식 모욕을 조장하지 않을 것이며, 흑인을 공직에서 내쫓지 않을 것이다"라고 말했다. 이러한 희망은 윌슨의 재임 시절 커다란 실망으로 바뀌게 된다.[39]

그러나 루스벨트의 엄청난 개인적 인기와 카리스마가 커다란 변수였다. 윌슨이 쓴 글에서는 루스벨트가 사람들의 상상력을 사로잡았다고 고백한다. "나는 그렇지 못하다. 그는 현실적이고 명확한 사람이지만……. 나는 모호하고 추측하기 좋아하는 성격이며, 인간성과 뜨거운 피보다는 의견과 지식에 대한 집착으로 채워진 사람이다." 루스벨트 또한 윌슨을 이와 비슷하게 평가했고, 윌슨의 여자 문제를 선거 운동에 끌어들이려 하지 않았다. 루스벨트는 윌슨이 정부에게 보낸 편지를 입수하고 나서 이를 한마디로 정리

---

* 가난과 어리석음의 대명사로 흑인negro와 동의어로 쓰인다. 짐 크로 법Jim Crow law은 흑백 분리 정책을 의미한다.

했다. "신빙성이 떨어져. 우드로 윌슨처럼 약장수 역할에 적합한 사람이 로미오 역할을 맡았다고 누가 생각하겠어!"[40]

선거 중에 있었던 가장 극적인 사건은 어떠한 정치적 계산도 무의미하게 만들었다. 루스벨트라는 인물이 아니었다면 이런 사건을 만들기 어려웠을 것이다. 10월 14일 밀워키에서 루스벨트는 차에 몸을 싣고 연단

1912년의 우드로 윌슨

을 향하고 있었다. 차 안에 서서 지지자들에게 손을 흔드는 순간, 루스벨트의 3선을 막는 데 집착한 정신 질환자가 루스벨트에게 총을 쏘았고 총알은 그의 가슴을 관통했다. 범인은 현장에서 잡혔으나 루스벨트는 그를 자기 앞으로 데려오라고 말했다. 군중이 경찰 통제선을 뚫고 들어와 몰매를 때리려 했으나, 루스벨트는 그를 해치지 말라고 이야기하며 군중을 물리쳤다. 그리고 범인을 경찰에 인도했다. 그가 코트를 벗자 가슴에 피가 흐르고 있었다.[41]

"연설을 하든가 죽든가 둘 중 하나를 선택해야겠군"이라고 말하며 루스벨트는 의사의 말을 무시하고 연단에 섰다. 군중은 현장에서 그가 총에 맞았다는 이야기를 들었으나, 얼마나 심각한지는 몰랐다. 루스벨트는 피 묻은 셔츠를 보여 주며 환호하는 청중을 향해 우렁차게 소리쳤다. "방금 제가 총에 맞았다는 사실을 알고 계시나요? 하지만 총알 한 방으로는 혁신주의자를 죽일 수 없습니다." 그는 거의 한 시간이나 연설한 다음 병원으로 향했다. 엑스레이를 찍어 보니 총알이 심장을 2.5센티미터 벗어나 갈빗대를 부러

뜨린 것이 확인되었다. 이 사건으로 대중의 동정심이 폭발했고, 루스벨트의 3선이 곧 눈앞으로 다가온 것 같았다.[42]

태프트와 윌슨은 루스벨트가 회복할 때까지 선거 운동을 중지했다. 10월 30일, 루스벨트는 매디슨 스퀘어 가든에서 연설을 감행했고, 그에게 매혹된 1만 6천 명의 군중은 연설하기 전 45분 동안 열렬한 환호를 보냈다. 다음 날 윌슨이 같은 장소에서 한 연설은 루스벨트의 연설에 비해 파급력이 한참 떨어졌다.[43]

하지만 대세에는 지장이 없었다. 공화당의 분열은 루스벨트조차 극복하기 어려웠다. 최종 개표 결과 윌슨은 6,293,454표, 루스벨트는 4,119,538표, 태프트는 3,484,980표를 얻어 윌슨의 승리로 가볍게 끝났다. 윌슨은 40개 주, 루스벨트는 6개 주, 태프트는 2개 주에서 승리했고, 윌슨은 선거인단 표 가운데 435표를, 루스벨트는 88표를 얻었다. 민주당은 상원 또한 장악했다. 물론 루스벨트와 태프트를 합한 표는 50.5 대 42퍼센트로 윌슨을 압도했다.[44]

평가

우드로 윌슨은 아마도 여과형 대통령과 가장 거리가 먼 인물일 것이다. 그의 대중적 인기는 프린스턴과의 개혁 투쟁에 바탕을 둔 대중의 이미지에서 비롯되었다. 그러나 이미지와 현실은 완전히 부합되기 어렵다. 그의 연설은 수입에 관한 정책상의 논란을 불러일으켰다. 정책과 밀접하게 관련된 사람들 대부분은 그의 정책이 불가능하다고 말했고, 그는 논란을 이러한 구도로 몰아가면서 패배를 자초하게 되었다. 윌슨이 프린스턴 총장직을 사퇴했을 때 그의 커리큘럼과 교수진에 대한 개혁은 그대로 유지되어 몇십 년간 성과를 일굴 수 있었다. 하지만 사각 기숙사를 짓고, 대학원 부지를 결정하려는 더욱 야심찬 계획은 완전히 실패해 다시는 시도조차 할 수 없게 되었다. 더욱 충격적인 것은 이러한 실패가 불필요했고, 스스로 자초한 실패였다는 점이다.

이후 윌슨은 정치에 입문했다. 그는 아무런 정치적 경력이 없었는데도 민주당 지도부에 의해 주지사 후보로 선정되었다. 그는 즉시 이들에게 붙어, 취임하기 전까지 자신의 경력에 일조했던 가장 중요한 것들을 헌신짝처럼 버렸다. 회기를 성공적으로 마친 이후, 당원들은 그의 입지를 약화시키는 데 혈안이 되어 1911년 의회 선거를 포기했다. 그는 반대자들과 타협하는 일에 관심도 능력도 없다는 것을 다시 한 번 보여 주었고, 강력한 반대에 부딪히면서 더 이상 임기를 유지할 수 없었다. 이러한 약점이 공직에 있을 때 드러났다면 대통령을 향한 행보에 지장이 생겼을 것이다. 하지만 경력이 짧다 보니 덕에 이러한 약점은 쉽게 간과되었다. 마찬가지로 주지사로 재임한 기간이 워낙 짧아 그의 심한 편견 또한 드러날 틈이 없었고, 이로써 흑인 지도자들의 귀중한 지지를 얻을 수 있었다.

민주당 후보 경선은 3분의 2 정족수를 요구하는 민주당 당규에 도움을 받았다. 이러한 당규가 없었다면 클라크가 쉽게 승리했을 것이다. 또한 교착 상태를 끌고 가려는 브라이언의 헛된 조작도 일조했다. 브라이언이 민주당의 후보를 두고 네 번째 논쟁을 목표하는 대신 자신의 오랜 충복을 지지했다면 클라크가 패하는 일은 없었을 것이다. 당규도, 브라이언도, 윌슨의 특별한 수완이나 윌슨이 이룬 성취와는 무관한 변수였다.

루스벨트가 공화당을 분열시켜 윌슨이 당선될 수 있었다는 점을 부인하기 어렵다. 만일 루스벨트가 대통령이 될 생각이 전혀 없었던 오랜 친구와 직접 만나 대화를 나누었다면, 자신을 위해 양보해 달라고 납득시킬 수 있었을 테고, 루스벨트가 분열되지 않은 공화당 후보로 나섰다면 승리할 수 있었을 것이다. 루스벨트가 출마하지 않기로 결정했다면, 그는 1916년 공화당 후보로 지명될 수 있었다. 실제로 그가 1919년 사망할 때까지 모든 사람들은 그를 가장 유력한 1920년도 공화당 후보로 생각했다. 이처럼 윌슨은 여러 가지 여건이 우연히 겹치면서 대통령이 될 수 있었다.[45]

마지막으로 그는 프린스턴에 있을 때부터 심각한 심장 발작이 수시로 찾아왔다. 이러한 심장 발작은 정치에 입문하기 전부터 그의 성격과 판단에 영향을 미쳤을 테고, 엄격한 여과 과정을 거쳤다면 이 모든 사유가 장애물이 되었을 것이다. 하지만 여러 가지 여건이 희한하게 맞물리면서 윌슨은 후보자 경선 제도의 허술함을 틈타 제1차 세계 대전이 일어나기 2년 전에 대통령이 될 수 있었다.

...
비준을 위한 투쟁
...

윌슨은 1919년 7월 8일 베르사유 조약을 체결하고 파리에서 돌아왔다. 그는 의회 연단에 서서 이를 양원 합동 회의에 보고했다. 그는 조약과 국제 연맹을 지지하는 분위기를 만들기 위해 자신의 연설 능력을 마음껏 발휘했다. 평소에 탁월하던 그의 정치적 수완은 심장 발작이 악화되면서 점점 쇠퇴하기 시작했다. 상원을 공화당이 장악하고 있는 상황에서 윌슨이 정치적 수완을 발휘하지 않는다면 조약 비

준을 장담하기 어려웠다.[46]

그럼에도 47명의 민주당원과 49명의 공화당원으로 구성된 상원에 충분히 기대를 걸어 볼 수 있었다. 상원 의원 40명은 공개적으로 연맹을 지지했고, 43명은 조약에 유보 사항이 추가된다면 찬성하겠다는 입장을 보였다. 43명 중 12명은 적당한 유보 조항을 요구했고, '온건 유보주의자'라는 명칭으로 불리고 있었다. 반면 다른 31명은 강력한 유보 조항을 요구했다. 5명은 마음을 정하지 못했고, 완전히 반대하는 사람은 8명에 불과했다. 이들은 이른바 '타협 불가능 인물'로 묘사되었다. 윌슨은 대중의 여론이 자기편이라는 사실을 알고 있었다. 여론 조사, 사설, 대중 집회 모두 국제연맹을 압도적으로 지지하고 있었다. 오죽하면 반대 의견을 주도하던 상원 의원 헨리 캐벗 로지마저 이런 분위기를 인정하고 있었다. 마지막으로 상원에서는 단 한 번도 평화 조약을 거부한 적이 없었다. 윌슨과 찬성파들은 통과를 자신할 충분한 근거가 있었다.[47]

윌슨은 타협이라는 단어를 싫어했다. 그의 이러한 성격 탓에 이미 일을 그르치고 있었다. 조약을 비준하려면 상원 의원 3분의 2 이상의 동의가 필요했다. 아무런 유보 없이 찬성하는 의원들이 40명에 불과한 상황에서 조약이 비준되려면 20명의 찬성표를 추가로 확보해야 했다. 윌슨의 오랜 정치적 조언자였던 하우스 대령*(파리에서의 협상 이후 윌슨과 갈라서게 된다)이 그에게 남긴 마지막 조언은 상원을 달래 보라고 촉구하는 내용이었다. 하지만 상원을 달랜다는 것은 이미 어려운 일이 되고 말았다. 윌슨이 관례를 깨고 조약 협상 위원회에 상원 의원이나 공화당 유력 인사를 지명하지 않았기 때문이

---

* Colonel House. 에드워드 만델 하우스Edward Mandell House. 미국의 외교관, 정치가, 대통령의 조언자로 군인 경력이 없는데도 이러한 별명이 붙었다.

다. 윌슨은 그 어느 조언도 들으려 하지 않았다. 상원의 민주당 의원들을 이끌던 버지니아 주의 마르틴 의원은 윌슨에게 3분의 2 이상의 표를 모을 수 있을지 확실하지 않다고 말했다. 윌슨은 이렇게 대답했다. "마르틴! 반대하라고 해! 그게 누구든 간에 묵사발로 만들어 버릴 테니까!"[48]

처음에 윌슨은 측근 중 한 명에게 반대파와 협상할 의사를 표명했다. 8월 7일 회의에서 그는 '온건한' 유보를 주장하는 의원들과 소통할 의사가 있다고 말했다. 그러나 8월 11일에는 어떠한 협상도 거부했고, 8월 15일에는 상원의 소수당 당수 길버트 히치콕Gilbert Hitchcock 의원에게 지금은 전혀 협상할 의사가 없다고 말하도록 지시했다. 윌슨은 여러 상원 의원들이 얼마나 조약 원안을 강력히 반대하고 있는지 이해할 수 없고, 이해할 의지도 없는 것처럼 보였다.[49]

온건 유보주의자들은 상원의 핵심적인 분파를 형성하고 있었다. 윌슨은 어떤 식으로건 조약안을 관철하려면 43명의 민주당원들에게 의지할 수밖에 없었다. 12명의 공화주의자들은 적당한 유보만 보탠다면 조약을 통과시킬 생각이 있었다. 55명으로는 조약 비준에 성공할 수 없었으나, 그들은 찬성자들에게 논쟁의 주도권을 부여할 수 있었고 잔여 반대자들에게 엄청난 압박을 가할 수 있었다. 윌슨은 온건 유보주의자들을 묵살하면서, 로지와 연합하도록 몰아가는 결과를 초래했다.[50]

로지의 전략은 비교적 단순했다. 그는 조약을 통과시키지 않는 것보다는 강력한 유보 조항을 붙여 통과시키는 방향을 선호했다. 로지는 또한 조약이 거부될 경우 윌슨과 민주당원들에게 비난을 돌릴 명분을 찾고 싶었다.[51]

타협을 방해하는 또 다른 장벽은 윌슨과 로지의 반목이었다. 이들은 공개적으로 서로에 대한 반감을 표시했다. 윌슨이 로지에게 품었던 감정은 다음 일화에서 여실히 드러난다. 비타협파 상원 의원이 로지에게 윌슨이 로지의 유보안을 별안간 받아들이면 어떡하느냐는 걱정을 털어놓았다. 로지는 자신에 대한 윌슨의 증오는 '배배 꼬인 끈처럼' 강력해 결코 그런 일은 없을 것이라고 장담했다. 로지의 사후에 출판된 『상원과 국제연맹*The Senate and the League of Nations*』에는 9페이지에 걸쳐 윌슨을 공격하는 내용이 담겨 있다. 윌슨의 성격, 능력, 동기를 공격하는 것과 아울러 대중 연설에서 고전을 언급한 것이 단 한 번뿐이라는 이유로 그의 학자로서의 자질에도 의문을 제기했다. 윌슨은 국제연맹 규약을 기안했다는 엄청난 자부심을 갖고 있었다. 이를 잘 알고 있던 로지는 일부러 윌슨을 자극하기 위해 "연맹 규약, 그건 시원찮은 영문에 불과해……. 프린스턴에서는 인정받을지 몰라도 하버드에서는 그 정도로 어림없어"[52]라고 말했다.

한 공화당 의원은 윌슨에게 조약을 통과시킬 유일한 방법은 로지의 유보안을 수락하는 것이라고 조언했다. 윌슨은 이렇게 대답했다. "로지의 유보안을 수락하라고? 절대 안 돼! 용납할 수 없는 이름이 훤히 나오는 정책에는 결코 동의할 수 없어."[53]

윌슨은 프린스턴에서 썼던 방법에 의지했다. 그는 대중을 끌어들여 상원을 압박할 수 있도록 전국을 돌며 순회 연설을 시작했다. 이는 그가 프린스턴의 이사진을 압박하기 위해 동문들에게 연설했던 방법과 동일했다. 그는 9월 3일 워싱턴을 떠나 21일간 40건의 연설을 계획하는 몹시 빡빡한 일정을 시작했다. 공화당의 반대파들은 그의 연설을 반대할 명분을 좀처럼 찾을 수 없었다. 그러나 연설문에서 상원을 공격하는 내용이 계속 등장해 상원 의원 여럿이 윌슨에게 마음을 돌리게 되었다.[54]

심지어 윌슨 정부의 국방장관마저 순회 연설이 아무런 효과가 없다고 생각했다. 1주일이 지나 로지는 이 순회 연설을 '실패'로 규정했다.

월슨은 스스로를 사실상 불가능한 상황으로 몰아가고 있었다. 상원 의원은 임기가 6년이라 대부분의 정치인들에 비해 대중의 압력에서 자유로웠다. 대부분의 상원 의원들은 다음 선거가 아직 멀었고, 선거 때가 되면 국제연맹의 이슈가 대중의 뇌리에서 사라질 것이라고 생각했다. 나아가 비준에 반대하는 공화파의 의견이 너무 강력해 1920년 상원 의원 선거에서 재선에 도전하는 공화파 상원 의원이 모두 낙선하더라도 3분의 2 이상의 표를 확보할 수 없었다.[55]

마지막으로, 순회 연설 일정을 반대할 가장 절박한 사유는 월슨의 건강이었다. 의사를 비롯한 그의 친구들은 건강이 좋지 않은 63세 노인이 이러한 강행군을 시도하는 건 '자살 행위'라고 말했다. 이러한 예언은 10월 2일, 중증 발작이 찾아오면서 비극적인 현실로 드러나게 된다. 처음에 월슨은 발작에 아랑곳하지 않고 일정을 진행하려 했으나, 누가 보아도 정상적인 활동이 불가능한 상황이었다. 결국 의사, 직원, 아내 에디스는 강제로 그를 백악관에 데려왔다.[56]

월슨의 아내와 의사는 월슨의 상태를 숨기려 했다. 의사는 각료들에게 그의 상태가 "신경 쇠약, 신경성 소화 불량이 있고, 신경계가 고갈된 상태"라고 말했다. 월슨의 아내는 자신의 검열을 통과한 편지만 월슨에게 건네주었다. 따라서 월슨이 접하는 정보는 급격히 제한될 수밖에 없었다. 예컨대 하원은 타협을 종용하는 편지 세 통을 그에게 송부했다. 하원을 싫어했던 그의 아내는 아마도 남편에게 이 편지를 전달하지 않았을 것이다.

발작은 직접적으로는 심신에 영향을 미치고, 간접적으로는 고립을 유발하면서 월슨의 판단력을 흐트러뜨렸다.[57]

조약 지지자들은 윌슨이 유보안에 양보하기를 바랐다. 조약 체결에 압력을 넣는 메이저 단체로 LEP^{League to Enforce Peace}가 있었다. 이 단체의 로비스트인 탤컷 윌리엄스^{Talcott Williams}와 집행 위원회 위원이자 하버드 총장을 겸임하던 애벗 로런스 로웰^{Abbott Lawrence Lowell}은 유보안을 적극 지지했다. 그들은 LEP 회의에서 전임 대통령 태프트와 더불어 이러한 의견을 펼쳤고, LEP는 타협을 공개적으로 지지하게 되었다.[58]

윌슨은 타협할 의사가 없었다. 건강이 서서히 나아진 덕에 히치콕은 그를 11월 7일과 17일에 두 번 만날 수 있었다. 그는 윌슨에게 이렇게 말했다. "로지와 이 부분에서는 타협하는 것이 나을 것 같습니다." 윌슨은 이렇게 대꾸했다. "로지에게 타협하라고 하지." 히치콕은 재차 그를 설득했다. "물론 그 사람도 타협해야죠. 그렇지만 우리가 먼저 협의를 제안하자는 겁니다." 윌슨은 몸이 좋지 않아 더 이상의 논의가 불가능했다. 17일 회동에서 윌슨은 히치콕에게 로지의 유보안은 조약을 '무효화'시키는 것이나 다름없으니, 상원을 교착 상태에 빠뜨려 조약을 비준하라는 유권자들의 압력에 시달리도록 만드는 전략을 취하겠다고 말했다.[59]

반대파들은 일련의 수정안을 제안했다. 하지만 민주당 상원 의원들과 온건 유보주의자들이 나서면서 무용지물로 돌아갔다. 로지는 14개의 유보 조항을 제안했다. 이는 윌슨이 제1차 세계 대전의 공평한 종결 조건으로 제안한 '14개 항목'의 재탕이었다. 로지가 제시한 유보 사항은 효과가 미미했다. 실제로 윌슨은 로지가 제시한 유보 사항과 효과가 동일한 4개의 유보안을 개인적으로 작성해 놓은 상태였다. 하지만 이 안이 로지에게서 나오는 것을 결코 용납할 수 없었다.[60]

윌슨은 11월 18일 히치콕에게 편지 한 통을 보냈다. 이 편지에는 민주당 상원 의원들에 대한 지시 사항이 담겨 있었다. 그의 표현에서는 완곡 어법을 찾을 수 없었다. "더 이상 망설일 수가 없어. 로지의 유보 조건을 부가한 조약은 비준이 아니라 무효화를 의미해. 내 친구들과 조약 지지자들은 로지의 결의안에 반대표를 던질 것이라 믿어." 온건 유보자들에게 이보다 더 직설적이고 날카로운 표현을 쓰기도 어려웠을 것이다. 대부분의 민주당 상원 의원들은 유보를 붙인 조약안에 마음이 쏠렸으나, 당론에 막혀 뜻을 접을 수밖에 없었다. 조약이 비준될 수 있는 유일한 돌파구는 로지의 유보안을 받아들이는 것이었다. 그러나 윌슨은 민주당원들이 유보안에 반대하도록 압력을 행사했다.[61]

이 싸움은 11월 중반 절정에 달했다. 대부분 당의 방침을 따르는 표들이 모여 로지의 유보안을 승인했다. 11월 19일, 상원은 최종 투표를 시작했다. 우선 로지의 유보안을 표결에 붙인 결과, 찬성 39대 반대 55로 부결되었다. 찬성표 가운데 35표는 공화당 표였고, 반대표 55표는 40명의 민주당원 표와 15명의 비타협론자의 표로 구성되어 있었다. 곧이어 로지는 유보 없는 조약 원안을 표결에 붙였다. 민주당 의원들은 원안에 찬성할 기회가 생겼다. 찬성 38표 대 반대 53표였고, 찬성표 가운데 37표는 민주당원, 1표는 공화당원의 표였다. 조약의 비준은 결국 참담히 좌절되었다. 그 이유는 윌슨이 자신이 속한 민주당에 자신의 위대한 성과에 반대하도록 종용했기 때문이다. 마지막 순간이라도 윌슨이 생각을 바꿨다면 비준안은 통과될 수 있었을 것이다. 그러나 아직 결과가 확정된 것은 아니었다.[62]

윌슨과 로지는 상황을 그대로 방치하고 다가오는 선거에서 심판을 받자는 생각이었다. 그럼에도 일부 민주당원과 공화당원 가운데 온건 유보주의자들은 조약을 되살리자는 희망을 버리지 않았다. 그들의 의견이 힘을 얻

자, 윌슨은 반대파를 혹독히 공격하는 보도 자료를 발표하고 조약을 국민 투표에 부치자고 요청했다.[63]

로지는 10명의 상원 의원으로 구성된 양당 회동에 찬성해 타협안을 논의하려고 했다. 윌슨은 유보에 대한 반대 입장을 확인하는 서한을 상원에 다시 한 번 송부했다. 또한 어떤 상원 의원에게 로지의 유보안대로 통과된다면 거부권을 행사하겠다고(적법한 거부 권한이었다) 경고하며 훼방을 놓으려 했다. 마침내 상원은 2월 말과 3월 초에 로지의 유보안 대부분을 다시 한 번 승인했다.[64]

최종 투표가 다가오면서 여론은 대통령에게서 돌아서기 시작했다. 그의 옹고집은 이 문제를 두고 저지른 일련의 실수와 더불어 그에 대한 지지를 상당히 갉아먹었다. 하지만 그는 여전히 유보안에 반대하는 입장을 고수했고, 당 대표를 따르기 싫은 상원 의원들에게 커다란 영향력을 미치고 있었다. 1920년 3월 19일, 상원은 마지막 표결을 개시했다. 표결 당일, 정부 각료 두 명이 상원의 연단에 나타나 아직 마음을 정하지 못한 상원 의원들에게 로비했다. 그럼에도 마지막 개표 결과는 찬성 49표, 반대 35표였다. 어쨌건 조약은 비준에 필요한 3분의 2 정족수에 겨우 7표 부족했다. 조약 체결에 우호적이었던 23명의 민주당원들은 울며 겨자 먹기로 윌슨의 지시를 따랐고, 이로써 비준에 대한 희망은 영영 사라지고 말았다. 히치콕은 투표 후 윌슨에게 민주당원의 이탈을 막고 찬성안에 투표하도록 단속하는 일이 너무나 힘들었다는 편지를 보냈다. 로지와 비타협파 상원 의원 브랜디지Brandegee와의 대화에서 부결 이유를 가장 뚜렷이 엿볼 수 있었다. 브랜디지는 이렇게 말했다. "윌슨은 항상 믿음직해요. 한 번도 우리를 실망시킨 적이 없거든요. 그 사람 젖 먹던 힘까지 다 써서 조약을 부결시킨 거나 마찬가지예요. 우리는 그가 바라는 대로 조약안을 비준할 생각이 전혀 없거든요."
로지는 이렇게 대답했다. "네, 그 말이 맞습니다. 그가 용을 쓰지 않았다면
오늘이라도 상원에서 통과되었을 거예요."[65]

평가

 월슨의 영향력을 논하려면 그의 건강 문제를 반드시 고려해야 한다. 그
가 조약 협상을 위해 파리에 갔을 때 처음 발작이 찾아왔고, 그를 보좌하던
대부분의 측근들은 이후 계속 증상이 악화되고 있다고 느꼈다. 그는 아마
도 1896년, 또는 그보다 앞선 1891년에 이미 경미한 발작을 경험했던 것으
로 생각된다. LFT를 검증하는 목적이라면 진정한 월슨의 '참모습'이 무엇이
었는지는 별다른 이슈가 아니다. 진정한 월슨의 참모습은 대통령이었다.[66]
 우리는 1919년 중증 발작이 찾아온 전후의 행동을 관찰해 그의 건강이 미
친 영향을 별도로 분석할 수 있다. 고립된 대통령, 아내나 조언자가 걸러 낸
정보만 얻는 대통령, 중증 발작으로 생리적·심리적 고통을 겪고 있는 대통령
은 베르사유 조약의 비준과 같은 복잡한 이슈를 제대로 다루기 힘들었을 것
이다.
 그러나 발작이 찾아오기 전 또한 크게 다르지 않았다. 월슨이 베르사유 조
약과 연맹 규약을 갖고 파리에서 돌아와 비준을 위한 선전을 시작했으나, 유
보된 조약을 주장하는 공화파들의 일관된 반대에 부딪혔다. 비준을 위한 표
가 부족했으나, 그는 오직 이러한 상황을 적나라한 적개심으로 대처했다. 공
화당 반대파를 만나 뭔가 접점을 찾기보다는, 워싱턴에서의 타협을 내팽개치

고 로지 일당에게 압력을 행사하기 위해 순회 연설을 계획했던 것이다. 이러한 순회 연설로 상원에 대한 대중의 압박을 끌어내는 데 성공했으나, 유보 없는 원안을 통과시킬 정도로 공화당 의원들을 억누르기에는 역부족이었다. 나아가 발작 전에 진행했던 연설은 영향력이 미미해 설령 무사히 마쳤더라도 상원의 의사를 꺾을 만한 대중의 압력을 유도하지 못했으리라고 예상된다.

월슨이 발작에 시달리지 않았다면 타협을 염두에 두고 워싱턴에 돌아왔을 것이라고 예측할 수 있다. 그러나 그의 인생을 돌이켜 보면 거의 불가능한 일처럼 느껴진다. 프린스턴에서도 그는 반대파와 상생하기보다는 자멸하는 쪽을 택했다. 그는 주지사를 맡았던 짧은 기간에도 공화당 반대파들과 상생하는 방면에는 아무런 관심도, 소질도 보여 주지 못했다. 1920년, 건강이 서서히 회복되었지만 이전보다도 더욱 협상에 관심을 보이지 않았다. 월슨은 협상에 임할 수도 있었다. 그러나 그가 사람들에게 보인 태도, 개인적으로 작성한 문서, 성격을 보면 그러한 기대를 품기 어렵다. 이러한 상황에서 정상적인 정치인이라면 타협을 마다하지 않았을 것이다. 그러나 우드로 월슨은 평범한 정치인이 아니었다. 이는 비여과형 최극단 지도자의 전형적인 특징이다.[67]

발작을 겪고 나서 그의 이러한 성향은 더욱 심해졌다. 발작 이후 그가 내린 일련의 결정은 조약의 폐기를 알리는 전주곡이었다. 조약을 찬성하는 자들은 거의 하나같이 타협에 우호적이었고, 상원에는 온건 유보주의자들이 많아 로지의 유보안을 받아들일 경우 최종 통과는 거의 확실해 보였다. 이처럼 타협이 성사되었다면 미국은 국제연맹에 참가할 수 있었을 것이다.

월슨의 발작과 후유증은 만성적인 사건이었다. 실제로 의사는 그에게 순회 연설을 감행한다면 건강을 망칠 것이라고 경고했다. 철저한 여과 과정을 거쳤다면 윌슨의 병력을 알아낼 수 있었을 것이다. 한편, 발작이 원래의 성격을 자극하면서 그의 행동은 더욱 외골수로 치달았다.[68]

윌슨에게 발작이 없었다면 그가 어떻게 행동했을지 예측하기란 불가능하다. 만성적인 심혈관 질환에 시달리고 있었던 점은 이러한 예측을 더욱 어렵게 만든다. 하지만 그의 대통령 재임 기간은 프린스턴의 총장 시절과 판박이였다. 그는 대통령 선거를 파란만장한 승리로 장식했다. 그러나 조언을 무시하고, 사소한 의견 차이로 지지자들을 내치고, 반대편과 타협안을 찾기보다는 거친 비난을 퍼부으면서 자멸의 길을 걸었다.

그의 정치 경력이 길었다면 이러한 성향이 진즉에 드러났을 것이다. 그러나 그는 대학 총장 경력과 뉴저지 주지사 경력을 바탕으로 백악관에 입성했다. 정치계는 대학 총장 경력만 보아서는 그에 대해 많은 것을 알 수 없었다. 게다가 그가 뉴저지 주지사로 재임했던 몇 달 동안은 민주당이 뉴저지 의회를 장악하고 있었다.

...

결론

...

대중의 눈에 비친 윌슨은 보통 정치인들과는 많이 다른 사람이었다. 아마도 그의 특이한 성격을 가장 설득력 있게 설명한 사람은 그의 숙적이었던 헨리 캐벗 로지였을 것이다. 그는 윌슨에 대한 평판을 활용해 윌슨의 가장 값진 성과를 무너뜨렸다. 로지는 윌슨을 미워했다. 그러나 꼭 이 사실을 강조하지 않더라도 정치인들 대부분은 반대파와 상생하기 위해 계략에 쉽게 넘어가지 않고, 자기 파괴적인 경향도 없고, 양보를 거부하지도 않는다. 로지와 윌슨 모두 조약의 통과를 원했다. 로지는 조약이 원안대로 통과되는 것보다는 조약을 폐기하고 윌슨이 비난을 뒤집어쓰는 편을 선호했다. 그리고 윌슨을 이용해 그러한 계략을 달성할 수 있었다.[69]

LFT에 따르면 비여과형 지도자는 그릇된 낙관에 취하고, 위험을 무릅쓰고, 일 처리가 서투르기 쉽다. 윌슨은 이러한 세 가지 경향이 뚜렷했다. 프린스턴 총장이나 미국 대통령으로 재임할 당시, 그는 항상 반대파를 물리칠 수 있다고 낙관하며 극단적인 목표를 향해 모험을 감행하고, 정해진 체계 내에서 원만히 운신하는 데 몹시 빈약한 소질을 보여 주었다. 윌슨은 프린스턴과 뉴저지에서의 초기 시절이 성공적이었던 이유를 "꿋꿋이 버텼기" 때문이라고 말했다. 완고함은 실패하는 순간까지는 훌륭한 전략이 되기도 한다. 융통성을 발휘했다면 승리가 그다지 극적이지 못했을 수도 있으나, 완패 가능성을 줄이고, 국제연맹의 비준을 대성공으로 마무리할 수 있었을 것이다.[70]

이번 장에서는 중차대한 결정 또는 사건에 집중하기 위해 윌슨이 프린스턴 총장, 주지사, 미국 대통령으로서 일군 성과를 일부러 빠뜨렸다. 그러나 엄청난 성공 후에 뒤따르는 엄청난 실패는 LFT에 따라 최극단 지도자들에게 예측되는 일면이다. 극단적인 목표를 좇고 반대파와 협상을 거부한다면 엄청난 승리를 일굴 수 있으나, 이러한 승리는 언젠가 물거품처럼 사라지기 마련이다.

윌슨의 경력에서 얻을 수 있는 가장 큰 교훈은 그의 가장 큰 실패와 가장 큰 성공이 동일한 성격에서 비롯되었다는 점이다. 윌슨이 반대파와 일으킨 분쟁은 마니교도의 투쟁처럼 완승으로 끝나기 마련이었다. 그는 모든 논란거리에서 줄곧 강수를 두려는 성향 덕에 대통령이 될 수 있었다. 그러나 로지라는 정적을 만나면서 한계에 부딪히고 말았다. 로지는 윌슨의 실수와 항상 윌슨의 편이 아니었던 정치적 환경을 영리하게 이용할 줄 알았다. 윌슨은 타협과 양보 없이는 자신의 편을 재앙으로 몰아갈 수밖에 없었다. 그에게 성공을 안겨 주었던 성격은 불가피하게 실패 또한 안겨 주었다.

| 제6장 |

"제가 믿어 왔던 모든 것들이 산산이 무너져 내렸습니다."

체임벌린과 유화책

영국의 수상은 의회에서 선출되
므로 거의 절대다수를 대표하는 지도자가 수상직에 오른다. 절대다수까지
는 아니더라도 다수의 이익이나 정당의 이익을 대변하는 자가 이러한 책임
을 맡게 되며, 미국 대통령에 비해 대내적 제약에서 자유롭고 훨씬 많은 재
량을 보유한다. 그러나 물론 정당의 신임을 잃으면 해임될 수 있다. 선거인단
은 입맛대로 수상을 고를 수 있는 가능성이 제한되어 있다. 투표자들이 직
접 정부 수반에 투표할 기회가 없기 때문이다. 영국의 수상들은 미국 대통
령에 비해 나이가 많고 경험도 한참 앞서는 경우가 대부분이며, 더욱 철저
히 여과되므로 최극단 지도자의 비율이 상대적으로 낮다.[1]

  사실상 가장 경험이 적은 수상 존 메이저^{John Major}조차 마거릿 대처
^{Margaret Thatcher}에게 자리를 넘기기까지 11년간 의회 의원을 맡으면서 역대
미국 대통령의 과반수보다도 더 오래 정치 경험(의회 의원)을 쌓았다.[2] 이는
곧 영국 수상 중에는 비여과형 지도자가 전혀 없다는 사실을 의미한다.

〈표 6-1〉 영국 수상

수상§	취임일	퇴임일	의원으로 재직한 경력
찰스 그레이	1830. 11. 22	1834. 7. 9	44
윌리엄 램	1834. 7. 16	1834. 11. 14	28
아서 웰즐리	1834. 11. 14	1834. 12. 10	28
로버트 필	1834. 12. 10	1835. 4. 8	25
윌리엄 램	1835. 4. 18	1841. 11. 30	28
로버트 필	1841. 8. 30	1846. 6. 29	25
존 러셀	1846. 6. 30	1852. 2. 21	33
에드워드 스미스 스탠리	1852. 2. 23	1852. 12. 17	32
조지 해밀턴 고든	1852. 12. 19	1855. 1. 30	46
헨리 존 템플(파머스턴)	1855. 2. 6	1858. 2. 19	48
에드워드 스미스 스탠리	1858. 2. 20	1859. 6. 11	32
헨리 존 템플(파머스턴)	1859. 6. 12	1865. 10. 18	48
존 러셀	1865. 10. 29	1866. 6. 26	33
에드워드 스미스 스탠리	1866. 6. 28	1868. 2. 25	32
벤저민 디즈레일리	1868. 2. 27	1868. 12. 1	31
윌리엄 글래드스턴	1868. 12. 3	1874. 2. 17	36
벤저민 디즈레일리	1874. 2. 20	1880. 4. 21	31
윌리엄 글래드스턴	1880. 4. 23	1885. 6. 9	36
로버트 개스코인 세실(솔즈베리)	1885. 6. 23	1886. 1. 28	32
윌리엄 글래드스턴	1886. 2. 1	1886. 7. 20	36
로버트 개스코인 세실(솔즈베리)	1886. 7. 25	1892. 8. 11	32
윌리엄 글래드스턴	1892. 8. 15	1894. 3. 2	36
아치볼드 프림로즈	1894. 3. 5	1895. 6. 22	26
로버트 개스코인 세실(솔즈베리)	1895. 6. 25	1902. 7. 11	32

----

§ 영국의 근대 정치 체계는 1832년 제1차 영국 선거법 개정과 더불어 시작되었다. 따라서 이 표는 1830년에 선출된 찰스 그레이 이후만을 언급한다.

수상	취임일	퇴임일	의원으로 재직한 경력
아서 밸푸어	1902. 7. 11	1905. 12. 5	28
헨리 캠벨배너먼	1905. 12. 5	1908. 4. 7	37
허버트 애스퀴스	1908. 4. 7	1916. 12. 7	22
데이비드 로이드조지	1916. 12. 7	1922. 10. 19	26
앤드루 보너 로	1922. 10. 23	1923. 5. 20	22
스탠리 볼드윈	1923. 5. 23	1924. 1. 16	15
램지 맥도널드	1924. 1. 22	1924. 11. 4	14
스탠리 볼드윈	1924. 11. 4	1929. 6. 5	15
램지 맥도널드	1929. 6. 5	1931. 8. 24	14
램지 맥도널드	1931. 8. 24	1935. 6. 7	14
스탠리 볼드윈	1935. 6. 7	1937. 5. 28	15
네빌 체임벌린	1937. 5. 28	1940. 5. 10	19
윈스턴 처칠	1940. 5. 10	1945. 7. 26	38
클레먼트 애틀리	1945. 7. 26	1951. 10. 26	23
윈스턴 처칠	1951. 10. 26	1955. 4. 7	38
앤서니 이든	1955. 4. 7	1957. 1. 10	32
해럴드 맥밀런	1957. 1. 10	1963. 10. 19	26
알렉 더글러스 홈	1963. 10. 19	1964 . 10. 16	20
해럴드 윌슨	1964. 10. 16	1970. 6. 19	19
에드워드 히스	1970. 6. 19	1974. 3. 4	20
해럴드 윌슨	1974. 3. 4	1976. 4. 5	19
제임스 캘러헌	1976. 4. 5	1979. 5. 4	31
마거릿 대처	1979. 5. 4	1990. 11. 28	20
존 메이저	1990. 11. 28	1997. 5. 2	11
토니 블레어	1997. 5. 2	2007. 6. 27	14
고든 브라운	2007. 6. 27	2010. 5. 11	24
평균			27.72

그 이유는 무엇일까? 영국의 정치 체계에서는 부통령의 대통령직 승계처럼 여과 과정을 건너뛸 수 있는 제도가 미비하기 때문이다. 그러나 비여과형 지도자가 정권을 잡을 수 있는 방법은 열려 있다. 후보자가 조직의 엘리트들에 의해 평가된 다음이라도, 이러한 평가는 해당 인물을 미는 데 중요한 역할을 담당해야 한다. 만일 가능한 후보자들이 모두 사라지는 상황이 발생한다면, 평가를 통과하지 못한 후보자들, 여과되었어야 할 후보자들이 권력을 잡을 수 있다. 왜냐하면 평가와 선택의 연결 고리가 끊어졌기 때문이다. 1940년 처칠이 수상직에 올랐던 사례가 이에 해당한다. 처칠은 유화정책의 붕괴로부터 자유로운 유일한 영국 정치인이었다.[3]

처칠은 찾아보기 힘든 비여과형 영국 수상에 속한다. 따라서 여과형 지도자와 비여과형 지도자를 비교할 수 있는 이상적인 사례다. 전임 수상이던 네빌 체임벌린은 처칠이 존경받는 만큼 매도되고 있으며, 보통 아돌프 히틀러 Adolf Hitler의 노리개로 기억된다. 영국 내에서 체임벌린에게 반대했던 이들 중 가장 유명한 사람은 처칠이었다. 여과형 지도자가 이끌던 체임벌린 내각이 내린 결정은 다른 대체 후보자가 내렸을 결정과 동일했을 것이다. 반면 처칠 내각이 내린 결정은 대부분의 대체 후보자가 내렸을 결정과 달랐다.[4]

...

영국 수상을 맡다

...

네빌 체임벌린은 오랜 기간 정치와 사업을 비롯해 많은 분야에서 성공을 거뒀다. 그는 영국 정치계에 입문하면서 보수당의 핵심 인물로 떠올랐고, 1937년에 다수의 지지를 받고 수상직에 오를 수 있었다.

사업에서 공직으로

체임벌린은 1869년 3월 18일 버밍엄에서 태어났다. 그의 아버지 조지프 체임벌린Joseph Chamberlain은 탁월한 사업가였고, 배다른 동생 오스틴 체임 벌린Austen Chamberlain은 성공한 정치가였다. 조지프 체임벌린의 둘째 부인에 게서 태어난 그는 일류 공립 학교(미국의 사립 학교에 해당함)에 진학해 2년간 공부했으나 별다른 두각을 발휘하지 못했다. 이후 그는 1887년부터 1889년까지 버밍엄 기술학교의 메이슨 칼리지에서 금속학과 엔지니어링을 공부했다. 대 학 교육을 받은 수상 중에 옥스퍼드나 케임브리지를 졸업하지 않은 사람은 오직 체임벌린뿐이다. 졸업 이후 그는 회계 법인에서 1년간 일했다. 체임벌린 의 아버지는 오스틴은 정치를 시키고, 체임벌린에게는 사업을 맡겨 가업을 유지하려고 했다.5

체임벌린의 아버지는 그를 바하마로 보내 농장 경영을 맡겼다. 그는 열심 히 일했으나 특별한 독창성을 발휘하거나 혁신을 이루지는 못했다. 게다가 농장 경영과 판매를 근본적으로 잘못 이해한 탓에 5년 후 곡물 가격이 급 락하면서 사업을 망치고 말았다. 이로써 체임벌린가의 재정 상황은 큰 타 격을 입었다. 버밍엄에 돌아온 그는 엘리어트 메탈 컴퍼니의 경영권을 방어 하기 위해 집안을 이용했다. 그는 또 아버지로부터 자금을 빌려 엔지니어링 회사인 호스킨스&선스Hoskins & Sons를 매입했다. 그는 거의 모든 에너지를 사업에 쏟아부어 17년간 호스킨스를 성공적으로 경영했다. 또한 이 와중에도 아버지를 도와 버밍엄 대학교를 설립했다.[6]

1911년, 체임벌린은 지방 정치를 장악하고 있던 가문을 이용해 버밍엄 시 의회 의원으로 선출될 수 있었다. 제1차 세계 대전으로 체임벌린의 회사는 특수를 누릴 수 있었고, 정부 계약을 통해 엄청난 이익을 낼 수 있었다. 1915년에 그는 버밍엄의 시장이 되었고, 시장직에 있을 당시 지방 은행 건립에 많은 시간을 투자했다.[7]

1916년, 데이비드 로이드조지는 허버트 애스퀴스H.H. Asquith의 전시 지도력에 의문을 제기하며 반대를 주도한 결과, 그로부터 수상 자리를 빼앗을 수 있었다. 체임벌린가는 항상 로이드조지에게 적대적인 입장을 취해 왔으나, 체임벌린은 그가 위기에 빠졌을 때 그의 편을 들어주었고 그에 대한 대가로 병무청장을 맡게 되었다. 체임벌린은 8개월간 이 자리에 있었으나, 재직 기간 내내 자리를 마음에 들어 하지 않았다. 그 또한 로이드조지를 같이 일하기 불가능한 사람이라고 생각했다. 그는 병무청장직을 사임하고 나서 의원 선거에 도전했고, 1918년에 당선되었다. 로이드조지는 전쟁 중에 거국 내각을 소집했고, 이는 자유당과 보수당의 연정으로 승계되기에 이른다. 여기에서 체임벌린의 경력이 끝날 수도 있었다. 그러나 1992년에 젊은 보수당원들이 반기를 들어 보너 로Bonar Law가 로이드조지의 자리를 차지하면서 경력의 불씨를 살릴 수 있었다. 보너 로는 수술마저 불가능한 후두암이 확인되면서 1년도 못 되어 자리에서 물러나야 했고, 스탠리 볼드윈Stanley Baldwin이 그의 자리를 물려받았다. 이는 체임벌린이 정치적 지위를 드높일 수 있는 기회였다. 체임벌린은 초고속으로 경력을 쌓아 우체국장, 보건복지부 장관, 재무부 장관을 역임했다. 1923년 볼드윈은 총선거를 요구했으나 패

했고, 체임벌린과 함께 야당 소속으로 신세가 바뀌었다.[8]

야당을 맡은 체임벌린은 노동당 정부의 몹시 강력한 반대자였다. 노동당 의원들이 가장 싫어하는 보수당원이 아마도 체임벌린이었을 것이다. 그에게는 냉소적이고 사람을 깔보는 면이 있었기 때문이다. 1924년 후반, 총선에서 보수당이 압도적으로 승리하면서 볼드윈은 다우닝가 10번지에 재입성할 수 있었고,* 체임벌린 또한 내각에 다시 들어올 수 있었다. 볼드윈은 체임벌린에게 재무장관직을 다시 제안했으나 체임벌린은 볼드윈의 자유 무역을 옹호하는 입장에 동의할 수 없다는 이유로 이 제안을 거절했다. 그 대신 보건복지부 장관을 4년 반 동안 다시 맡았고, 재무장관 자리는 처칠에게 돌아갔다.[9]

보건복지부를 이끌면서 체임벌린은 과부들에게 연금 혜택을 확대하고, 고아들에게 복지를 제공하는 입법안을 마련했다. 또한 그는 퇴직 연령을 70세에서 65세로 낮추는 데 앞장섰고, 빅토리아 시대의 구빈법Victorian-era Poor Law을 개혁했다. 이 밖에도 재정 규율을 유지하기 위해 빈곤층에 대한 원조 삭감을 추진했고, 영국의 주거 문제를 해결하기 위해 조립식 건물 건립을 추진했으나 실패로 돌아갔다. 그는 세금 감면 문제를 두고 처칠과 대립했다. 처칠은 세금 감면을 찬성했으나 그는 반대했고, 결국 처칠의 승리로 끝났다. 1929년 보수당은 다시 한 번 패배했고, 체임벌린은 다시 야당 의원의 신분으로 돌아갔다.[10]

보수당이 야당을 맡고 체임벌린이 아프리카 여행을 떠난 무렵, 인도 정책을 두고 볼드윈과 대립하던 처칠이 허무하게 패하면서 볼드윈의 계승자로

---

* 수상직에 올랐다는 의미이다.

손꼽히던 유력한 경쟁자 한 명이 자연스럽게 제거되었다. 이로써 체임벌린은 볼드윈의 비공식 대변인이 될 수 있었다.[11]

1931년, 노동당의 램지 맥도널드Ramsay MacDonald는 보수당이 장악한 '거국 내각'의 수장으로서 총선에서 압도적인 승리를 거두었다. 체임벌린은 다시 한 번 재무장관을 맡았다. 그는 독일과의 배상금 협상을 성공적으로 마무리했고, 대공황에서 영국 경제를 빠르게 회복시켜 신망을 얻었다. 맥도널드의 역량은 빠르게 쇠락했고, 1934년까지 체임벌린은 내각의 얼굴로 자리매김했다. 볼드윈은 1935년 다시 수상에 선출될 수 있었다.[12]

1935년 11월, 정부는 대외적 현안으로 구성된 정책을 두고 재선거를 치렀다. 체임벌린은 연립 정부 선거 정책의 가장 핵심적인 전략가였다. 연립 정부의 대외 정책은 국제연맹을 지원하고, 집단 안보에 매진할 것을 강조했다. 노동당은 연립 정부를 군수업자들의 노리개에 불과한 전쟁광들이라고 공격하며, 심지어 아기가 방독면을 쓰고 있는 포스터를 홍보했다. 연립 정부는 압승을 거두었고, 볼드윈은 굳이 내각에 처칠을 포함시켜 보수당의 우익 세력을 달랠 필요가 없었다. 처칠은 보수당 우익 인사의 수장이나 다름없었다. 체임벌린은 68세의 수상이 은퇴를 결심할 때마다 후계자로서의 지위를 강력히 구축했다.[13]

당시 에드워드 8세는 미국의 이혼녀 월리스 워필드 심프슨Wallace Warfield Simpson과 결혼을 생각하고 있었다. 이러한 위기 또한 볼드윈이 수상직을 내려놓는 데 일조했다. 볼드윈은 국왕에게 국민들은 어떤 일이 있어도 심프슨을 왕비로 인정하지 않을 것이라고 말했다. 처칠은 자신의 명성을 갉아먹으면서까지 이러한 헌법적 위기를 해결해 보려고 동분서주했으나, 볼드윈은 왕에게 왕관을 내려놓거나 심프슨과 결혼하거나 둘 중 하나를 선택하라고 강요했다. 왕은 왕위에서 물러나기로 결정하고 동생 조지 6세에게 왕위를 물려주었다. 볼드윈은 이 사건을 다루면서 엄청난 인기를 얻었으나, 이제 물러날 때가 왔다고 생각해 1937년 5월 28일, 수상직을 체임벌린에게 넘겨 주었다.[14]

평가

체임벌린은 정치에 늦게 입문했고, 옥스퍼드와 케임브리지를 졸업하지 않았다. 이 두 가지만 제외하면, 그의 정치 경력은 영국 수상이라는 불안정한 자리에 오르는 과정을 기술한 모범 사례로 손색이 없다. 체임벌린은 정치에 입문하기 전까지는 성공적인 사업가였고, 정치에 입문해서는 전혀 다른 두 개 부처의 수장을 맡아 비교적 성공적으로 임기를 마쳤다. 그가 맡았던 재무장관은 수상 다음으로 중요한 자리였다. 각료로 재직할 당시 그는 몇 년간 차기 수상을 예약한 상태였다. 그의 동료 볼드윈과 평의원들은 그가 수상직에 적합한지 검증할 충분한 기회가 있었다. 지금까지의 이야기에서 여과형 대체 후보자가 등장하지 않은 이유는 실제로 그러한 후보가 없었기 때문이다. 그러나 체임벌린이 계속 수상직을 맡으면서 여과형 대체 후보자가 등장하기 시작했고, 이들을 비교 대상으로 삼아 지도자 여과 이론을 검증할 수 있다. 수상직에 오른 경력을 고려해 보면, 체임벌린은 확실히 여과형 지도자로 분류될 수 있으며 최빈값 지도자 쪽에 가깝다.

유화 정책

...

네빌 체임벌린이 수상직에 올랐을 때 그에게 닥친 가장 큰 과제는 나치 독일을 어떻게 상대하느냐였다. 수상직에 오른 순간부터 영국이 전쟁을 선포할 때까지 체임벌린은 중대한 위기에 봉착했다. 네 가지로 요약되는 이 사건들은 독일의 오스트리아 병합, 히틀러의 수데텐란트 요구, 체코슬로바키아의 합병, 폴란드의 침공이었다. 체임벌린은 계속적인 유화 정책을 펼쳤다. 그러나 상황이 악화되면서 체임벌린은 각료들의 마음을 얻지 못했다. 체임벌린 내각의 각료들, 특히 내각 임기 후반에 외무장관을 맡았던 핼리팩스 백작Earl of Halifax*이 다른 방식을 지지하면서 영국의 정책은 체임벌린이 아닌 각료들의 의견을 반영하게 된다.

아돌프 히틀러는 1933년 1월 20일 독일 총리에 임명되었다. 그는 자신의 권력을 공고히 하고 자신의 정책을 방해하는 대내적 제약을 없애고자 나치화 프로그램을 단행했다. 또한 외교적으로 고립되고, 군사적 중요성이 떨어지고, 경제적으로 혼란스러운 국가를 병합했다. 1934년 히틀러는 첫 행보를 개시했다. 그는 오스트리아를 병합하기 위해 오스트리아 총리 돌푸스Dolfuss를 암살하고 쿠데타를 유도했다. 그러나 오스트리아군이 신속하게 전열을 갖추면서 히틀러의 계획은 많은 차질을 빚었다.

히틀러는 독일군의 전력을 세 배로 키운 다음, 베르사유 조약을 탈퇴한다는 성명을 작성했다. 베르사유 조약에는 프랑스와 맞닿은 독일의 라인란

---

* 이 작위는 영국 역사상 총 네 번(1619, 1714, 1715, 1944년) 만들어졌다.

트 지역을 비무장화한다는 내용이 포함되어 있었다. 1936년 3월, 히틀러는 독일군에 명령을 내려 이 지역에 진주했다. 영국과 프랑스는 서부 독일을 위협해 동유럽을 수호하려는 전략에 차질이 생겼지만 아무런 대응을 하지 않았다. 위기를 맞은 영국은 당시 외무장관이었던 앤서니 이든^{Anthony Eden} 경이 밝힌 것처럼 프랑스가 나서지 않도록 막는 것을 주된 목표로 삼았다. 영국은 프랑스가 섣불리 행동해 독일과의 우호적 관계를 망칠까 봐 두려웠다. 1936년 10월, 히틀러와 무솔리니^{Mussolini}는 대외 정책을 함께하자는 조약에 서명해 '추축국^{Axis Powers}'을 결성했다.[15]

영국과 프랑스의 사회 지도층 대부분은 독일이 베르사유 조약에 불만을 가질 법하다고 생각했다. 영국과 프랑스는 독일과 체결한 협상안에서 엄청난 보상금을 물리고, 모든 식민지를 빼앗고, 군비 확장을 엄격히 제한하고, 상당수의 독일인이 독일에 돌아가지 못하도록 조치했다. 제1차 세계 대전이 낳은 대학살의 참화는 끔찍했고, 1920년대 후반 40개 넘는 국가가 켈로그 브리앙 조약^{Kellogg-Briand Pact}을 체결해 전쟁을 포기했다. 그러나 전쟁의 참상과 부전 조약 모두 독일의 억울한 감정을 자극할 뿐이었다.[16]

체임벌린이 히틀러를 평가할 첫 번째 기회는 간접적으로 찾아왔다. 체임벌린은 1937년 11월 독일을 방문했고, 핼리팩스 백작의 영예를 선사받은 에드워드 린들리 우드^{Edward Lindley Wood}가 두 사람의 만남을 주선했다. 핼리팩스는 당시 영국에서 가장 존경받는 정치인 중 한 명이었다. 그는 왼쪽 손이 없는 데다, 왼쪽 팔을 제대로 가누지 못하는 장애인이었는데도 제1차 세계 대전에 참가해 최전선에서 적들과 맞섰다. 그는 성실하고 양심적인 인물로 정평이 나 있었다. 그는 식민지 이민단 부대표이자 교육부 장관, 농무부 장관, 전쟁부 장관, 인도 총독을 역임했다. 또한 당시 옥스퍼드 총장 및 국새

상서Lord Privy Seal를 겸임하고 있었다. 독일에 도착한 그는 처음에 히틀러를 하인으로 착각하고 히틀러에게 모자를 건네줄 뻔했다. 시작부터가 불길했으나, 그와 히틀러는 좋아하는 영화 이야기를 꺼낼 정도로 화기애애하게 회담을 진행했다. 핼리팩스는 히틀러와의 대화를 마치고 돌아와 내각에 자신이 느낀 바를 통보했다. 독일이 중유럽에 대해 강력히 요구 사항을 압박할 것 같고, 곧바로 행동을 개시하지 않을 수도 있으나 영국이 즉시 대항할 상황이 발생할 수도 있다는 것이 그의 생각이었다.[17]

독일을 향한 영국의 정책은 군사력의 열위에서 비롯된 측면도 있었다. 인구와 경제력 면에서 영국에 앞선 독일은 일찍부터 재무장을 시작했다. 참모총장이 내각에 송부한 보고서에는 다음과 같은 내용이 담겨 있었다. "우리의 해군, 육군, 공군은 지금 단계로는 충분한 방어력을 발휘할 수 없습니다. …… 적들의 숫자를 줄이고 동맹군의 도움을 받기 위해 정치적·국제적 전략을 취해야 합니다. …… 이 중요성은 아무리 강조해도 지나치지 않습니다."[18]

처음 체임벌린과 반목한 정부 위원이 그에게 돌아선 계기는 독일이 아닌 이탈리아였다. 체임벌린은 이탈리아를 달래려고 했다. 최소한 독일을 견제할 대항마 역할을 기대한 측면도 있었다. 하지만 이든은 무솔리니를 믿을 수 없다고 생각해 체임벌린의 노력에 반대했다. 이탈리아 대사와의 회동에서 두 사람의 생각차가 너무나 명백히 드러났다. 두 사람은 격렬한 논쟁을 벌였지만 생각의 차이를 좁히지 못했다. 체임벌린은 이탈리아에 대한 유화 정책을 지속했고, 이든은 2월 20일에 사임했다. 그러나 모든 각료 위원들은 체임벌린을 지지했다. 핼리팩스는 외무장관에 지명되었고, 체임벌린 내각이 운명을 다할 때까지 줄곧 그 자리를 지켰다.[19]

독일의 오스트리아 병합

1937년, 오스트리아 나치는 독일의 지원 아래 오스트리아 정부를 약화시키려고 일종의 융단 폭격을 감행했다. 1938년 2월, 히틀러는 오스트리아 수상 쿠르트 폰 슈슈니크^{Kurt von Schuschnigg}에게 독일을 방문해 달라고 요청했다. 2월 12일, 히틀러는 베르히테스가덴^{Berchtesgaden}에서 슈슈니크를 만나 오스트리아의 주권을 포기할 것을 종용하며 4일의 시간을 주겠다고 말했다. 슈슈니크는 히틀러의 압력에 굴복했으나, 2월 24일 오스트리아가 지금껏 양보한 것만으로도 충분하며, 더 이상의 양보는 없다고 선언했다. 이후 오스트리아 나치는 폭동을 일으켰고, 3월 10일 히틀러는 오스트리아를 침공하기로 결정했다. 오스트리아 나치가 빈 거리를 장악하면서 슈슈니크는 사임했다. 3월 11일, 독일군은 아무런 저항을 받지 않고 오스트리아로 진격했다. 3월 13일, 신임 오스트리아 총리는 합병을 선언하는 선언문에 서명했다. 오스트리아는 이제 제3제국^{Third Reich}*의 일부로 편입되었다.[20]

3월 14일, 체임벌린의 내각은 향후 계획을 논의하기 위해 회의를 소집했다. 체임벌린은 분명 합병 선언이 마음에 들지 않았다. 3월 13일에 쓴 글에서 이러한 의중이 명확히 드러난다. "이제 확실해졌다. 독일을 설득할 수 있는 유일한 수단은 무력뿐이다. 집단 안보는 굳센 결의와 함께 압도적인 무력을 보여 주어야 효력을 발휘할 수 있다." 그러나 다음 날 소집된 내각 회의에서 체임벌린과 핼리팩스는 무력이 필요하다고 생각하면서도 독일을

---

* 히틀러 치하(1933~1945년)의 독일을 의미한다.

비난하는 성명을 발표하는 정도에 그쳤고, 내각에서도 별 반대에 부딪히지 않았다.[21]

그 대신 내각은 히틀러의 다음 행보를 어떻게 방해할지에 초점을 맞췄다. 히틀러의 다음 목표는 독일인이 많이 살고 있는 체코슬로바키아가 될 것이라는 예상이 지배적이었다. 그리고 내각 외무 위원회 회의에서 주된 논쟁거리가 된 현안은 프랑스가 전쟁에 개입하는 상황을 막을 방법이었다. 당시 프랑스는 체코슬로바키아와 상호 방위 조약을 체결하고 있었다. 핼리팩스는 프랑스 및 소련과 유대를 강화하면 영국이 독일을 포위할 계략을 세운다고 오해받을 것이라고 주장했다. 그는 독일의 목표가 단지 중유럽을 지배하는 것이며, 히틀러에게는 '나폴레옹과 같은 정복욕'이 없다고 믿었다.[22]

핼리팩스는 영국이 선택할 수 있는 방안은 두 가지라고 생각했다. 영국이 총동원령을 선포해 독일과의 전쟁을 준비하거나 유럽 전쟁을 막기 위해 최대한 프랑스를 설득하는 것이었다. 체임벌린은 독일의 군사력과 체코슬로바키아가 동맹국의 지원을 받기 힘든 상황을 감안하면 체코슬로바키아를 방어한다는 것이 거의 불가능한 일이라고 생각했다. 참모총장이 작성한 보고서도 이러한 주장을 뒷받침했다. 내각은 영국이 프랑스에도, 체코슬로바키아에도 확실한 다짐을 주어서는 안 된다는 데 의견을 모았다. 해군 참모총장 두프 쿠퍼Doof Cooper만이 체임벌린과 핼리팩스에게 반대했으나, 체임벌린이 의회에 보낸 개정 성명서를 접하고 태도를 누그러뜨렸다. 이 개정 성명서는 프랑스에 더욱 우호적인 태도를 취하고 있었다.[23]

처칠은 보수당 의원석에서 정부를 혹독히 비판하며 영국, 프랑스, 동부 유럽 국가들과 '대연합'을 제안했다. 그러나 이러한 발상은 논의를 거친 이후 체임벌린과 핼리팩스에 의해 기각되었다. 참모총장은 영국이 전쟁을 할 준비가 되어 있지 않다고 보고했다. 영국과 프랑스가 체코슬로바키아를 위해 싸울 의지가 있더라도 승리의 길은 멀고도 고통스러울 것이 분명했다. 적은 처음부터 유리한 고지를 점령하고 있었고, 대연합이 성사될 가능성은 희박했다. 그 대신 체임벌린, 핼리팩스, 기타 각료들은 평화로운 협상을 선호했다. 지금 돌이켜 보면 어리석은 결정이었다. 그러나 내각에서 이와 다른 의견은 찾아볼 수 없었다.[24]

수데텐란트 위기

1919년, 베르사유 조약에 의해 체코슬로바키아라는 국가가 탄생했다. 체코슬로바키아의 대통령 에드바르트 베네시Edvard Beneš는 1935년에 대통령에 취임하기 전까지 외무장관을 역임했다. 다민족으로 구성된 이 국가는 총인구가 1500만 명이었고, 이 가운데 헝가리인은 100만 명 이상, 독일인은 300만 명 이상, 체코인이나 슬로바키아인의 합계는 1000만 명 이상이었다. 300만 명의 독일인이 수데텐란트에 모여 살았다. 이 지역은 오스트리아에 새로 병합된 체코슬로바키아의 일부였다. 체코슬로바키아는 소수 민족의 차별에 대한 불만과 심각한 다민족 간 갈등에도 부유한 민주 체제를 구축하고 있었다. 체코의 군대는 규모가 크고 무기 또한 훌륭했다. 스코다skoda 는 유럽 전체를 통틀어 가장 큰 무기 제조 회사 중 하나였다. 프랑스와 소련은 체코슬로바키아에 대한 공격을 공동으로 방어하자고 약속했으나, 소련은 프랑스가 먼저 행동에 나서야 한다는 것을 조건으로 내걸었다.[25]

수데텐란트의 독일인들은 보통 수데텐 독일당을 지지했다. 독일 외무부로부터 적극적인 재정 지원을 받고 있던 이 당은 히틀러의 명령에 절대 복종하는 콘라트 헨라인Konrad Henlein이 이끌고 있었다. 3월 28일, 헨라인은 히틀러를 비밀리에 만나 지시를 받았다. 그는 독일이 개입할 명분을 만들기 위해 체코 정부가 수락하기 힘든 요구 사항을 전달했다. 4월에서 5월, 체코슬로바키아와 독일 사이에 긴장이 고조되었다. 영국과 프랑스는 전쟁에 휘말리기 싫어 체코 정부의 양보를 종용했다. 헨라인 또한 여기에 편승해 요구 사항을 확대했다. 결국 그는 체코 지역에 자치구를 만들고, 나치 이념을 공식적으로 지지하라고 요구했다.[26]

프랑스는 체코슬로바키아를 돕겠다고 약속했고, 영국은 프랑스 편을 들어야 하는 상황이었다. 그럼에도 영국의 정책은 체코슬로바키아의 양보를 종용하는 쪽으로 맞춰져 있었다. 4월 말, 영국과 프랑스의 회의에서 프랑스 수상 에두아르 달라디에Édouard Daladier는 히틀러가 전 유럽에 욕심을 내고 있으며, 체코슬로바키아와 루마니아를 점령한 다음에는 프랑스와 영국을 목표로 삼을 것이라고 주장했다. 체임벌린과 핼리팩스는 전쟁으로는 체코슬로바키아를 구할 수 없으며, 독일의 목적은 다른 데 있을 것이라고 대답했다. 그들은 실제로 독일이 강대국들에 둘러싸이는 상황을 막기 위해서 이런 일을 벌인다고 믿었다. 프랑스는 영국의 지원 없이는 싸울 의지도, 싸울 능력도 없었기에 영국의 뜻을 따르는 수밖에 없었다.[27]

5월 후반, 독일이 체코슬로바키아를 공격할 계획이라는 소문이 영국에 퍼지면서 사건이 벌어졌다. 체코인들은 스스로를 방어하기 위해 총동원령에 응했고, 독일의 참모들은 예상보다 더욱 정교한 작전을 세워야 할 필요를 느꼈다. 히틀러는 10월 1일, 체코슬로바키아로 진격하라는 비밀 명령을 내렸다. 영국은 체코슬로바키아에 더 많은 것을 양보하라고 종용했다. 내각 외무 위원회는 이미 체코슬로바키아가 분열되는 상황에 대비해 회의를 열고 민족 지도를 분석했다. 수데텐란트의 독일인들이 어떤 불만을 갖고 있는지 추가적인 정보를 수집하고 체코인들에게 더 많은 양보를 압박하기 위해 내각은 발터 룬치만Walter Runchiman 경을 수데텐란트에 파견하고 조사 임무를 맡겼다. 룬치만이 8월 3일 프라하에 도착해 만나 본 사람들은 거의 다 나치 지지자들이었다. 그는 필연적으로 수데텐란트의 독일인들이 불평하는 데는 나름의 이유가 있다고 결론 내렸다.[28]

8월, 영국 정보국에서는 독일이 총동원령을 준비하고 있다는 사실을 알아차렸다. 내각은 회의를 소집했고, 여기에서 핼리팩스는 히틀러를 막을 수 있는 유일한 방법은 영국이 체코슬로바키아를 보호한다는 확실한 보장뿐이라고 주장했다. 그는 체코슬로바키아 정부가 이러한 보장을 받고 용기를 얻을 것이라고 믿었다. 그러나 그는 영국이 이러한 보장을 이행할 만한 군사력이 부족하다는 사실을 알고 있었다. 따라서 이러한 현실을 걱정할 수밖에 없었고, "장래의 전쟁을 방지하기 위해 지금 전쟁을 치르는 것이 올바른 일인지" 또한 확신할 수 없었다. 그러므로 영국이 모호한 태도를 취하는 것이 좋겠다고 제안했고, 체임벌린 또한 여기에 동의했다. 다시 한 번 쿠퍼 혼자 이 의견에 반대했다. 하지만 체임벌린은 내각이 '만장일치'로 동의했다고 발언하며 회의를 마무리했다. 그 정도로 반대 목소리는 미약했고, 히틀러가 체코슬로바키아를 공격하더라도 히틀러를 위협하지 말자는 의견에 모든 각료 위원들의 중지가 모아졌다. 9월 12일 제2차 내각 회의에서 핼리팩스는 "히틀러가 미쳤을 가능성이 있고, 심지어 미쳤을 개연성이 농후하다"고 생각하지만, 그에게 굴복을 종용한다면 "정상인으로 보일 수 있는" 기회조차

박탈할 것이라고 말했다.[29]

위기가 고조되면서 체임벌린은 대담한 시도를 감행했다. 그가 계획한 '플랜 Z'라는 이름에서는 멜로드라마 같은 분위기가 풍겼다. 그는 영국 내각이나 프랑스와 전혀 상의 없이 히틀러에게 메시지를 보내 독일로 날아가서 일대일 협상을 하겠다고 제안했다. 그 어떤 수상도 그러한 계획을 세우지 못했을 것이다. 하물며 체임벌린의 인생에서 처음 경험하는 장거리 비행이었다. 히틀러는 이 제안을 받아들였고, 내각은 그 이후 이 소식을 듣고 뒤늦게 환호했다. 9월 15일, 체임벌린은 베르히테스가덴 인근에 있는 히틀러의 산속 별장에 도착했다. 여기에서 그는 히틀러에게 수데텐란트의 지위가 어떻게 되든 상관없으며, 단지 전쟁을 피하는 것이 자신의 바람이라고 말했다. 이 말을 들은 히틀러는 독일인이 50퍼센트 이상을 차지하는 체코 지역은 독일에 속해야 한다고 주장했다. 히틀러는 체임벌린이 영국에 돌아가 내각과 상의를 할 때까지 체코슬로바키아에 대한 공격을 보류하겠다고 약속했다. 베르히테스가덴 회의를 마치고 나서, 체임벌린은 줄곧 히틀러를 "약속을 지킬 것이라고 신뢰할 수 있는 사람"이라고 추켜세웠다.[30]

이후 체임벌린은 프랑스의 동의를 얻어 영국과 프랑스의 공동 입장을 체코슬로바키아에 전달했다. 체코슬로바키아에 전달한 메시지는 평화를 위해 체코슬로바키아가 독일에 수데텐란트를 양도하는 것이 좋겠다는 내용을 담고 있었다. 내각은 이를 검토하기 위해 수차례 회의를 소집했다. 회의에서 핼리팩스는 체코슬로바키아인들이 히틀러의 조건에 동의하지 않는다면, 영국이 체코슬로바키아를 돕지 말아야 한다고 주장했다. 또다시 쿠퍼가 강력한 반대 입장을 표명했으나, 이번에도 다수의 의견에 묻히고 말았다. 내각은 양도 후 남은 영토를 보호해 주기로 동의했다. 프랑스 대표단은 다음 날 도착해 체임벌린의 제안에 대체로 동의했다. 그리고 9월 19일, 체임벌린은 내각에 마지막 협상 결과를 상정했고, 이 안은 만장일치로 채택되었다. 여기에서는 쿠퍼마저 전쟁은 너무나 끔찍하므로 당장 전쟁을 하지 않는 것이 제대로 된 결정이라고 말했다.[31]

내각은 체임벌린의 다음 독일 방문을 언제로 잡을지 지침을 제시했다. 가장 중요한 것은, 히틀러가 체코슬로바키아의 비독일계 소수자 건을 포함한 협상안을 받아들이지 않는다면 다시 영국으로 돌아와 내각과 상의해야 한다는 내용이었다. 이후 체임벌린은 9월 22일 독일로 날아가 고데스베르크 Godesberg에서 히틀러를 다시 만났다. 놀랍게도 히틀러는 체임벌린의 제안을 거부하고 더 많은 요구 사항을 전달했다. 그날 저녁 히틀러는 협상에 더 이상의 시간을 허락할 수 없고, 10월 1일까지 요구 사항을 받아들이지 않는다면 체코슬로바키아를 침략하겠다고 경고했다. 체임벌린은 히틀러에게 새로운 요구 사항을 받아들일 수 없다고 통보했다. 그는 핼리팩스에게 그날 밤 전화를 걸어 간략히 상황을 보고하고, 다음 날 아침에 더 자세한 내용을 말해 주겠다고 대화를 마무리했다. 핼리팩스는 그에게 영국의 여론이 체코슬로바키아를 지지하는 쪽으로 흘러가므로, 히틀러에게 전쟁을 피하는 게 좋을 것임을 분명히 경고해야 한다고 조언했다.[32]

23일 아침, 체임벌린은 히틀러에게 회유하는 내용이 담긴 편지를 보냈다. 편지에서 그는 수데텐란트의 독일인들은 수데텐란트가 독일에 반환될 때까지 명령을 준수할 의무가 있다는 내용의 협상안을 제시했다. 히틀러는 또다시 이 제안을 거절했다. 체임벌린은 밤 10시 30분에 히틀러를 다시 만나, 다음 날 아침까지 협상을 계속했다. 히틀러가 요구 사항을 더욱 늘리면서 9월 28일까지 완벽한 양도 절차가 마무리되어야 한다고 주장하자 체임벌린은 협상을 끝내겠다고 선언했다. 그러자 히틀러는 10월 1일까지 기한을 양보하며, 자신의 요구가 받아들여지지 않더라도 체코슬로바키아를 공격하지 않 겠다고 약속했다. 체임벌린은 다소 누그러져 영국으로 돌아왔다.[33]

9월 24일, 영국으로 돌아오자마자 체임벌린은 일명 '이너 캐비닛Inner Cabinet'이라고 불리는 가장 절친한 조언자들과 회동했다. 핼리팩스, 재무장 관 존 사이먼John Simon 경, 주택부 장관 새뮤얼 호어Samuel Hoare 경을 비롯한 영국 정부의 최고 원로 인사들이 이 모임을 구성하고 있었다. 심지어 독일 에 적대적인 시각을 품어 이든 및 체임벌린과 평행선을 유지하던 원로 외무 부 장관인 밴시타트Vansittart도 이 모임에 속해 있었다. 체임벌린은 그들에게 "밴시타트가 어느 정도 히틀러에게 개인적인 영향력을 행사한 것 같아요"라 고 말하면서, 히틀러가 약속을 깨뜨릴 것 같지는 않다는 말을 덧붙였다. 독 일과의 협상을 망친다면 영국과 독일의 관계가 영원히 바뀔 수 있었다. 이 모든 것은 영국이 히틀러의 요구 사항을 받아들일 수밖에 없다는 현실을 말해 주었다. 그 누구도 이러한 해석에 이의를 제기할 수 없었다.[34]

그날 저녁 7시 30분, 체임벌린은 내각 회의를 소집해 같은 메시지를 전달 했다. 그는 회의에서 이렇게 발언했다. "히틀러는 나름의 기준을 갖고 있다 는 것이 그의 생각입니다. 히틀러가 생각이 편협하고 특정 문제에 매우 심 한 편견을 갖고 있지만, 자신이 존경하거나 협상 중인 사람을 고의적으로 속일 생각은 없는 것처럼 보였다는군요. 그는 히틀러가 자신을 꽤 존경한 다고 확신하고 있었습니다." 체임벌린은 협상이 깨지더라도 히틀러가 사태 를 악화시키지 않을 것이며, 두 국가가 입장의 차이를 줄일 수 있을 것이라 는 믿음을 다시 한 번 표명했다. 여기에서도 오직 쿠퍼 한 사람만이 반대하 며 총동원령을 내리자고 주장했다. 그러나 나머지 각료 위원들이 그의 제안 을 나중에 검토하는 것으로 표결하면서 그의 의견은 다시 한 번 무시되었다. 집권당인 보수당의 원로 의원들이 거의 만장일치로 유화 정책에 동의하면서 유화 정책이 그날의 분위기를 지배했다.[35]

다음 날 아침 다시 열린 내각 회의에서는 모든 것이 바뀌어 있었다. 핼리팩스는 체임벌린에게 아무런 사전 통보 없이 자신은 입장을 바꾸었고, 더 이상 히틀러에게 양보할 수 없다고 말했다. 그의 말에는 감정이 실려 있었다. "나치즘이 지속되는 한 평화를 담보할 수 없습니다." 나치즘이 문제의 근본이라면, 독일을 달랜다는 명분으로 체코인들의 의사에 반해 영토를 떼어 주라고 강요할 수는 없는 일이었다. 핼리팩스는 히틀러가 고데스베르크에서 요구한 바를 수용하느니 전쟁을 불사하겠다고 생각했다. 다른 장관들은 체임벌린을 지지했으나, 처음으로 핵심 위원의 의견이 수상과 갈리기 시작했다. 핼리팩스는 내각에서 체임벌린을 제외한 인사들 가운데 가장 존경받고 가장 강력한 영향력을 행사하는 인물이었을 것이다. 충격을 받은 체임벌린은 그날 밤 핼리팩스에게 쪽지를 보내 그의 새로운 입장이 "엄청난 충격"이었다고 말했다.[36]

프랑스인들은 히틀러의 새로운 제안을 수용할 수 없다고 영국에 통보했다. 내각은 다시 회의를 소집해 체임벌린의 반대 입장을 논의했고, 히틀러에게 양보하지 말자는 쪽으로 의견을 모았다. 이후 내각은 체임벌린의 제안에 따라 호레이스 윌슨Horace Wilson 경을 시켜 히틀러에게 영국 정부의 의사를 전달했다. 독일이 체코슬로바키아를 공격하면 프랑스가 체코슬로바키아를 지원할 것이라는 의사를 프랑스로부터 전달받았고, 프랑스가 체코슬로바키아를 지원한다면 영국은 프랑스를 지원할 것이라는 내용이 메시지의 골자였다. 그러나 이 메시지는 강력한 의사를 담고 있지는 못했다. 프랑스의 행동이 선행되어야 한다는 내용에 불과했고, 포위된 체코슬로바키아를 직

접적으로 돕겠다기보다는 프랑스의 의사에 뒤따르는 간접적인 의사 표명에 불과했기 때문이다.[37]

9월 27일, 윌슨은 이러한 메시지를 히틀러에게 전달했다. 히틀러는 6일 후 전쟁을 시작하겠다고 대답하며, 체코슬로바키아를 공격하더라도 프랑스는 공격하지 않겠다는 의사를 표명했다. 영국과 프랑스는 서쪽에서부터 독일을 공격해야 할 입장에 처하게 되었다. 단지 그들 자신을 방어하기 위한 목적이 아니었다. 영국은 오도 가도 못하는 입장에 빠졌다. 체임벌린과 핼리팩스는 여러 다른 사람들과 마찬가지로 수데텐란트를 제3제국에 병합하겠다는 히틀러의 요구가 근본적으로는 타당하다고 생각했다. 베르히테스가덴에서의 요구 사항과 고데스베르크에서의 요구 사항은 양도의 적법성과 며칠 간의 시간 차이라는 점에서 다를 뿐이다. 이처럼 사소한 문제를 두고 강력한 독일을 공격해 제1차 세계 대전의 참화를 다시 경험하려는 영국인은 드물었다.[38]

전쟁에 대한 공포는 전 유럽을 휩쓸었다. 체코슬로바키아 정부는 고데스베르크에서의 요구 사항을 거절했다. 런던에서는 비상 사태가 선포되었고, 공군에는 휴가 금지령이 떨어졌다. 영국 함대 또한 동원 대기 상태였고, 방독면이 시민들에게 배포되었다. 독일 국경 인근의 체코슬로바키아 마을에 살고 있던 유대인들은 탈출을 감행했다. 9월 27일, 체임벌린은 베네시에게 전보를 보내 독일의 요구 사항을 들어주는 것 말고는 체코슬로바키아를 구할 방법이 없다고 말했다. 체임벌린은 이러한 생각에 사로잡혀 내각과 상의 없이 히틀러에게 전보를 보내, 그가 다음 회동에 응한다면 전쟁을 하지 않고서도 원하는 모든 것을 얻을 수 있을 것이라고 구슬렸다. 그는 영국과 프랑스가 체코인들로 하여금 회동에서 합의할 모든 약속 및 히틀러가 고데스

베르크에서 내세운 조건보다 약간 완화된 조건을 지키도록 하겠다고 제안했다. 전쟁을 피하는 데 혈안이 된 프랑스 역시 더욱 타협적인 계획을 제시했다. 핼리팩스는 체임벌린의 평화 협상이 더욱 어려워질까 두려워 체코인들에게 반대 의사를 표시하지 말 것을 지시했다.[39]

그날 저녁 영국인들은 히틀러로부터 어느 정도 양보하는 입장이 담긴 편지를 받았다. 이 편지에서 히틀러는 자신의 요구 사항을 들어준다면 체코슬로바키아의 나머지 지역에 대한 공식적인 독립을 보장하겠다고 약속했다. 체임벌린은 평화를 지킬 기회가 왔다고 생각하고 그날 밤 영국 국민들에게 이 사실을 발표했다. 그는 이렇게 연설했다. "이역만리에 사는 모르는 사람들의 싸움 때문에 방독면을 쓰고 참호를 파야 하는 현실이 얼마나 끔찍하고, 비현실적이고, 엄청난 일입니까. 원칙적인 부분에서 해결책이 협의된 싸움이 전쟁의 명분이 된다는 사실은 더욱 받아들일 수 없습니다." 그는 독일을 다시 방문할 의향이 있다고 말하며, 체코슬로바키아가 불쌍한 것은 사실이지만 정부가 체코슬로바키아의 독립을 위해 전쟁에 나설 필요는 없다는 말을 덧붙였다.[40]

9월 28일에는 하원의 역사를 통틀어 가장 극적인 사건이 벌어졌다. 하원이 아예 소집되지 않았던 것이다. 전쟁은 확실해 보였다. 루브르 박물관의 그림들은 창고로 옮겨졌다. 독일과 체코슬로바키아의 군대는 독일이 국경 분쟁 지대를 침범하면서 이미 조금씩 충돌하고 있었다. 그날 아침 체임벌린은 히틀러에게 메시지를 보내 베를린에서 체코슬로바키아, 이탈리아, 프랑스 대표와 만나자고 제안했다. 오후 2시 55분, 체임벌린은 하원에서 이렇게 연설했다. "오늘 우리는 1914년 이후 가장 심각한 상황을 맞았습니다." 그는 교착 상태에 빠진 작금의 상황과 전쟁을 피하기 위해 영국이 노력해 온 바를 설명했다. 그는 하원 의원들에게 히틀러는 "진정성이 있는 사람"이라고

1938년 9월 29일, 체코슬로바키아는 제외한 채 영국과 독일, 프랑스, 이탈리아 등 유럽 4강의 지도자가 한 자리에 모여 체코슬로바키아의 수데텐란트 지역을 독일에 할양하는 대신 영국과 독일이 불가침한다는 뮌헨 협정을 맺었다. 그러나 이듬해 3월 히틀러는 뮌헨 협정을 무시하고 체코슬로바키아의 나머지 영토를 침공하였고, 9월에는 폴란드를 침입함으로써 제2차 세계 대전을 일으켰다. 왼쪽부터 체임벌린, 프랑스 수상 달라디에, 히틀러, 무솔리니, 이탈리아 외상 치아노Galeazzo Ciano. 출처: Deutsches Bundesarchiv

말하며 히틀러와 무솔리니에게 보내는 자신의 메시지를 읽었다.

체임벌린이 연설하는 동안, 핼리팩스는 좌석에 앉아 지켜보다가 쪽지 한 장을 건네받았다. 그는 이 쪽지를 존 사이먼 경에게 전달했고, 사이먼 경은 다시 체임벌린에게 건네 그의 주의를 환기할 수 있었다. 쪽지를 읽은 체임벌린은 잠시 연설을 멈춘 다음, 이렇게 말했다. "히틀러가 내일 아침 나를 뮌헨에 초청한다는 소식을 지금 받았습니다. 그는 무솔리니와 달라디에도 초청했습니다. 무솔리니 또한 수락했다고 들었고, 달라디에도 거절할 리 없습니다. 나 또한 거절할 이유가 없지요." 좌중에서 누군가가 이렇게 소리쳤다. "체임벌린 수상을 보내 주신 신께 감사합니다!" 하원 의원들은 뛸 듯이 기뻐하며 박수를 보냈다. 야당 당수인 클레멘트 애틀리Clement Attlee 또한 그의 성공을 바라며 신의 가호를 기원했다. 하지만 이든은 그대로 자리에 앉아 있었다.[41]

9월 29일, 네 명의 지도자가 한자리에 모였다. 네 사람은 회의가 시작되기 전부터 히틀러의 요구 조건을 들어줄 생각이었다. 영국 정부, 프랑스 정부의 그 어떤 실세도 체코슬로바키아를 위해 싸울 생각이 없었다. 히틀러는 더 이상 잃을 것이 없는 상태였다. 그는 무솔리니를 앞세워 10월 1일부터 10월 10일까지 수데텐란트를 점령할 것이며 영국, 프랑스, 이탈리아, 독일, 체코슬로바키아 대표로 구성된 위원회가 할양 지역의 정확한 범위를 결정하는 국민 투표를 감독해야 한다고 주장했다. 또한 개인이 수데텐란트에 남을지 떠날지 결정할 선택권을 가져야 한다는 내용도 덧붙였다. 영국과 프랑스는 사실상 이 모든 요구 사항에 동의했다. 그 대신 영국과 프랑스는 공식 조약에 부속서를 추가해 '정당한 이유 없는 공격'을 받을 경우 체코슬로바키아를 지원한다는 내용을 규정했다. 체코슬로바키아 정부는 사전에 어떠한 협의도 제안을 받지 못했다.[42]

그러나 체코슬로바키아는 영토 할양에 반대했다. 체코슬로바키아 대표단은 이러한 의사를 표시하자마자 영국과 프랑스로부터 요구 조건에 동의하지 않을 경우 독일에 혼자 맞서야 할 것이라는 통보를 받았다. 아무 국가도 자신들을 돕지 않을 것이라는 생각이 굳어지자, 그들은 다음 날 울며 겨자 먹기로 동의했다. 충격에 빠진 체코슬로바키아 대표단이 떠나고 나서 체임벌린은 히틀러에게 따로 만날 것을 제안했다. 두 사람은 9월 30일 금요일 새벽 1시에 히틀러의 아파트에서 회동했다. 체임벌린은 수많은 유럽의 현안들을 꺼냈으나, 이미 원하는 바를 달성한 히틀러는 일체의 논의를 거절했다. 곧 체임벌린은 그들이 서명한 협약이 "두 사람이 다시는 전쟁을 벌이고 싶지 않다는 소망을 상징하는 것"이라는 취지의 공동 성명을 제안했다. 히틀러는 즉시 이 성명에 서명했다.[43]

1938년 9월 30일 뮌헨 협정을 체결한 뒤 귀국한 체임벌린은 런던 헤스턴 공항에서 군중의 환호를 받으며 군중에게 뮌헨 협정 문건을 보여 주었다. 그는 그날 "우리 시대의 평화"를 실현했다고 주장했다.

체임벌린은 이 성명에 고무되었다. 바로 그날 영국으로 돌아와 수상 관저 바깥에 모인 환호하는 군중을 상대로 이렇게 연설했다. "내 소중한 친구들에게 알립니다. 오늘은 독일에서 출발한 영예로운 평화가 다우닝 스트리트에 안착한 역사상 두 번째 날입니다. 나는 우리 시대의 평화를 이룩했다고 믿습니다." 사람들은 박수갈채를 아끼지 않았다. 체임벌린은 당시만 해도 영국 역사상 가장 유명한 수상으로 스스로를 자리매김했다.[44]

내각은 그날 밤 7시 30분에 뮌헨 협약의 사본도 없이 회의를 개최했다. 사이먼은 모든 내각을 대표해 "수상이 너무나 자랑스럽고, 수상에 대한 존경의 뜻을 표한다"고 발표했다. 그러나 이는 너무 성급한 발언이었다. 인내의 한계에 달한 두프 쿠퍼는 수상에게 생각보다는 뮌헨 협약이 그럭저럭 수용할 만하다고 인정했다. 또한 자세한 결과가 나올 때까지 최종 결정은 유보하겠지만, 아마도 불만을 품고 사임하게 될 것 같다고 말했다.

실제로 쿠퍼는 주말에 사표를 준비했고, 월요일에 의회를 상대로 한 연설에서 협약의 의의를 내리깎았다. 쿠퍼 없이 개최한 내각 회의에서는 또 다른 회의론자들이 나타났다. 그들은 협약에 반대하지는 않으나, 영국의 취약한 군사력 탓에 어쩔 수 없이 협약을 체결한 것이고, 영국은 즉시 강력한 재무장에 돌입할 필요가 있다고 생각했다. 핼리팩스는 이러한 입장을 지지했다. 그러나 체임벌린은 뮌헨 협약이 유럽의 평화를 오롯이 보장해 준다고 생각했다. 그는 군비 강화에 소요될 비용을 고려하면, 오랜 기간 자신이 지지해 온 현 상태의 군사력이 적정하고 여기에서 더 나아갈 필요까지는 없다고 생각했다. 자리를 떠난 쿠퍼 말고는 그 어떤 핵심 각료 위원도 협약에 반대하지 않았다. 오직 단 한 사람, 광산부 장관만이 사임을 고려했다.[45]

쿠퍼가 불만을 품고 사임하면서 유화적 입장에 쏠린 정부 정책에 반대하려는 움직임이 촉발될 수도 있었다. 그러나 실제로는 정반대 효과가 나타났다. 그가 내각을 떠나면서 내각 내에서 가장 회의적이던 목소리가 사라졌고, 그 또한 더 이상 정부에 반대할 수 없게 되었다. 그를 따라 사임한 장관은 아무도 없었고, 그의 결정은 체임벌린의 반대파들이 조직적이지 못하다는 사실만 확인해 준 꼴이었다. 프랑스 정부나 영국 정부의 그 어떤 인사도 체코슬로바키아를 지키기 위해 독일과 싸울 생각이 없었다.[46]

뮌헨 협약을 체결하고 수데텐란트를 할양하기까지 진행된 위기 상황은 독일의 오스트리아 병합보다도 더욱 많은 논란을 불러일으켰다. 영국 내각에서는 수많은 의견이 난무했다. 체코슬로바키아의 영토를 지키기 위해 영국이 싸워 주겠다는 핵심안에는 거의 이견이 존재하지 않았다. 쿠퍼를 제외하고는 어떤 장관도 싸우겠다는 의지가 없었고, 쿠퍼마저 결과를 더 이상 바꿀 수 없는 시점에 사임이라는 선택을 감행했다. 체임벌린이 뮌헨 협약의 결과를 의회에서 발표했을 때, 기립 박수를 치지 않은 사람들은 보수당 의원 5명에 불과했다.[47]

체임벌린은 다른 각료 위원들과 달리 히틀러의 고데스베르크 요구를 기꺼이 받아들였다. 핼리팩스와 다른 각료 위원들이 이러한 조건은 수용 불가능하다는 입장을 표명하자, 체임벌린은 그제야 이들의 의견을 받아들여 새로운 안을 협상했다. 쿠퍼마저 새로운 협상안이 원래 조건에 상당히 근접해 있다고 믿었다. 원래 조건은 모든 각료가 수용할 수 있다고 생각한 수준의 내용을 담고 있었다. 체임벌린은 동료들과 살짝 다른 입장을 보인 면도 있었으나, 이는 무시해도 좋은 수준이었고 영국의 정책에 어떠한 영향도 끼치지 못했다.

체코슬로바키아 침공

뮌헨 협약에 서명한 지 열흘이 지나, 히틀러는 수하 장군들에게 체코슬로바키아를 침략할 준비를 개시하라는 메시지를 전달했다. 이러한 준비와 아울러, 히틀러는 11월 9일과 10일에 수하들을 풀어 나치 독일 치하의 유대인들을 크리스탈나흐트Kristallnacht로 알려진 집단 학살 계획의 희생양으로 삼으려고 했다. 야만적인 폭력의 광풍이 휩쓴 다음, 거의 100만 명에 가까운 유대인들이 살해당했고, 수천수만의 유대인들이 강제 수용소에 감금되었다. 이후 영국에서는 나치의 유대인 탄압이 두 국가 사이를 가로막는 주된 장애물이라는 여론이 팽배했다. 독일에 대한 적개심이 계속 쌓여 가면서 체임벌린에 비해 독일에 회의적인 시각을 품고 있던 핼리팩스와 기타 위원들의 입지가 확대되었다.[48]

보수당 내에서 체임벌린에게 반대하는 입장이 목소리를 얻기 시작했다. 보수당 내에서도 두 세력으로 나뉘어 이러한 움직임을 주도했고, 각 세력을 진두지휘하는 지도자는 이든과 처칠이었다. 사람들은 처칠의 성미를 불안하게 느꼈다. 이러한 인식은 처칠이 반대 의견을 끌고 나가기 어려운 장애물로 작용했다. 체임벌린의 입장에서도 이러한 면이 우려되어 그를 각료 위원으로 선뜻 받아들이기 어려웠다. 오직 보수당 의원 두 명만이 줄곧 처칠을 지지했다.[49]

이든은 처칠에 비해 영향력이 컸고, 25명의 의원으로 구성된 그룹을 지휘하고 있었다. 각료 위원에서 사임한 쿠퍼도 이 그룹에 합류했다. 그러나 이 그룹에 속한 의원들 중에는 영향력이 큰 인사가 아무도 없었고, 체임벌린에게 압도적인 다수표를 몰아 준 약 400명의 보수당 의원 가운데 소수에 불과했다. 나아가 이든은 자신이 곧 내각에 입성할 가능성이 여전히 충분하다고 믿었다. 따라서 당 지도부와 직접 대립하기보다는 협력하는 편을 택했다.[50]

강경파들은 정책에 영향을 미치기 어려웠다. 1939년 1월, 개각과 동시에 체임벌린이 온건파들을 더욱 많이 끌어들이면서 이러한 형국에 반전을 꾀하기가 한층 어려워졌다. 그럼에도 장외 투쟁의 동력에는 한계가 있다 보니 유화책에 제동을 걸기 위해서는 내각 안에서 싸우는 수밖에 없었다. 핼리팩스는 끝내 체임벌린과 결별하고 반대파를 이끌기 시작했다.[51]

할양을 마친 체코슬로바키아의 나머지 영토가 사태의 진원지였다. 뮌헨 협약이 체결되고 나서 독일은 이 지역에 남은 민족들이 분리 운동을 일으키도록 지원했다. 이로써 슬로바키아는 독립을 선언하기에 이른다. 히틀러는 에밀 하샤Emil Hácha에게 베를린으로 오라고 명령했다. 두 사람은 3월 15일 새벽 1시 15분에 만났고, 이 자리에서 히틀러는 에밀 하샤에게 즉각적인 항복을 강요했다. 심장이 좋지 않았던 하샤는 회동 후 바닥에 쓰러졌고, 히틀러의 주치의에게 주사를 맞고 목숨을 건질 수 있었다. 그는 즉시 체코 내각에 전화를 걸어, 새벽 4시가 되어 항복 문서에 서명하기 전까지는 아무런 저항도 하지 말라고 조언했다. 두 시간 후 독일군은 체코 국경을 물밀듯이 밀고 내려왔다. 다음 날 슬로바키아 또한 제3제국에 병합되었다.[52]

영국 정보국이 체임벌린에게 독일이 체코슬로바키아를 공격할 것 같다는 정보를 미리 주었는데도, 그는 침략 소식을 듣고 놀랐다. 그뿐 아니라 내각의 그 어떤 위원도 뮌헨 협약에서 약속한 것처럼 체코슬로바키아를 지켜 줄 생각이 없었다. 체코슬로바키아를 도우려면 체코슬로바키아로 진출한 독일 병력을 서부 독일로 돌리도록 압박할 정도의 대규모 병력이 필요했다. 이러한 병력은 처음에 프랑스에서 동원해야 했으나 마지노선으로 방어 전략을 세운 프랑스 입장에서는 동원령을 발부하지도 않았다. 영국은 파병할 보병의 수가 턱없이 부족했다. 독일의 침공 이후, 영국은 유럽 대륙에서 작전을 벌일 수 있는 32개 사단의 파견군을 창설했다.[53]

내각은 3월 15일 회의를 소집해 체코슬로바키아 문제를 논의했다. 체임벌린은 체코슬로바키아가 스스로 해체를 결정한 것이나 다름없다고 말하며 영국의 보장 의무를 피해 가려 했다. 그와 핼리팩스는 이 상황을 설명할 최선의 방법은 체코슬로바키아가 해체된 책임을 슬로바키아에 돌리는 것이라고 결론 내렸다. 체임벌린의 의회 연설을 들어 보면 여전히 유화책에 찬성하는 듯 보였다. 그는 이렇게 주장했다. "우리의 목표(유럽 평화)는 너무나 중요해 가볍게 포기할 수 없다." 그의 이러한 태도는 대중의 거센 분노를 불러일으켰고 언론 또한 이러한 입장에 강력히 반대했다. 유화책에 우호적이던 신문마저 히틀러를 강력히 비판하는 입장으로 돌아섰다.[54]

체임벌린의 의회 연설에 대한 반대 목소리가 워낙 비등해 수상 자리가 위태로워지는 지경에까지 이르렀다. 핼리팩스는 대외적으로 좀 더 강경한 입장을 취하라고 종용해 위기에 빠진 그를 구하려 했다. 체임벌린은 일기에 이렇게 썼다. "생각해 보니 히틀러가 약속을 헌신짝처럼 던지고 난 다음에는 그와 협상할 여지가 없어 보였다." 3월 17일, 버밍엄에 있는 옛 고향 집에서 그는 조심스럽게 첫 번째 도전을 감행했다. 처음에 그는 뮌헨 협약이 '유럽의 평화'를 유지해 주었고 이 협약의 대안은 없다고 주장하며, 뮌헨 협약을 지키려 했다. 이후 그는 태도를 바꿔 히틀러에게 조그만 도전장을 내밀었다. 체임벌린은 이렇게 말했다. "예측하기 어려운 여건에서, 확실하지도 않은 정책을 취할 준비가 되어 있지 않은 것이 사실입니다. 그러나 전쟁이 무의미하고 잔인하다는 이유로 정신을 놓고 있다가, 전쟁이 닥친 순간에 최고의 국방력으로 대응하지 못한다면 세상에 그보다 큰 실수는 없을 것입니다."

얼버무리긴 했어도, 이전과 비교해서는 극적인 변화였다. 당시까지 그의 연설은 독일의 요구 사항을 들어주는 데 초점이 맞춰져 있었으나, 이번 연설을 통해 처음으로 싸울 의지를 표명한 셈이었다.

다음 날 내각에서 체임벌린은 자신의 새로운 입장을 다시 한 번 확인했다. 이제는 히틀러의 어떤 약속도 믿을 수 없다고 천명했다. 아무도 이러한 입장에 이의를 제기하지 않았고, 모두들 화제를 옮겨 독일의 확장을 막기 위해 무엇을 해야 할 것인가 토론하기 시작했다. 핼리팩스는 프랑스, 폴란드, 터키, 소련과의 동맹을 강화하자고 제안했다. 폴란드와 연락을 취한 결과 폴란드인들은 소련과의 동맹을 꺼려하고 있었다. 그들은 소련 군대가 독일군을 막는다는 명목으로 폴란드 영토에 들어와 떠나지 않는 상황을 우려했다. 내각의 외교 정책 위원회는 3월 27일에 회의를 소집했다. 여기에서 핼리팩스는 폴란드의 입장을 환기시키며 영국이 다른 외교 정책을 취해야 한다고 주장했다. 다른 정책으로는 영국, 프랑스, 소련이 상호 방위를 선언하고 영국과 폴란드 간에 비밀 조약을 체결하는 방안도 고려할 수 있었다. 위기가 확대된다면 폴란드가 다음 차례가 될 것이라는 데 의견이 일치했다.[55]

분위기는 바뀌었으나, 정부 인사 중 그 누구도 전쟁을 불사할 생각은 없었다. 침공 다음에도 그는 대중이 수용할 수 있는 정도에 비해 상당히 절제된 반응을 보였다. 그러나 그는 분위기를 거스르지 않고 처음으로 독일에 좀 더 강경한 태도를 취했다. 그의 이러한 태도 또한 정부 내에서 거의 반발을 사지 않았다.

폴란드 침공과 전쟁의 시작

폴란드를 지키는 것은 체코슬로바키아를 지키는 것과 동일한 고민거리를 안겨 주었다. 영국과 프랑스는 독일 서부를 공격하지 않는 이상 폴란드를 지원할 방법이 없었다. 하지만 독일 서부를 공격한다는 것은 영국과 프랑스 입장에서는 가능하지도 않을뿐더러 내키지도 않는 일이었다. 체임벌린과 각료들은 폴란드를 지키겠다고 약속해야 할지 고민하기 시작했고, 능력의 한계를 감안해 이러한 약속이 공염불로 돌아가지 않게 만들 방법 또한 강구해야 했다.

체임벌린 내각은 머뭇거릴 틈이 없었다. 3월 30일, 그들은 정보국으로부터 독일이 폴란드 침공을 준비하고 있다는 보고를 받았다. 이는 체코슬로바키아가 독일에 짓밟힌 지 겨우 2주일밖에 지나지 않은 시점이었다. 핼리팩스는 폴란드를 조건 없이 지켜야 한다고 적극 주장했다. 영국의 군사력이 우수하지 못했는데도, 폴란드 수호를 천명하는 것이 현명한 선택인지 논의하는 사람들을 놀라울 정도로 찾아보기 힘들었다.

참모총장은 독일이 몇 주일 안으로 폴란드를 점령할 수 있다고 주장했다. 그러나 그 과정에서 상당수의 사상자를 낼 것이며, 이로써 전쟁이 불가피하다면 차라리 폴란드를 동맹으로 삼는 편이 낫다는 말을 덧붙였다. 모든 장관이 폴란드 수호 보장에 동의했다. 따라서 내각은 프랑스와 폴란드에 이러한 결정을 전달하기로 승인했다. 이처럼 강력한 조치로 체임벌린은 정치적 입지를 회복하고 보수당에 대한 영향력을 되찾을 수 있었다. 의회 또한 이 사실을 보고받고 아무런 반대를 하지 않았다. 노동당과 자유당 지도자들도 체임벌린을 지지했고, 처칠과 이든마저 이에 동의했다.[56]

폴란드에 수호 보장 의사를 전달하고 나서, 내각은 실행 방안을 결정해야 했다. 4월 18일, 소련은 소련, 영국, 프랑스 간의 상호 방위 조약을 제안했다. 이 조약에서 세 나라는 단독 강화를 맺지 않겠다고 약속했으나, 이는 폴란드를 방어하는 일에만 한정되어 있었다. 내각의 해외 정책 위원회는 다음 날 회의를 소집했고, 참모총장은 소련은 스탈린이 시행한 숙청의 여파로 동원할 수 있는 군사력에 한계가 있을 것이라고 보고했다. 1주일 후 회의는 한 번 더 개최되었고, 두 번의 회의에서 체임벌린과 핼리팩스는 소련을 믿지 못하겠다는 입장을 보이며 소련과 동맹을 맺지 않으려고 했다. 체임벌린은 이 동맹이 중대한 정치적 대가를 초래할 것이라 생각했고, 핼리팩스는 소련과 동맹을 맺을 경우 포위될지도 모른다는 독일의 우려를 확인해 주는 꼴이 되어 독일 내 반나치 투쟁을 약화시킬 것이라고 확신했다. 두 번째 회의에서 참모총장은 소련의 군사력이 약하더라도 소련과 동맹을 맺으면 전략적 이점이 있을 것이라고 보고했다. 시간이 지나도 체임벌린의 입장은 변하지 않았고, 5월에는 어느 사적인 자리에서 소련과 동맹을 하느니 수상직에서 사임하겠다고 말하며 내각이 동맹 쪽으로 의견이 기울어 협상을 종용하는 것이 안타깝다고 한탄했다.[57]

6월에도 별 진전이 없었다. 폴란드인들은 어떤 식으로든 소련과 동맹을 맺는 것을 극렬히 반대했다. 한편 체임벌린과 핼리팩스가 소련에 대한 회의적인 입장을 거두지 않고, 소련과의 동맹이 무슨 이득을 가져올 수 있을지 의심하면서 영국의 협상은 중구난방이 될 수밖에 없었다. 소련인들은 동유럽의 몇 개 국가를 조약 당사자로 끌어들이려 했다. 해당 국가들이 소련의 방어를 원하는지 여부는 중요하지 않았다. 만약 이 국가들이 조약 당사자가 된다면 인접 국가에 불리한 행동을 취할 경우 영국과 프랑스의 제제를 받을 수 있었다. 이는 모든 협상을 방해하는 커다란 장애물이었다. 핼리팩스는 소련이 협상을 끝내기 위한 명분을 찾고 있다고 믿었다. 단지 각료위원 세 명만이 소련의 제안을 서둘러 수용하자고 압박했다. 이 시점에 소련의 외무장관 뱌체슬라프 몰로토프Vyacheslav Molotov는 모스크바에서 독일대사와 접촉해 양국 간의 관계를 개선할 방안을 찾고 있었다. 6월에 양국의 관계는 한층 가까워졌다.[58]

영국은 서서히, 그리고 꾸준히 소련의 요구를 들어주었지만, 몰로토프는 계속 요구 사항을 늘려 갔다. 그는 동유럽 국가들은 자신들의 의사와 상관없이 보장받아야 한다고 주장하며, 소련이 필요하다고 생각하면 개입을 강제할 수 있다는 의사를 명확히 하려고 했다. 영국은 프랑스의 독촉을 이기지 못하고 어쩔 수 없이 이에 동의했다. 7월 1일, 몰로토프는 서유럽 국가들은 더 이상 상호 방위 조약의 당사자가 되어서는 곤란하며 체코의 항복과 같은 '간접적 공격' 또한 조약 발효의 요건이 되어야 한다고 주장했다. 이로써 체임벌린과 핼리팩스는 소련이 폴란드를 지키리라는 희망을 접으려고 했다. 그러나 내각은 이를 허락하지 않고 계속 협상을 강요했다. 한편 폴란드 정부는 '붉은 군대'가 폴란드에 들어오는 것을 여전히 반대했다.[59]

8월 21일, 4개월간의 기나긴 과정이 극적으로 끝났다. 라디오 방송은 나치 외무장관 요아킴 폰 리벤트로프Joachim von Ribbentrop가 비행기를 타고 모스크바로 가서 불가침 조약을 협상했다고 발표했다. 다음에 무슨 일이 일어날지는 뻔했다. 의회는 체임벌린의 요구에 따라 비상 대권법Emergency Powers Act을 지체 없이 통과시켜 전쟁 준비를 시작했다. 8월 25일, 영국·폴란드 군사 동맹이 체결되었다. 히틀러는 폴란드의 영토 할양을 요구하는 서한을 보냈고, 체임벌린은 독일·폴란드 정상 회담을 제안하며 폴란드에 어떠한 압력도 넣지 말 것을 요구했다. 9월 1일, 독일군은 폴란드 국경을 물밀듯이 넘어섰다.[60]

내각은 오전 11시 30분에 회의를 소집했다. 체임벌린은 "가장 심각한 상황입니다. 우리가 그토록 오래, 그토록 열정적으로 막아 보려 했던 사태가 드디어 터지고 말았습니다. 하지만 우리의 양심은 명료하고, 우리의 임무가 어디에 있는지 또한 확실합니다"라고 발언했다. 그럼에도 그는 독일과의 전쟁을 피할 수 있는 기회를 완전히 포기하지는 않았다. 그는 그날 하원에서 이렇게 연설했다. "독일 정부가…… 보장하지 않고…… 폴란드에 대한 모든 적대적 행동을 당장 멈추고 즉시 폴란드 영토에서 철수하지 않는다면, 영국 정부는 주저하지 않고 폴란드에 대한 의무를 다할 것입니다." 하원석에서는 히틀러의 답변을 언제까지 기다릴 것이냐는 질문이 나왔지만, 체임벌린은 아무런 데드라인도 정하지 않았다.[61]

히틀러는 아무 답변도 하지 않았다. 내각은 다음 날 다시 회의를 소집했다. 헬리팩스는 무솔리니가 독일, 프랑스, 소련, 이탈리아, 영국 간의 회의를 제안했고, 프랑스는 어떤 형태의 최후통첩이건 48시간의 시간을 주려 한다고 보고했다. 그럼에도 내각은 12시를 데드라인으로 삼은 최후통첩을 압도적으로 지지했다. 그러나 오후 7시 30분, 하원에서는 시한을 두지 않는 새로운 안에 동의했다. 체임벌린은 폴란드가 공격받는 중에는 어떠한 협상도 할 수 없다면서 독일의 철수 시한을 프랑스와 논의하려고 했다.[62]

이는 누가 보기에도 전쟁을 피하기 위한 마지막 안간힘이었다. 이로써 체임벌린의 수상직 유지는 풍전등화의 위기에 처했다. 하원은 시한을 두고 경고하기 꺼려하는 이유는 폴란드에 대한 책임을 회피하려는 프랑스의 시도라고 생각했고, 체임벌린이 분명 이를 사주했을 것이라고 해석했다. 헬리팩스가 만찬에 참석하기 위해 옷을 갈아입고 있을 때 수상이 잔뜩 겁에 질린 목소리로 그에게 전화를 걸어, 혼란이 수습되지 않는다면 내일 내각이 불신임될 수 있다고 말했다. 헬리팩스는 즉시 프랑스 정부에 전화를 넣어 9월 3일 오전 11시를 시한으로 최후통첩을 해 달라고 채근했다. 그러나 프랑스 정부는 너무 이르다는 입장을 표명하며 내키지 않아 했다. 체임벌린은 달라디에를 불러 데드라인이 연기되면 내각 불신임을 피할 수 없다고 말했다. 그날 밤 11시 30분에 열린 각료 회의에서 체임벌린은 9월 3일 정오에 계획된 의회 총회에서 최후통첩 결과를 발표해야 한다는 조언을 들었다. 내각은 베를린의 영국 대사관을 통해 그날 오전 9시에 최후통첩을 하기로 결의했다. 최후통첩 시한을 두 시간밖에 남겨 놓지 않은 상황이었다.[63]

9월 3일 오전 11시 15분, 체임벌린은 의회와 영국 국민들에게 연설을 개시했다. 그는 최후통첩문을 읽어 내려갔다. 그리고 독일로부터 어떠한 대답도 받지 못했다는 이유를 들어 "영국은 독일과 전쟁을 개시했습니다. ……

공직에 있으면서 제가 믿어 왔던 모든 것이 산산이 무너져 내렸습니다"라고 말했다.[64]

체임벌린의 수상직 유지를 위태롭게 만든 네 번째 위기는 두 가지 결정으로 양분되었다. 첫 번째는 폴란드의 수호 보장이었다. 이에 대해서는 아무도 이의를 제기하지 않았다. 내각 안팎으로 전폭적인 지지의 목소리만이 울려 퍼졌다. 수상직을 유지하고 싶은 마음에서 그랬을 수도 있으나, 체임벌린은 이를 발표하는 데 특별히 적극적이었다. 소련과의 동맹이 미칠 영향은 간단히 생각할 문제가 아니었다. 체임벌린은 영국의 절박한 전략적 상황에도 불구하고 소련과 동맹을 맺고 싶지 않다는 생각이 확고했다. 동맹이 지연되면서 스탈린은 히틀러 쪽으로 마음이 쏠렸을 것이다. 다른 수상이 동맹을 공격적으로 진행했다면 서로에게 유리한 협상을 맺어 나치와 소련이 동맹을 맺는 상황을 피할 수 있었을 것이다.

하지만 전반적으로 볼 때 이러한 결과를 기대하기는 어려웠다. 가장 유력한 대체 후보자였던 핼리팩스 또한 체임벌린과 크게 다른 입장을 취하지 않았다. 폴란드가 붉은 군대를 허락하지 않는 상황에서 서로에게 유리한 협상이 과연 가능했을지도 의문이다. 소련은 인접 국가들에 개입할 수 있는 전권 위임을 요구했고, 그 어떤 영국 수상이라도 이러한 조건을 받아들이기 어려웠을 것이다. 히틀러는 스탈린에게 발트 3국과 동부 폴란드에 대한 재량권을 전적으로 보장할 준비가 되어 있었다.

스탈린 입장에서는 히틀러와의 협상이 영국 수상과 교섭할 수 있는 그 어떤 협상안보다 만족스러웠을 것이다. 영국 수상은 소련이 동유럽을 정복하지 못하도록 애쓰고 있었기 때문이다.[65]

평가

체임벌린은 대부분의 다른 영국 수상들에 비해 내각을 더욱 엄격히 통제했다. 그는 항상 자세한 정보를 취득했고, 제일 가까운 조언자들 몇 명과 함께 핵심 의사를 결정했다. 이로써 그는 내각을 자문 기구에서 이미 상당 부분 정해진 결정 사항을 비준하는 기구로 변화시켰다.[66]

그러나 알고 보면 그의 이러한 성향은 그다지 파급력을 미치지 못했다. 내각이 반발할 수도 있었으나, 실제로 내각이 이러한 처리 방식에 반발한 적은 거의 없었다. 이든은 불만을 품고 사퇴했으나, 정책을 두고 사퇴한 것이 아니라 외무장관의 역할에 대한 생각이 체임벌린의 생각과 달랐기 때문이다. 쿠퍼는 유화책에 불만을 품고 사퇴했으나, 핵심적인 의사 결정은 이미 오래전에 이루어진 상황이었다. 정부 안팎으로 그의 사임을 원하는 사람은 거의 없었다. 결국 체임벌린 내각의 내무장관 새뮤얼 호어 경은 정책 결정에서 내각이 담당하는 역할을 가장 잘 요약했다. "체임벌린이 열 번 중 아홉 번을 자기 뜻대로 한다면, 내각의 뜻이 그렇기 때문에 그리하는 것이다."[67]

유화책이 한 번 무위로 돌아간 다음에도, 체임벌린은 끝끝내 이를 포기하려 들지 않았다. 그러나 내각과 여론이 그에게서 돌아서고, 심지어 핼리팩스마저 그를 등지자 비로소 그들의 압력에 따라 독일에 대한 강경책을 취했다. 영국은 오스트리아를 구할 수 있는 헌법적 근거가 없었다. 체코슬로바키아를 구하고 싶은 사람들은 권력을 얻을 기회가 없었고, 정부 내에서도 아무런 지지를 받을 수 없었다. 위기의 정점에서 핼리팩스와 다른 각료 위원들은 히틀러의 새로운 요구 사항에 반대했다. 그러나 체임벌린은 이에 편승하지 않고 한 걸음 물러서 쿠퍼 말고 모든 내각 위원들이 수용 가능하다고 생각했던 타협안을 성공적으로 협상했다. 그는 히틀러를 직접 대면해서 미미하긴 하지만 일부 양보를 이끌어 냈다. 엄청난 압박 속에서 믿기 힘들 정도로 짧은 시간에 이러한 양보를 이끌어 낸 그의 능력은 당시에도, 지금도 인상적인 부분이다.[68]

체임벌린은 단호하게 유화책을 포기했으나, 결국 별것 아닌 것으로 묻히고 말았다. 뮌헨 협약 당시 가장 유력한 대체 후보자 수상이던 핼리팩스도 대략 같은 결정을 내렸을 것이다. 물론 다른 선택 또한 존재했으나 처칠에서부터 노동당 당수에 이르기까지 영국 정치계의 유력 인사들은 두 사람을 적극 지지하며 실질적인 도움을 아끼지 않았다. 하지만 통합된 다수가 체임벌린의 뒤를 든든히 받치고 있다 보니 그들의 지지자들이 권력을 얻을 기회가 좀처럼 생기지 않았다. 체임벌린 내각은 총의가 낳은 정부였고, 이러한 총의는 누가 제반 절차를 진행하든 바뀔 것 같지 않았다. 다른 인물이 수상이 되려면 보수당이 갈라지는 수밖에 없었으나, 끝까지 그러한 사태가 벌어질 기미는 보이지 않았다. 체임벌린이 아닌 다른 인물이 수상이 되었더라도, 1930년대 후반 영국의 대외 정책은 거의 바뀌지 않았을 것이다. 이는 LFT의 주요 가정을 확인해 준다.[69]

···

결론

···

체임벌린을 어떻게 평가하든, 어떠한 대체 후보자도 그보다 더 나았을 것 같지는 않다. 체임벌린의 접근 방식은 잘못되었으나, 엄청난 압박을 느끼는 상황에서도 상당한 수완으로 대처한 점은 높이 평가할 수 있다. 그는 LFT의 기준에서 여과형 최빈값 지도자에 대한 기대치를 무난히 만족시켰다. 체임벌린은 다른 선택을 할 여지가 있었으나, 그러한 선택을 하지 않았다. 그가 최소한 히틀러의 의도를 의심하는 내각에 속해 있었다면, 영국은 처음부터 고통스러운 길을 선택했을 것이다. 체임벌린은 영향력이 낮은 유형에 속했으나, 그렇다고 실패할 확률이 줄어드는 것은 아니었다. 그는 특별한 지도력을 요하는 상황과 마주 섰고, 이러한 요청에 부응할 수 없었다.

하지만 그의 실패는 무능 때문도, 악의 때문도 아니었다. 체임벌린은 단지 히틀러가 대부분의 정치 지도자와 근본적으로 다르다는 사실을 너무 늦게 깨달은 것뿐이었다. 핼리팩스 또한 이러한 실수에서 자유로울 수 없었고, 거의 모든 보수당 정치인들도 마찬가지였다. 체임벌린은 자신이 준비해 왔던 상황과 한참 다른 특별한 상황과 맞닥뜨렸기 때문에 실패했고, 이는 LFT의 기준에서 여과형 최빈값 지도자가 전형적으로 경험하는 실패에 해당한다. 네빌 체임벌린이 사망했을 때 대중은 "슬퍼하지도, 영예를 표하지도, 넋을 기리지도" 않았다. 이러한 대중의 평가를 군이 문제 삼을 생각은 없다. 그러나 체임벌린은 열심히 노력했고, 권력을 쟁취하려 했다. 그리고 권력을 잡은 다음부터는 나름의 소신을 갖고 자신의 권한을 적극 행사했다. 그의 불명예는 실패의 산물로 보인다. 그러나 그는 뇌물을 받았다거나, 겁쟁이라거나, 무능해서 실패한 것이 아니었다. 그의 실패는 그가 가장 중요하게 생각한 미덕 탓이었다. 체임벌린은 오로지 평화를 추구했다. 다른 상황, 다른 시대에서 이처럼 평화에 헌신했다면 그는 영웅이 되었을 것이다. 그러나 당시 상황에서는 히틀러에게 휘둘리는 결과를 초래했고, 자국을 누란의 위기에 빠뜨렸다. 그의 오랜 라이벌이었던 처칠만이 이 상황을 타개할 수 있었다. 다음 장에서는 처칠의 이야기를 다루기로 한다.[70]

| 제7장 |

"우리는 결코
항복하지 않을 것입니다."

처칠과 결전의 의지

만일 윈스턴 처칠이 1939년에 사망했다면, 그는 빛나는 경력을 만들 수도 있는 기회를 낭비한 실패한 우파 지도자로 기억되었을 것이다. 그는 우렁차게 재군비를 주장했으나, 그 효과는 미미했다. 그는 재앙이 다가올 것이라 예측했고, 이러한 예상이 대부분 맞아떨어졌는데도 내각에서는 그를 마지못해 받아들였다. 그는 일련의 재앙이 닥친 다음에야 수상이 될 수 있었다. 최대 위기 속에서 처칠만큼 영국을 탁월하게 이끌 인물이 또 어디 있었을까? 이러한 영웅이 가장 절박한 마지막 순간까지 푸대접을 받은 이유는 무엇일까?[1]

처칠은 수상이 되기 전까지 방대한 정치 경험을 쌓았다. 이는 LFT의 검증 체계를 상당히 어렵게 만드는 부분이다. 처칠만큼 철저하게 검증된 인물도 드물 것이다. 그는 영국 역사상 그 누구보다도 장관직을 오래 역임했고 수상이 되기 전까지 40년간 의원에 선출되었다. 처칠이 영국 정부의 고위직에서 배제되었던 이유를 이러한 장기간의 경력 탓으로 돌릴 수 있다. 처칠이 신임을 얻지 못했던 이유는 나치 독일을 부정적으로 바라보았기 때문이다. 그러나 그의 나치 독일에 대한 경고가 먹히지 않았던 것은 히틀러가 등장하기 오래전부터 여러 가지 현안에 대해 아무런 신임을 얻지 못한 측면이 컸다. 심지어 1940년 5월, 히틀러에 대한 처칠의 경고가 옳았던 것으로 드러난 상황에서도 영국 정치계의 주요 인사들은 하나도 빠짐없이 처칠이 아닌 핼리팩스를 수상직에 앉히려 했다. 이를 보면 처칠이 당시까지 얼마나 많은 정치적 희생을 감수했는지 알 수 있다.

보통 이처럼 경험이 많은 인물은 전형적인 여과형 지도자가 되기 마련이며, 영향력 또한 낮을 확률이 높다. 영국의 정치 엘리트들은 그의 서툰 판단력이 고위직에 적합하지 않다고 믿었다. 처칠을 수상으로 만든 특수한 여건은 영국 정치가들의 오랜 평가를 배제하는 결과를 가져왔다. 이러한 결정은 수상에 적합한 후보가 아무도 없었기 때문에 가능했다. 처칠은 평가와 무관하게 선정되었기에 비여과형 지도자로 분류할 수 있다.

처칠의 경력은 LFT 가운데 가장 놀라운 일면을 확대 조명한다. 우드로 윌슨에게 대통령직을 안겨 준 성향은 대통령 자리를 위기에 빠뜨린 양날의 검으로 작용했다. 처칠 또한 마찬가지였다. 정치인으로서의 상승을 가로막았던 그의 성향이 특별한 여건에서는 성공 비결로 작용했다. 처칠은 공격성, 낭만적인 면모, 고집, 위협에 즉각 반응하는 민감한 성격 탓에 무수히 많은 시행착오를 경험했다. 정상적인 상황에서라면 이러한 성향은 성공적으로 수상직을 수행하는 데 엄청난 방해 요소로 작용했을 것이다. 그러나 1940년 5월에는 이러한 성향 하나하나가 미덕으로 작용했고, 처칠은 아돌프 히틀러의 패배에 필요불가결한 인물로 자리매김했다.

우리는 처칠을 전쟁 영웅, 노벨상 수상자, 종군 기자, 내무장관, 해군장관,

재무장관, 유일하게 히틀러에 대해 경고했던 인물, 영국을 승리로 이끈 수상이자, 영국이 최대 위기에 빠져 있을 때 우렁찬 목소리로 나아갈 방향을 제시하고 국가의 역량을 결집한 인물로 기억한다. 이 모든 것이 사실이지만, 1930년대 사람들 중에 그가 이러한 이름을 역사에 남길 것이라고 예측한 사람은 거의 없었다.

· · ·

극적인 발돋움

· · ·

역사적으로, 처칠만큼 극적으로 발돋움한 인물은 찾아보기 힘들다. 처칠만큼 다양하고 파란만장한 경력을 갖춘 인물은 더더욱 드물 것이다. 실제로 그의 인생 중 상당 부분은 실제 인물이 아닌 소설 속 주인공의 이야기로 쓰기에 더 적합해 보인다. 처칠이 20세기 초반, 영국 정치에서 남다른 능력을 갖춘 유력한 인물로 서게 된 비결은 이 모든 인생 역정이 어우러진 결과였다.

성공에서 난항을 겪기까지

처칠은 1874년 11월 30일 블레넘 궁전Blenheim Palace에서 태어났다. 그는 체임벌린과 마찬가지로 유명 정치인의 아들이었다. 그의 아버지 랜돌프 처칠Randolph Churchill 경은 1880년대 재무장관을 역임했고, 총명하면서도 괴짜

스럽고 신뢰하기 힘든 인물로 보수당 내에서 정평이 나 있었다. 그의 어머니는 미국 백만장자 집안의 딸이었다. 1893년 7월, 처칠은 두 번의 낙방 끝에 샌드허스트 사관 학교에 입학했고, 이전까지 학업에 뚜렷한 두각을 나타내지 못했지만, 사관 학교에서는 150명 중 8등으로 졸업했다.[2] 처칠은 1895년 군에 입대해 쿠바로 파견되었고, 이후 꼭 하고 싶었던 종군 기자로서의 경력을 시작했다. 1896년 그가 속한 연대는 인도로 파병되었다. 그는 그곳에서 가장 초고속으로 진급 코스를 밟았고, 1897년에는 여단 부관으로 승진할 수 있었다. 1897년 9월, 그는 아프가니스탄 영국 파병단에 몸을 실었다. 그의 어머니가 신문사에 힘을 쓴 덕에 아프가니스탄의 최전선에서 쓴 편지가 「데일리 텔레그래프Daily Telegraph」에 실릴 수 있었다. 그는 당당히 전투에 임했고, 보고 문건에서 '용기와 결단력'을 갖춘 장교로 묘사되었다. 1898년 그는 『말라칸드 야전군 이야기The Story of the Malakand Field Force』를 출판해 대박을 터뜨리면서 상당한 수입을 거두고, 1898년 8월에는 수단으로 파견되어 데르비시Dervishes와의 전투에 참가했다.[3]

1899년 7월, 처칠은 올덤Oldham에서 보수당 후보로 출마해 첫 정치 행보를 개시했다. 그는 선거 운동을 무난히 진행했으나 승리하지는 못했다. 그는 8월에 보어 전쟁을 취재하기 위해 남아프리카로 떠났다. 그가 타고 가던 기차가 보어군 복병들에 의해 탈선했고, 처칠은 열차를 방어하기 위해 영웅적인 용기를 보였으나 전투 중 포로로 잡히고 말았다. 보어 군 포로 수용소에 수감된 후, 그는 홀로 탈출해 영국 전선으로 복귀했다. 이처럼 드라마틱한 스토리를 기고해 대성공을 거두면서, 그는 국가적인 유명 인사로 떠올랐다. 1900년 10월, 그는 올덤에서 다시 한 번 출마해 가까스로 당선되었다. 당시 그의 나이는 26세에 불과했다.[4]

처칠의 첫 연설은 극찬을 받았다. 첫 연설인데도 그는 보수당의 일부 인사를 공격하고, 보어 전쟁에 참가한 사람들을 칭찬했다. 전쟁의 명분을 비난하면서도 전쟁 참가자들을 칭찬한 것은 이례적이었다. 이후 몇 년간 처칠은 보수당과 정책적인 면에서 거리를 두었다. 보수당은 보어 전쟁을 협상으로 마무리하려는 계획에 반대했고, 진보적인 사회 정책과 군비 감축에도 회의적인 태도를 보였으나 처칠은 이러한 입장에 반대했다. 무엇보다도 처칠은 자유 무역을 열렬히 지지했다. 그는 자유당에 지원을 호소했고, 그 결과 보수당 수상인 밸푸어Balfour는 그에게 정부 관료직을 제안할 마음을 접었다. 날이 갈수록 고립되던 처칠은 1904년에 밸푸어를 쓸데없이 모욕하면서 왕따를 당하는 신세에 처했다. 당시 처칠은 자신이 연설을 시작할 때 자리를 떴다는 이유로 밸푸어를 공격했다. 의회를 무시했다는 것이 비난의 골자였다. 여기에 대응해 모든 원로 보수당 의원들과 대부분의 하원 의원들도 즉시 일어나 자리를 떴다. 그가 속한 지구당 연합 또한 그를 보수당원으로서 더 이상 지지할 수 없다고 결정했다. 이후 처칠은 맨체스터 자유당에 영입되어 자유 무역을 지지하는 후보로 의회에 출마하게 되었다. 1904년 5월, 보수당 정부는 유대인의 이민을 금지시키는 외국인법Aliens Bill을 제출했다. 이에 놀란 처칠은 의회에서 이 법안을 공격하며 자유당에 공식적으로 합류했다.[5]

처칠이 보수당을 뛰쳐나오면서 그의 경력에는 중대한 변화가 생겼다. 처음에 그는 상당한 보상을 받을 수 있었다. 자유당은 제1차 세계 대전 중반까지 권력을 잡고 있었다. 그러나 많은 보수당원들은 그를 결코 용서하려 들지 않았다. 왜냐하면 그가 자유당으로 당적을 옮긴 다음 밸푸어 정부를 혹독하게 공격했기 때문이다. 그는 야망을 위해 원칙을 거슬렀다는 평판을 얻

게 되었다.[6]

새로이 창당한 자유당은 보수당의 가장 강력한 적으로 떠올랐다. 1906년, 자유당이 선거에서 압도적으로 승리한 이후 헨리 캠벨배너먼Henry Campbell-Bannerman은 자유당 정부를 구성해 처칠에게 재무장관직을 제의했다. 당시 재무장관은 더 높은 직책을 보장해 주는 디딤돌로 생각되었다. 그러나 처칠은 이보다 낮은 식민차관 자리에 흥미를 느껴 재무장관 대신 식민차관을 맡겠다고 요청했다. 1906년 그는 맨체스터에서 자유당 후보로 출마했다. 과거에 자유당을 공격했던 그의 발언이 되레 발목을 잡자 그는 이렇게 대답했다. "나는 보수당에 있을 때 어리석은 발언을 많이 했습니다. 내가 보수당을 떠난 이유는 그러한 발언을 계속하고 싶지 않았기 때문입니다." 위트 있는 대처였으나, 보수파의 적대감을 누그러뜨리기에는 역부족이었다. 그가 식민차관을 역임하면서 이러한 문제는 더욱 악화되었다.[7]

1908년 캠벨배너먼은 건강 문제로 허버트 애스퀴스에게 자리를 내놓았다. 애스퀴스는 처칠을 상무부 대표로 추대했다. 처칠은 이 자리를 맡으면서 사회 개혁을 추진할 기회를 얻게 되었다. 처칠은 홈그라운드의 선거에서 패배한 이후 던디Dundee로 본거지를 옮겨 손쉽게 승리할 수 있었다. 내각에서 그는 세금 인상 및 복지비 지출 확대를 진두지휘하며 해군에 대한 예산 증액을 반대했다. 1909년 보수당이 장악한 하원에서는 이러한 원칙에 입각해 예산안을 거부했다. 이로써 헌정의 위기가 찾아오고 총선거를 생각해야 하는 상황이 도래했다. 공작의 손자인 처칠은 '귀족 대 평민'이라는 슬로건하에 상원에 반대하는 자유당 운동을 주도했다. 자유당은 간신히 승리했고, 애스퀴스는 처칠을 내무장관에 임명했다. 처칠은 역사상 두 번째로 젊은 내무장관이 될 수 있었다. 엄밀히 따지면 내무장관은 가장 관록이 깊은 의원이 담당했고, 중요도로 따지면 내각 안에서 재무장관과 외무장관 다음 서열로 인정받았다. 그토록 빨리, 그토록 높은 자리에 올라선 인물은 찾기 어려웠다.[8]

처칠의 동료들은 그가 내무장관에 재임하던 당시 있었던 몇 가지 사건을 보며, 처칠은 지혜보다는 호전성이 한참 앞서는 인물이라고 생각했다. 가장 엄청났던 것은, 그가 중무장한 보석 강도들을 급습해야 한다고 주장한 사건이었다. 급습 작전은 실패로 돌아갔고, 처칠이 사건을 직접 지휘하지 않았는데도 그가 등장하면서 일이 꼬이고 말았다. 어디로 튈지 모르는 인물이라는 인상은 영국 경찰이 광산 파업을 과잉 진압하면서 더욱 확대되었다(영국 경찰은 내무장관인 처칠의 관할 아래 있었다). 그리고 처칠은 철도 파업을 진압하기 위해 영국 전역에 무장 군인들을 파견했다. 노동당원들은 특히 이러한 조치에 분노했다.[9]

처칠의 관심은 이미 외교 현안으로 기울고 있었다. 그는 애스퀴스에게 로비를 감행해 1911년 10월 해군장관으로 자리를 옮겼다. 보통 상황이라면 이는 좌천된 사례로 취급되었을 것이다. 1912년 3월, 처칠은 영국이 독일에 맞서기 위해 전함 두 척을 건조할 예정이라고 발표하면서, 향후 군비 경쟁을 막기 위해 건함 계획을 상호 동결하자고 독일 측에 제안했다. 독일이 그의 제안을 무시하자, 전쟁이 불가피하다고 생각한 처칠은 전쟁 준비에 박차를 가했다. 그는 다수의 해군 장교들을 배제한 채 일련의 해군 개혁을 단행했다. 1914년 3월, 그는 스코틀랜드 항구인 람래시Lamlash에 본토 함대를 배치해 다시 한 번 보수당의 신경을 건드렸다. 그가 이곳에 본토 함대를 배치한 이유는 아일랜드 독립 옹호 세력을 겁박하기 위해서였다. 그리고 몇 달 후 제1차 세계 대전이 발발했다.[10]

처칠은 자신이 세운 두 가지 계획으로 경력이 매장될 위기를 겪었다. 첫 번째는 1914년 10월 독일의 공격을 방어하려고 갑자기 앤트워프^{Antwerp}로 출전해 영국군으로 하여금 벨기에 군대를 지원하도록 만든 사건이었다. 처칠 또한 숙달된 군인이었다. 그는 애스퀴스에게 전보를 보내, 만일 자신이 앤트워프를 방어하는 영국군의 지휘권을 얻게 된다면 내각에서 사임하겠다고 제안하며 전장에서 독립된 권한을 행사할 수 있도록 전권을 달라고 요청했다. 애스퀴스가 처칠의 제안을 내각에 보고하자, 좌중에서는 웃음이 터졌다. 결국 영국군은 전투에서 패하고 철수했다. 처칠은 이러한 일련의 사건들로 동료들과 언론 모두에게 이미지를 구겼다.[11]

두 번째는 에게 해와 마르마라 해를 잇는 다르다넬스 해협을 공격하려는 계획이었다. 그가 이 해협을 공격하자는 의견을 강력히 밀어붙인 것은, 공격에 성공한다면 오토만 제국이 전쟁에서 발을 뺄 것이고, 연합군은 사면초가에 몰린 러시아를 지원할 수 있다는 이유에서였다. 1915년 1월, 그는 다른 내각 위원들을 납득시켜 이 공격을 감행했으나 실행 과정에서 발생한 일련의 실수로 쏟아부은 모든 노력이 재앙이 되고 말았다. 처칠 한 사람에게 모든 책임을 돌릴 수는 없었다. 그러나 그는 해군장관직에서 사임해야 했고, 그가 아니었다면 이러한 공격을 시도하지 않았을 것이라는 일반적인 정서가 그의 공인으로서의 입지를 위태롭게 만들었다.[12]

이러한 문제는 재키 피셔 경으로 말미암아 더욱 악화되었다. 재키 피셔 장군은(제8장에서 자세한 경력을 언급했다) 탁월한 능력을 자랑했지만 성격이 변덕스럽고 다혈질이었다. 그는 처칠과 함께 일하기를 거부하며 불만을 품고 사퇴했으나, 나중에 처칠은 은퇴한 그를 다시 불러 해군 참모총장으로 임명한다. 그러나 자신과 관계없는 일에 꾸준히 간섭하며 다른 각료 위원들과 마찰을 빚는 성격은 그의 평판을 갉아먹고 있었다. 1915년 3월, 애스퀴스는 처칠을 "동료들이 가장 싫어하는 사람"이라고 묘사하며 이렇게 말했다. "도대체 견딜 수가 없어! 왜 그렇게 시끄럽고 장황한지." 4월, 애스퀴스는 보수당과 연립 내각을 구성해 전쟁을 지속하려고 했으나 보수당 지도자들은 처칠이 해군장관에서 물러나지 않으면 어떤 현안에도 협조할 생각이 없다고 통보했다. 5월 4일, 애스퀴스는 처칠에게 해군장관직에서 사임해야 할 것 같다고 말했다. 처칠은 심각한 타격을 입었다. 이러한 결과를 초래한 이유는 그가 동료들에 비해 남달리 공격적이고, 그들의 생각과 한참 다른 결정을 감행했기 때문이다. 그가 취했던 독특한 입장이 옳은 것으로 드러났다면, 사람들은 그의 독특한 면모를 받아들였을 것이다.[13]

참호에서 수상까지

처칠은 자신의 정치 생명이 끝났다고 확신했다. 이러한 그의 생각에 이의를 제기할 사람은 드물었다. 그는 내각에서 쫓겨나지는 않았으나 모든 권한을 박탈당했다. 이후 11월에는 프랑스로 파견된 연대에 소령으로 입대하겠다는 결정을 내렸다.[14] 동료 장교들과 병사들은 유명 정치인이 전쟁에 갑자기 참전한 것을 의아하게 생각했다. 그러나 처칠은 여섯 달 반 동안 이러한 시선을 극복하고 자신을 따르는 병사들로부터 엄청난 인기를 얻었다. 이후 그는 몇 주간 시간을 내어 영국으로 돌아왔고, 영국에 머무는 동안 의회 연단에서 정부가 피셔를 다시 지명해야 한다고 연설해 사람들을 경악하게 만들었다. 언론과 의회 모두 그의 제안을 무시한 것은 어찌 보면 당연한 결과였다. 의회에서 더 많은 일을 할 수 있다고 생각한 그는 제대 조치를 요청하며 애스퀴스에게 "수많은 '열성적 지지자'들이 자신의 지도력을 기대하고 있다"고 말했다. 애스퀴스는 이렇게 대꾸했다. "지금 당신 주변에는 별 볼 일 없는 사람들밖에 없잖아요." 그는 프랑스로 돌아와 다시 몇 주간 용맹을 떨쳤으나, 그의 부대가 다른 부대와 합쳐지면서 지휘관직을 넘겨주고 영국으로 돌아왔다.[15]

1915년 11월, 자유당 출신 재무장관 로이드조지와 보수당 지도자 앤드루 보너 로Andrew Bonar Law는 애스퀴스의 효율적이지 못한 전시 지도력을 문제 삼았다. 처칠은 철저히 한발 물러나 있었으나, 로이드조지가 수상에 취임하면서 엄청난 행운을 예감했다. 두 사람은 친한 사이였고, 로이드조지는 처칠의 재능을 잘 알고 있었다. 1916년 3월, 처칠은 다르다넬스 위원회의 보고서가 사태에 대한 책임을 덜어 주면서 좁아졌던 입지를 상당히 회복할 수 있었다. 그에 대한 보수당의 적대감이 여전하다 보니 1917년 7월이 되어서야 로이드조지가 내각에 들어올 수 있었다. 그에게는 군수부 장관이라는 자리가 주어졌다.[16]

처칠은 자신의 책임이 아닌 현안들에 대해서도 끊임없이 발언하는 버릇이 있었다. 이러한 성격에도 그는 잘해 나갔고, 생산에 차질을 가져왔던 노동 분쟁을 능숙하게 해결하고 노동부의 조직을 전면적으로 개편해 효율성을 비약적으로 향상시킬 수 있었다. 또한 그는 영국군 탱크의 설계를 개선하는 데 실무적인 역할을 담당했다. 이는 해군장관에 재임하던 당시 첫 탱크 제작에 관여했던 경험을 살려 특별히 재능을 발휘한 사례였다. 1918년, 마침내 전쟁이 끝났다.[17]

영국을 승리로 이끈 로이드조지는 영국 정치계의 거목으로 우뚝 섰다. 그의 자유당 연합은 1918년 12월 총선에서 압승을 거두며 의결 정족수 이상을 확보했고, 처칠 또한 자리를 유지할 수 있었다. 그는 처칠을 전쟁부에 보냈다. 당시 군 내부에서는 복무 기간이 가장 짧은 병사를 제대시키는 방침에 불만이 쌓여 있었다. 처칠은 이러한 문제를 해결하기 위해 더 공정한 방법을 고안해 실행에 옮겼다. 그는 대부분의 시간과 에너지를 러시아 지원에 쏟아부어 러시아가 볼셰비키의 손에 들어가는 상황을 막으려고 했다. 로이드조지는 영국의 개입을 최대한 줄이고 싶었으나, 처칠은 용케 내각을 설득해 상당한 규모의 물자를 반볼셰비키파 군대에 보낼 수 있었다. 그는 개입여론을 주도했고, 이 작전이 실패하면서 감정이 판단을 앞서고 잘 파악하지 못한 상황에 무모하게 돌진하는 사람이라는 인식만이 짙어졌다. 이러한 재앙은 처칠과 로이드조지의 관계를 영원히 갈라놓았고, 노동당의 태도 또한 회의적인 입장으로 돌아섰다.[18]

처칠은 전쟁부에서 빛나는 순간을 경험했다. 1919년 4월 인도의 암리차르라는 도시에 사는 한 영국 여성이 인도 폭도들에게 공격당하는 사건이 발생했다. 그녀는 다른 인도인들에게 구조되었으나, 암리차르의 영국군 지휘관인 레지널드 다이어Reginald Dyer 준장은 분노를 참지 못했다. 며칠 후, 암리차르의 공공장소인 잘리안왈라 정원Jalianwallah Bagh에 많은 인도인들이 평화롭게 모여 있었다. 사방이 둘러싸인 이곳은 출구가 몇 개밖에 없었고, 있는 출구 또한 매우 좁았다. 다이어는 입구로 군대를 들여보내 아무런 사전 경고도 없이 발포 명령을 내렸다. 발포는 탄약이 바닥날 때까지 계속되었다. 379명이 사망하고 1,500명이 부상을 입은 것으로 집계되었으나, 시체가   3미터 가까이 쌓일 정도로 실제 사상자 수는 훨씬 많았다. 다이어는 영국 여성이 공격당한 거리에서 인도인들이 무릎을 꿇고 기어가도록 조치했고, 이를 거부한 인도인에게 태형을 가할 수 있는 태형 기둥을 설치했다. 수많은 사람들이 태형을 받았고, 심지어 결혼식에 참석한 인도인들 전원이 몽둥이찜질을 당하기도 했다. 다이어는 "펀자브인들에게 윤리 교육을 시켰다고" 본부에 보고했다.[19]

인도 전역에 분노가 들끓었고, 정부는 다이어를 소장으로 진급시키고 실무에서 빼 주는 것으로 사태를 봉합하려 했다. 그러나 수백만 영국 국민은 다이어를 영웅으로 떠받들었다. 하원 또한 그를 칭찬했고, 그에게 경의를 표하기 위해 2,500파운드가 모금되었다. 보수당의 거센 압력으로 로이드조지는 1920년 7월, 전면 토론을 승인했다. 정부 측 주장은 유대계 의원 에드윈 몬터규Edwin Montague의 첫 발언이 "유대인은 물러가라"라는 모욕적인 야유에 묻히면서 처음부터 난항을 겪었다. 야유의 목소리가 워낙 커서 처음에 정부를 지지하던 수많은 의원들조차 다이어를 지지하는 쪽으로 태도를 바꿨다. 정부는 정권을 내줄 위기에 처했다. 로이드조지 대신 원내 총무를 맡고 있던 보너 로는 처칠의 달변만이 이 위기를 타개할 수 있다고 생각해, 개인적인 적대감을 묻어 두고 처칠에게 도움을 청했다.[20]

처칠이 인도나 인도인들에게 동정심을 느낀 것은 아니었으나, 대학살로 인해 그의 정의감이 발동했다. 우선 그는 안정을 부르짖었다. 그는 대학살을 "이례적인 사건, 엄청난 사건, 별도로 취급해야 할 사건"으로 묘사하며 학살된 인도인의 수가 의회 의원들의 수와 비슷하다고 주지시켰다. 그는 제1차 세계 대전에 참전했던 경험을 언급하며, 자신과 다른 장교들이 부상자를 돕기 위해 악전고투하고 있을 당시 다이어는 자리를 떴다고 폭로했다. 대영 제국의 조치가 합당했다는 보수당파들의 믿음을 교묘히 이용해 그는 이렇게 주장했다. "공포는 영국의 약전藥典에 잘 나와 있는 처방입니다." 영국은 "인도뿐 아니라 그 어떤 지역을 통치하는 데 있어 물리적 힘에만 의지하지 않았습니다. …… 영국의 통치 방식은 피지배 국민들과 가깝게 지내고, 그들과 효율적인 협력을 추구하는 것입니다." 그의 발언 덕에 하원은 정부에 우호적인 태도로 돌아섰고, 정부는 투표에서 대승을 거둘 수 있었다. 처칠은 유창한 연설로 의회의 생각을 돌릴 수 있음을 증명해 보이면서, 유능한 의원이라는 명성을 드높일 수 있었다. 주목할 것은 인기를 얻기 힘드나 가치를 둘 수 있는 일에 처음으로 자신의 경력을 걸었다는 사실, 그리고 최소한 이때만큼은 승리했다는 사실이었다.[21]

암리차르 사건에서 단호한 태도를 취했는데도, 처칠은 중도 좌파에서 우파 쪽으로 서서히 우클릭을 시도했다. 러시아 정책에 실패하고, 몇 가지 사안을 오판하면서 그도 변화를 꾀할 필요가 있었다. 이에 발맞춰 로이드조지는 그를 식민부서로 전보했다. 그곳에서 처칠은 중동에 대한 지출을 삭감하려고 했으나 뜻을 이루지 못했고, 불가피한 결과였는지는 모르나 대부분의 시간을 아일랜드에 집중했는데도 소요를 진압할 수 없었다. 한편, 터키군이 다르다넬스 해협의 차나크Chanak 마을에 진주한 당시 이 마을 주변에 주둔한 영국군은 소수에 불과했다. 처칠은 로이드조지에게 터키가 갈리폴리Galipoli 반도를 점령하지 못하도록 전쟁을 개시해야 한다고 촉구했다. 내각은 현지에 파견된 장군에게 최후통첩을 발부하라고 명령했다. 하지만 전장을 맡고 있던 장군은 재량권을 발휘해 최후통첩을 발동하지 않고 아타튀르크Atatürk를 만나 평화적으로 위기를 해결하려고 했다. 이처럼 처칠이 영국을 불필요한 전쟁으로 몰아가려 들자, 정부에 한목소리로 반대하던 보수당은 공포에 휩싸였다.[22]

1922년 10월, 처칠이 맹장 수술을 받고 병원에 입원해 있을 때 보수당 평의원들은 로이드조지와의 연합에 반기를 들었다. 이로써 로이드조지는 사임하고 새로운 총선이 실시되었다. 처칠은 자신의 선거구에서 비참하게 패했고, 1900년 이후 처음으로 의회 입성에 실패했다. 로이드조지와 애스퀴스로 양분되었던 자유당은 처음으로 의석수에서 노동당에 뒤졌다. 그 결과 보수당의 스탠리 볼드윈이 수상에 올랐다.[23]

처칠은 의회에 입성하지 못했으나 그 기간이 길지는 않았다. 볼드윈은 1923년 총선을 요청했고, 처칠이 출마한 레스터Leicester는 자유 무역을 옹호하는 자유당에 엄청나게 불리한 지역이었다. 오판의 대가로 그는 또 한 번 엄청난 패배를 맛보았다. 결국 영국 총선은 보수당의 참패로 끝났다. 1924년 노동당과 자유당이 연합하면서 램지 맥도널드는 최초의 노동당 출신 수상이 될 수 있었다. 사회주의라고 생각하는 모든 것에 적대적이었던 처칠은 노동당 정권을 '이 사회주의 흉물'이라고 지칭했다.

처칠은 일찍부터 상당한 우클릭을 감행했고, 자유당은 힘을 많이 잃은 상태였다. 이러한 상황에서 처칠은 의회 청사에 인접한 웨스트민스터 지구에서 출마했다. 볼드윈의 지지 아래 그는 '독립적인 반사회주의자'로 출마했으나, 여전히 남아 있는 보수당의 적대감 탓에 다시 한 번 패배를 경험했다. 이 과정에서 그는 완전한 우파로 돌아서며 자유당을 포기했다. 보수당 지도자들은 기회를 잡았다고 생각해 그를 에핑Epping의 후보로 내세웠다. 런던의 외곽에 있는 이 지역은 보수당의 당선이 확실한 선거구였다. 노동당 정부가 1924년 10월에 불신임된 이후, 그는 원로 보수파들의 확실한 지지하에 에핑에서 '헌법주의자'를 표방하며 당선될 수 있었다. 그는 당선되자마자 보수당에 합류했고, 이후 에핑에서 단 한 번도 패배를 경험하지 않았다.[24]

볼드윈은 1924년 총선에서 보수당의 압승을 일궈 냈다. 체임벌린이 내각의 최고위직인 재무장관을 거절하자, 볼드윈은 처칠에게 이 자리를 권해 처칠 본인을 비롯한 모든 사람을 놀라게 만들었다. 처칠은 그의 아버지가 한 차례 역임했던 재무장관을 맡게 된 것을 몹시 기뻐했다. 처칠은 해군에 대한 예산 편성을 삭감하는 데 앞장섰고, 과부와 고아들에 대한 연금 증액을 추진했다. 그는 영국이 금 본위제로 돌아와야 한다는 정치적 압력을 받았다. 그는 이 정책에 반대하는 입장이었으나, 다시 한 번 영국 정치계의 중심에 서기 위해 이를 수락한다고 발표했다. 존 메이너드 케인스^{John Maynard Keynes}는 금 본위제로의 회귀는 거의 재앙이라고 비난하며 '처칠의 경제적 영향'이라는 제목의 팸플릿을 발표했다. 그는 처칠의 유명한 저서『평화의 경제적 영향^{The Economic Consequences of Peace}』에서 제목을 빌려 왔다. 이처럼 처칠은 수상직에 있으면서 상당한 성공과 엄청난 실패를 동시에 경험했다. 이러한 실패를 꼭 그의 탓이라고는 볼 수 없으나, 당시 이러한 사실을 이해하는 사람은 드물었다. 보수당이 1929년 총선에서 패배했을 때, 그는 반대파로 당적을 옮겼다. 그는 이후 10년간 내각에 입성하지 못했다.[25]

· · ·

황야에서

· · ·

처칠은 반대파에 몸담았던 순간에도, 다음 보수당 정권에서 멋들어지게 내각에 입성할 운명이었다. 그는 여전히 젊은 편에 속했고, 5년간의 재무장관 임기를 마친 상태였다. 그는 나중에라도 보수당이 정권을 잡을 경우 1순위 수상 후보로 거론되었다. 그는 보수당의 진보파를 이끌고 있었으나, 누구나 부러워할 위치에서 벗어나 비주류파인 보수당의 우익 편에 서는 고립을 자초했다. 이처럼 신망을 잃다 보니 제2차 세계 대전이라는 재앙이 시작된 다음에야 간신히 권좌로 복귀할 수 있었다.[26]

처칠의 야인 시절은 세 가지 활동으로 집약되었다. 그는 인도의 자치를 승인하려는 노동당과 보수당 지도자들을 상대로 투쟁했다. 또한 에드워드 8세가 미국의 미망인 월리스 워필드 심프슨과 결혼하겠다는 의사를 표시하며 위기 상황을 초래했을 때 왕의 곁을 지키며 신속히 사태를 수습했다. 이는 많은 사람들이 모르고 있는 사실이다. 마지막으로 오랜 기간 유화책을 거부하고 재군비를 주장했으나 그의 이러한 주장은 받아들여지지 않았다. 이 사실은 매우 잘 알려져 있다. 앞서 소개한 두 가지는 다음의 두 가지 질문에 대한 충분한 답변이 될 수 있다. 왜 처칠은 그의 재능에도 불구하고 여과되었으며, 영국 정치계는 왜 그를 무시한 것일까? 처칠이 아닌 체임벌린이 1940년 5월까지 영국 정치를 지배했던 이유는 무엇일까?

'고약한 미치광이'를 쳐부수자: 인도 논쟁

간디가 이끄는 독립운동이 힘을 얻어 가면서 의회는 영국의 인도 정책을 두고 첨예한 논쟁을 벌였다. 1929년, 간디는 가장 핵심적인 인도 독립 단체인 인도국민회의파Indian National Congress를 설득해 1년간 자치(기능적으로 독립한 상태)를 요구하기로 의견을 모았다. 어윈Irwin 경은 이후 핼리팩스 백작에 임명되며 두드러진 역할을 담당한다(제6장에서 자세한 내용을 소개했다). 인도 총독은 노동당 선거를 이용해 간디 측과 협상을 시도했다. 당시에는 백인 식민지 국가들에만 자치권을 허용했으나, 1929년 10월에 어윈은 인도에 자치권을 보장하도록 정책을 바꿔야 한다고 주장했다. 볼드윈이 이 정책을 지지한다고 발표하면서 많은 보수당원, 심지어 자유당원들마저 경악을 금치 못했다. 그가 11월 8일 인도 정책을 논의하러 첫 하원 회의에 참석했을 때, 하원은 이미 새로운 정책에 앞장서 반대하기로 결정한 상태였다. 처칠은 '화가 나서 미쳐 버릴' 지경이었고, 이후 5년간 이 정책을 뒤바꾸는 데 온 힘을 기울였다.[27]

처칠은 1890년대 인도에 잠시 머물면서 인도를 왜곡된 시각으로 바라보게 되었다. 그는 '우리와 그들의 복리를 위해 미개한 족속들을 품어 주어야 한다'라는 시각에서 영영 벗어나지 못했다. 인도를 제국의 관할 안에 두어야 한다는 그의 생각은 너무나 확고해, 당시 영국 상류층의 기준에서조차 특별하다고 느낄 정도였다. 그는 오랜 학교 친구이자 인도 내무장관인 레오 애머리Leo Amery에게 이렇게 말한 적이 있었다. "난 인도 사람들이 싫어. 짐승 같은 종교를 가진 짐승 같은 족속들이야." 그가 한참 투쟁할 당시 식사 후에 즐겨 했던 농담은 "간디의 손과 발을 델리의 성문에 묶어 놓고, 총독을 태운 거대한 코끼리로 깔아뭉갰으면 좋겠어"였다. 처칠은 인도에 대한 지식이 한참 미비하다는 약점을 극복하지 못하다 보니 의회에서 현 상태를 유지하자는 주장밖에 할 수 없었고, 몇 번씩 창피한 상황에 처하기도 했다. 그럼에도 그는 볼드윈에게 인도 현안이 그 무엇보다 중요하다고 말했다.[28]

11월 16일, 처칠은 보도 자료를 배포해 새로운 인도 정책을 "형사법적으로 문제가 있는 계획"으로 표현했다. 다른 인도인들과 마찬가지로 간디는 암리차르 대학살 이후 영국이 내건 약속을 믿지 않았고, 그의 유명한 시민

불복종 운동을 대규모로 주도하기에 이른다. 간디는 곧 체포되어 수감되었으나, 어윈은 그와 협상하기 위해 꾸준히 방문객들을 파견했다. 간디를 "악의에 가득 찬 미치광이"라고 표현해 오던 처칠은 이 소식을 듣고 길길이 뛰었다.[29]

1930년 12월, 처칠은 인도제국사회The Indian Empire Society에서 연설했다. 인도제국사회는 영국의 통치를 유지하기 위해 설립된 단체였다. 이 연설에서 그는 간디의 독립운동은 무슬림과 힌두계 하층민들에 대한 폭압적 지배가 목표이므로 영국은 인도 독립운동 지도자들을 체포하고 추방하며, 영국의 인도 통치에 저항하는 모든 대규모 집회를 분쇄하고, 인도의 자치를 허용하는 쪽으로 진행되던 모든 정책을 빠짐없이 바꿔야 한다고 주장했다. 보수당 우익 인사들의 마음을 움직인 이러한 정서는 어윈이 간디를 석방하고 일대일 협상을 시작하면서 더욱 확대되었다.[30]

1931년 1월, 협상 소식을 들은 처칠은 의회에서 사자후를 토했다. 그는 영국 여성들과 아이들이 위험해질 수 있다는 것을 근거로 억압 정책을 지속해야 한다고 주장했다. 그는 보수당 의원들과 함께 램지 맥도널드를 '곡예사'라는 말로 공격하며 공세 수위를 높여 갔다. 이를 통해 자신의 입지를 확대하면서 볼드윈에 맞설 역량 또한 날로 늘어났다. 3월에는 어윈과 간디가 협상안을 도출해 어윈은 모든 정치범을 석방하고, 간디는 시민 불복종 운동을 중단하기로 약속했다. 이 협상으로 볼드윈은 처칠과의 힘겨루기에서 우위를 점할 수 있었다.[31]

처칠과 볼드윈은 3월 12일 토론에서 맞붙었다. 볼드윈 쪽에서는 처칠이 당권을 장악하는 상황을 우려하고 있었다. 처칠은 볼드윈의 인도 정책을 혹독히 공격했다. 여기에 대응해 볼드윈이 한 연설은 그의 인생을 통틀어 최

1920년대 말부터 식민지 인도에서 영국의 지배에 맞선 독립운동이 번지자 영국 수상 어윈은 간디와 인도의 불복종 운동 정지, 제2차 원탁회의 참석, 비폭력 정치범 석방 등을 조건으로 하는 어윈-간디 협정을 맺었다. 그 결과 인도의 자치 문제를 놓고 영국 당국자와 인도 지도자들 사이에 열린 제2차 영국-인도 원탁회의가 1931년 9월 간디의 참석하에 런던에서 개최되었으나 종파 등의 문제로 별다른 성과를 거두지 못했다.

고의 연설로 꼽힌다. 그는 인도의 독립에 대한 열망은 영국에 의해 '수태된' 서구식 이상의 산물이라고 주장했다. 그는 이렇게 발언하며 처칠이 암리차르 문제를 두고 연설했던 내용을 인용했다. 인용하면서 처칠의 이름을 언급하지는 않았으나, 의원들은 누구의 연설인지 알고서 웃음을 터뜨렸다. 볼드윈은 인도 자치 정부를 인정하기 싫다면 다른 지도자를 찾아야 한다고 주장하며 처칠 쪽으로 시선을 돌렸다. 이는 자신이 속한 정당에 대한 도전이나 다름없었다. 노골적으로 말하면 그 어떤 보수당원도 어디로 튈지 모르는 전직 자유당원을 지지하기 어려웠다.[32]

두프 쿠퍼가 출마한 보궐 선거는 보수당의 다수당 지위를 두고 벌이는 대리전이나 다름없었다. 쿠퍼를 지지하던 볼드윈은 '신문왕Press Baron'이라고 알려진 로더미어Rothermere 경, 비버브룩Beaverbrook 경이 출판한 타블로이드 신문에 공격을 퍼부었다. 이 신문은 꾸준히 그의 지도력을 문제 삼고 있었다. 처칠은 선거 직전에 인도방어연맹India Defense League의 대규모 집회에서 볼드윈을 공격하는 치명적인 실수를 저질렀다. 그의 연설을 들은 사람들은 그가 유력 인사들과 결탁했다는 인상을 받았고, 대부분의 보수주의자들은 처칠이 꼼수를 부려 볼드윈을 물러나게 하려 했다고 확신했다. 쿠퍼는 보궐 선거에서 가볍게 승리해 볼드윈의 입지를 탄탄히 만들었다.[33]

처칠은 패배했다. 그러나 포기란 말은 처칠에게 어울리지 않았다. 그는 이후 4년을 내리 싸운 결과 보수당의 극우파로 완전히 소외되고 말았다. 정부는 어윈의 제안을 현실로 옮기기 위해 공동 위원회를 조직해 인도 법안을 만들었다. 처칠은 위원회에서 자세한 질문을 받았으나, 인도에 대해 철저히 무지하다는 사실만 보여 주었을 뿐이다. 최후의 일격을 가한 것은 애머리였다. 처칠과 같은 학교를 다녔던 그는 처칠의 라틴어 실력이 형편없다는 사실을 알고 있었다. 그는 의회 논쟁에서 처칠에 이어 발언하며, 처칠은 '하늘이 무너져도 정의는 세워라Fiat justitia ruat caelum'라는 자신의 좌우명에 충실하고 싶은 모양이라고 말했다. 처칠은 어리석게도 통역을 요청했다. 애머리는 미소 지으며 이렇게 대답했다. "샘(처칠로부터 비난을 받은 장관 중 한 사람)이 뭐 하나라도 실수한다면, 내각 전체가 무너지겠다는 뜻입니다." 처칠의 주장은 폭소 속에 묻혀 버렸다. 마지막 개표 결과 겨우 50명의 보수당 의원들만 그를 지지한 것으로 드러났다.[34]

완전히 계획을 잘못 세우면서 처칠은 경력에 심각한 타격을 입었다. 워낙 치명타를 입어 차기 보수당 정부에 들어갈 기회조차 사라지고 말았다. 그는 볼드윈을 비롯한 대부분의 보수당 지도자들과 결별했고, 인도의 민주주의를 반대하면서 도덕적 권위에도 흠집이 생겼다.

처칠의 정치색은 극단적인 보수주의로 기울었고, 그를 비판하는 사람들은 그가 '영국의 무솔리니'가 되려 한다고 믿었다. 인도 문제를 두고 그가 취한 입장 하나하나를 볼 때 이후 히틀러에 대한 경고가 진정성 있는 것인지도 의심스럽다. 유일하게 그의 편으로 남아 있었던 보수당의 우익들은 나치즘에 가장 우호적이던 영국 정치인들이었다. 그는 인도 문제를 두고 볼드윈에게 독설에 찬 반대를 일삼은 탓에 내각에서 배제될 수밖에 없었다. 그가 내각에 입성했다면 자신의 영향력을 최적으로 활용해 다가오는 폭풍우를 준비할 수 있었을 것이다.[35]

"왕을 기어이 끌어내려야 만족하시겠죠?": 국왕의 퇴위를 두고 위기가 도래하다

인도 사건이 마무리되자, 처칠은 정치적 입지를 구축하기 위한 기나긴 행보를 시작했다. 1931년, 볼드윈은 램지 맥도널드가 이끄는 노동당과의 연합을 주도했다. 1935년 6월, 맥도널드의 건강이 악화되면서 볼드윈은 보수당 정부의 수상으로 취임했다. 볼드윈은 처칠의 재능을 알아보고 그를 공군 연구 부속 위원회 위원으로 지명했다. 여기에서 그는 비밀 정보에 접근할 수 있었다. 처칠은 우익을 달랠 방편으로 다음 보수당 정부에 들어가고 싶어 했다. 그러나 1935년 11월, 볼드윈이 총선에서 대승을 거둬 우익들의 도움이 필요 없는 형국이 되자, 처칠이 내각에 입성할 기회는 사라지고 말았다.[36]

그럼에도 영국의 전쟁 준비가 미비하다는 처칠의 집요한 주장은 설득력을 얻기 시작했고, 그의 영향력은 다시 한 번 확대되기 시작했다. 볼드윈은 그의 보좌관에게 "윈스턴은 상상력, 달변, 근면성, 유능함과 같은 재능을 타고났지. 그가 요람에 있을 때 요정들이 내려와 이런 재능을 주고 갔나 봐. 그렇지만 다른 요정 하나가 '사람이 이렇게 많은 재능을 가져서는 곤란해'라고 말하며 내려와 그를 들고 흔들어 판단력과 지혜를 앗아 간 것 같아. 하원에서 그의 연설을 들으면 즐겁지만 그의 조언을 따라서는 안 되는 이유이기도 하지."[37]

볼드윈이 내각에 처칠을 들이기 꺼려한 이유 중 하나는 자신이 수상직에서 물러날 경우 처칠이 그 자리에 도전할 가능성이 높기 때문이었다. 볼드윈은 자신의 후임으로 네빌 체임벌린을 생각하고 있었다. 처칠이 내각 위원 자리를 제안받았을 때, 기존 위원들 중 그 누구도 그를 지지하지 않았다.[38]

확대되던 처칠의 영향력은 에드워드 8세가 심프슨과 결혼하겠다는 의사를 표시하면서 난항에 부딪혔다. 처칠 주변 사람들에게도 널리 알려진 사실이었지만, 두 사람은 몇 년간 만남을 지속하고 있었다. 영국 국왕은 영국 국교회의 수장을 겸하고 있으므로 영국 국왕의 이혼을 받아들일 수 있는 사람은 드물었다. 사실 심프슨은 왕이 볼드윈에게 결혼 의사를 밝힌 당시 두 번째 남편을 둔 상태였다. 이 말을 들은 볼드윈은 가혹한 양자택일을 강요했다. 왕은 결혼을 하든가, 왕위를 내놓든가 둘 중 하나를 선택해야 했다. 왕은 볼드윈에게 독립적인 입장의 정치인 한 명을 골라 이 문제를 상의해 보겠다고 요청했다. 볼드윈이 이를 수락하자 그는 처칠을 골랐다. 두 사람은 친구 사이였고, 처칠은 그의 보좌관이 다음과 같이 말할 정도로 영국 왕실을 매우 낭만적인 시각으로 바라보고 있었다. "영국 왕실에 대한 충성은 처칠에게 종교와도 같은 것입니다." 1936년 12월 4일 금요일, 처칠과 에드워드

8세는 따로 만찬을 가졌다. 만찬 이후 처칠은 국왕이 너무나 스트레스를 받아 식사 중에 두 번이나 기절했다고 고백했다. 처칠은 왕에게 결정을 너무 서두르지 말라고 조언했다.[39] 12월 6일 일요일, 처칠은 왕의 퇴임을 권하느니 내각이 사퇴하는 편이 낫다는 취지의 보도 자료를 배포했다. 나아가 그는 결혼이 아무리 빨라도 4월이므로 결정을 서두를 필요가 없다고 주장했다. 그러나 처칠의 측근들은 줄기차게 이러한 제안이 어불성설이라고 조언했다. 그는 역사적 전례가 없는 헌법 이론을 제안하고 있었고, 국가가 워낙 혼란스러워 이러한 상황을 4개월간 지속하기는 불가능했다. 그러나 처칠은 그들의 경고를 무시했다.[40]

다음 날 처칠은 의회 연단에 서서 볼드윈에게 하원에 대한 전면적인 입장 표명이 있을 때까지 어떤 결정도 이루어져서는 안 된다고 요청했다. 그는 왕이 최종 결정을 내릴 때까지 한 달간 시간을 벌고 싶었다. 하지만 의회의 야유에 처칠은 더 이상 연설을 할 수 없었다. 당시 의회는 처칠이 이 위기를 이용해 볼드윈의 입지를 빼앗으려 한다고 확신하고 있었다. 아마도 처칠의 정치 인생에서 처음 있는 일이었을 것이다. 처칠의 연설이 야유를 받는다는 것은 상상도 할 수 없는 일이었다. 마침내 그는 회의장을 걸어 나오면서 볼드윈을 향해 이렇게 쏘아붙였다. "왕을 기어이 끌어내려야 만족하시겠죠? 안 그래요?" 처칠로서는 이보다 더한 수치가 없었고, 「런던 타임스London Times」는 이를 "근대 의회 역사상 가장 충격적인 묵살의 사례"라고 표현할 정도였다. 처칠의 친구였던 해럴드 니컬슨Harold Nicolson 의원은 "2년간 공들여 쌓아 올린 탑이 5분 만에 무너졌다"라고 묘사했다.[41]

처칠의 완벽한 패배였다. 그는 속절없이 당해 다시 한 번 왕따로 전락했다. 엄청난 인기를 등에 업은 볼드윈은 몇 달 후 체임벌린에게 자리를 물려

주고 수상직에서 물러났다. 처칠의 낭만주의, 당과 여론에 도전하기를 주저하지 않았던 성격, 서투른 판단력은 그의 경력에 엄청난 타격을 입혀 정치적 영향력을 무너뜨리고 말았다. 신뢰를 잃고, 동료들도 떠나고, 공직을 얻지 못한 상황에서 처칠이 영국의 조타수를 맡아 나치의 위협에 맞선다는 것은 쉬운 일이 아니었다. 그는 영국 수상에 취임할 때까지 기나긴 대장정을 거칠 수밖에 없었다.[42]

평가

1936년 말 처칠이 영국의 정치계에서 처해 있던 입지를 생각해 보면, 복귀 전에 무시당했던 것보다 2년 9개월의 공백 후 내각에 복귀한 것이 더 놀랍다.

그는 정치 인생 내내 수많은 실패를 경험했다. 예컨대 러시아에 개입하려 터키와 불필요한 전쟁을 벌였던 갈리폴리 사태, 금 본위제로의 회귀와 같은 사건에서 자유로울 수 없었다. 그는 한 번도 아니고 두 번씩이나 정당을 바꿨다. 그는 평의원 자리에서 정부 여당과 야당 모두가 지지하는 인도 법안에 대항하며 기나긴 대장정을 이끌었다. 결정적으로 그는 에드워드 8세를 돕기 위해 헛된 노력을 쏟아부었다. 오죽하면 어떤 논쟁이든 그와 반대편에 서면

1942년의 윈스턴 처칠

된다고 생각하는 사람들이 있을 정도였다.[43]

그의 능력을 알아보는 사람이 없었다기보다는, 그의 호전성과 완고함 탓에 특별히 같이 일하기 어려운 사람으로 인식된 것이 문제였다. 그의 달변, 모든 사안에 대한 관심, 넘치는 에너지는 정부 위원들을 지치게 만들었다. 내각을 지배하던 체임벌린 수상마저 그를 내각에 들이기가 쉽지 않았을 것이다.[44]

히틀러에 대한 경고가 신념이나 정의감보다는 이러한 실책 이면에 자리 잡은 충동에서 비롯되었을 수도 있다. 만약 그렇다면 상당히 안타까운 일이나, 그의 화법이 주변에 닥친 문제를 더욱 악화시킨 점은 부인할 수 없다. 예컨대 그는 1930년 12월 12일 이렇게 연설했다. "간디즘과 간디즘이 지지하는 모든 것들은 조만간 임자를 만나 박살이 날 것이다. 호랑이에게 고양이의 먹이를 주어 달래 본들 아무 소용이 없다." 그가 인도제국사회를 이끄는 평화주의자들에게 이러한 화법을 사용한 것을 보면, 히틀러와 나치에 대한 유화책에도 다른 화법을 사용했을 이유가 없어 보인다. 이를 보면 처칠은 정치 체계 속에서 여과되었다고 평가할 수 있다.[45]

...

해군장관에서 수상으로

...

1939년 9월 1일, 독일은 폴란드를 침공했다. 처칠은 재기를 준비하면서 정치적 고립을 벗어나지 못하고 있었으나, 그에 대한 대중의 인식은 전반적으로 회복되고 있었다. 정부 정책에 대한 예리한 비판이 현실로 드러나는 반전을 보여 주었고, 이틀 후 체임벌린은 그를 전쟁부로 들여보내 다시 한 번 해군장관직을 맡겼다. 정치 체계가차 버렸던 돌멩이가 국가 방어의 주춧돌로 사용된 셈이었다. 함대의 모든전함에는 '윈스턴이 돌아왔다'라는 메시지가 울려 퍼졌다. 실제로 그랬으나,수상은 여전히 네빌 체임벌린이 맡고 있었다.[46]

윈스턴이 돌아왔다: 해군장관을 다시 맡다

처칠은 토네이도와도 같이 해군 본부에 도착했다. 그는 해군 시설을 방문하고, 장교들에게 수많은 지시 사항을 전달하고, 수시로 밤을 샜다. 체임벌린이 재군비에 반대한 탓에 영국 해군은 전쟁을 치를 준비가 되어 있지 않았다. 따라서 처칠은 전쟁을 치르기 위해 많은 일을 해야 했다. 전쟁을 오래끌어 독일에 경제적 압박을 가하고, 나치 체제의 붕괴를 유도하자는 것이영국의 전략이었다. 이는 영국 함대가 영국의 통신로를 방어하고, 독일을 성공적으로 봉쇄해야 가능한 일이었다. 제1차 세계 대전에서 간신히 성공한이 작전을 제2차 세계 대전에서는 반드시 그 이상으로 달성해야 했다.[47]

폴란드는 1939년 9월 1일, 서쪽 국경을 독일군에 내주었다. 9월 17일에는동쪽 국경이 소련군에 의해 무너졌고, 10월 6일에는 폴란드 전체가 독일과소련의 손아귀에 들어갔다. 그로부터 3일 전, 로이드조지는 의회를 상대로독일과의 협상을 개시해야 한다고 촉구했다. 두프 쿠퍼는 독일인들에게 엄청난 선전의 승리를 안겨 주는 것이라고 불평을 터뜨리며 그를 비난했다. 그러나 로이드조지는 재치 있게 답변했다. "사람들은 나를 패배자라고 부르겠지만, 나는 그들에게 '이길 방법을 알려 줘'라고 말해 주고 싶네요." 그의 비판은 정당했다. 영국은 기다리는 것 말고는 아무런 전략이 없었다. 그러다 보니 전쟁은 '겉치레 전쟁Phony War'이라 불리는 소강상태로 접어들었다.[48]

물론 처칠은 겉치레 전쟁 중에도 소극적이기를 거부했다. 그는 함대를 끌고 발트 해에 진출해 독일에 스칸디나비아 물자가 들어가지 못하도록 보급로를 봉쇄하려고 했다. 그러나 보급로에 독일의 U보트가 등장하면서 충분한 양의 함선을 띄울 수가 없었다. 그는 결국 이 작전을 포기하고 동일한 목표를 달성하기 위해 노르웨이의 나르비크 항을 기뢰로 폭파하자고 촉구했다. 하지만 핼리팩스와 외무성은 중립국 선박에 위해를 가할 수 있다는 이유로 이를 반대했다. 11월 30일, 소련이 핀란드를 침공하면서 핀란드를 전면적으로 지원해야 한다는 여론이 급부상했다. 처칠은 여론을 등에 업고, 노르웨이와 스웨덴을 통해 이들을 다시 지원하자고 제안했다. 이는 두 국가의 중립적 지위를 침해하는 동시에 스탈린을 영원히 등지는 결정이었다. 스탈린은 독일과 동맹을 맺었으나 공식적으로는 중립을 지키고 있었다. 적의 숫자를 최소화해야 한다고 생각한 핼리팩스는 이 계획 또한 거부하도록 체임벌린을 설득하는 데 성공했다.[49]

처칠은 정치적 관심사를 자신이 속한 정부 조직에만 한정할 필요가 없다고 생각해 동료 위원들의 심기를 상하게 하는 때가 많았다. 그의 가장 큰 실수를 꼽자면, 여론을 모으기 위해 진행한 연설에서 중립국들을 "자신이 가장 늦게 잡아먹히기 위해 이웃 국가를 독일이라는 악어에게 갖다 바치고 있다"고 비유한 발언이었다. 아니나 다를까 이 발언은 분노 어린 반응을 불러일으켰다. 처칠은 금이 간 관계를 회복할 수 있었으나, 이런 유사한 일들이 반복되면서 판단력이 떨어진다는 평판이 짙어졌다.[50]

"신의 이름으로, 가버려요!": 체임벌린의 몰락

전쟁에 대한 불만이 조용히 커져 가고 있었다. 독일이 스칸디나비아로부터 물자를 조달받지 못하도록 뭔가 조치를 취해야 한다는 처칠의 주장은 3월 28일 체임벌린이 노르웨이 수역에 기뢰를 설치하기로 동의하면서 결실을 맺을 수 있었다. 4월 4일, 체임벌린은 전쟁 개시 이후 영국의 방어력이 대단히 강화되어 히틀러가 초기의 이점을 소진했다고 주장하며, "한 가지 확실한 것은 히틀러가 버스를 놓쳤다는 점이다"라고 호언했다.[51]

4월 8일, 영국은 노르웨이 수역에 기뢰를 설치하기 시작했다. 다음 날 독일은 노르웨이와 덴마크를 침공했다. 독일군이 공군력에서 노르웨이에 비해 앞서다 보니, 영국과 프랑스는 쉽게 개입할 수가 없었다. 영국과 독일 해군은 노르웨이 수역에서 전투를 벌여 막대한 사상자를 냈다. 연합군은 4월 중반 노르웨이에 착륙했으나 확실한 계획이나 전략을 구상하지 못했다. 초기에 정부는 전쟁이 유리하게 흘러간다고 주장했다. 그러나 5월 2일, 체임벌린은 영국군이 노르웨이에서 철수하는 중이며 독일군의 전력이 전반적으로 앞선다고 하원에 고백했다. 큰 충격에 휩싸인 영국 의회는 5월 7일과 8일 양일에 걸쳐 노르웨이 문제를 토론했다. 토론은 휴회 발의로 마무리되었다. 원래 휴회 발의를 거치면 그 어떤 현안도 의제로 삼을 수 있었다. 보통 이러한 발의는 표결을 거치지 않고 통과되었으나, 이는 실질적으로 정부에 대한 신임 투표가 될 수 있었다. 체임벌린이 마음에 들지 않는 보수당원들은 이 발의를 정부를 공격하는 카드로 쓰기 위해 노동당과 자유당 지도자들에게 지원을 요청했다. 실제로 이 토론은 영국 역사상 가장 드라마틱한 토론 가운데 하나였다.[52]

처칠은 해군장관으로서 이번 참패를 책임져야 하는 입장이어서, 첫날부터 거센 비난을 감수해야 했다. 그는 이러한 비난을 체임벌린에게로 상당 부분 돌릴 수도 있었다. 자신은 몇 달간 노르웨이 작전을 주장했으나, 이번에도 체임벌린 때문에 시간이 지체되었다고 지적하면 되는 일이었다. 이러한 지적은 진실과도 부합하는 내용이었다. 하지만 내각의 부름을 받은 처칠은 체임벌린에 대한 절대적인 충성심을 보여 주었다. 아들이 점심을 먹으면서 체임벌린에 대해 농담하는 것을 듣고 이렇게 경고할 정도였다. "내 상관을 흥볼 생각이라면 자리에서 일어나는 게 좋을 거야." 그는 정부의 주장을 대변하는 마지막 연설자로 나설 계획이었다.[53]

체임벌린이 모두발언을 시작했다. 그는 5월 7일 오후 4시 회의장에 들어가 "버스 놓쳤다면서!"라고 고함을 치는 야당에 맞서 영국이 독일에 심각한 타격을 입혔다고 주장했다. 그의 발언은 먹히지 않았고 조롱 섞인 야유에 몇 번이고 발언을 중단할 수밖에 없었다. 저녁 늦게, 인도 논쟁에서 처칠을 당황시켰던 애머리가 등장했다. 그는 연설에 재능을 인정받지는 못했으나 존경받은 의원이라는 사실만은 분명했고, 체임벌린과의 오랜 친분 덕에 그의 발언을 쉽사리 무시할 수 없었다. 그는 독일에 피해를 입었다는 체임벌린의 주장을 강력히 비판하며 이렇게 덧붙였다. "지금 이대로는 곤란합니다. 뭔가 변화가 있어야 합니다." 나아가 그는 정부에 새로운 사람들이 필요하다고 주장했다. 평시에 잘해 나가던 덕목과 자질은 전시에 필요한 덕목과 자질과 한참 다르다는 것이 이유였다. 애머리는 이렇게 열변을 토했다. "투쟁 정신, 용기, 결단력, 승리의 열망에 있어 적을 능가할 수 있는 사람들이 정부를 맡아야 합니다." 그는 올리버 크롬웰Oliver Cromwell을 인용하며 발언을 마무리한 다음, 체임벌린을 똑바로 쳐다보며 소리쳤다. "당신 능력에 비해 그 자리에 너무 오래 있었어요! 이제 떠나세요. 그만 끝냅시다. 신의 이름으로, 가버려요!"[54]

하원은 열광했다. 현직 수상이 자신이 속한 정당으로부터 그토록 심한 공격을 받은 적은 드물었다. 체임벌린과 그의 지지자들은 크게 동요했고, 그들의 상황은 노동당이 8일 오후 토론 개시와 더불어 휴회 발의를 요청하면서 더욱 악화되었다. 오랜 친구의 공격에 충격을 받은 체임벌린은 치명적인 실수를 저질렀다. 휴회 발의 요청이 끝나자마자 '친구 의원(자신이 속한 정당의 의원들을 가리키는 완곡 어법)'들에게 투표에서 자신을 지지해 달라고 요청했다. 국가적인 통합을 요청하기보다 자신의 '친구들'에게 지지를 요청하면서 이 논쟁을 당쟁의 차원으로 취급했던 것이다.[55]

체임벌린을 몇십 년간 미워했던 로이드조지는 오래도록 기다려 오던 기회를 잡아 정치 인생의 마지막 연설을 훌륭히 마쳤다. 그는 체임벌린이 당원들에게 지지를 부탁한 것을 비난하면서 이렇게 외쳤다. "수상은 희생하는 태도를 보여 주어야 합니다. 전쟁의 승리를 위한 가장 큰 희생은 그가 수상직을 내려놓는 것입니다."[56]

처칠은 오후 10시에 연단에 올라가 한 시간 동안 연설했다. 강력한 연설이었으나 너무 늦은 시간이라 술에 취한 양당 의원들로 인해 몇 번이나 중단되었다. 하원은 투표에 들어갔다. 615명의 의원 가운데 486명이 투표에 참가했다. 60명의 보수당 의원들은 일부러 기권했고, 41명은 정부에 반대하며 노동당에 표를 던졌다. 평소 213표까지 벌어졌던 표 차가 이번에는 81표로 떨어졌다. 평시라면 충분했을 표 차였으나 이와 같은 위기 상황에서는 혹독한 질책의 의미가 담긴 수치였다. 낯빛이 변한 체임벌린은 자리를 떴다. 그날 밤, 그는 처칠을 불러 더 이상 수상직에 있기 힘들 것 같다고 고백했다. 그가 자발적으로 물러난 것은 아니었으나, 오직 남은 과제는 얼마나 빨리, 누가 그의 자리를 차지하느냐였다.[57]

누가 수상직을 승계할 것인가

하원에서 혹독한 질책을 받은 체임벌린에게는 네 가지 선택이 남아 있었다. 첫째, 아무 일도 없던 것처럼 수상직을 수행할 수 있었다. 하지만 당시 상황에서 이것은 불가능했다. 둘째, 총선을 요청할 수 있었다. 그러나 모든 정당은 전시의 총선에 동의하지 않았고, 5년 주기로 한 번씩 총선을 시행해야 하는 법률상의 의무조차 유보했다. 유일한 현실적인 방안은 야당과 연합 내각을 구성하거나, 사임 이후 새로운 수상을 추대하는 것이었다. 그가 사임한다면 조지 6세가 신임 수상을 임명할 수 있었다. 당시 보수당에는 공식적인 선거 규칙이 없어 왕은 자신의 의사대로 수상을 임명해 정부를 구성할 수 있었다.[58]

5월 8일, 밤늦게 열린 회의에서 처칠은 끝까지 체임벌린에게 충성하며 수상직을 버리지 말라고 요청했다. 보수당의 반대파들이 그의 실각을 끌어내려고 모였으나, 체임벌린은 새로운 연합 정부를 구성하려고 했다. 5월 9일, 그는 동요하는 의원들 앞에 나타나 내각에서 유화 정책을 가장 강력히 지지했던 인사들을 내보내겠다고 제안했다. 애머리와 다른 보수 혁명파들은 함께 모여 체임벌린을 핼리팩스나 처칠로 교체하기로 마음먹었다. 왕을 비롯해 대부분의 노동당원, 체임벌린의 반대파 다수, 체임벌린을 지지했던 거의 모든 이들은 핼리팩스를 마음에 두고 있었다. 그들은 오랜 기간 처칠의 판단력에 의구심을 가져 왔고, 노르웨이 사건은 이러한 의구심을 더욱 악화시켰다. 핼리팩스는 다른 주요 정치인들에 비해 왕과 친분이 깊었다. 따라서 그가 수상직을 원하기만 한다면 유리한 입장에서 경쟁할 수 있었다. 분명 핼리팩스는 가장 유력한 수상 후보였다.[59]

핼리팩스와 체임벌린은 오전 10시 15분에 만났다. 5월 9일, 체임벌린은 자신이 추진하는 연립 정부에 노동당이 참여할 가능성이 낮다는 사실을 알고 있었다. 따라서 그는 핼리팩스에게 얼마든지 그를 도와 일할 의향이 있다고 말했다. 핼리팩스는 내키지 않아하며 체임벌린에게 하원 의원이 아닌 상태로 수상이 되면 효율적인 업무 수행이 매우 어려울 것이라고 말했다. 핼리팩스는 핼리팩스 자작Viscount Halifax이라는 지위에서 알 수 있듯이, 하원이 아닌 상원 의원이었고 하원에 진출하는 것이 금지되었다. 그러나 이는 허울만 그럴듯한 반대에 불과했다. 핼리팩스가 수상이 될 마음만 있었다면, 하원에 출석해 발언할 수 있는 법안을 통과시키기란 쉬운 일이었다. 그래도 핼리팩스는 수상이 될 가능성을 완전히 배제하지 않았다. 그는 체임벌린을 만나 만일 노동당이 자신에게 협조한다면 수상직을 맡는 것을 고려해 보겠다고 말했다. 노동당이 체임벌린과 처칠에게 적대적인 것을 감안하면 가능성은 충분했다. 그러나 그는 일기에서 수상을 맡게 될 것을 생각하니 "복통이 찾아온다"고 고백했다. 체임벌린과의 만남 이후, 그는 외무성의 고위 관료 R. A. B. 버틀러R.A.B. Butler를 만나 수상직을 맡을 수는 있지만, 자신의 생각에는 처칠을 묶어 놓을 사람이 필요하므로 수상직보다는 외무장관 직을 맡아야 효율적으로 그 일을 할 수 있을 것 같다고 털어놓았다.[60]

처칠, 핼리팩스, 체임벌린은 그날 오후 3자 회동을 진행했다. 보수당의 제1원내총무인 데이비드 마게손David Margesson도 참석했다. 핼리팩스는 회동 전부터 수락 의사 표시만으로 수상이 될 수 있다는 것을 알고 있었다. 그러나 그는 수상보다는 외무장관직에 머무르기를 바라며, 처칠을 수상에 앉히면 좋겠다고 말했다. 처칠은 자신에게는 수상직이 더 잘 맞는다고 맞장구치며 동의 의사를 표시했다.[61]

그러나 체임벌린은 수상직을 유지할 수 있다는 희망을 버리지 않았다. 처칠이냐, 핼리팩스냐 논의가 끝나고 나서 노동당의 핵심 지도자 클레멘트 애틀리와 아서 그린우드Arthur Greenwood가 이 자리에 참석했다. 체임벌린은 그들에게 보수당의 의사에 따라 자신, 핼리팩스, 처칠이 수상을 맡을 수 있는데, 누가 수상이 되든 향후 구성할 연립 내각에 참여할 의사가 있느냐고 물어보았다. 그들은 만일 체임벌린이 연립 내각을 꾸린다면 참여할 것 같지 않다고 대답했다. 그러나 당시 본머스Bournemouth에서 회의를 열고 있는 노동당 집행 위원회에 가 보기 전까지는 확답을 줄 수 없다고 덧붙였다.[62]

히틀러는 벨기에를 침공한 바로 다음 날 네덜란드마저 공격했다. 위기가 지나갈 때까지 사임하지 않겠다는 것이 체임벌린의 첫 반응이었다. 여전히 하원의 대다수가 그의 편이었고, 이러한 시점에 사임하는 것이 과연 적절한 일인지 확실치도 않았다. 그러나 바로 이때, 전시 내각의 다른 위원들은 더 이상 체임벌린이 수상직에 있어서는 안 된다고 입을 모았다. 오후 5시, 그날 두 번의 회의에 이어 전시 내각의 세 번째 회의가 진행되던 와중에 본머스로부터 소식이 도착했다. 노동당은 핼리팩스나 처칠이 주도하는 연립 내각에는 참여하겠지만 체임벌린이 주도하는 연립 내각에는 참여하지 않겠다는 것이 소식의 골자였다. 체임벌린은 전시 내각에 사임 의사를 표시하고 왕을 만나러 갔다. 왕은 그의 사임을 승인하고 핼리팩스를 신임 수상으로 임명하면 어떻겠냐고 물어보았다. 그러나 체임벌린은 핼리팩스가 "열정적이지 못하다"라고 대답했다. 왕은 이 대답을 듣고 실망했으나, 처칠밖에는 다른 선택이 없다는 것을 알고 있었다. 그는 처칠에게 오후 6시에 정부를 구성하라고 요청했다.[63]

거의 모든 이들이 처칠보다 핼리팩스를 수상으로 선호했다. 핼리팩스가 고사한 덕분에 처칠은 수상이 될 수 있었다. 그러나 이러한 핼리팩스마저 처칠에 대해 회의적이었다. 그가 며칠 후 쓴 글에는 다음과 같은 내용이 담겨 있었다. "그가 국가에 활력소를 불어넣을 것이라고 생각하지만, 나는 윈스턴 스펜서 처칠이 정말 좋은 수상이 될 것이라고는 생각하지 않는다." 심지어 처칠이 속한 당조차 그가 수상이 되는 것을 바라지 않았다. 그럼에도 처칠이 수상직에 오른 것은 부전승에 비유할 수 있다. 다른 모든 후보자들이 신임을 잃거나 스스로 고사한 데다, 체임벌린이 평소와 달리 의회를 잘못 다루었기 때문이다. 이 가운데 어느 한 사건이라도 다르게 흘러갔다면, 처칠은 수상직에 오르지 못했을 것이다. 처칠은 지금까지의 경력을 통틀어 수많은 실수를 저질렀다. 애머리가 평소처럼 밋밋하게 연설해 체임벌린에 대한 공격이 별로 파급력을 발휘하지 못했다거나, 핼리팩스가 수상직을 맡겠다고 수락했다거나, 노동당이 처칠이라는 오랜 숙적과의 협력을 거부했다면 어땠을까? 처칠은 지금껏 저지른 실수 탓에 수상이라는 자리를 영영 차지할 수 없었을 것이다. 그는 여과되어 탈락한 지도자였다. 그러나 국가적 재앙과 영국의 최대 위기 상황에 찾아온 우연한 여건이 조합되면서 다른 모든 후보자들이 제거되었고, 핵심 의사 결정권자들이 수십 년간 누적된 그의 평판을 무시한 덕에 수상직을 꿰찰 수 있었다.[64]

270

결단의 순간: 1940년 5월

···

처칠은 수상이었으나 권력의 기반은 미약했다. 그는 수상에 취임한 지 이틀 만에 정부를 조직했다. 36명의 장관 가운데 21명은 체임벌린 정부와 동일했다. 5월 13일, 그는 수상의 자격으로 첫 연설을 진행했다. 그는 의원들에게 희망이 담긴 환상을 제시하지 않았다.

> 나는 피와 노고, 눈물과 땀밖에 드릴 것이 없습니다. 우리 앞에는 가장 비참한 역경이 놓여 있습니다. 우리는 기나긴 시간을 몸부림치고 고통받아야 합니다. 우리의 정책이 무엇이냐고 묻는다면, 나는 이렇게 대답하겠습니다. 바다, 육지, 하늘에서 신이 우리에게 허락한 의지와 힘을 끝까지 뽑아내 전쟁을 수행하는 것이라고. 인류가 저지른 죄악 가운데 가장 암울한 폭정의 괴물에 대항해 전쟁을 수행하는 것이라고 말입니다. 이것이 바로 우리의 정책입니다. 우리의 목표가 무엇이냐고 묻는다면 나는 한마디로 대답하겠습니다. 승리라고. 무슨 대가를 치러도 승리하는 것이라고. 모든 공포를 이기고 승리하는 것이라고. 승리를 향한 길이 아무리 멀고 힘들어도 끝까지 승리하는 것이라고 말입니다. 승리 없이는 우리의 생존 또한 없기 때문입니다.

처칠은 권력의 기반을 마련했으나, 정책은 그 홀로 선택할 수 있는 것이 아니었다. 그는 아직 보수당을 확실하게 장악하지 못한 상태였다. 연설이 끝나고 노동당과 자유당 의원들은 박수로 환호했으나 대부분의 보수당원들은 자리에서 침묵을 지켰다. 그의 전시 내각에는 체임벌린, 핼리팩스, 애틀리, 그린우드도 참여했다. 다섯 명 모두 각자 역할을 맡았다. 전시 내각의 핵심적인 결정은 5월 26일, 27일, 28일에 이루어졌다.[65]

5월 15일에서 25일까지: 서막

5월 15일 오전 7시, 처칠의 침실 옆에 놓여 있던 전화가 울렸다. 프랑스의 수상 폴 레노Paul Reynaud의 전화였다. 그가 처음 말한 네 단어에 모든 소식이 담겨 있었다. "우리 프랑스가 독일군에 패배했습니다." 처칠은 다음 날 파리를 방문하기로 약속했다. 그는 그날 늦게 프랭클린 루스벨트에게 연락해 50~60기의 구축함을 조달하도록 차관을 승인해 줄 수 있겠냐고 물어보았다. 처칠은 16일에 프랑스를 방문하고, 다음 날 영국으로 돌아왔다. 그가 프랑스에 있던 날, 루스벨트는 차관을 빌려 주려면 하원의 승인이 필요하고, 승인을 얻으려면 아무리 빨라도 몇 주일은 걸릴 것이라는 말과 함께 거절의 뜻을 내비쳤다. 5월 17일, 독일군은 영국 해협의 중간 지점까지 넘어와 있었다.[66]

사흘 후, 처칠은 루스벨트에게 다시 연락해 자신이 이끄는 정부는 어떤 경우라도 끝까지 싸우겠지만 영국이 패배한다면 차기 정부가 이러한 약속을 지키기 어려울 수 있다고 말했다. 또한 그는 차기 정부는 그 상황에 가장 잘 맞는 협상을 하려 들 것이며, 협상 카드로 영국 함대를 독일에 넘겨주는 조치를 하지 말라는 보장이 없다고 경고했다. 영국이 패배할 경우 얼마나 엄혹한 현실이 찾아올지 이렇게까지 경고했건만, 별 소득이 없었다. 5월 21일, 종신 외무차관 알렉산더 카도건Alexander Cadogan 경이 일기에 "기적이 일어나지 않는 한, 우리는 끝났다"라고 쓸 정도로 상황은 좋지 않았다.[67]

5월 22일, 처칠은 다시 파리로 날아갔다. 여기에서 그는 프랑스 군대가 이미 궤멸되고, 영국 해외 파견군BEF이 후퇴하고 있는 상황을 목격했다. 5월 24일, 히틀러는 독일군에 영국 해외 파견군 추격을 중단하라고 명령했다. 그가 왜 그런 명령을 내렸는지는 지금까지도 미스터리다. 그러나 이 중대한 실수로 영국 해외 파견군이 탈출할 여지가 가까스로 생겨났다.[68]

5월 25일, 핼리팩스는 이탈리아 대사 주세페 바스티아니니Giuseppe Bastianini에게 만나자고 연락했다. 핼리팩스는 이탈리아와 연합국 사이의 분쟁을 협상으로 종결할 가능성을 언급했다. 바스티아니니는 영국이 '다른 국가'를 포함하는 쪽으로 논의를 확장할 생각이 있는지 물어보았다. 물론 '다른 국가'라는 표현은 독일을 염두에 둔 완곡 어법이었다. 핼리팩스는 어떠한 제안도 경청할 용의가 있다고 대답했다. 영국 해외 파견군은 남은 프랑스 군대와 함께 영국 해협 쪽으로 후퇴를 계속하며 서서히 됭케르크 항 쪽에 집결했다.[69]

5월 26일에서 28일까지: 결단

5월 26일 일요일부터 5월 28일 화요일까지가 영국 역사상 가장 극적인 3일이었을 것이다. 프랑스가 무너지고, 영국 해외 파견군이 전멸할 위기에 처하면서 처칠, 체임벌린, 핼리팩스, 나머지 각료 위원들은 평화를 타협할 것인지, 독일이라는 전쟁 기계에 홀로 맞설 것인지 결정해야 했다. 독일은 당시 오스트리아, 체코슬로바키아, 폴란드, 벨기에, 프랑스를 정복하고 이탈리아와 소련과도 연합한 상태였다.

5월 26일

5월 26일 일요일 오전 9시에 전시 내각이 열렸다. 내각은 레노가 런던을 불시에 방문했다는 소식을 받고 첫 회의를 서둘러 시작했다. 처칠은 벨기에가 곧 항복할 것이며, 프랑스도 무너지기 직전이고, 영국의 1차 목표는 영국 해외 파견군을 탈출시키는 것이라고 내각에 통보했다. 그는 프랑스가 무너진다면 어떻게 될지 참모총장이 분석한 보고서를 내각 위원들에게 알려 주었다. 참모총장은 영국 공군과 해군이 영국 본토의 제공권을 장악하고, 미국이 영국을 지지해 참전한다면 버틸 수 있다는 결론을 내렸다. 하지만 두 가지 모두 확실하지 않은 것은 말할 필요도 없고, 가능성이 있을지조차 회의적이었다.[70]

핼리팩스는 바스티아니니와의 회동 결과를 내각에 보고했다. 처칠은 독일이 유럽을 지배하도록 허락할 수도 없고, 허락해서도 안 된다고 반박했다. 여기에서 핼리팩스와 처칠의 사이에 금이 가기 시작했다. 핼리팩스는 난파선에서 뭔가 건지기 위해서라도 히틀러와 기꺼이 협상할 용의가 있었다. 처칠은 이러한 협상을 시작하면 재앙이 찾아올 것이라고 생각했다. 영국의 운명은 두 사람의 논쟁 결과에 달려 있었다. 레노는 처칠과 가진 오찬에서 프랑스의 군사적 상황이 암울하다는 말을 연거푸 강조했다.[71]

오후 2시에 전시 내각이 다시 열렸다. 이번에는 처칠과 핼리팩스의 대립이 표면으로 떠올랐다. 12월까지만 해도 핼리팩스는 프랑스가 항복하면 영국은 홀로 버틸 수 없을 것이라고 생각했다. 지금 그는 처칠이 희생하기를 바라고 있었다. 그는 "독일에 대한 승리를 떠나 영국의 독립을 지켜야 하는 현실과 마주 섰다"고 주장했다. 영국이 어떠한 협상 속에서도 독립이 보장되는 상황이라면, 처칠은 '조건을 논의할' 준비가 되어 있었을까?[72]

아무리 처칠이라도, 이러한 질문에 무조건 아니라는 답만을 할 수는 없었다. 그는 이러한 조건이 충족된다면 기꺼이 전쟁을 중단하고 영토를 희생할 수 있다고 말했다. 그러나 그는 이러한 사태가 일어날 확률이 높다고는 생각지 않았다. 체임벌린은 전반적으로 침묵을 유지했다. 그들은 이후 레노를 만났다. 레노는 영국과 프랑스가 무솔리니에게 중재를 부탁해야 한다는 단순한 요구 사항을 전달했다.[73]

체임벌린은 전시 내각에서 핵심적인 중도파 인사에 속했다. 그 자신도 모르고 있었던 사실이지만, 그는 암으로 생명이 얼마 남지 않은 상태였다. 그러나 그는 여전히 보수당의 지도자였고 보수당원들에게는 처칠보다 훨씬 인기 있는 존재였다. 수상직을 사임한 체임벌린이 5월 13일 하원에 출석하자, 보수당 의원들은 열화와 같은 환호를 보냈다. 신임 수상인 처칠이 노동당과 자유당 의원들로부터 초라한 박수를 받은 것과 대비되었다. 만일 체임벌린이 핼리팩스와 연합해 같이 사임했다면 처칠 내각은 존속이 어려웠을 것이다. 처칠 내각을 잇는 정부를 구성하는 것은 유달리 힘든 일로 예상되었다. 애틀리, 그린우드를 비롯한 자유당원들이 처칠을 쫓아낸 인물을 지지하리라 기대하기는 힘들었다. 처칠은 벌써부터 체임벌린과의 관계를 개선하기 위해 노력하고 있었다. 그는 노동당의 반대에 부딪히기 전까지 체임벌린에게 하원의장과 재무장관을 맡아 달라고 제안했다.[74]

이날 전시 내각은 레노를 보내고 나서 세 번째 회의를 개최했다. 놀라운 것은 회의의 첫 15분이 속기록에 기록되지 않았는데, 그 이유는 토론이 워낙 비밀리에 진행되어 내각 총비서조차 참석이 허용되지 않았기 때문이었다. 내각 총비서가 회의에 들어오자, 처칠은 영국이 프랑스에 비해 상황이 나으므로 프랑스는 영국을 협상에 끌어들이지 말고 항복하려면 홀로 항복해야 한다고 주장했다. 핼리팩스는 히틀러가 수용 가능한 조건을 제안할 수도 있으므로 프랑스로 하여금 협상 가능성을 찾도록 하는 편이 나을 것 같다고 대답했다. 체임벌린은 확실히 의사를 결정하지 못하고 핼리팩스의 의견 쪽으로 기울었다. 처칠은 프랑스에서 영국 해외 파견군을 철수하려는 계획의 결과를 알기 전까지는 아무것도 하지 말자는 의견을 피력했다. 그러나 핼리팩스는 의견을 바꾸려 들지 않았다. 그는 "일반적인 수준의 협상안을 논의할 수 있고, 영국의 독립을 해치지 않는 조건이라면 이를 거부하는 것은 어리석은 일이다"라고 말했다.[75]

처칠은 핼리팩스의 제안을 일거에 거절할 정도로 내각을 확실히 장악하지 못했다. 처칠 자신도 이를 잘 알고 있었기에 무솔리니와의 협상이 어느 정도 가능할 것이라고 동의했다. 전시 내각은 핼리팩스에게 이탈리아에 접근할 계획을 준비하라고 요청했다. 처칠이 전시 내각에 아치볼드 싱클레어Archibald Sinclair를 자유당 대표로 참가시키면서, 내각이 쉽게 결론을 내릴 수 없는 상황이 도래한 것 같았다. 제1차 세계 대전 당시 처칠의 부사령관이었던 싱클레어는 수상이 된 처칠에게 맹목적인 충성을 바칠 준비가 되어 있었다. 그날 밤 벨기에의 항복이 임박했고, 히틀러가 됭케르크Dunkerque 주변에서 사면초가에 몰린 영국 해외 파견군을 향해 다시 한 번 진격 명령을 내렸다는 소식이 영국에 도착했다. 그날 저녁 7시 전에 작전명 다이나모*가

---

* Operation Dynamo. 일명 됭케르크 철수 작전.

발동되었다. 이것은 민간 어선을 비롯한 모든 가항 선박을 총동원해 포위된 영국 해외 파견군을 영국으로 데려오는 작전이었다.[76]

5월 27일

됭케르크 포위 작전 개시와 함께 독일 포병대는 항구에 도착하는 선박을 포격하기 시작했다. 전시 내각은 오전 11시 30분 첫 회의를 개최했다. 그들은 됭케르크에서의 상황을 필두로 대영 제국의 식민지 국가들에 뭐라고 이야기할지, 미국이 도와줄 가능성이 있는지, 루스벨트에게 히틀러와 직접 이야기해 보라고 요구할지 등을 논의했다. 그러나 루스벨트에게 부탁하는 계획은 부결되었다. 내각은 점심시간을 이용해 잠시 휴정하고 오후 4시 30분에 다시 모였다.[77]

두 번째 회의에서 핼리팩스와 처칠은 매우 첨예하게 충돌했다. 두 번째 회의는 무솔리니에게 접근할 방법을 적은 핼리팩스의 메모로 시작했다. 처칠은 싱클레어의 지원을 등에 업고 어떠한 접근도 쓸모없다고 주장했다. 싱클레어는 평화의 대가로 영국의 영토를 양보했다는 사실을 국민들이 알게 된다면 사기를 떨어뜨릴 것이라고 주장했다. 애틀리와 그린우드 또한 같은 의견이었다. 핼리팩스가 바스티아니니와의 회동을 다시 언급하자, 처칠은 선을 넘지 않으려고 애써 자제했다.[78]

속기록만 봐도 토론이 얼마나 뜨겁게 달아올랐는지 알 수 있었다. 체임벌린은 무솔리니에게 접근하는 계획이 성공할 것 같지는 않으나, 프랑스가 품는 희망을 좌절시키지 않기 위해 계속 시도할 필요는 있다고 말하면서 분위기를 진정시키려고 했다. 여기에 루스벨트가 무솔리니와 접촉하기 전까지 구체적인 행동은 피해야 한다는 말 또한 덧붙였다. 처칠은 길이 남게 될 낭만적인 발언으로 응수했다. "최악의 경우에는 우리나라가 나치의 폭정에 굴복한 다른 나라들을 위해 싸우는 것도 나쁘지 않을 겁니다."[79]

그 누구의 마음이라도 흔들어 놓을 수 있는 감성 어린 발언도 핼리팩스의 마음을 움직일 수는 없었다. 핼리팩스는 자신의 입장이 제대로 전달되지 못했다고 항의하면서 처칠과 "완전히 생각이 다르다"고 말했다. 하루 전 처칠은 영국의 독립이 보장된다면 협상할 용의가 있다는 뜻을 내비쳤다. 그러나 지금은 어떤 상황에서라도 협상에 임할 의사가 없어 보였다. 핼리팩스 또한 협상이 성공할 것이라고 낙관하지는 않았으나 처칠의 뜻을 선뜻 따를 수 없었다.

그는…… 수상의 견해를 받아들일 수 있을지 회의에 빠졌다. 수상은 2~3개월이면 영국이 독일의 공습을 버텨 낼 수 있을지 알 수 있다고 말했다. 이는 곧 영국의 미래가 적의 포탄이 전투기 공장에 떨어지느냐, 떨어지지 않느냐에 달려 있다는 것을 의미했다. 영국의 독립이 위기에 처한 상황이라면, 그러한 위험을 감수할 만도 했다. 그러나 독립을 위협받지 않는 상황이라면 제안을 받아들여 피할 수 있는 재앙으로부터 국가를 벗어나게 하는 것이 옳은 선택이었다.

기다려 보자는 처칠의 제안을 이보다 더 완벽하게 요약할 수는 없었다.[80] 처칠은 자신의 주장을 다음과 같은 말로 포장하려 했다. "만일 히틀러가 독일의 식민지를 해방시키고, 중유럽의 패권을 포기한다는 조건으로 평화를 협상한다면 이야기가 달라질 수도 있겠죠. 그러나 그가 그러한 제안을 할 리는 없잖아요." 그는 희박한 확률에 시간을 낭비해서는 곤란하다고 전

시 내각을 재촉했다. 그
러나 핼리팩스의 의지를
꺾을 수는 없었다. 전시
내각의 모든 위원들은 프
랑스가 함락되기 직전이
라는 사실을 알고 있었
다. 핼리팩스는 처칠에게
프랑스가 함락되면 히틀
러가 제시하는 조건을

1940년 5월 31일 됭케르크의 도버 해협에 정박한 구축함에 철수
하려는 영국군이 가득 차 있다.

협상할 용의가 있느냐고 물었다. 이 질문은 두 사람의 의견 대립을 더욱 부
추겼다. 무솔리니와 대화하는 계획은 언급조차 없었다. 마침내 핼리팩스는
처칠에게 협상을 수락할 여건이 과연 되느냐고 물어보았다. 처칠은 있다고
대답했다. 조건을 먼저 제시할 생각은 없으나 히틀러가 조건을 제시한다면
들어 볼 용의는 있다는 것이 그의 입장이었다. 핼리팩스와 처칠의 시소게임
은 핼리팩스 쪽으로 기울고 있었다.[81]

  두 사람의 관계는 이제 위험한 수준에 이르렀다. 핼리팩스는 카도건에게
"더 이상 윈스턴과 일하기 힘들어"라고 말했다. 핼리팩스는 처칠에게 정원
에 나가 같이 걸으면서 이야기해 보지 않겠느냐고 제안했다. 이 대화 기록
은 남아 있지 않으나, 처칠이 무슨 말을 했든 핼리팩스의 마음을 누그러뜨
리기에는 역부족이었다. 핼리팩스는 그날 밤 일기에 이렇게 썼다. "나는 윈
스턴과 그린우드가 무시무시한 헛소리를 하고 있다고 생각했다. 계속 참고
듣다가, 마침내 내가 그들에 대해 어떻게 생각하는지 정확히 말해 주었다.
그들의 생각이 진정 그러하고, 정말 그 정도라면, 우리는 다른 길을 갈 수밖

에 없다고 말이다. …… 나는 처칠이 이성적으로 생각해야 할 때 감정이 앞
서는 것을 볼 때마다 절망스럽다."

처칠은 이 위기의 순간에 핼리팩스를 잃는다면 수상직 유지를 장담할 수
없었다. 전시 내각은 그날 저녁 10시에 다시 모여 벨기에 항복의 여파에 초
점을 맞췄다. 시간이 자정을 향해 흘러가면서 내각의 의견은 핼리팩스 쪽으
로 기울고 있었다.[82]

5월 28일

5월 28일 아침, 됭케르크에서 병력을 무사히 철수시킬 가능성은 요원해
보였다. 카도건은 아침에 열린 전시 내각 회의에 참석하고 나서 그날의 일기
에 이렇게 썼다. "영국 해외 파견군을 철수시키겠다는 계획은 가망이 없어
보인다. 정말 괴로운 순간이다!" 25만 명 넘는 병력 가운데 5만 명 이상을
철수시키기 힘들다는 분석이 일반적이었다. 처칠은 정부 고위직들에게 "사
기를 잃지 말 것이며", "우리의 능력에 자신감을 갖고 전 유럽을 손아귀에
넣으려는 적의 의지를 분쇄할 때까지 확고한 결의를 보여 주어야 한다"고
촉구하는 힘찬 어조의 메모를 전달했다. 이날 아침 내각 회의는 또다시 벨
기에 항복의 여파에 초점을 맞췄다.[83]

오후 4시에 전시 내각이 다시 소집되었다. 그들은 미국의 의향을 알고 있
었다. 루스벨트는 도와줄 생각이 없었고, 영국이 항복할 수밖에 없는 상황
이라면 독일에 전멸당하지 않도록 영국 함대를 캐나다로 보내라고 제안한
상태였다. 핼리팩스와 처칠은 다시 한 번 의견이 대립했다. 지금 시점에서 보
아도, 핼리팩스의 주장은 단순하면서도 철저한 논리를 갖추고 있었다. 그는
전시 내각이 "3개월을 버티기보다는 프랑스가 패망하고 우리의 전투기 공

장이 폭격당하기 전에 협상을 해야 더욱 좋은 조건을 얻어 낼 수 있다"라며 전시 내각을 몰아세웠다. 처칠은 협상을 개시하면 수용 불가능한 조건을 내걸 테고, 이러한 협상을 거부하면 영국의 사기만 떨어뜨리는 결과를 초래할 것이라고 반박했다. 그의 생각에 따르면 독일의 요구 사항에는 영국의 재군비를 금지하고, 히틀러의 의사에 따라 승인을 결정하는 내용이 포함될 수 있었다. 상황이 좋아질 것이라고 기대할 수는 있으나, 나빠진다고 해도 영국에 지금보다 불리한 조건이 등장하기 어려울 정도로 열악한 상황이라는 것이 그의 견해였다. 핼리팩스는 협상이 어떤 결과를 가져올지 보기 위해 최소한의 시도도 못 할 이유가 어디 있느냐고 대답했다. 체임벌린은 핼리팩스를 지지했다. 그는 협상이 위험하다는 것을 인정했으나, 영국이 합리적인 조건을 고려하는 의사를 표시한다고 해서 손해 볼 것은 없다고 생각했다. 더 적합한 표현을 찾기도 어렵겠지만, 처칠의 대답은 완벽히 '처칠스러웠다'. "밑바닥에서 싸운 국가는 다시 일어섰지만, 얌전히 항복한 국가는 지구 상에서 영영 자취를 감췄다." 그린우드와 애틀리도 협상이 영국 국민의 사기를 꺾을 것이라고 말하며 처칠을 거들었다.[84]

내각은 아직 어떤 결정도 내리지 못하고 있었다. 그러나 핼리팩스가 자신의 의견이 받아들여지지 않는다는 이유로 사임까지 고려하는 상황에서는 체임벌린과 핼리팩스의 합심을 막기가 더욱 어려웠다. 회의는 잠시 휴정했고, 처칠은 막간을 이용해 내각의 나머지 위원들에게 토론 결과를 보고했다. 보고를 마친 다음, 회의는 재개되었다.[85]

처칠은 내각에 출석해 지난 이틀간 영국이 히틀러와 협상을 개시하는 것이 좋을지 신중하게 생각해 보았다고 말했다. 그는 독일이 영국에 나치 옹호주의자가 통치하는 '노예주'의 지위를 강요한다고 믿었다. 그는 영국의 절망적인 상황을 가감 없이 보고했으나, 영국이 여전히 아직 카드로 쓰지 않은 '여러 이점과 반전의 기회'를 갖고 있다고 생각했다. 그는 이렇게 연설을 끝맺었다. "영국의 오랜 역사가 끝나는 순간이 있다면, 국민의 마지막 한 사람까지 자신이 흘린 피 속에서 헐떡이는 순간일 것입니다." 이러한 상황에서는 감동을 받지 않을 사람이 없었다. 내각은 환호했고, 많은 위원들은 열광하며 앞으로 달려 나가 그를 격려했다.[86]

처칠이 연설의 효과를 계획했는지는 불분명하나, 다시 용기를 얻은 것만은 분명했다. 또한 그는 효과 만점의 연설을 어떻게 활용할지 알고 있었다. 전시 내각은 한 시간도 못 되어 다시 열렸다. 그는 다른 위원들에게 내각이 "우리의 사전에 포기란 말은 없다"라는 말을 듣고 최고로 만족스러워했다. 정치 인생을 통틀어 단 한 번도 그렇게 높은 분들이 열정적으로 감정을 표시하는 광경을 보지 못했다"라고 말했다. 체임벌린마저 처칠을 굳게 지지해 핼리팩스도 양보하는 수밖에 없었다. 핼리팩스는 무솔리니를 막아 달라고 루스벨트에게 부탁하는 계획을 잠시 내비쳤으나, 처칠에게 거절당하면서 결정을 내각에 위임했다. 이제 영국 앞에는 히틀러와의 전쟁만이 남아 있었다.[87]

5월 29일에서 6월 4일까지: 후속 여파

다음 날 5월 29일, 됭케르크에서 희소식이 들려왔다. 이날 하루에만 4만 7천 명이 성공적으로 탈출했고, 계속 탈출에 성공하면서 6월 4일까지 12만 5천 명의 프랑스 병력을 포함해 총 33만 8,226명이 탈출할 수 있었다.

거의 기적과도 같은 희소식에 내각을 비롯한 전 영국이 잔뜩 고무되었다. 1주일 전, 처칠은 하원에 보고하기로 일정이 잡혀 있었다. 의회는 6월 4일로 계획된 보고의 내용이 그토록 쉽게 달라질 것이라고는 예상치 못했다. 많은 세월이 흐르지 않고서야 그 누가 알 수 있었으랴. 처칠은 내각을 향해 "기나긴 영국의 역사에서 최대 군사적 희생을 요구하는 것이 내 운명이 될까 봐 두려웠습니다"라고 말했다. 또한 그는 "전쟁은 탈출한다고 이길 수 없습니다"라는 말과 함께 됭케르크에서의 탈출을 승리로 착각하지 말라고 경고했다. 이 연설의 마무리는 아직도 인류의 입에 회자되고 있다. "우리는 해변과 활주로는 물론이며, 들판과 거리에서도 싸울 것입니다. 우리는 결코 항복하지 않을 것입니다."[88]

...

결론

...

영국 역사를 통틀어 가장 경험이 많은 수상으로 인정되는 윈스턴 처칠을 비여과형으로 분류하는 것은 어색해 보일 수도 있다. 그러나 그가 권력을 쥐게 된 과정을 보면 이러한 분류가 정확하다는 사실을 알 수 있다. 영국의 정치 체계는 처칠을 평가한 결과 그에게 권력을 맡기기 곤란하다는 결론에 도달했고, 영국 역사상 최대 위기를 겪고 나서야 이러한 결론을 바꿀 수 있었다. 그는 수상직에 오르고 나서도 실질적으로 핼리팩스의 그늘에 가려진 2인자에 머무르기 쉬웠다. 그는 여과되어 탈락된 지도자였으나, 상상할 수 있는 가장 특이한 여건들이 조합

1945년 2월 미국, 영국, 소련의 수뇌들이 패전국 독일의 처리 방향을 의논하기 위해 얄타에 모였다. 소련·영국·미국·프랑스의 독일 영토 분할 점령, 폴란드 임시 정부 구성, 소련의 대일전 참전 등에 대하여 비밀 협정을 체결하였다. 왼쪽부터 얄타 회담의 처칠, 루스벨트, 스탈린.

되면서 화려하게 부활할 수 있었다.

다른 영국 지도자들이 처칠을 얼마나 불신했는지는 잘 알려져 있다. 그는 해군장관, 전쟁부 장관, 재무장관으로서 엄청난 실수를 연발했다. 그는 소속 정당을 두 번이나 바꿨고, 두 번 모두 원칙보다는 개인의 야망을 위한 의도임이 명백해 보였다. 정부 위원을 맡지 않을 당시에도 항상 판단이 빗나갔고, 야비한 전략을 쓴 탓에 거의 모든 의원들이 그에게 등을 돌렸다. 처칠만큼 특별한 재능, 에너지, 결단력을 지닌 정치인이 아니었다면 이러한 모든 실수를 딛고 재기할 수 없었을 것이다. 평범한 정치인이라면 그의 실수 가운데 한 가지만 저질러도 영원한 은퇴의 길을 걷는 것이 당연했다.

그의 결함은 수상이 된 후에도 사라지지 않아, 종종 엄청난 해악을 끼쳤다. 특히 인도인들을 향한 그의 태도는 1943년에 비극적인 결과를 낳았다. 그해 벵골 지역에서 기근이 발생해 300만~400만 명의 인도인들이 사망했으나, 처칠이 이 재앙에 무관심한 태도를 보이면서 구호 활동이 난항을 겪었다.[89]

그럼에도 처칠의 역사적 입지는 확고하다. 핼리팩스가 1940년에 수상이 되거나 체임벌린이 수상직을 유지했다면 영국은 협상의 길로 들어섰을 것이다. 돌이켜 보아도 당시에는 처칠의 주장에 비해 핼리팩스의 주장이 훨씬 설득력이 높아 보였다. 독일은 오스트리아, 체코슬로바키아를 병합하고, 폴란드와 덴마크 및 노르웨이와 프랑스를 무릎 꿇리고, 소련을 동맹국으로 만들었다. 미국이 개입을 거부한 이상, 영국 홀로 독일을 상대해야 했다. 대부분의 사람들에게는 1940년에 히틀러와 수용 가능한 협상안을 찾는 방안이 현명한 선택으로 보였을 것이다. 그 당시까지는 히틀러의 사악함과 광기가 알려지지 않았기 때문이다. 우리 모두 알고 있는 사실이지만, 처칠의 판단이 분명 옳았다. 그러나 그 당시에는 영국에 좀처럼 승산이 없어 보였다. 계속 싸우겠다는 결정은 무모한 경솔함에 가까웠고, 영국이 역경을 딛고 일어설 수 있다는 낭만적인 수사는 어리석은 만용에 불과했다.

영국이 협상을 개시했다면 어떤 결과를 초래했을지 확실히 알기는 어렵다. 그러나 그 결과는 분명 재앙에 가까웠을 것이다. 협상을 시작한 이상 쉽게 끝내기 어려울뿐더러, 비밀에 부치기도 힘들었을 것이다. 전쟁을 평화롭게 끝낼 길이 보였다가 사라지는 순간, 영국 국민들의 사기가 한참 떨어졌으리라고 예상할 수 있다. 최소한 이러한 협상은 엄청난 꽃놀이패가 되어 히틀러에게 또 다른 외교상의 대박을 선사했을 테고, 독일 군대의 엄청난 능력을 선전하는 기회가 되었을 것이다. 1940년에 영국이 협상을 통해 전쟁에서 벗어나려고 했다면, 협상의 조건이 무엇이건 간에 헤어 나오기 힘든 수렁에 빠졌을 것이다.[90]

처칠은 얼핏 보아도 너무나 분명한 최극단 지도자다. 그의 정력, 재능, 언변, 뚝심, 지조, 불굴의 용기는 다른 대다수의 정치인들과 명백히 차별화되는 그만의 강점이었다. 그가 비여과형 지도자였고, 수상직에 있을 당시 높은 영향력을 행사했다는 사실은 LFT를 강력히 뒷받침한다.

제8장

정치 외 분야

영국 해군, 비즈니스, 비정상 과학

이 장에서는 LFT를 정치 이외의 분야에서도 적용할 수 있는지 알기 위해 각기 다른 세 가지 분야에 속한 네 명의 지도자를 살펴보기로 한다. 첫 번째 인물은 전설적인 영국 제독이고, 두 번째와 세 번째 인물은 CEO이며, 네 번째 인물은 탁월한 외과 의사이자 암 연구학자다. 이들 모두는 각자가 처한 환경에서 여과 과정이 작동해 영향력을 미치지 못하도록 방해받고 있었다. 그러나 이들은 여과 과정을 건너뛸 방법을 찾아 비여과형 지도자가 될 수 있었다. 재키 피셔는 영국 함대를 적시에 개혁해 제1차 세계 대전을 승리로 이끌었다. 앨버트 던랩은 선빔을 망쳤고, 제이미 다이먼은 JP모건체이스를 살렸다. 주다 포크먼은 암에 대한 이해에 커다란 혁명을 가져왔다.

...

해군 제독의 사례: 재키 피셔 경과 영국 함대

...

오늘날의 군대는 엄격한 위계질
서 및 확실한 지휘관 선택 절차를 갖춘 관료 체계다. 군사 지도자가 어떻게
이러한 과정을 건너뛸 수 있을까? 민주주의 국가에서는 군사 행정에 개입
할 권한을 지닌 민간 정치 지도자가 새로운 군사 지도자를 뽑는 경우가 있
다. 그러나 이러한 사례는 흔히 일어나지 않는다. 새로운 지휘관은 정상적인
방법을 통해 승진한 적이 한 번도 없는 인물이 될 수도 있다. 군 내부의 인
사가 아닌 민간인들은 다른 장교들만큼 어떤 후보자가 군대에 적합한 지도
력을 갖추고 있는지 알 방법이 없다. 따라서 민간인들이 승진 과정에 개입
하면 승진이 막힐 뻔했던 장교들을 선택할 수 있고, 이렇게 선택된 사람들
은 여과 과정을 건너뛰어 비여과형 최극단 지도자가 될 수 있다.[1]

민간인이 개입한다고 해서 항상 여과 과정을 건너뛸 수 있는 것은 아니
다. 예컨대 제1차 세계 대전이 발발했을 당시 해군장관이던 처칠은 당시 대
영 함대의 총사령관이던 조지 캘러헌George Callaghan 제독을 해임하고 존 젤
리코John Jellicoe를 그 자리에 앉혔다. 젤리코는 전형적인 여과형 지도자였다.
실제로 그는 영국 해군에서 가장 훌륭한 장교로 정평이 나 있었고 언젠가
는 캘러헌의 지위를 물려받을 것이라고 생각되었다. 처칠은 단순히 그 시점
을 앞당긴 것뿐이었다. 민간인이 개입해 비여과형 지도자가 선출되려면, 정
상적인 과정에서라면 지도자가 되지 못했을 인물을 선택해야 한다.[2]

존 아버스넛 '재키' 피셔John Arbuthnot Jacky Fisher 경은 킬버스톤의 피셔 남
작 1세로, 영국 함대에서 참모총장(장교 중 최고위직)을 두 번 역임했다. 그는

전쟁에서 한 번도 이기지 못한 제독으로 유명하다. 피셔는 최초의 단일 거포함인 HMS 드레드노트^{HMS Dreadnought}를 건조한 것으로 유명하다. 그 이후 이와 유사한 설계의 전함들이 드레드노트라는 이름을 갖게 되면서 해전의 양상을 완전히 바꿔 놓았다. 그러나 피셔는 정상적인 과정을 통해 제1군사 위원에 오르지 못했다. 영국의 정치인들이 그를 제1군사 위원으로 지목한 이유는 해군의 예산을 삭감할 수 있는 사람은 오직 그밖에 없다고 믿었기 때문이다. 그를 선택하면서 그가 해전의 역사를 영원히 바꿔 놓은 인물이 되리라고는 생각지 못했을 것이다.

피셔는 1841년 1월 25일 스리랑카에서 태어났다. 피셔가 여섯 살이 되던 해, 피셔의 부모는 그를 할아버지의 손에 맡기기 위해 잉글랜드로 보냈다. 그는 열세 살에 영국 해군의 간부 후보생이 되었고, 1856년에는 장교 후보생으로 지명 받았다. 그는 아편 전쟁에서 두각을 나타냈고, 1860년 1월과 3월에 연거푸 승진에 성공했다. 1863년 3월, 그는 일급 호위함 HMS 워리어 ^{HMS Warrior}의 포술장^{砲術長}으로 임명받았다. 이는 영국 해군 내에서 동일한 계급의 장교들이 가장 선망하는 직책이었다. 이후 1868년에는 영국 장교 가운데 가장 빨리 어뢰의 가능성을 인식하고 신무기에 대한 짤막한 논문을 발표하는 성과를 올렸다. 이처럼 두각을 나타낸 결과, 1880년대 초반에는 영국 함대의 떠오르는 유망주로 부상할 수 있었다.[3]

1881년, 피셔는 영국 해군의 최신 군함 '인플렉서블^{Inflexible}'의 선장을 맡았다. 이 군함은 전 세계에서 가장 강력한 군함이었다. 1883년에 선장에서 물러난 뒤 14년간 대부분의 시간을 해군 장비 및 정책 연구에 쏟아부었다. 그는 공격적으로 개혁을 추구하면서 다른 장교들과 마찰을 겪었다. 곧이어 그는 영국 해군의 포병 학교가 된 '엑설런트^{Excellent}'호의 선장을 맡아, 훈련 기술을 비약적으로 향상시켰다. 1886년에는 해군 조례 위원장을 맡아 영국 해군의 무기를 실질적으로 개선했고, 1892년에는 제3군사 위원으로 지명되어 5년 반 동안 해군 통제관으로 일했다. 그러나 그는 적을 쉽게 만드는 성향으로 상당한 희생을 치러야 했다. 그럼에도 1896년에는 항상 요직을 거친 지휘관에게 주어지는 서인도 제도 소함대 사령관에 취임할 수 있었다.[4]

1899년, 그는 해군장관 조지 고션George Goschen의 도움으로 경력을 되찾을 수 있었다. 해군장관은 영국 해군을 관할하는 민간의 수장에게 붙은 직함이었다. 고션은 피셔를 헤이그 평화 회의의 영국 해군 대표로 선정했다. 여기에서 피셔는 20세기 전쟁에서는 민간인에 대한 공격이 전쟁의 화두로 등장할 것이며, 독가스와 잠수함이 상당한 비중을 차지하게 되고, 전쟁에 나선 잠수함이 상선을 공격 대상으로 삼을 것이라고 예견했다. 그의 예상은 정확히 맞아떨어졌다. 고션은 피셔를 다시 영국 지중해 함대의 지휘관으로 임명했다. 이 자리는 영국 해군의 최고 직책으로 통했다. 피셔는 함대 지휘관으로서의 명성은 미약했으나, 몇 명의 원로 장군을 뛰어넘어 이 직책을 맡을 수 있었다.[5]

그러나 영국 해군에서 가장 높은 직책인 제1군사 위원이 되기에는 아직 장애물이 많았다. 나이 또한 58세로 적은 나이가 아니었다. 제1군사 위원의 임기 5년을 마치고 나면 63세의 나이에 다음 기회를 노려야 했으나, 당시 장교의 정년은 65세였다. 그는 탁월한 재능에도 워낙 적이 많아 더 이상 위로 올라가기 힘들어 보였다. 이에 피셔는 해군을 떠나기로 마음먹었다. 그는 지중해 함대 지휘관의 자격으로 영국 해군의 전쟁 준비가 열악하다는 사실을 폭로해 윗자리를 도모하려고 했다.[6]

피셔는 언론계에 있는 친구와 장문의 서신을 주고받으며 해군의 상황이 열악하다는 의견을 전달했다. 1900년에는 셀본 백작Earl of Selborne이 해군 장관에 취임했다. 셀본은 피셔에게 자신에게도 편지를 보내라고 요청했다. 그는 함대가 취약하다는 내용의 편지를 폭탄처럼 투하했다. 1901년에 피셔의 의견을 반영하는 신문 기사들이 당황스러울 정도로 쏟아져 나오면서 그의 경력을 위협하기 시작했다. 그러나 셀본은 피셔를 옹호하는 입장이었고, 1902년 6월에는 자신이 임명한 제1군사 위원의 뜻을 거스르면서까지 피셔를 제2군사 위원에 임명했다. 이후 피셔는 제1군사 위원의 심기를 건드렸고, 제1군사 위원 또한 피셔에게 공개적으로 무례한 태도를 취했다. 피셔는 그와의 마찰을 이기지 못하고 1903년 제2군사 위원직에서 물러나 포츠머스의 총사령관으로 자리를 옮겼다.[7]

셀본은 해군 본부의 의견을 따르고 싶었고, 해군 본부는 피셔를 썩 좋아하지 않았다. 피셔의 동료들 또한 그를 불신하고 싫어했다. 다른 유럽 국가의 함대보다 우월한 전력을 유지하려고 셀본이 영국 해군에 쏟아붓는 비용은 영국 정부가 감당할 수 있는 규모를 초과하고 있었다. 영국 정부는 보어 전쟁으로 재정이 상당히 악화된 상태였다. 내각은 해군에 대한 지출을 줄이라고 셀본에게 강력한 압박을 가하는 상황이었고, 이를 실행으로 옮길 수 있는 고위급 장군은 피셔가 유일했다. 피셔는 에드워드 7세가 즉위하면서 더욱 많은 도움을 받을 수 있었다. 에드워드 7세는 영국 해군에 아주 큰 관심을 보이는 동시에 피셔를 강력히 지지했다. 피셔는 1904년 10월 제1군사 위원First Naval Lord에 취임했다. 그의 부탁으로 영국 역사상 최고의 해전이었던 트라팔가르 해전 99주년 기념일에 취임식을 거행할 수 있었다. 그가 취임 후 시행한 첫 업무는 이 직책의 명칭을 더욱 고전적이고 낭만적인 수석

해군대신First Sea Lord 으로 바꾼 것이었다.[8]

해군에서의 오랜 경력에도 불구하고 피셔가 수석해군대신에 오른 여정을
보면 그는 전형적인 비여과형 지도자로 파악된다. 그는 한 번도 아닌 두 번
씩이나 민간인의 개입으로 경력의 위기에서 벗어날 수 있었다. 민간인에게
발탁된 첫 사례의 이유는 분명치 않다. 두 번째는 다른 어떤 제독도 불가능
한 일을 할 수 있는 해군 지도자가 필요했기 때문이다. 해군의 기존 관행을
타파하려 드는 인물이 전통적인 관행에 따라 수석해군대신이 되기는 힘든
일이었다. 민간 출신 수장이 다른 이들과 차별화되는 제독을 골라야 했기
에 피셔는 해군의 정상에 올라갈 수 있었다. 일반적인 상황이었다면 여과되
어 탈락했을 것이다.

피셔가 수석해군대신 자리에서 시도한 개혁은 셀 수 없이 많다. 그는 낡
은 선박을 폐기해 인원 배치의 효율을 꾀했다. 그는 영국 본토 인근으로 병
력을 모아 전체적인 유지 비용을 절감했다. 드레드노트급 전함은 영원히 기
억될 만한 그의 역작이었다. 이 전함은 규격화된 장사 대구경포를 주무기로
탑재했다. 이 전함은 그가 남긴 유산에서도 중요한 역할을 담당하게 된다.
무슨 말인즉, 그가 귀족으로 승격되면서 만든 가문의 모토는 '신을 경외하
고 무(無)를 두려워하라Fear God and Dread nought'였다.[9]

영국은 제1차 세계 대전이 시작되면서 해군 예산의 47퍼센트를 드레드노
트에 투자했다. 피셔는 해전에서 이러한 유형의 선박이 지배할 것이라고 예
측해 탁월한 혁신을 이룬 인물로 인식되고 있다. 그러나 놀랍게도 이러한 평
판은 최근의 연구에 의해 뒤바뀌고 있는 중이다. 해군에 대한 피셔의 전망
은 이와 한참 달랐다. 제1차 세계 대전에서 극적인 승리를 거둔 주틀란트에
서 영국 해군의 방어선을 지배했던 선박은 피셔와 해군 본부가 협의해 만든

결과물이었다.[10]

피셔는 영국 해군의 미래는 전함battleship이 아닌 순양 전함battlecruiser이 지배할 것으로 예상했다. 두 타입 모두 대형 대구경포를 주무기로 장착했다. 전함은 단단한 무장을 갖출 수 있었으나, 속도가 상대적으로 느린 단점이 있었다. 순양 전함은 무장은 가벼운 대신 강력한 엔진을 탑재해 크기에 비해 빠르게 움직일 수 있었다. 드레드노트는 피셔가 제1군사 위원으로 있을 당시 설계되고 건조되었다. 그러나 그는 더 많은 전함을 건조하는 계획에 사실상 반대 의사를 표명했다. 대신 그는 HMS 인빈서블HMS Invincible과 같은 함선을 건조하자는 의견을 갖고 있었다. 이 함선은 드레드노트와 무장이 비슷하면서도, 더 가볍게 무장해 훨씬 빠르게 움직일 수 있었다. 그는 드레드노트를 과거의 영국 해군과 자신이 맡은 영국 해군 사이에 자리 잡은 과도기적 모델로 취급했다. 영국 해군의 정교한 사격 통제 시스템을 예찬했던 피셔는 자신이 구성한 함선이라면 스피드를 활용할 수 있을뿐더러 반격에 노출될 거리 밖에서 적을 겨냥할 정도로 조준의 정확성을 확보할 수 있다고 생각했다.[11]

전함은 다른 함선에 비해 건조 비용이 많이 들었다. 피셔는 경비 지출을 최소화할 수 있는 방법이라면 무엇이든 해 보라는 지시를 명시적으로 받은 상태였다. 그러나 전함의 가능성에 매료된 그에게는 다른 생각이 끼어들 여지가 없었다. 그는 영국 해군이 자신이 예측하는 미래전 양상에 따라 바뀌어야 한다고 확신했다. 피셔는 영국 해군의 장비와 원칙 모두를 바꾸고 싶어 했다. 그의 동료들 대부분은 전함으로 '전선戰線'을 만들어야 한다고 생각했다. 이 전선에서는 각 함대에서 가장 많은 무기를 갖춘 전함들이 적선을 격침하기 위해 전투를 벌이기 때문에 최고의 중무장을 갖춘 전함이 속한 함대가 승자가 되기 마련이었고, 순양 전함은 중무장한 전함의 먹잇감이 되기 십상이었다. 그럼에도 피셔는 영국 해군을 두 함대로 분리하려고 했다. 한 함대는 전 세계를 누비기에 부족함이 없는 빠른 함선으로 구성해 대영 제국을 수호할 임무를 맡고, 다른 함대는 잠수함과 수뢰정으로 구성해 침략군의 핵심인 군대 수송선을 격침시키는 역할을 수행해야 했다. 피셔는 1909년에 은퇴한 이후에도 영향력을 잃지 않았다. 예컨대 그는 1911년, 1912년과 1913년에 계획된 전함 건조를 취소하고 순양 전함을 건조하는 방향으로 처칠을 설득했다.[12]

다른 해군 대신들은 이처럼 극단적인 행보를 꺼려했다. 그들은 영국 해군은 전함 건조에 집중해야 한다고 주장하면서, 피셔가 예상하는 전쟁의 양상은 현실성이 떨어지며 영국은 독일 전선을 무찌르기 위해 중무장한 전함을 유지할 필요가 있다고 생각했다. 처칠이 피셔의 주장을 꺼내 놓기 무섭게 고위 해군 장교들은 한목소리로 이에 반대했다. 수석해군대신 또한 전함을 완전히 포기하는 쪽으로 마음이 기울어 있었다. 마침내 그들은 쾌속 전함인 퀸엘리자베스급 신형 전함을 개발하기로 의견을 조율했다. 이 값비싼 드레드노트는 전함의 무장을 그대로 유지하면서 순양 전함의 엔진까지 갖추고 있었다. 피셔는 타협에 거리낌 없는 처칠의 태도에 분노했으나, 그의 은퇴와 더불어 고속 전함을 제조하자는 의견이 우위를 점할 수 있었다.[13]

평가

피셔가 영국 해군을 개혁한 것은 분명한 사실이다. 비록 자신의 뜻을 모두 관철하지는 못했으나, 그가 선호하던 순양 전함은 제1차 세계 대전 당시 전투 서열에서 뚜렷한 지위를 차지했다. 고유 명사에서 일반 명사로 변한 드레드노트는 잠수함과 함께 해상을 지배하는 주무기로 자리 잡았다. 놀랍게도, 그의 많은 제안은 지혜롭지 못했다. 제1차 세계 대전을 통틀어 유일한 대규모 해전으로 기억되는 주틀란트 해전에서 피셔의 전함은 독일 함대에 참패했다. 적의 예상 그대로, 영국 함대의 빈약한 화력은 적의 포화를 방어하기에 역부족이었다.[14]

피셔를 옹호하는 사람들은 전함이 그가 의도한 방법으로 사용되지 못했다고 주장할 수도 있을 것이다. 그러나 전투에서 영국 함대를 지휘했던 젤리코 총사령관은 피셔의 오랜 지기였다. 피셔는 젤리코를 "레이디 해밀턴(넬슨의 악명 높은 연인)을 제외하고는 넬슨이 가진 모든 면모를 지닌 인물"이라고 치켜세웠다. 젤리코가 전함을 효율적으로 운용하지 못했을 수도 있으나, 다른 사람이라고 해서 이를 효율적으로 운용하기는 어려웠을 것이다. 반면 피셔가 펌한 퀸엘리자베스호는 탁월한 기능을 선보였다.[15]

그렇다고 피셔가 제1군사 위원으로서 자질이 떨어졌다는 이야기는 아니다. 해군의 보수적인 속성과 피셔의 혁신이 융합하면서 영국 해군은 어느 한쪽에 치우친 것보다 더 나은 성과를 낼 수 있었다. 피셔의 추진력과 아이디어가 없었다면 드레드노트 타입 전함의 개발이 한참 늦어졌을 것이다. 피셔의 경력을 보면 최극단 지도자들이 어떠한 경우에 최고의 성과를 낼 수 있는지 알 수 있다. 최극단 지도자들은 자신이 속한 조직이 최고의 아이디어를 북돋아 주고 최악의 아이디어를 걸러 줄 때 최고의 성과를 내기 마련이다.

...

CEO: 앨버트 던랩과 제이미 다이먼

...

성공적인 기업의 이사에게도 새로운 CEO를 선택하는 일은 만만치 않다. 기업의 과거 성과가 좋을수록 미래의 성장에 대한 기대치가 반영된 주식 가치를 정당화하려면 줄곧 우수한 성과를 내야 한다. 기업의 규모가 클수록 고성장을 유지하기 힘들다. 꾸준한 성과를 내기 위해 이사회는 외부에서 CEO를 영입하기도 한다. 이 과정에서는 종종 거의 알려진 것 없는 후보자를 선택하는 경우도 생긴다.[16] 외부 CEO를 영입하는 것은 한편으로 회사의 여과 과정을 건너뛰는 방법이 되기도 한다. 이러한 외부인은 비여과형이기 쉬우며, 최극단 지도자가 될 가능성이 매우 높다. 매우 다른 방향으로 회사를 이끈 탁월한 CEO 두 명의 이야기를 들어 보면, 지도자 여과 이론이 정치나 군대에서와 마찬가지로 기업의 세계에서 어떻게 작용하는지 알 수 있다.

앨버트 던랩

2000년대 금융 위기가 터지기 전까지, 앨버트 던랩은 미국 역사상 가장 혹독한 비난을 받은 기업인이었을 것이다. 90년 넘는 역사를 자랑하는 선빔은 회계 부정으로 파산했고, 앨버트 던랩은 이 추문의 한복판에 있었다. 그가 추락하기 전까지, 던랩은 미국에서 가장 존경받는 기업인에 속했다. 그의 저서 『던랩의 기업수술Mean Business』은 전 국가적인 베스트셀러였다. 그를 영입한 회사는 주가가 폭등했다. 그는 스콧 페이퍼Scott Paper사의 가치를 2년 만에 세 배로 올려놓았다. 그는 이 회사를 매각하고 1억 달러를 자신의 몫으로 가져갈 수 있었다. 던랩의 파란만장한 부상과 몰락은 비여과형 CEO를 고용할 때 어떤 위험이 닥치는지를 보여 주는 완벽한 사례다.[17]

제지 산업을 개척하다

던랩은 1960년에 웨스트포인트를 졸업했다. 그의 졸업 성적은 550명 중 537등이었다. 그는 군에서 3년을 복무한 다음, 클리넥스 티슈로 유명한 킴벌리 클라크Kimberly Clark사에 입사했다. 4년 후 그는 킴벌리 클라크사의 협력업체인 스털링 펄프 & 페이퍼Sterling Pulp & Paper의 총지배인이 되었다. 스털링사가 1975년에 매각되어 던랩은 아메리칸 캔Amreican Can사로 옮겼다. 그는 두 부서의 본부장으로 7년간 근무하면서 엄청난 적을 만들었다. 그가 맡은 두 부서는 가차 없는 비용 절감으로 이익을 대폭 늘릴 수 있었으나, 그의 후임자는 던랩이 기업을 뼛속까지 발라 버린 탓에 더 이상 사업을 재건할 수가 없었다. 기업의 해결사로 이미지를 굳히면서 던랩은 1982년에 맨빌Manville에 입사했고, 9개월 후에는 릴리 튤립Lily Tulip사로 자리를 옮겨 생애 최초로 CEO의 직함을 달았다. 1982년에 1천만 달러의 적자를 냈던 릴리사는 1984년에 2300만 달러 가까운 흑자를 낼 수 있었다. 이후에도 그는 상황이 좋지 않은 회사들을 연달아 맡았고, 호주 억만장자 케리 패커Kerry Packer의 미디어 제국을 살려 놓기도 했다. 당시 던랩의 계약 기간은 5년이었으나, 2년이 지난 1993년에 패커와의 불화로 회사를 그만두고 미국으로 돌아왔고, 패커는 그에게 4천만 달러를 지급했다.[18]

던랩은 필라델피아에 소재한 스콧 페이퍼에 초빙되기 전까지 11개월의

휴식 기간을 가졌다. 스콧사는 매년 50억 달러 이상의 수입을 올렸으나, 성과가 현저히 떨어지고 있었다. 던랩은 본사 직원 71퍼센트와 경영진 50퍼센트를 비롯해 직원의 3분의 1 이상을 서둘러 해고했다. 그는 연구 개발 비용을 절반으로 줄이고, 모든 시설 관리 업무를 1년간 연기하고, 모든 기부 활동을 중지했다. 장기 계약에도 불구하고 그의 전략은 기업의 단기 수익성을 극대화하는 데 맞춰져 있었다. 던랩은 대중 사이에서 높은 지명도를 유지했고, 자신의 접근 방식을 공격적으로 옹호했다.[19]

킴벌리 클라크는 1995년에 스콧을 94억 달러에 인수했다. 이 가격은 던랩이 처음 회사에 들어갔을 때에 비해 세 배나 가치가 부풀려진 상태였다. 합병 이후, 킴벌리 클라크는 지나치게 비싼 대가를 지불했다는 사실을 발견했고, 던랩이 바꿔 놓은 수많은 것들을 장기적인 이익에 부합하는 방향으로 되돌려야 했다.[20]

선빔

던랩은 쌓아 놓은 재산에 만족하지 않고 또 다른 회사를 경영하고 싶어 했다. 화려한 경력을 자랑하는 그를 이사회에 선뜻 초빙할 사람은 드물었다. 선빔의 주식을 가장 많이 보유하고 있던 마이클 프라이스Michael Price와 마이클 슈타인하르트Michael Steinhardt는 원래 직업인 운용역답게 주식 가격에만 혈안일 뿐, 기업의 PRpublic relation에는 아무런 관심이 없었다. 선빔은 성장 가능성이 높았으나 현재 고전하는 상황이었고, 투자 이익을 극대화할 수 있는 인물을 찾고 있었다. 선빔 이사회에서 슈타인하르트를 대표하던 샤이먼 토퍼Shimon Topor는 잡지를 통해 던랩이라는 인물을 처음 접했다. 그는 네 시간 가까이 던랩을 만나고 나서 던랩이 선빔의 상황을 반전시키기에 가장 적합한 인물이라고 확신했다. 곧이어 그는 프라이스의 이익을 대표하는 이사들을 만났다. 프라이스는 아침 식사 시간에 딱 한 번 던랩을 만났으나, 그다지 큰 인상을 받지는 못했다. 프라이스 측과 슈타인하르트 측의 이사들은 남달리 후한 조건으로 던랩과의 협상을 신속히 마무리했고, 던랩은 자신의 재량에 의해 회사를 맘껏 운영할 수 있었다. 던랩은 CEO 후보로 거론되고 있었는데도, 이사회의 나머지 이사들은 그의 고용이 확정되고 난 이후에야 이 사실을 통보받았다.[21]

선임 이사들의 대부분은 던랩이 입사하기 전까지 단 한 번도 그의 얼굴을 본 적이 없었다. 그들은 대략 그가 다른 회사에서 낸 성과를 기초로 의사를 결정했을 뿐, 그의 행동을 가까이서 관찰한 적은 한 번도 없었다. 대신 그들은 그의 경영 능력과 관련된 피상적인 증거를 그의 진정한 능력으로 받아들였다. 어쨌건 그가 지금껏 경영했던 회사의 가치를 꾸준히, 현저히 향상시킨 것만은 분명한 사실이었다. 배경이 철저히 조사되지 못한 외부 CEO는 비여과형 지도자에 해당한다.

프라이스와 슈타인하르트는 던랩의 경력을 잘 안다고 생각했다. 그러나 그들은 던랩의 모든 것을 알지 못했다. 2001년에 들어와서야 그에 대한 두 가지 중요한 사실이 밝혀졌다. 「뉴욕 타임스」는 던랩이 스털링에서 퇴사하고 아메리칸 캔에 입사하기 전까지 다른 두 회사를 거쳐 갔고, 이 두 회사 모두 그를 해고했다는 사실을 폭로했다. 1973년에는 맥스 필립스 & 선Max Phillips & Son에 입사한 다음 의무를 방기하고 상사를 무시했다는 이유로 7주 만에 해고당했다. 1974년 5월에 던랩은 또 다른 제지업체 니텍Nitec의 대표로 입사했다. 니텍은 1974년과 1975년에 비교적 양호한 이익을 거두었고, 1976년에는 거의 500만 달러로 예상되는 엄청난 성과를 거둘 수 있었다. 던랩은 자신의 주가를 한층 올릴 수 있었으나, 그의 경영 방식은 니텍의 오너를 정 떨어지게 만들어 오너 측은 그해 8월 그에게 해고를 통보했다. 그가 해고된 이후 겨우 몇 주 만에 니텍의 회계 감사인들은 회사에 회계 부정이 만연한 사실을 발견했다. 회사는 이익은커녕 5500만 달러의 손실을 보고 있었다. 이후 진행된 소송에서 니텍의 재무차장은 던랩이 회계 장부를 조작하라는 지시를 명시적으로 내렸다고 증언했다. 던랩은 위증에 대한 책임을 부담하 지 않을 정도로 그의 재무적 지식이 빈약하다고 주장했다. 던랩을 피고로 한 니텍의 소송은 니텍이 파산하면서 끝났다.[22]

이런 파란만장한 과거를 보면 던랩은 선빔뿐 아니라 스콧을 맡기 오래전 에 경력이 끝났어야 했다. 던랩은 회사를 수시로 옮겨 다니고, 과거의 경력 을 숨기면서 자신의 행동이 초래한 여파를 피할 수 있었다. 느슨한 여과 과 정의 위험성을 경고하는 사례로 이보다 완벽한 사례는 없을 것이다. 선빔은 자신이 고용한 자가 어떤 인물인지 아는 데 오랜 시간이 걸리지 않았다.

던랩은 우선 자신에게 고분고분한 사람들로 높은 자리를 채우고 이사들 을 비롯해 자신의 방식에 조금이라도 트집을 잡는 사람들을 내치기 시작 했다. 입사한 지 4개월도 되지 않은 11월에 던랩은 자신의 계획을 밝혔다. 그는 직원의 절반을 해고하고, 생산량을 87퍼센트 감축하며, 거의 모든 방 면에서 운영을 축소할 심산이었다. 그는 이러한 감축안으로 매년 최소 2억 2500만 달러를 절감할 수 있을 것이라고 예상했다. 또한 그는 회사가 매년 최소 30개 이상의 신상품을 소개할 것이며 고속 성장을 계속해 1999년까지 이익이 두 배 가까이 늘어날 것이라고 예상했다. 이사회는 만장일치로 그의 제안에 동의했다.[23]

던랩의 감축 계획은 선빔사에 너무나 치명적인 영향을 미쳤고, 짧은 헤드라인에 편승하는 것 이상의 경제 논리를 찾을 수 없었다. 따라서 회사 내부에서는 즉각적인 반발이 있었으나, 애널리스트들을 구슬리는 그의 능력은 여전히 탁월했다. 애널리스트 앤드루 쇼어Andrew Shore는 던랩의 계획에 회의적인 시각을 공공연하게 표시했다. 그는 던랩이 약속한 혁명적인 제품이 말도 안 되는 계획이라고 확신했으나, 선빔을 방문하고 나서는 다음과 같은 말만 내뱉었다. "던랩은 패를 걸 만한 CEO다."[24]

1997년 말, 고위급 임원들은 선빔사를 인수할 후보자는 어디에도 없고, 던랩이 약속한 신제품은 연구 및 개발이 한참 빈약해 출시 근처에도 가지 못한 상태라는 사실을 깨달았다. 1998년 1분기 실적은 재앙에 가까웠다. 던랩이 약속한 지속적인 성장 압력을 이기지 못한 선빔의 책임자들은 공급자들에게 대금 지불을 유보하고 신뢰성이 심히 의심되는 회계 정책을 적용하기 시작했다. 이러한 경우 1, 2분기 정도는 회사의 이익을 부풀릴 수 있으나, 최종 결산에는 훨씬 악화된 수치가 나오기 마련이다. 1997년 말, 선빔이 이익을 낸 것은 신제품이 아닌 교묘한 회계 정책 덕분이었다.[25]

회사를 매각하려는 던랩의 계획은 고평가된 선빔의 주식과 저조한 기업 실적으로 비틀대고 있었다. 따라서 그는 선빔이 인수할 수 있는 회사를 필사적으로 찾았다. 선빔이 다른 회사를 인수 합병할 경우 선빔의 열악한 재무 상황을 위장할 수 있었기 때문이다. 1998년 2월 말, 그는 캠프 장비 제조사 콜맨Coleman, 연기 탐지기 제조사 퍼스트 얼러트First Alert, 커피 메이커 제조사 미스터 커피Mr. Coffee를 같은 날 인수한다고 발표했다. 발표와 더불어 선빔의 주식은 역대 최고가를 경신했다.[26]

던랩은 회사채를 발행해 인수 자금을 조달하려고 했다. 회사채를 발행하려면 투자은행들이 기업을 탐방해 현황을 파악하는 절차가 필요했다. '실사

Due diligence'라는 용어로 알려진 이 절차에서, 선빔의 실적이 형편없고 앞으로 더욱 악화될 것이라는 사실이 드러났다. 선빔이 단기 실적을 부풀리기 위해 써먹은 여러 가지 방법 중에는 대폭 할인된 가격으로 제품을 선구입하도록 구매자들을 종용하는 수법이 들어 있었다. 이에 재고가 엄청나게 쌓여 있던 구매자들은 더 이상 선빔 제품을 구매할 필요가 없었고, 그 결과 선빔의 매출액은 절반 이상 급감했다. 던랩은 선빔의 1분기 실적이 자신의 예상과 다르다고 발표해야 하는 상황이었다. 선빔의 주식은 폭락했다. 그러나 아직 던랩에 대한 시장의 신뢰가 살아 있어 손실을 최소화할 수 있었다.[27]

던랩이 쌓은 모래성은 1998년에 무너지기 시작했다. 1분기에 선빔의 수익은 급감했고, 회사는 4400만 달러 이상의 손실을 기록했다. 던랩의 성미와 기질로 인해 하나 둘 회사를 떠나기 시작하면서 경영진은 급격히 무너지기 시작했다. 4월, 쇼어는 폭락하기 시작한 선빔의 주식에 부정적인 의견을 달았다. 언론 또한 처음으로 던랩을 비난하기 시작했다. 『포브스Forbes』는 의문스러운 회계 정책을 두고 던랩을 비난했다. 마이클 프라이스의 던랩에 대한 신뢰 또한 무너지기 시작했다. 6월에 집계된 1998년 2분기 실적은 1분기에 비해 더 떨어졌다. 며칠 후 저명한 금융계 잡지인 『배런스Barron's』에는 던랩이 회사를 맡은 후 일군 모든 성과는 의문스러운 회계 정책의 결과임을 폭로하는 기사가 실렸다. 이 기사는 선빔의 최종 부도를 가져왔다.[28]

6월 9일, 선빔의 주가는 3월에 기록한 역대 최고가 대비 60퍼센트가 날아간 상태였다. 그날 던랩은 선빔의 이사들을 만나 『배런스』에 실린 기사의 대책을 논의했다. 이사회는 2분기 선빔의 재무 성과를 질의했다. 던랩은 질문을 회피하고 선빔의 주요 주주 가운데 한 명인 로널드 페럴먼Ronald Perelman이 선빔의 주가를 떨어뜨리려는 음모를 벌이고 있다고 주장하면서 자신을 지지해 주지 않으면 퇴사하겠다고 이사진을 협박했다. 당연한 의문이겠지만, 이사회는 왜 주요 주주가 자신이 보유한 주식의 가격을 떨어뜨리려 하는지 이해할 수 없었다. 던랩은 회의석상에서 뛰쳐나왔다.[29]

다음 날 선빔의 수석 자문 데이비드 판닌David Fannin은 이사회에 출석해 2분기 실적 수치가 재앙에 가깝다고 말했다. 그는 이사회의 요청에 따라 수치를 좀 더 면밀히 조사했다. 그 결과 분식 회계가 얼마나 광범위하게 이루어졌는지 드러나기 시작했다. 6월 13일, 그는 던랩 모르게 이사회 위원들을 만나 자신이 알게 된 사실을 보고하며 던랩의 신속한 해고를 건의했다. 이사회는 동의의 의사를 표시한 다음, 던랩을 불러 해고를 통보했다. 놀랍게도 던랩은 이러한 위기 상황에서 자신의 책을 홍보하기 위해 런던으로 떠날 준비를 하고 있었다. 이사회는 조사를 거듭했고, 그날 밤 선빔의 손실이 너무나 막심해 파산을 고려해야 하는 상황이라는 것을 깨달았다. 회사는 휘청대다가 2001년에 파산을 신청했다. 지금 선빔은 미국 그룹인 자덴Jarden의 계열사로 남아 있다. 2002년 던랩은 50만 달러의 벌금을 납부하고, 다시는 공기업의 이사나 임원을 맡아서는 안 된다는 조건으로 미국 증권 거래 위원회SEC와 중재를 마쳤다. 미국 증권 거래 위원회는 킴벌리 클라크 또한 던랩이 경영을 맡았던 당시 분식 회계를 저질렀다고 발표했다.[30]

던랩이 단기간 성과를 낼 수 있었던 비결은 단순했다. 그는 자신의 의사를 관철하기 위해 겁박이라는 수단을 이용했다. 예컨대 그는 선빔에 들어오자마자 인사부장 제임스 윌슨James Wilson을 사무실로 불렀다. 윌슨이 사무실에 들어오자 던랩은 그를 향해 의자를 던지고, 쉴 새 없이 욕설을 퍼붓고, 계속 말을 가로막으며 사무실에서 쫓아 버렸다. 윌슨의 부서에 속한 직원 수십 명은 사무실 밖에 서서 이 소리를 다 들어 버렸다. 나올 법한 반대 목소리를 제압한 던랩은 대부분의 이사들이 의구심을 가질 수밖에 없는 전략을 이용해 엄청난 단기 성과를 거둘 수 있었다. 그리고 성과를 거둔 다음에는 회사가 무너지기 전에 퇴사를 준비했다.[31]

던랩의 이야기는 비여과형 최극단 지도자를 선택할 때 조직이 얼마나 망가질 수 있는지를 알려 주는 완벽한 사례다. 그의 성공은 오랜 기간 검증을 받았다면 실체가 드러났을 단기 성과에 바탕을 두고 있었다. 그의 경영 방법과 접근 방식에 대한 핵심 정보들이 밝혀졌다면 결코 지도자의 위치에 설 수 없었을 것이다. 그러나 이러한 사실은 영영 밝혀지지 않았고, 권력을 얻게 된 그는 자신이 구해야 할 조직을 파멸로 이끌었다.

제이미 다이먼

제이미 다이먼은 시가 총액 기준으로 세계 1위의 금융 기관인 JP모건체이스JPMC의 CEO이자 이사회 의장이다. 그는 분명 민간 금융 분야에서 가장 영향력 있는 인물이며, 1998년 자신이 창립한 시티그룹으로부터 해고당했던 뼈아픈 기억에도 불구하고 이처럼 돋보이는 지위를 구축하고 있다. 그는 시티그룹에서 해고당한 이후 뱅크원Bank One의 CEO로 취임했다. 그는 뱅크원을 JP모건체이스에 매각하는 딜을 주도했고, 합병된 회사의 CEO를 맡게 되었다. 『기업의 구원자를 찾아서Searching for a Corporate Savior』라는 책에서 라케시 구라나Rakesh Khurana는 다이먼을 고용하게 된 과정을 설명하고 분석한다. 이 책은 오늘날의 회사에서 어떻게 여과 과정이 작동하는지를 독특하고도 탁월한 시각으로 해석한다. 다이먼의 지도력은 2008년 금융 위기에 엄격한 시험대에 올랐다. 유례를 찾기 힘들었던 시장의 혼란 속에서 회사가 성공적으로 살아남으려면 남다른 지도력이 필요했고, 다이먼은 이러한 필요에 멋지게 응답했다. 그러나 4년 후 다이먼이 미친 영향은 정반대의 효과를 초래했다. 그가 시도한 일부 개혁안 탓에 JP모건체이스는 수십억 달러의 손실을 입었다.

짧은 공백기를 거친 화려한 발돋움

다이먼은 아버지와 할아버지 모두 은행가 경력을 보유한 은행가 집안의 아들로 태어났다. 그는 1978년 터프츠 대학교에서 최우수 졸업자에게 수여하는 숨마 쿰 라우데summa cum laude를 받았고, 소규모 컨설팅 회사에서 2년간 근무한 다음 하버드 경영대학원에 입학해 상위 5퍼센트에 드는 우수한 성적을 기록했다. 친구의 아버지이자 아메리칸 익스프레스American Express 이사회 의장이었던 샌디 웨일Sandy Weill은 그를 자신의 비서로 고용했다. 웨일이 아메리칸 익스프레스 내부의 권력 투쟁에서 패배하고 사임의 길을 택한 뒤 다이먼이 그 자리를 이어받았고, 웨일은 커머셜 크레디트Commercial Credit의 CEO로 취임했다. 이 회사는 컨트롤 데이터Control Data라는 회사의 소매 금융 부문 계열사로, 저조한 실적을 기록하고 있었다. 웨일은 이 회사를 맡아 스핀 오프*를 주도했다. 다이먼은 이 딜에 대한 리서치와 기획에 핵심적인 역할을 담당했다.32

웨일과 다이먼은 커머셜 크레디트를 개혁했고, 다이먼은 이 과정에서 남다른 매력, 야망, 불같은 성미를 합쳐 놓은 인물로 이름을 날렸다. 1987년,

---

* Spin-off, 회사 분리를 의미한다.

주식 시장이 붕괴하면서 대부분의 금융 회사들은 가치가 떨어졌고, 웨일은 일련의 인수 합병을 단행해 이제 막 꽃을 피우기 시작한 금융 그룹, 프리메리카Primerica를 합병했다. 그는 합병 이후에도 피인수 회사의 사명을 사용했다. 다이먼은 몇 개 회사에서 중책을 맡았으나, 처음에는 웨일의 홍보맨으로 알려져 있었다. 그러나 이러한 전반적인 인식은 1991년, 웨일이 35세에 불과한 다이먼을 프리메리카의 대표이사에 앉히면서 뒤바뀌었다. 이 자리에서 그는 경영인으로서 엄청난 명성을 쌓고, 신속한 의사 결정의 대명사로 이미지를 구축했다.[33]

1992년, 프리메리카는 트래블러스 인슈런스Travelers Insurance에 대규모 투자를 감행했다. 1993년 웨일과 다이먼은 아메리칸 익스프레스로부터 시어슨Shearson이라는 메이저 증권사를 매입하려고 했다. 회사가 성장하면서 다이먼은 자신의 권한과 재량을 꾸준히 확대했다. 그는 이후에도 여러 차례 추가적인 인수 합병을 시도했고, 트래블러스를 합병하면서 사명을 트래블러스로 바꾸기에 이른다. 그러나 웨일과 다이먼의 관계는 시들해지기 시작했다. 언론이 다이먼에게 더 많은 관심을 보이고, 다이먼의 재량이 늘어나면서 멘토의 뜻을 거스르는 일이 종종 발생했기 때문이다. 두 사람의 갈등은 다이먼의 부하 직원으로 일했던 웨일의 딸이 승진을 빨리 안 시켜 준다는 이유로 회사를 떠나면서 더욱 악화되었다.[34]

웨일과 다이먼이 경영을 맡은 트래블러스는 수익성에서 신기록을 달성해 최고의 명성을 자랑하는 세계 최대 은행 중 하나인 시티코프Citicorp의 아성을 위협하기 시작했다. 시티코프의 CEO 존 리드John Reed는 트래블러스와 합병해 사명을 시티그룹으로 바꾸기로 동의했다. 웨일과 리드는 시티그룹의 공동 대표이사를 맡기로 협의했다. 그러나 웨일은 신설 회사의 이사회에 다이먼을 들이지 않았고, 이는 다이먼이 시티그룹의 CEO가 될 수 없다는 분명한 의사 표시였다. 시티그룹은 대공황 이후 미국에 처음 등장한 유니버셜 뱅크*이자 세계 최대 금융 기관이었다. 시티그룹의 탄생 이후 유사한 인수 합병 사례가 우후죽순처럼 등장하기 시작했다.[35]

웨일과 다이먼의 관계는 1998년 10월, 그린브리어Greenbrier의 회사 소유 별장에서 열린 합병 기념 파티에서 돌이킬 수 없는 파국을 맞는다. 무도 시간에 다이먼에게 충성을 바치던 스티브 블랙Steve Black은 두 진영의 어색한 관계를 풀어 보고자 웨일과 리드 쪽 사람인 데릭 모언Deryk Maughan의 아내에게 춤을 추자고 제안했다. 두 사람이 춤을 추러 나갔으나 데릭 모언은 이 제안에 화답하기를 거부하고, 블랙의 아내에게 춤 신청을 하지 않았다. 홀로 남겨진 블랙의 아내는 당황해서 울음을 터뜨렸다. 블랙은 춤을 멈추고 달려와 아내를 달랜 다음, 모언 앞으로 가서 욕을 퍼부었다. 모언의 아내도 따라와 블랙에게 무슨 일인지 자초지종을 물었다. 다이먼은 블랙을 끌어내고 모언과 마주 선 다음, 방금 전에 한 행동을 설명해 보라고 말했다. 모언이 대답을 거부하고 등을 돌리자, 다이먼은 셔츠의 단추가 떨어질 정도로 모언의 팔을 세게 움켜쥐었다. 모언의 아내는 다이먼이 남편을 때린다고 소리 질렀고, 주변 사람들이 와서 두 사람을 뜯어말렸다. 다음 날 다이먼이 모언을 찾아와 화해를 시도했지만 모언은 거절했다. 시티그룹의 이사진은 말 그대로 벌집을 쑤신 듯 이 소문을 듣고 웅성대기 시작했다. 며칠 후, 웨일과 리드는 다이먼에게 사직을 권고하기로 마음먹었다. 다이먼은 42세의 나이에 난생처음으로 실업자가 되었다. 그러나 다이먼을 해고한 이

---

* 예금, 대출 등 은행 본연의 업무뿐 아니라 신탁, 리스, 팩토링, 보험, 할부 금융, 투자 신탁 등 모든 금융 업무를 할 수 있는 은행을 가리킨다.

후 그가 맡은 회사들과 시티그룹의 성과를 비교해 보면, 그를 해고한 결정은 시티그룹의 주주들에게 2000억 달러에서 3000억 달러의 희생을 초래한 셈이었다.[36]

다이먼은 1년 이상 금융계를 떠나 있었다. 1999년, 시카고에 소재한 뱅크원은 어려움에 처해 있었고, 새로운 CEO가 필요했다. 뱅크원의 이사회는 다섯 명의 후보를 염두에 두고 있었다. 여기에는 뱅크원에서 오래 근무한 번 이스톡Verne Istock도 포함되어 있었으나, 가장 유력한 후보는 다이먼이었다. 2000년 2월 다이먼은 이사회에 출석해 두 시간가량 프레젠테이션을 진행했고, 이사회는 그의 발표에 깊은 인상을 받아 그를 CEO 후보 1순위에 올려놓았다. 여전히 이스톡을 지지하는 이사들도 있었으나, 이사회는 주저하지 않고 다이먼을 CEO로 영입했다. 뱅크원의 주식은 처음에 폭등했으나 어느새 예전 수준으로 돌아갔다. 다이먼은 이사회 구성원을 자기 사람으로 바꾸고, 시티그룹에서 같이 일했던 사람들을 고위 임원에 앉히면서 회사의 경영권을 장악하기 시작했다.[37]

다이먼은 강력한 비용 절감을 주도했다. 그가 정한 1순위 목표는 예기치 못한 손실을 충당하기 위해 자본 준비금을 확충하는 것이었다. 2003년 그는 JP모건체이스가 뱅크원을 인수하도록 협상을 개시했다. JP모건체이스는 2000년대 초에 병합의 산고를 거쳐 탄생한 시티그룹에 뒤이은 유니버설 뱅크였다. JP모건체이스의 CEO 윌리엄 B. 해리슨 주니어William B. Harrison Jr.가 뱅크원을 합병 대상 회사로 삼은 이유 중 하나는 다이먼을 차기 CEO로 삼고 싶었기 때문이다. 합병은 2004년 1월 14일에 공표되었다. 새로 탄생한 JP모건체이스는 미국 내에서 시티그룹에 이어 자산 규모 2위를 자랑하는 대형 은행으로 발돋움했다. 놀랍게도 JP모건체이스는 뱅크원을 인수하면서 가격 프리미엄을 14퍼센트밖에 쳐 주지 않았다. 이는 몇 달 후 와코비아Wachovia가 사우스트러스트South Trust를 인수하면서 인정해 준 20퍼센트에 턱없이 모자라는 금액이었다. 또한 협상 조건에는 다이먼이 해리슨 밑에서 부사장을 맡고, 2년 후에는 CEO를 물려받는다는 내용이 들어 있었다. 이러한 조건은 다이먼이 CEO를 차지하기 위해 회사의 가치를 낮게 산정했다는 비난을 불러일으켰다. 실제로 다이먼은 다른 잠재적 인수자들을 찾아 더 높은 가격을 요구한 적이 없었다. 따라서 이러한 비난은 나름의 설득력을 갖고 있었다.[38]

다이먼은 6개월을 앞당겨 해리슨의 자리를 물려받았다. 그는 JP모건체이스에서도 뱅크원과 똑같은 접근 방식을 취했다. 그는 고위직을 자신의 측근들로 교체하고, 엄격한 비용 절감 프로그램을 개시하며, 경영 성과를 개선하고, 엉성한 조직 체계와 복잡한 업무 프로세스를 통합했다.[39]

다이먼이 CEO로 발탁될 수 있었던 것은 회사가 훌륭한 '카리스마'를 지닌 지도자를 찾았기 때문이다. 이사회가 CEO로 염두에 두고 있는 후보군은 아주 적은 숫자에 불과했다. 이사회에서는 후보들이 뱅크원의 CEO로서 필요한 특별한 자질을 갖추고 있는지 평가하지 않은 것이나 마찬가지였다. 대신 그들은 '지도자의 자질'을 갖추었는지 검증되지 않은 인물을 찾았다. 다이먼이 합류하기 전까지 이사들 대부분은 그를 짧은 시간 접해 본 것이 고작이었다.[40]

다이먼은 월스트리트의 전설인 샌디 웨일과 함께 일했고, 모든 성과를 그와 일하던 당시에 달성할 수 있었다. 같이 일하면서 다이먼은 항상 웨일의 그늘에 가려진 2인자로 머물렀다. 그들은 15년을 함께 일했으나, 웨일은 그 이상을 넘기지 못하고 또 다른 금융계의 대부 존 리드와 의기투합해 그를 해고했다. 다이먼은 회사의 특별한 수요에 부합할 인물이라는 합리적인 검증 없이, 신망이 두터운 회사 내 후보를 제치고 CEO 자리를 차지했다. 다이먼은 외부에서 영입한 대부분의 CEO와 마찬가지로 비여과형에 속했고, 최극단 지도자가 될 가능성이 높았다.

성공과 실패: 지도자로서의 다이먼

다이먼이 경영을 맡은 JP모건체이스는 2008년 금융 위기를 초래한 모기지 시장에서 적극적인 영업을 개진하고 있었다. 그러나 다이먼은 "경기 침체가 없기를 바라고 사업을 해서는 곤란하다"라는 말을 반복하며 불경기에 대한 대비 방안을 꾸준히 걱정했다. 그는 자신의 팀에게 실업률 10퍼센트를 가정한 극도의 불경기를 대비해야 한다고 주장했다. 첫 2년간, 라이벌 은행들의 실적이 JP모건체이스를 추월하면서 그의 지도력은 도마에 올랐다. 다른 은행들이 모기지 시장에 더욱 깊이 뛰어들어 이익을 늘려 갈 동안 다이먼은 모기지에 대한 비중을 줄이라고 지시했다. 2006년 JP모건체이스는 월스트리트 은행들 중 부채 유동화 증권^{CDO} 발행 부문에서 19위에 머물렀다. 부채 유동화 증권은 다가오는 금융 위기의 주범이었으나, 당시만 해도 이처럼 저조한 성적을 접한 사람들은 그의 지도력을 더욱 의심할 수밖에 없었다.[41]

다이먼을 둘러싼 여건은 더욱 악화되었다. 2006년 10월, 다이먼은 JP모건체이스가 대출한 서브프라임 론의 디폴트율이 높아지고 있다는 사실을 감지했다. 그는 120억 달러 이상의 서브프라임 모기지론을 처분하고, 서브프라임 시장에 대한 익스포저* 비율을 계속 낮추라고 지시했다. 이러한 조치

---

* 특정 투자 대상이나 일정 거래 상대방에 노출되는 정도를 의미한다.

는 JP모건체이스의 투자은행 부문 수익을 2006년에 비해 0.1퍼센트 감소시키는 데 일조했다. 그러나 경쟁사들의 이익은 연일 고공행진을 벌이고 있었다. 다이먼이 고삐를 죄고 있을 당시, 웨일을 대신해 시티그룹의 CEO로 취임한 척 프린스Chuck Prince는 시티그룹이 모기지 시장에 머무르는 이유를 "음악이 연주되는 시간에는 일어나 춤을 추는 게 맞는 겁니다"라는 말로 설명했다. JP모건체이스의 2007년 실적은 반등했으나, 다이먼의 마법의 손길은 효력을 잃은 것 같았다.[42]

2008년, 금융 시장이 붕괴하면서 지금껏 비난에 시달렸던 다이먼의 보수적 접근은 남다른 경쟁력을 발휘하기 시작했다. 과도한 레버리지와 엄정하지 못한 회계 정책은 금융 위기를 초래한 주범이었다. 그러나 JP모건체이스는 다이먼의 명시적인 지시로 말미암아 경쟁 은행들에 비해 레버리지 비율이 작을뿐더러, 회계 정책도 정직했다. 다이먼의 말에 따르면, JP모건체이스는 '요새 같은 재무제표'를 갖고 있었다. 다른 은행들의 CEO들은 과도한 성장 압박에 시달리고 있었다. 그러나 성장을 할 수 없는 시점도 있고, 성장을 원해서는 안 되는 시점도 있기 마련이다. 성장에는 부실한 고객 및 과도한 리스크와 레버리지가 수반된다. 다이먼은 경쟁자들과 정반대 행보를 취한 결과, 경쟁자들이 상상하기조차 힘든 시점에 완벽한 기회를 잡을 수 있었다.[43]

첫 기회는 3월에 찾아왔다. 다이먼은 메이저 투자 은행 중 하나인 베어스턴스Bear Stearns의 CEO, 앨런 슈워츠Alan Schwarz와 접촉했다. 슈워츠는 다이먼에게 현금이 바닥났고 파산 직전이라고 고백했다. 미국 재무부와 연방 준비 위원회는 베어스턴스를 구제하기로 결정했으나 이를 인수할 정도의 체력을 갖춘 은행은 다이먼의 JP모건체이스가 유일했다. 분명 부러움을 살 만한 상황이었고, 그의 팀은 이 딜에 달라붙어 5천억 달러라는 수치가 등장하는 베어스턴스의 재무제표 분석을 며칠 만에 마쳤다. 분석 결과를 받아 본 다이먼은 뉴욕 연방 준비 위원회 이사장인 티머시 가이트너[Timothy Geithner]에게 인수가 어렵겠다는 뜻을 두 번이나 전달했다. 그는 베어스턴스의 인수로 10억 달러 이상 290억 달러 이하의 손실을 입을 경우 정부가 손실 전액을 보전한다는 조건을 끌어내면서 잠재적 리스크를 현저히 줄일 수 있었다.[44]

2008년 9월 또 한 번의 기회가 찾아왔다. 그는 시애틀에 본사를 둔 워싱턴 뮤추얼사를 1순위 인수 대상으로 점찍은 상태였다. 워싱턴 뮤추얼이 서브프라임 모기지 사태로 자본 확충을 하지 않으면 파산할 수밖에 없는 위기에 처하자, JP모건체이스는 20억 달러 미만의 가격으로 워싱턴 뮤추얼의 자산을 매입할 수 있었다. 이번에도 채무는 연방 정부에서 보증하는 조건이었다. JP모건체이스는 피인수 은행의 가치 일부를 떼어 그에 맞는 가격으로 인수한 셈이었다. 물론 JP모건체이스도 다른 금융 기관들과 마찬가지로 2008년에 상당한 손실을 입었으나 대부분의 은행들에 비해 고비를 무사히 넘길 수 있었다.[45]

JP모건체이스는 금융 위기를 겪으면서 상당한 손실을 입었고, 다이먼과 그의 팀 또한 여러 가지 실수를 저질러 비싼 대가를 치렀다. 그러나 2008년 말에 JP모건체이스의 투자 은행 순위는 매출액 기준으로 네 개 분야에서 1위를 기록했다. 그를 해고했던 시티그룹이 파산 위기에 허덕이며 주가가 1달러 언저리로 폭락하는 동안, JP모건체이스는 부동의 업계 1위로 올라섰고, 다이먼은 금융권에서 가장 영향력 있고 가장 존경받는 인물로 부상했다. 오바마 대통령도 그의 경영 방식을 칭찬했다. 2009년 5월, JP모건체이스는 대학생들이 가장 선호하는 직장에서 골드만삭스를 제치고 1위를 차지했다.[46]

그러나 2012년에 다이먼의 입지는 크게 흔들렸다. 2005년, 다이먼은 이나 드루Ina Drew를 JP모건체이스의 CIO로 임명했다. 다이먼은 하이일드high yield 자산에 모험적인 투자를 감행해 수익을 창출하라고 드루를 종용했다. 이 전략은 5년간 엄청난 효과를 거둘 수 있었다. JP모건체이스의 투자 부서는 금융 위기 이후에도 지속적인 위험 감수 전략을 펼치며 투자 규모를 늘려 나갔다. 심지어 다이먼은 직접 나서 어떤 포지션을 취할지 지시하기도 했다. 언론은 비정상적으로 늘려 놓은 포지션에 우려를 표명했으나, 2012년 4월에 다이먼은 이를 '찻잔 속의 태풍'에 지나지 않는다고 단언했다. 한 달이 채 지나지 않아 그는 해당 투자로 수십억 달러의 손실을 입었다고 발표했다. 다이먼은 투자 부서의 전략이 "복잡하고 허점투성이에, 검토가 빈약하고, 실행도 엉망이고, 감독도 부실했다며", "스스로 자초한 터무니없는 실수"라고 고백했다. 그가 투자 부서의 리스크에 무관심했던 것은 2008년 금융 위기 이전에 탁월한 리스크 관리로 엄청난 칭찬을 받았기 때문이다.[47]

존 메이너드 케인스는 "건전한 은행가는 위험을 예견하고 이를 피하는 사람이 아니라 다른 사람들과 비슷하게 망가져 아무런 비난을 받지 않도록 처신하는 사람이다"라는 유명한 글귀를 남겼다. 이 기준에 따르면 다이먼은 건전한 은행가가 아니었다. 2008년, 그는 경쟁자들에 비해 탁월한 솜씨로 위험을 회피했다. 그러나 2012년에는 오직 그만의 실수로 비난을 뒤집어썼다.[48] 놀랍게도 2008년에 놀라운 성과를 일군 그의 자질은 2012년에 극적으로 반전돼 정반대 결과를 가져왔다. 이러한 결과는 LFT의 가정을 고스란히 증명해 준다.

다이먼의 사례는 비여과형 CEO가 얼마나 큰 성과를 이룰 수 있는지 보여 주지만, 최고의 CEO라도 중대한 실수를 범할 수 있다는 점을 아울러 드러내고 있다. 여과형 지도자라면 이러한 실수를 범하지 않을 것이다. 금융 위기

이전까지는 그의 보수적인 접근과 비용 감축, 영리한 딜 협상으로 대부분의 경쟁사들에 비해 훨씬 온전히 회사를 보전할 수 있었다. 놀랍게도 이러한 자질은 뱅크원의 이사회가 그를 영입하기로 결정하는 데 거의 영향을 미치지 않았다. 그러나 그 어떤 이사회 위원도 그를 영입한 결정을 후회했을 리 없다. 그는 라이벌 금융 기관들과 완전히 다른 방향으로 JP모건체이스를 경영하면서 주주와 직원은 물론 자기 자신의 이익에 충실할 수 있었다. 그러나 금융 위기 이후에는 이전의 승리에서 비롯된 자신감에 도취되어 그전과 똑같은 행보를 취했고, 결국 엄청난 실수로 마지막을 장식했다. 이는 최고의 지도자가 행사하는 영향력이라도 양날의 검이 될 수 있음을 보여 준다.

평가

선빔과 뱅크원(JP모건체이스의 전신) 모두 최고의 지도자를 찾았으나, 두 회사의 결과는 전혀 다른 방향으로 흘러갔다. 던랩은 선빔을 망쳤지만 다이먼은 대공황 이후 최대 금융 위기 속에서 JP모건체이스를 무사히 끌고 나갔다. 라케시 구라나는 이사들이 CEO 영입 리스크를 지나치게 경시한다고 지적했다. 던랩의 이야기는 이러한 발견을 재확인해 준다. 이사회는 불완전한 정보에 기해 외부인들을 평가할 수밖에 없고, 이는 곧 내부 인사에 비해 이들을 여과하기 어렵다는 이야기다.[49]

그러나 다이먼의 이야기는 이러한 발견을 어느 정도 바꾸고 있다. 외부 CEO가 사업 구도를 완전히 바꿀 것이라는 이사회의 희망은 결코 허황된 것이 아니다. 다이먼은 시티그룹에서는 여과되어 탈락했으나, 뱅크원을 통해 부활하면서 2008년에는 딱 그 위치에서, 딱 맞는 시점에, 딱 적합한 인물이 될 수 있었다. 다이먼이 CEO에 오른 과정에 개입한 그 누구도 금융 위기를 예측해서 그를 선택하지 않았다. 만일 이러한 금융 위기가 일어나지 않았다면 남다른 지도력에도 불구하고 이상한 지도자로 각인되었을 것이다. 위대한 비여과형 CEO를 발견하려고 노력하면 그 대가를 얻을 수 있다. 하지만 미래를 위해 '딱 맞는' 특질을 지니고 있는지 잘 모르면서 딱 맞는 지도자를 선택해야 하는 부담이 있다. 딱 맞는 비여과형 CEO를 운 좋게 선택해 아무리 훌륭한 성과를 낸다고 하더라도 그가 직책을 맡을 동안에는 감시 감독 대상이 될 수밖에 없다. 다이먼 또한 이러한 이유로 CEO와 이사회 의장직을 수행하는 데 불필요한 어려움을 겪었다. 비여과형 CEO는 다이먼과 마찬가지로 성공을 거둘 수도 있으나 던랩과 마찬가지로 재앙에 가까운 실패를 겪을 수도 있다. 비여과형 지도자를 고르는 것은 현명한 선택이 될 수 있으나 눈을 크게 뜨지 않으면 위험할 수 있다.

...

과학: 주다 포크먼과 '정상 과학'

...

토머스 쿤Thomas Kuhn은 역작 『과학 혁명의 구조The Structure of Scientific Revolutions』에서 '정상 과학'의 개념을 소개했다. 정상 과학은 일반적 공리(이를 '패러다임'이라고 부른다)의 세부 사항들을 속속들이 충족하며, 이러한 공리의 본질적인 구성 요소에 이의를 제기하지 않는다. 정상 과학에 바탕을 둔 실험은 보수적인 속성을 띠어 지배

적인 패러다임을 공유하는 과학자들의 지지를 받을 가능성이 높다.[50]

그러나 기존 패러다임이 틀리는 경우도 있다. 문제는 지배적인 패러다임 속에서 활동하는 사람들이 이 패러다임을 언제 바꿔야 할지 모른다는 것이다. 패러다임이 제대로 작동하는 순간에는 교체 시점을 알기가 어렵기 때문이다. 더 큰 문제는 교체해야 할 패러다임이 무엇인지 알기가 거의 불가능하다는 것이다. 기존 패러다임을 대체할 패러다임들은 무수히 많고, 대부분의 '비정상 과학'은 틀릴 확률이 높기 때문이다.

몇 세기의 연구가 누적된 현대의 패러다임은 엄청난 영향력을 지니기 마련이다. 현대의 패러다임은 모든 것을 설명할 수 없을지 몰라도 많은 것을 설명할 수 있으며, 그 분야에 속한 대부분의 사람들은 일반적으로 통용되는 패러다임을 신뢰한다. 비정상 과학은 과학계로부터 우호적인 반응을 얻기가 어려우므로 새롭고 강력한 패러다임으로 이동하는 데 장애가 된다. 현대의 과학 실험은 비용이 많이 들기 마련이며, 실험에 소요되는 비용은 기관들의 보조금으로 조달하는 경우가 대부분이다. 실험자들은 다른 과학자들로부터 어떤 평가를 받고 있느냐에 따라 보조금 수령이 결정되며(동료 평가peer review라고 불리는 절차) 지배적인 패러다임에 도전하는 실험은 재정 지원을 받기 어려운 경우가 많다.

특정 패러다임이 기존 패러다임에 비해 우월할 가능성은 희박하다. 동료 평가는 틀린 이론에 바탕을 둔 무익한 실험에 돈이 낭비되는 것을 막을 수 있다. 이것이 바로 동료 평가의 역할이지만, 때때로 기존의 지배적 패러다임을 폐기하고 과학에 대한 이해를 대폭 진전시킬 수 있는 연구 실험을 방해하기도 한다. 검토 과정은 최악의 실험과 최고의 실험을 배제하면서도 전반적인 연구의 질을 높여 주는 역할을 담당한다. 과학에 대한 연구비 지원 체계 또한 최극단 지도자를 배제하도록 작동한다.

최극단 과학자들을 배제하는 문제점은 암 연구 분야에서 더욱 두드러진다. 리처드 닉슨Richard Nixon이 1971년에 '암과의 전쟁'을 선언한 이후, 국립암연구소NCI가 지금까지 쏟아부은 돈은 1050억 달러가 넘는다. 그러나 암으로 인한 사망률은 조금밖에 감소하지 않았다. 종양학자들은 국립암연구소의 보조금 배정 과정이 연구에 막대한 지장을 주고 있다고 말한다. 국립암연구소는 혁명적인 제안을 바탕으로 꾸준한 진전을 볼 수 있는 연구에 자금을 지원하고 싶어 한다. 국립암연구소의 검토 위원들은 지원할 수 있는 자금에 제한이 있으므로 성공 여부가 불투명한 실험에 자금을 지원하는 리스크를 선뜻 감수하지 못한다. 어찌 보면 당연한 입장이다. 그러나 중요한 진전을 이룰 수 있는 실험은 가장 불확실한 실험이다. 종양학자들의 말에 따르면 가장 중요한 발견 일부는 연방 검토 위원들로부터 성공할 확률이 희박하다고 평가받은 실험에서 비롯되었다. 이러한 체계를 개혁하려는 움직임이 없었던 것은 아니다. 예컨대 혁명적인 연구를 지원할 용도로 '도전용 보조금'이라는 제도를 만들었으나, 이러한 보조금을 받으려면 100명 가까운 경쟁자를 물리쳐야 했다. 놀라운 것은 장기 인센티브를 보장하는 프로그램이 일반적인 연구 지원 프로그램에 비해 생산성이 훨씬 높았다는 사실이다. 이러한 프로그램은 모든 실험과 연구를 샅샅이 검토하기보다 초반부의 실패를 용인하고 학자들에게 유연성을 보장해 주는 것이 특징이다.[51]

다재다능하고 결단력을 갖춘 최극단 과학자만이 이러한 여과 과정을 깨뜨릴 수 있다. 주다 포크먼은 이러한 과학자의 실례다. 포크먼은 연구에서부터 연구비 조달에 이르기까지 종양 연구 분야에서 전형적인 비여과형 입문자였다. 그는 주류 학계에서 배척된 길을 택해 종양 연구에 엄청나게 이바지

할 수 있었다.[52]

포크먼은 종양학자로 알려져 있으나, 첫 경력을 외과 의사로 시작했다. 그는 오하이오 주립 대학교에 학부생으로 입학했고, 아주 노련한 외과 의사 밑에서 일하게 되었다. 학자이기도 한 이 외과 의사는 연구실에서 일하며 학생들을 가르쳤다. 포크먼은 열아홉 살이라는 어린 나이에 첫 학술 논문을 발표해 수술 중에 환자의 간을 냉각하는 장치를 소개했다. 그는 오하이오 주립 대학교 졸업생으로서는 최초로 하버드 의과대학에 진학했고, 입학 당시 나이가 너무 어려 연령 하한에 예외를 두어야 했다. 또한 그는 하버드 의과대학 재학 시절에 이식형 심장 박동기를 개발했다. 그가 특허를 신청하지는 않았으나 이 디자인을 바탕으로 이식형 심장 박동기가 탄생했고, 3M사가 첫 제품을 시장에 내놓았다.[53]

포크먼은 1957년에 하버드 의과대학을 졸업했다. 이후 매사추세츠 제너럴 종합 병원에서 인턴을 거친 다음, 외과를 선택해 레지던트 과정을 밟았다. 1960년, 그는 해군에 입대해 수혈에 활용할 대용 혈액 개발 가능성을 검토하기 시작했다. 대용 혈액을 시험하려면 인체 밖에서도 자랄 수 있는 조직이 필요했다. 그는 암세포를 이용하기로 마음먹고, 연구 과정에서 종양이 대용 혈액을 먹고 자라다가 직경 1밀리미터가 되는 순간 성장을 멈춘다는 사실을 발견했다. 그러나 이를 살아 있는 동물에 이식하면 아무런 문제없이 성장을 계속했다. 포크먼은 종양이 자라지 못하는 이유를 호흡계와 접촉이 없기 때문이라고 생각했다. 이와 반대로 동물의 거대 종양은 모세 혈관으로 가득 차 있었다. 그는 이것이 무엇을 의미하는지 몰랐으나, 그냥 넘길 수 있는 문제는 아니라고 확신했다. 혈관에 대한 그의 관심은 매우 이례적이었다. 사실상 모든 종양 연구는 암세포를 죽일 수 있는 화학 요법에 맞춰져 있었다. 생리학과 혈관의 움직임은 그 누구의 관심사도 아니었다. 1965년까지 포크먼은 암이 갖고 있는 알 수 없는 요인이 모세 혈관의 성장을 세포 쪽으로 유도하며, 이 요인만 차단하면 암의 성장을 막을 수 있다고 생각했다.[54]

포크먼은 1962년에 해군을 제대하고 보스턴으로 돌아왔다. 그는 매사추세츠 종합 병원에서 1년간 연장 근무를 허락받은 두 명의 레지던트 중 하나였다. 세계 제일의 병원으로 꼽혔던 이 병원의 위상을 생각해 보면 엄청나게 특별한 혜택이었다. 1965년, 그는 수석 레지던트로 전문의 과정을 마쳤다. 이후 보스턴 시티 종합 병원에 외과 의사로 취직하는 동시에 하버드 의과대학에서 교편을 잡았다. 1967년, 그는 서른네 살의 나이에 세계 최고로 꼽히는 보스턴 아동 종합 병원의 수석 외과 의사로 지명되면서 하버드 의과대학의 종신 교수가 될 수 있었다.[55]

포크먼은 새로운 지위를 이용해 혈관이 종양의 성장에서 담당하는 역할을 꾸준히 연구했다. 그는 이 주제를 다룬 기존의 연구가 거의 전무하다는 사실을 발견했다. 그는 이 연구 분야를 가리켜 '혈관 신생angiogenesis'이라고 명명했다. 그는 학생들과 함께 일련의 실험을 단행해 모세 혈관의 성장을 촉진하는 인자가 존재한다는 사실을 밝혀냈다. 그러나 그 인자가 무엇인지까지는 확인할 수 없었고, 실험 데이터는 다른 이들을 납득시키기에 역부족이었다. 그의 보조금 신청과 논문 출판을 승인하는 사람들은 기성 체계에 속한 과학자들이었다. 1966년, 오직 한 저널만이 그의 혈관 신생에 관한 논문 한 편을 실었다. 포크먼은 미국국립보건원NIH으로부터 쥐꼬리만 한 보조금을 받았다. 한 가지 일화를 소개하면, 그에게 잘못 전달된 미국국립보건원 문건에는 다음과 같은 엄청난 내용의 주석이 달려 있었다. "이 금액이 상한선입니다. 우리는 포크먼이 제국을 건설하는 것을 원치 않아요."[56]

포크먼은 곧 주류 학계의 공격에 시달렸고, 보스턴 아동 종합 병원마저 그의 연구가 외과 업무와 관련 없다는 이유로 고운 시선을 보내지 않았다. 1972년에는 단지 두 편의 논문만 출판을 허락받았고, 종양학자들 사이에서는 포크먼을 더 이상 용납할 수 없다는 적대감이 쌓여 갔다. 포크먼 스스로도 혈관 신생 이론이 "다른 과학자들의 광범위한 적대감을 불러일으키고, 조롱과 불신의 대상으로 전락했다"라고 고백했다.[57]

가장 안타까운 것은 종양학계가 포크먼의 이론을 거부하면서 연구비를 타 내기가 극도로 어려워졌다는 현실이었다. 어쩔 수 없이 그는 외부로 눈을 돌려야 했다. 그는 정부 지원금에 의지하지 않고, 1974년에 몬산토 Monsanto를 설득해 지원을 끌어냈다. 이 과정에서 그는 최초로 산학 협동 체제를 이끌어 냈다.[58]

1977년, 그에 대한 기성 종양학계의 거부감이 극에 달했다. 포크먼과 몬산토가 협력하면서 『사이언스 Science』지는 독자적인 조사를 개시했다. 『사이언스』지에 실린 논문은 보조금 검토 위원을 비롯한 익명의 자료를 인용해 혈관 신생 연구의 가치를 폄하했다. 포크먼의 보조금 지원 요청은 계속 거절당했고, 보조금 위원회 위원 중 한 사람은 다음과 같은 의문을 제기했다. "이 가망 없는 연구에 이 정도 자금을 지원했으면 충분하지 않을까요?" 그에게 지원하는 보조금은 '특별한' 심사를 받았다. 포크먼의 보조금 신청을 거절한 한 위원은 그의 연구실을 방문해 "연구가 난센스에 불과해 절대 지원해서는 안 되는 수준이다"라고 독설을 퍼부었다. 포크먼은 공공의 적으로 변했다. 심지어 그가 실험 생물학자들이 모인 콘퍼런스에서 연설을 하려고 일어났을 때 100명 가까운 참가자들이 자리를 뜰 정도였다. 그는 연구실에서 일할 사람들을 모집하기도 힘들었고, 전도유망한 학생들은 그의 밑으로 들어가면 경력을 망친다는 경고를 받았다. 25년 후 노벨상을 수상한 미국국립보건원 대표 해럴드 바머스Harold Varmus는 당시 포크먼의 명성이 최악의 수렁에 빠져 있었다고 회상했다. "그 사람 이름을 처음 들었을 때, 나는 보스턴 하버Boston Harbor의 섬에서 싸구려 셔츠 차림으로 일하는 노동자 이야기를 듣는 줄 알았어요."[59]

포크먼은 너무나 혹독한 비난에 시달려 보스턴 아동 종합 병원조차 그에게 등을 돌렸다. 그는 이 병원을 대표하는 특출한 수석 외과 의사였다. 그러나 사람들은 그가 종양 분야에 괜히 발을 담가 이 병원에서 이룬 업적마저 갉아먹는다고 생각했다. 동료들은 그의 활동에 대한 외부 감사를 요청했고, 병원 이사회는 그에 대해 적대적인 태도로 돌아섰다. 지금까지 진행한 연구가 "업무와 별 연관이 없어 보인다"라는 외부 감사 결과가 나왔고, 동료들 대부분이 이 결과를 옹호했다. 1979년, 보스턴 아동 종합 병원 측은 수석 외과 의사 자리에서 물러나든가, 혈관 신생 연구를 포기하든가, 둘 중 하나를 선택하라고 말했다. 포크먼은 하버드를 떠날까 고민했으나, 그러면 이제 갓 싹을 틔운 분야를 망칠 것이라는 생각에 외과 의사를 그만두는 쪽으로 마음을 굳혔다.[60]

보스턴 아동 종합 병원은 포크먼의 발상이 막 관심을 끌기 시작할 무렵 그에게 등을 돌렸다. 1978년, 포크먼은 혈관을 연구하던 젊은 생물학자, 브루스 제터Bruce Zetter를 자신의 연구실로 들어오라고 설득했다. 브루스는 멘토들의 반대를 무릅쓰고 포크먼과 함께 연구하기로 마음먹었다. 그들이 수행한 실험은 포크먼의 성장 촉진 요소 가설을 증명해 주었으나, 그 요소가 무엇인지는 확인할 수 없었다. 1979년에 이 실험 결과는 『미국국립과학원 회보Proceedings of the National Academy of Sciences, PNAS』에 발표되었다. 이 저명한 저널에 실험 결과가 게재되면서 혈관 신생 이론은 상당한 신뢰를 얻게 되었다. 1980년, 제터와 다른 연구원들은 혈관 신생을 차단하는 것이 가능하다는 사실을 입증해 보였다. 1989년에는 생명공학 회사 제넨테크Genentech에서 일하던 학자들이 24년 전 포크먼이 가설을 세운 성장 촉진 인자를 확인했다. 1998년, 『뉴잉글랜드 의학 저널New England Journal of Medicine』은 혈관 신생 차단제를 사용해 종양을 완벽히 퇴화시킨 환자의 사례를 게재했다. 마침내 2004년에 들어와 미국 식품의약국FDA는 혈관 신생을 타깃으로 삼은 최초의 암 치료제, 아바스틴Avastin을 인가했다. 포크먼이 2008년 1월 14일 심장마비로 사망했을 당시, 그의 발상에 바탕을 둔 약제는 10종도 넘게 시장에 풀렸고, 120만 명 이상의 환자가 항혈관 형성제 처방을 받고 있었다.[61]

포크먼은 의심의 여지없이 비여과형 최극단 과학자였다. 그는 종양학을 공식적으로 연구한 적이 없었다. 그는 연구 성과를 평가하는 여과 과정에서 탈락했고, 일반적인 방식과는 다른 후원 경로를 찾아야 했다. 포크먼은 외과 의사라는 배경이 자신의 이론에 집착할 충분한 이유가 된다고 생각했다. 그는 외과 의사로서 피를 흘리는 종양을 관찰할 수 있었다. 그러나 그를 비난하던 과학자들은 인체에서 분리되어 피를 완전히 빼낸 종양만을 보았을 뿐이다. 포크먼의 일화는 성공 스토리에 속하지만, 성공했기 때문에 사람들에게 기억되는 것이다. 과학계가 기각하는 대부분의 발상들은 틀린 발상들이다. 일반적으로 인정받는 인물들이 틀렸을 것이라는 생각을 품는 사람들이 있다. 이런 우연한 생각에 의지해 모험을 거는 사람들 대부분은 그 분야에서 실패한다. 그러나 포크먼은 옳았고, 그가 아니었다면 혈관 신생이 종양에서 담당하는 핵심적인 역할이 밝혀지기까지 더욱 오랜 시간이 걸렸을 것이다. 실제로 혈관 신생은 종양뿐 아니라 다른 다양한 과정에서도 핵심적인 역할을 담당한다는 사실이 밝혀졌다. 그는 비정상 과학에 가까운 길을

선택한 덕에 남달리 성공한 최극단 과학자가 될 수 있었다.[62]

...

결론

...

지도자 여과 이론은 다양한 상황에서 적용될 수 있다. 피셔, 던랩, 다이먼, 포크먼의 경력은 이러한 가능성을 강력히 시사하는 실례로 손색이 없다. 네 명 모두 정상적인 제도적 여과 과정을 건너뛰어 유력한 지위에 오를 수 있었고, 동일한 상황에 처한 그 누구도 불가능했을 엄청난 영향력을 행사할 수 있었다. 비여과형 지도자들은 정치뿐 아니라 군대, 사업, 과학에 이르기까지 엄청난 이익을 가져오거나 엄청난 해악을 미칠 수 있다.

역사적 측면에서 LFT를 이용하면 오늘날의 세상을 있게 해 준 특별한 인물들을 확인할 수 있다. 이를 확인한 지금, LFT를 이용해 더 나은 지도자를 선택할 수 있는 방법과 현재 지도자들이 배울 수 있는 지침으로 화제를 옮겨 보자. LFT가 발견한 가장 중요한 명제는 지도자를 선택하려는 사람들에게 엄청난 도전을 선사한다. 최고의 지도자와 최악의 지도자를 구분하기 어렵다는 것이 LFT가 전제한 가정이기 때문이다. 당신 또는 당신이 속한 조직이 비여과형 지도자를 선택하는 모험을 감행해야 하는 시점은 언제일까? 성공적인 최극단 지도자를 선택할 가능성을 극대화하는 방법은 무엇일까? 이 책의 마지막 장을 통해 이러한 질문에 대한 해답을 조금이라도 얻을 수 있을 것이다.

제9장

지도력이 초래하는 성공과 비극

지도자 여과 이론은 최고의 지도자와 최악의 지도자가 어디에서 등장하는지를 설명해 준다. 이뿐 아니라 최고의 지도자와 최악의 지도자는 매우 비슷해 보이며, 최고의 지도자를 얻는 과정은 최악의 지도자를 얻는 과정과 본질상 동일하다는 사실을 알려 준다. 이렇게 보면 LFT가 우리에게 별 도움을 줄 수 없어 보인다. 하지만 당신이 어떤 상황에 처하건 최악의 지도자를 선택하고 싶지는 않을 것이다. 그러나 너무나 절박한 상황이거나 리스크를 감수할 만한 이익이 있다면 도박을 감행하고 싶을 수도 있다. 그러한 경우 LFT는 다음과 같은 두 가지 질문에 대한 해답을 제시해 당신을 도와줄 수 있다. 첫째, 최극단 지도자를 선택해야 할 사람들은 누구인가? 둘째, 어떻게 하면 성공적인 최극단 지도자를 얻게 될 가능성을 극대화할 수 있을까?

이 질문에 대한 답은 단순하지 않다. 왜냐하면 답 자체가 당신과 당신의 조직이 처한 특수한 상황에 달려 있기 때문이다. 그러나 LFT는 여전히 무수히 많은 유용한 지침을 제공해 준다. 우선 차기 지도자의 선택을 도와줄 굵직한 지침 6가지를 소개하기로 한다. 그다음으로 차기 지도자를 선택하는 사람들이 이러한 지침을 어떻게 활용해야 하는지 알려 준다. 마지막으로 지도자들에게 직접 제안할 사항을 언급하며, 특히 여과형, 비여과형 지도자의 지위를 의사 결정에 활용하는 방법을 소개한다.

...

지도자 여과 이론의 6가지 지침
...

지침 1: 비여과형 후보자를 평가하는 경우,
생각 이상으로 그에 대해 아는 것이 없다는 사실을 염두에 둔다

LFT의 핵심적인 교훈은 지도자 후보를 평가하기 위해 필요한 정보를 얻기가 생각보다 힘들다는 것이다. 어떤 신념을 갖고 있는지, 얼마나 우수한 경영자인지 등 장래 지도자에 대해 많은 것을 알 필요가 있다. 그들의 개인적인 성향을 아는 것도 중요하므로 다음과 같은 질문을 품는 것이 당연하다. 안정적인 사람일까? 곤란한 상황에서 어떻게 대처할까? 그러한 상황에서 그들 자신의 이익에 초점을 맞출까, 아니면 모든 사람의 이익을 지키려고 최선을 다할까?

이러한 정보는 후보자와 개인적으로 접촉하면서 알게 된다. 한 시간이 아닌 몇 시간 동안 방에 같이 있거나, 며칠이 아닌 몇 년간 함께 지내면서 그의 됨됨이에 눈뜨게 된다. 누군가 그와 방에서 함께 있었다면, 그를 겪어 본 경험담을 다른 사람들에게 말해 줄 수 있다. 물론 이는 다른 사람들을 신뢰해야 가능한 일이다. 후보자에 대한 평가는 오랜 기간 그와 접촉해 본 사람들의 네트워크를 통해 누적된다. 이처럼 조밀한 사회적 네트워크는 신빙성을 더해 주는 동시에 개인에 대한 정보, 달리 말하면 그에 대한 풍문이 형성되도록 도와준다. 잠재적 지도자에 대해 알고 싶은 대부분의 사항들은 설왕설래하는 풍문들과 대략 일치한다.[1]

예컨대 스콧 페이퍼사의 거의 모든 직원들은 선빔 이사회에 던랩의 선택은 최악의 결정이 될 것이라고 말해 줄 수 있었다. 비윤리적인 회계 정책을 비롯해 그의 압제적이고 가학적인 행동은 회사 내부에서 잘 알려져 있었다. 안타깝게도 이러한 정보는 스콧의 폐쇄적인 사회적 네트워크를 뚫지 못했다.

이는 곧 후보자를 판단할 수 있는 많은 정보들이 조직의 경계를 넘지 못한다는 사실을 의미한다. 인터뷰와 자기 소개서는 당신이 알고 싶은 것을 말해 주지 못한다. 그러므로 다양한 상황에서 후보자를 오랜 기간 접해 보아야 한다. 물론 이렇게 하는 것은 쉬운 일이 아니다. 후보자가 처음부터 당신이 속한 조직에 있는 것이 아니기 때문이다. 최소한 당신은 그가 속한 조직에서 회자되는 풍문이 궁금할 것이다. 그러나 당신이 들을 수 있는 풍문은 매우 제한되기 마련이다. 이는 곧 비여과형 후보자들에 대한 심도 있는 정보를 알기가 어렵다는 것을 의미한다.

지침 2: 최빈값 지도자들은 정상적인 여건에서
성공적인 지도자가 되기 쉽다

정상적인 여건에서는 여과형 최빈값 지도자가 유능한 지도자로 자리매김할 가능성이 높다. 이러한 사람들은 비교적 유능하고, 정상적이고, 지적이라고 신뢰할 수 있다. 제퍼슨은 이러한 유형에 전적으로 부합하는 지도자였다. 이러한 지도자는 커다란 영향력을 미치지는 못해도 특별히 찾아오는 기회를 완벽히 잡을 수 있다. 함량 미달 지도자를 선택할 때 얼마나 큰 재앙이 올지 생각해 보면, 탁월한 최극단 지도자를 찾을 때 훌륭한 지도자의 덕목을 무시할 수 없다.

지침 3: 최고의 지도자는 대부분
비여과형 최극단 지도자에 해당한다

최고의 지도자는 대부분 비여과형 최극단 지도자에 해당한다. 여기에는 여러 가지 의미가 내포된다. 비여과형 지도자가 일정한 조직에서 남다른 성과를 올렸다고 해서, 이를 일반화해서는 곤란하다. 경쟁자가 외부인을 영입해 대박을 터뜨렸다고 해서 유사한 외부인이 나에게도 똑같은 결과를 가져오리라는 법은 없다. 다른 선택의 여지없이 최고의 지도자가 필요한 상황을 가정해 보자. 절박한 어려움에 처해 있거나, 경쟁자가 최고의 지도자를 보유하고 있는 상황이라면(물론 이러한 판단에서, 이른바 처칠 딜레마라고 부르는 문제를 고려해야 한다. 일정한 상황에서 특별히 훌륭한 지도자가 될 수 있는 인물이 상황이 바뀌면 최악의 지도자가 될 수도 있다), 비여과형 지도자를 선택하는 모험이 최고 지도자를 얻게 될 유일한 방법이 될 수도 있다.

지침 4: 비여과형 최극단 지도자는
지도자 여과 과정을 건너뛰는 자질 탓에 실패할 수도 있다

우리는 화려한 성공을 경계할 필요가 있다. 우드로 윌슨은 프린스턴의 총장 자리에서 2년 만에 미국의 대통령 자리에까지 올랐다. 이러한 일이 가능했던 것은 무조건적인 승리에 집착하는 성미가 그를 국가적인 유명 인사로 만들어 주었기 때문이다. 그러나 그의 이러한 성미는 대통령직과 총장직을 수행하는 데 장애물로 작용했다.

이는 LFT 가운데 가장 놀랍고 딱 보아도 아닐 것 같은 결론을 부각시킨다. 성공적인 비여과형 지도자라도, 철저히 검증했다면 권력을 주기 힘들었을 만한 성향이나 특질이 발견되는 경우가 종종 있다. 이러한 성품은 그들이 자리에 올랐을 때 원만한 업무 수행을 방해한다. 따라서 지도자의 돋보이는 성과는 돋보이는 실패의 전주곡이 될 수도 있다.

지침 5: 여과형 최빈값 지도자는
여건이 변하면 실패할 수도 있다

여과형 최빈값 지도자는 성격에 결함이 있다거나 무능해서라기보다는 상황이 지도자 여과 과정^{LFP}을 통과할 때와 완전히 다르게 흘러가는 경우에 실패를 경험한다. 체임벌린은 그의 오랜 경력을 통틀어 최소한 상당한 성공을 거뒀다고 평가할 수 있다. 그러나 아돌프 히틀러와 협상하고 그를 이해하는 것은 국내 정치에서 경험하지 못한 완전히 다른 성질의 과제였다. 체임벌린은 최빈값 지도자에 어울리는 대응으로 일관했고, 그와 같은 대응은 당시 상황에서 너무도 적절치 못했다. 최빈값 지도자들은 과거 상황에는 익숙하게 적응하지만, 현재나 미래 상황에는 서투른 모습을 보이기도 한다.

지침 6: LFP 통과에 장애가 되는 특질이 큰 성과를 가져오기도 한다

LFT의 여섯 번째 지침은 윈스턴 처칠의 사례에서 비롯된다. 히틀러에 용감히 맞섰던 그의 본성은 인도 사태와 에드워드 7세의 퇴임 시 자신의 명성을 갉아먹는 요소로 작용했다. 처칠의 판단력에 문제가 있다는 당시 사람들의 믿음은 옳았다. 그러나 그의 이러한 특성은 연합군의 승리에 필요불가결한 요소였다. LFT의 가장 놀라운 마지막 발견은 과거에 틀렸던 인물이 지금 시점에는 옳을 수 있다는 것이다. 과거의 상황과 지금의 상황에서 똑같은 이유를 갖고 있다고 할지라도 정반대 결과가 도출될 수 있다. 혹은 더 넓게 본다면, 성공의 비결이었던 자질 탓에 지도자가 되는 길이 험난했을 수도 있다.

이는 곧 지금껏 특별한 성취를 이루지 못했다고 하더라도 확실히 재능 있는 인물을 무시하거나 버려서는 곤란하다는 의미다. 과거의 상황에 적합하지 않았다고 해도 미래에 여건이 바뀌면 적합한 인물로 부상할 수 있기 때문이다. 이처럼 미래의 상황에 적합한 사람이라면 그 사람을 선택하느냐, 선택하지 않느냐에 따라 조직과 국가의 명운이 결정될 수도 있다.

...

가이드라인 활용하기: 지도자를 선택하는 사람들을 위한 교훈

...

지도자를 선택할 때 이러한 6가지 지침을 어떻게 활용할 수 있을까? 이 장의 초반부에서 지도자를 선택하는 사람이 답해야 할 두 가지 질문이 있다고 언급했다. 비여과형 지도자를 선택하는 모험을 감행할 만한 상황인가? 만일 그렇다면, 적합한 비여과형 지도자를 선택할 가능성을 어떻게 극대화할 수 있을까? 6가지 지침을 활용해 이 두 가지 질문에 대한 답을 도출할 수 있다.

여과형인가, 비여과형인가?

지도자를 선택하면서 LFT가 제시하는 통찰 가운데 한 가지만을 활용해야 한다면, 다음과 같은 명제에 유념하라고 이야기해 주고 싶다. '최고의 지도자'를 고르겠다는 접근 방식은 틀렸다는 것이다. 최고의 지도자를 고르라는 것은 그 어떤 조직에게도 지나친 요구 사항이다. 후보들을 여과해

서 지도자들의 평균적인 수준을 높일 수 있다. 그러나 철학자 칼 포퍼^{Karl}
^{Popper}가 지적했듯이 여과 과정은 "평범한 사람들로 집약되는 결과를 가져
올 수밖에 없다."[2]

지도자 선택은 투자와 마찬가지로 생각할 수 있다. 투자에서는 분산 투
자를 통해 리스크를 줄일 수 있으나 지도자는 한 사람만 선택해야 하므로
분산을 통해 리스크를 줄일 수 없다. LFT에 따르면 지도자 선택의 문제는
온통 위험과 보상을 조절하는 문제라는 사실을 알 수 있다. 누구나 두 가지
상황에서 리스크를 감수하고 싶기 마련인데, 첫 번째는 최고의 지도력만이
조직의 성과를 가져올 수 있는 경우이고, 두 번째는 조직의 목표가 장기 생
존보다 단기 성과를 선호하는 경우이다.

주사위를 굴려야 할 시점은?

당신이라면 어떤 상황에서 도박을 기꺼이 감행하겠는가? 1860년, 미국은
절망적인 상황이었으나 대부분의 시민들은 상황이 얼마나 나쁜지 짐작조
차 못하고 있었다. 최고 지도자만이 장기간 지속되는 위기에서 미국을 구할
수 있었다. 지금 우리는 공화당 전당 대회에서 최고 선택이 이루어졌다는
사실을 알고 있다. 공화당 전당 대회에서는 미연방을 구할 수 있었던 유일한
인물을 용케 찾아냈다. 그러나 당신이 그 시절로 돌아간다면, 동일한 상황
에서 똑같은 선택을 할 수 있었을까? 정상적인 대답은 "아니요"이다. 그러나
지침 3과 지침 5에 착안하면 비여과형 후보자가 옳은 선택이라는 결정을
내릴 수 있다. 수어드와 같은 여과형 지도자는 분리 독립이라는 사태가 유
발한 극도로 다른 환경에 적응하기 어렵고, 링컨과 같은 최극단 지도자만이
승리를 쟁취할 수 있다. 대부분의 비여과형 지도자들 또한 전쟁을 이기기는

힘들었을 것이다. 그러나 연방은 이러한 한계를 극복할 수 있는 유일한 인물을 발견했다.

이를 볼 때 비여과형 지도자를 고르느냐, 버리느냐를 결정하는 첫걸음은 당신이 속한 조직의 상대적 위치를 정직하게 분석하는 데서 시작한다. 외부 CEO들이 기업의 성과를 개선하는 것은 상황이 좋지 않은 기업에서 가능한 일이다.[3] 이는 LFT의 가정과 정확히 일치한다. 비여과형 지도자를 선택하면 조직의 성과가 큰 폭으로 변하기 쉬우며, 최고 성과와 최악의 재앙이 일어날 확률이 모두 증가한다. 당신이 속한 조직이 이미 잘 운영되고 있다면, 이러한 리스크를 감수할 이유가 없고 지침 2를 따르면 된다. 당신이 철저히 평가한 지도자는 분명 최고의 패가 될 수 있다. 설령 기대에 부응하지 못하더라도, 당신이 생각하기에 가장 잘할 수 있다고 생각하는 지도자를 고르는 것이 최선의 선택이다.

그렇다고 해서 전형적인 어려움에 마주 선 조직들이 비여과형 지도자에게 눈을 돌려야 한다는 뜻은 아니다. 지침 1과 지침 4를 기억하라. 나쁜 상황은 더욱 악화될 수 있으며, 작거나 적당한 손실, 또는 커다란 손실이라도 완전한 파멸보다는 나을 수 있다. 따라서 곤란한 정도를 넘어선 절망적인 상황이 최극단 지도자에게 모험을 걸어 보라는 신호가 될 수 있다.

마찬가지로, 경쟁자들이 득실대는 환경에서 군소 조직의 상황은 지배적인 조직과 완전히 다를 수밖에 없다. GE는 잃을 것이 많은 기업이므로 CEO 후보를 평가하는 데 엄청나게 오랜 기간이 걸리는 것이 당연하다. 지침 2는 GE와 같은 기업에 가장 중요하다. 효율성의 보장은 천재를 찾을 수 있는 조그만 가능성에 비해 훨씬 중요하다. GE의 아성에 도전하려는 소규모 기업은 엄청난 도전을 이겨 내야 한다. 단지 유능하다고 해서 성공하기는 어려우며 진정으로 위대한 지도자만이 이러한 과업을 달성할 수 있다.

복잡하지만 중요성에서 버금가는 또 다른 요소가 있다. 당신은 확률은 낮지만 영향력이 높은 결과의 영향을 분석해 보아야 한다. 대부분의 조직은 개연성이 낮은 엄청난 사건에 의해 운명이 결정될 수 있다. 나심 탈레브 Nassim Taleb는 이를 가리켜 '블랙 스완Black Swan'이라고 부른다. 비여과형 최극단 지도자들을 '블랙 스완' 지도자로 생각할 수 있는데, 이러한 지도자들은 권력을 얻을 가능성이 낮은 반면 영향력은 지대하다. 부정적인 블랙 스완에서 유리되어 긍정적인 블랙 스완을 경험한 조직들은 더 기꺼이 도박을 감행하고, 비여과형 지도자를 선택하는 데 더욱 적극적인 태도를 보인다. 이러한 지도자들은 조직에 크게 이바지할 수 있는 반면, 철저히 망가뜨릴 수도 있다. 정반대 상황에 있는 다른 조직들은 모든 후보자들을 철저하게 여과해야 한다.[4]

후원 재단이 입을 수 있는 손실은 제한적이나, 얻을 수 있는 이익에는 제한이 없다. 개별적인 후원의 경우, 예상 가능한 최악의 시나리오는 후원 결과가 무용지물로 돌아가는 것이다. 최대 손실액은 후원한 보조금 전액이지만, 후원으로 얻을 이익은 무한에 가까울 수 있다. 과학 실험의 결과가 예상을 뛰어넘을수록 실험의 의미 또한 확대된다. 놀라운 결과만이 기존 이론을 뒤바꿀 수 있으나, 기존 이론이 교체되어야만 과학의 신속한 발전이 가능하다.

이와 마찬가지로 벤처 캐피털리스트가 회사에 투자할 때 입을 수 있는 최대 손실은 투자금 전액이다. 구글, 마이크로소프트를 비롯한 우량 회사들은 얻을 수 있는 이익이 거의 무한하다는 사실을 보여 주었다. 신생 기업이 성공할 확률이 낮을수록, 벤처 캐피털리스트들의 투자 비용은 줄어든다. 이에 가장 많은 수익을 창출하는 회사는 거의 실패할 것 같던 회사가 성공하는 경우다. 낮게 가치 평가된 회사를 인수한 사람들은 막대한 이익을 창출할 수 있다.

당신이 이러한 상황에 처해 있다면 지침 3과 지침 6에 주목해야 한다. 당신은 검증되지 않은 지도자나 과거에 실패했던, 잠재력 있는 지도자에게 모험을 걸 수 있다. 한 번 대박을 터뜨리면 수많은 실패를 만회할 수 있고, 비여과형 최극단 지도자들은 엄청난 성과를 가져다줄 수 있다.

대부분의 경우에는 홈런을 기대하기보다 재앙을 최소화하려고 노력하는 편이 낫다. 함량 미달의 최극단 지도자는 기존 조직을 무너뜨리거나 위기에 빠뜨릴 수 있다. 따라서 이러한 경우 지침 1과 지침 4를 선택의 근거로 삼는 편이 좋다. 히틀러나 폴 포트와 같은 최악의 지도자는 국민들을 억압하고, 학살하고, 굶길 수 있다. 던랩의 사례가 보여 주듯, 번듯한 거대 기업도 단 한 명의 최극단 지도자가 내린 결정으로 파산에 이를 수 있다. 가장 예외적인 여건에서는 국가 지도자가 기여할 수 있는 폭이 상당히 제한된다. 경제가 빠르게 성장할수록 다른 국가들이 이러한 행보에 제동을 걸기 마련이다. 마찬가지로 거대 기업의 성장 가능성은 경쟁 기업이 존재할 경우 한계에 봉착하며, 거대 기업은 규모가 클수록 성장을 지속하기 어렵다. 이러한 조직은 부정적인 최극단 지도자를 선택할 가능성을 최소화해야 한다.[5]

당신의 목표는 무엇인가?

지도자 여과 과정을 기초로 지도자를 선택하려면 조직의 목적을 염두에 두어야 한다. 조직은 어디까지나 수단일 뿐, 조직 자체가 목적은 아니다. 존속을 시도하는 기업의 목적은 부를 창출하는 것이다. 기업을 포섭하는 법적 체계는 그저 이익을 내는 정도에 그치지 않고, 경제적 이익을 극대화하는 것을 목표로 한다. 정부가 담당하는 역할은 대리인이다. 이상적으로는 모든 국민의 대리인이어야 하나, 소수 엘리트와 한 개인의 대리인 역할을 자처하는 경우도 많다. 그러나 대리인이라는 사실에는 다툼의 여지가 없다. 조직이 만들어지면, 조직의 관심과 내부 동력에 따라 활동 양상이 결정되며, 독자적인 운영을 개시하고 목표를 추구해 나간다.

조직의 목표를 두고 단순하고도 기초적인 질문을 던질 수 있다. 살아남는 것에 만족할 것인가, 압도적인 성과를 원하는가? 압도적인 성과가 목표이고, 참담한 실패를 감수할 가치가 있다면 비여과형 지도자를 고려해 볼수 있다. 살아남는 것이 목표라면(10등 안에 들기보다 100년 지속하는 편을 선호한다면), 철저한 LFP가 더 나은 선택이 될 수 있다.

최고의 조직과 최악의 조직 모두 느슨한 LFP를 유지하는 경향이 있어 최극단 지도자를 만날 확률이 높다. 최고의 조직은 성공한 최극단 지도자를, 최악의 조직은 실패한 최극단 지도자를 다수 경험하기 마련이다. 조직의 성과가 좋지 않을수록 생존 확률은 떨어진다. 이는 곧 느슨한 LFP를 갖춘 많은 조직이 사라지고 그들의 자산이 더 우월한 경쟁자들에게 흡수된다는 것을 의미한다. 거꾸로 생각해 보면, 느슨한 LFP를 갖춘 조직들은 윗사람이 많다. 이 가운데 성공적인 조직은 훌륭한 지도자를 연달아 선택하는 반면, 실패하는 조직은 함량 미달 지도자를 연달아 선택한다. 따라서 조직을 만들거나 시장의 규칙을 수립하는 시점에는 사회 전반에 설립되는 조직의 숫자가 중요한 요소로 작용한다. 수립하는 시장의 규칙은 시장 내의 모든 조직이 차용하는 LFP에 영향을 미칠 수 있다. 서로 먹고 먹힐 수 있는 조직의 수가 많다면 느슨한 LFP에 대한 당근책을 만드는 것도 좋은 아이디어다. 여기에서는 성공한 승리자가 패배자를 흡수하는 것이 핵심이다.

예컨대 정부에서는 기업 지배 구조의 표준 지침을 마련해 이사회가 비여과형 지도자를 손쉽게 선택할 수 있도록 도와주기도 한다. 경제 규모가 크고 복잡할수록, 사기업들의 숫자가 많아지면서 성공적인 최극단 지도자를 몇 명이라도 보유할 확률이 높아진다. 한 대기업이 국가 경제를 좌우하는 중소 국가에서는 최악의 비여과형 CEO가 국가 경제를 망치는 위험을 감수할 수 없으므로 이 자리를 차지할 후보는 철저한 검증을 거쳐야 한다.

마찬가지로, 성공한 회사가 실패한 회사의 자원을 용이하게 흡수할수록 LFP를 사회 구조에 적합한 정도로 유지해 나갈 수 있다. 자원을 흡수하는 비용이 저렴할수록 사회 전체가 느슨한 LFP로부터 더 많은 이익을 얻을 수 있다. 크게 성공한 기업은 사회적 영향력이 지대하지만, 실패한 기업은 이러한 영향력이 비교적 미미하다. 이와 반대로 실패한 기업이 미치는 영향력이 지대하다면, 기업의 실패는 막대한 사회적 비용을 유발하게 된다. 이러한 경우 엄격한 LFP가 선호된다.

성공적인 최극단 지도자 고르기

비여과형 지도자를 선택하기로 마음먹었다면, 여전히 도박에 의지하는 것이고, 이는 곧 도박에서 질 수 있다는 사실을 의미한다. 그렇다면 어떻게 해야 승리할 가능성을 높일 수 있을까? LFT는 긍정적인 최극단 지도자를 선택하고 부정적인 최극단 지도자를 차단할 수 있는 여러 가지 단계를 제공한다. 이 단계를 소개하면 다음과 같다. 1. 속기 쉬운 신호를 피한다. 2. 상황에 후보자를 대응해 보고 상황이 바뀌면 자리에서 끌어내린다. 3. 권력을 쥐기 전에 비여과형 지도자가 했던 말들을 심각하게 받아들인다. 4. 다른 분야에서는 성공적인 여과형 지도자로 인정받았던 인물을 비여과형 지도자로 선택한다. 5. 선택한 지도자를 위한 자리를 준비한다.

속기 쉬운 신호를 피한다

짧은 시간에 이룩한 성과라고 할지라도, 충분히 주목할 만한 성과를 이룬 후보는 지도자에 적합한 인물로 사람들의 입에 오르내릴 수 있다. 이러한 후보자가 짧은 시간에 좋은 성과를 낸 것은 운이 좋아서일 수도 있다. 따라서 여과형 후보자는 오랜 기간 평가를 받을 필요가 있다. 평가자들은 시간을 두고 후보자를 관찰하면서 성공 비결이 운이 좋아서인지, 자질이 뛰어나서인지 구분할 수 있다. 짧은 시간에 이룩한 성과는 오랜 시간에 걸쳐 이룩한 성과에 비해 의의는 떨어지나, 이를 통해 모종의 시사점을 얻을 수 있다.

평가 과정을 건너뛰도록 만드는 기타 요소들로 인해 정보의 신빙성이 떨어질 수도 있다. 예컨대 집안의 재력과 인맥은 후보자가 경력에 비해 실제 능력은 떨어진다는 신호가 될 수도 있다. 재력과 인맥을 갖춘 인물은 고위직에 오르기가 상대적으로 쉽다. 그러나 재력과 인맥은 성과에 따라 능력을 판단하기 어렵게 만드는 요소로 작용한다. 유망하고 재력 있는 사업가 집안 출신의 대통령 후보자를 가정해 보자. 사업에 성공했다는 사실이 의미하는 바는 무엇일까? 그는 이러한 요소 하나하나로 여러 가지 이득을 취할 수 있었을 것이다. 이러한 무임승차는 후보자에 대한 정보의 신뢰성을 떨어뜨리며, 지침 1에서 제기한 문제를 더욱 악화시킨다. 단지 생각보다 적은 양의 정보를 취득하는 것에서 그치지 않고 당신이 알고 있는 사실 자체가 틀렸을 수도 있다는 것이 문제다. 이는 무임승차한 장점 많은 후보자일수록 부정적인 최극단 지도자가 될 확률이 높다는 점을 시사한다. 무늬만 번드르르하고 힘은 별로 없는 직책에 있던 사람들 또한 비슷한 효과를 가져올 수 있다.

많은 벤처 캐피털 회사들은 과거에 회사들을 창립했던 '연쇄 창립가들serial entrepreneurs' 사이에서 새로운 지도자를 발견해 리스크를 최소화하려고 노력한다. 창립가로 성공하기 쉬운 자질과 성향은 분명히 존재한다. 그러나 LFT에 따르면 연쇄 창립가를 선택하는 경우, 다음과 같은 두 가지 단점에 노출될 수 있다.

첫째, 성공적인 연쇄 창립가들 가운데 일부는 환경에 도움을 받은 최극단 지도자에 불과할 수 있다. 국제연맹 협약 비준 사태 이전의 윌슨과, 처칠이 후반부가 아닌 초반부에 히틀러에게 그렇게 대처했다면 어땠을지 생각해 보면 된다. 창립가는 운에 의지하는 바가 크므로 과거의 경험이 제공하는 정보가 생각보다 부실할 수 있다.

둘째, 창립가 경력을 통해 일부 여과 과정을 확보할 수 있다. 연쇄 창립가를 고용하면 실패할 가능성을 낮출 수 있다. 그러나 여과 과정을 거칠 경우 구글, 애플, 마이크로소프트, 페이스북과 같이 남다른 성공을 이룩할 가능성을 희생할 수도 있다.

이 모든 것은 후광 효과에 맞서 싸워야 한다는 사실을 의미한다. 후광 효과란 누군가를 판단할 때 다른 자질을 객관적으로 평가하기보다 어느 한 가지 자질에 경도될 수 있는 경향을 의미한다. 후광 효과는 여과 과정을 통해 차단될 수 있었던 후보자가 여과 과정을 건너뛰도록 도와준다. 후광 효과에 도움을 받은 비여과형 후보자는 여과 과정을 통해 보장될 수 있는 기본적인 자질이 특히 부족할 수 있으며, 비여과형 지도자에게 전형적으로 발

견되는 위험 요소를 갖출 수도 있다.[6]

상황에 지도자를 대응시키기

'최고'의 지도자를 선택하기가 어려운 이유 가운데 하나는 '최고'라는 의미가 명확하지 않기 때문이다. 어찌 보면 이러한 의미는 명확해 보인다. 최고의 지도자는 자신이 속한 조직을 다른 조직에 비해 더 큰 성공으로 이끈다. 이러한 순환 논법은 우리의 결정에 그다지 도움이 되지 않는다. 특히 특정 상황에서는 성공할 수 있는 자질이 다른 상황에서는 실패를 유도하는 경우에 그렇다. 처칠은 히틀러를 상대하기에 적합했으나, 간디를 상대하기에는 부적합했다. 피셔는 영국 해군을 개혁하는 데는 큰 역할을 담당했으나, 그가 속한 조직이 좀 더 보수적이지 않았다면 재앙에 가까운 결과를 초래했을 것이다. 지도자를 선택하는 순간 성패를 결정하는 환경을 모르고, 최고의 지도자는 상황에 적합한 자질을 갖춘 사람이며, 동일한 자질이 다른 상황에서는 실패로 이끌 수 있다는 세 가지 명제하에서 '최고'의 지도자라는 개념은 어디에도 발붙이기 힘들다.

최고의 지도자들은 나름의 특별한 상황에 대처한다. 훌륭한 직원들은 이직과 동시에 실패하는 경우가 잦은데, 성과를 냈던 자질이 과거 회사의 특정한 환경에 좌우되기 때문이다. 마찬가지로 GE 조직의 가장 윗단에 있는 경영자들은 훌륭한 재능을 자랑할 확률이 높으나, 이러한 중역들이 다른 회사로 옮기는 순간 실패하는 경우가 종종 생긴다. 그들이 새로운 회사에서 맡는 직무가 GE에서 맡았던 직무와 비슷할 때는 성공할 확률이 높다. 비여과형 지도자는 여과형 경쟁자에 비해 제대로 평가하기가 어려우나, 당신의 필요를 그들의 능력에 잘 대응시키면 당신과 그들 모두가 윈윈하는 결과를

가져올 수 있다.[7]

지도자를 상황에 맞춘다는 것은 딱 맞는 인물을 선택하는 것 이상의 의미를 지닌다. 상황이 변하면 딱 맞는 지도자가 부적합한 지도자로 변할 수도 있다. 때로는 성공적인 지도자라도 더 이상 직무에 맞지 않으면 자리에서 물러나야 하는 경우가 생긴다. 독일이 항복하자마자 처칠이 총선에서 패배한 것을 보면, 1945년 당시 영국 국민들이 이러한 진리를 이해하고 있었던 것으로 보인다. 성공한 지도자를 내치기가 쉽지 않다는 점을 감안한다면, 최극단 지도자를 선택할 때 임기에 제한을 두는 것도 좋은 대안이 될 수 있다.

이러한 사실을 깨달은 지금, '딱 맞는 지도자'라는 포괄적인 개념을 버려야 한다. 우리가 원하는 지도자는 특정한 맥락에 부합하는 지도자, 위험에 따른 보상을 가장 늘릴 수 있는 지도자다. 공격적으로 대처해야 할 상황이라면, 반대 상황에서 필요 이상으로 호전적인 지도자가 적합할 수 있다. 협상을 요하는 상황이라면, 반대 상황에서 지나치게 유순한 지도자가 필요할 수 있다. 지도력은 맥락에 따라 좌우되며, 특히 비여과형 최극단 지도자의 경우 이러한 측면이 더욱 부각된다. 지도자를 선택하는 것은 서열을 세우는 문제가 아닌 적절한 대응 가능성을 찾는 일이다.

과거의 행동과 의도를 평가한다

LFT에 따르면 지도자들이 권력을 쥐기 전에 한 행동을 통해 시사점을 얻을 수 있다. 권력은 사람들을 바꿀 수 있으며, 어느 정도 바뀌는 방향을 예상할 수 있다. 조직은 보통 공감 능력과 사회적 수완을 보이는 사람들에게 권력을 허락한다. 그러나 일단 권력을 쥐면 공감은 후퇴하고 충동이 앞선다.

권력자들은 권력에 취해 반사회적 인격 장애자가 되기 쉽고, 권력이 없는 사람들을 말살하려 든다.[8]

여과형 지도자를 선택하는 커다란 장점은 지도자를 더 잘 이해하는 것에 국한되지 않는다. 여과형 지도자는 사악하게 변하기가 어렵다. 여과형 후보자는 이미 어느 정도 권력을 쥐고 있으며, 위로 올라갈수록 더 많은 권력을 누리게 된다. 그러나 권력이 늘어난다고 인간 자체가 많이 변하는 것은 아니며, 특히 비여과형 후보자와 비교할 때 더욱 안정적인 모습을 보인다. 역사적으로 대부분의 지도자가 여과형이었다는 사실을 생각해 보면, 이들은 지도자가 된 이후에도 그다지 다른 모습을 보이지는 않았을 것이다. 이는 곧 비여과형 지도자가 직책을 맡을 경우 얼마나 다른 모습을 보일지 오판하는 이유가 되기도 한다.

지금까지 검토한 내용을 보면 비여과형 지도자는 권력에 의해 평탄한 인물로 변하기보다는 권력을 통해 개인적 결함이 확대되기 쉬우며, 예상을 뛰어넘는 과대평가를 받기 쉽다. 따라서 그들이 과거에 보인 행동, 이념, 취향을 세심히 관찰해야 한다. 극단적인 이념이나 성격 장애는 지도자를 맡겨서는 안 되는 이유로 충분하다. 여과형 후보자와 비교해 이러한 증거가 무시될 수 있는 경우라도 마찬가지다.

성공적인 최빈값 지도자들을 후보군으로 삼는다

위대한 지도자를 꾸준히 선택해 나가는 것은 거의 불가능한 일이다. 그러나 딱 맞는 상황에서 위대한 성과를 낼 좋은 지도자를 선택하는 것은 불가능한 일이라고 볼 수 없다. 이 책에서 소개한 최극단 지도자 두세 명은 재앙에 가까운 대실패 없이 위대한 성공을 이끌어 냈다. 링컨, 포크먼이 그러한 인물이며, 다이먼 또한 여기에 포함될 수 있다. 링컨은 남북 전쟁을 승리로 이끌어 위대한 대통령의 반열에 올랐다. 그러나 그의 성격과 행동을 보면 어떠한 상황에서도 좋은 지도자가 되었으리라고 짐작할 수 있다. 아무리 이 단적으로 보일지라도, 포크먼의 통찰력은 대부분의 과학자들에 비해 우월했다. 그의 경력을 돌이켜 보면 몇 번이고 이러한 사실을 확인할 수 있다. 마지막으로, 그러나 금융 위기가 찾아오지 않았다면 다이먼은 위대한 CEO로 기억되지 못했을 것이다. 금융 위기가 찾아오지 않았다고 해도 그가 실패한 CEO가 되었을 것 같지는 않다. 2008년에 남다른 성공을 거두지 않았다면, 2012년에 큰 실수를 저지르지 않았을 것이기 때문이다.

다이먼과 포크먼 모두 일정 분야(JP모건체이스/종양학계)에서 비여과형 최극단 지도자가 되기 전까지는 다른 분야(시티그룹/외과학계)에서 여과형 최빈값 지도자로 통했다. 던랩의 경력과 다이먼의 경력은 확연한 차이를 보인다. 던랩은 조직을 이리저리 옮겨 다니면서 일관된 전략을 고수했다. 그는 결과가 드러나기 전에 조직을 떠났다. 다이먼은 경영대학원에서 샌디 웨일을 만나 시티그룹에서 쫓겨날 때까지 함께 일했다. 한 조직에서 그토록 오래 일하며 성과를 냈다고 탁월함을 인정받기는 어렵지만, 유능하다는 사실은 어느 정도 증명된다. 마찬가지로 외과 의사와 학자로서 포크먼이 쌓은 돋보이는 경력을 감안하면, 과학계는 아무리 이단적으로 보일지라도 그의 견해를 진지하게 검토했어야 했다. 링컨의 경우 가난한 농부의 집안에서 국가적인 유명 인사로 부상한 것만 보아도 재능이 출중하다는 사실을 짐작할 수 있다.

동전의 양면과도 같지만, 최악으로 분류되는 최극단 지도자들은 유명세를 얻었던 특정 분야 말고는 결코 성공할 수 없는 사람들이다. 던랩의 경우 선임 이전에 맡았던 회사들에서 이룬 성과조차 거짓인 것으로 드러났다.

이러한 사실을 종합해 보면, 비여과형 지도자들을 선택하는 경우 다른 분야에서 성공했던 여과형 지도자들을 후보로 고려해야 한다는 시사점을 얻을 수 있다. 이러한 경우 무능, 성격 장애 등의 문제로 조직을 위기에 빠뜨릴 최극단 지도자를 선택하는 위험을 최소화할 수 있다. 구체적인 방법 중 하나는 외부인의 눈을 가진 내부인을 선택하는 것이다. 조지프 바우어 Joseph Bower는 이러한 지도자를 '내부의 외부자Inside Outsider'라고 부른다. 이들은 회사에서 대부분의 경력을 쌓았으나 '어느 정도 회사와 거리를 두고 있는' 사람들이다. LFT에 따르면 이러한 후보자들이 지닌 외부인의 시각은 가끔(자주는 아닐 수도 있다)씩 매우 독특한 견해를 제시해 비여과형 후보자만큼 성공적인 결과를 창출하기도 한다. 동시에 회사 내부에서 오랜 경력을 쌓아 왔다는 사실은 그들이 철저한 검증을 거쳤고, 비여과형 지도자들이 갖는 대부분의 단점을 피할 수 있다는 사실을 의미한다.[9]

예컨대 잭 웰치는 이 책에서 성공적인 여과형 지도자의 모범으로 소개되었다. 그러나 엄밀히 말해 이는 사실과 다르다. 웰치가 GE의 CEO에 올랐을 때 많은 사람들은 놀라움을 금치 못했고, 웰치는 스스로를 GE의 외부자로 여겼다. 바우어는 웰치를 가리켜 '전형적인 내부의 외부자'라고 언급했고, 그를 선택함으로써 비여과형 지도자가 초래할 수 있는 리스크는 피하면서 이익은 취할 수 있었다.[10]

또 다른 선택은 유능한 외부인을 영입하면서 지도자의 자리를 잠시 유보하는 대신, 그를 자세히 관찰할 수 있는 중책을 맡겨 보는 것이다. 그가 정말 지도자를 맡을 만한 최적의 인물이라면, 몇 년 후 그러한 사실을 입증해 보일 것이다. 그러한 그릇이 못 되는 인물이라면, 잘못된 선택이었다는 사실이 드러날 것이다. 특히 다음 지도자로 예약된 사람을 불시에 검증하는 등의 특별한 주의를 기울인다면 이러한 사실을 더 쉽게 밝힐 수 있다.

그 인물에 적합한 직책을 만들어라

조직마다 지도자가 갖는 권한은 다르기 마련이다.[11] 실제로 각 회사마다 CEO가 갖는 권한의 범위는 천차만별이다. 대통령의 직무 수행을 평가해 대통령이 갖는 권한을 바꿀 수는 없지만, 다른 다양한 조직들은 지도자의 권한을 조절할 수 있다. 당신이 비여과형 지도자를 선택했다면, 권한을 제한하는 것이 현명한 선택일 수 있다. 이러한 경우 당신이 속한 조직은 지도자에게서 비롯된 나쁜 결정을 더 쉽게 물리칠 수 있다.

반면 여과형 지도자는 당신이 잘 알고 있는 인물이다. 따라서 그의 권한을 제한해야 한다는 주장은 설득력이 떨어질 수 있다. 당신은 그가 다른 여과형 지도자와 마찬가지로 권한을 시의적절하게 잘 활용할 것이라고 신뢰할 수 있다. 따라서 여과형 지도자의 권한을 확대하고, 재량권의 제약을 줄이는 것은 합리적인 조치로 평가할 수 있다.

...

지도자에게 주는 조언
...

LFT는 애당초 지도자 선택에 초점이 맞춰져 있으나, 지도력을 행사하는 지도자들에게도 더 나은 길을 제시할 수 있다. 이는 두 가지로 요약된다. 첫째, LFT는 지도자의 유형을 정립해 새로운 의사 결정 방식을 알려 준다. LFT는 여과형 지도자와 비여과형 지도자에 따라 다른 조언을 제시한다. 여과형 지도자와 비여과형 지도자를 동일하게 취급하면 크나큰 실수를 저지르게 된다. 둘째, LFT를 통해 다른 지도자들의 성공과 실패를 새로운 시각으로 파악할 수 있다. LFT는 일부 성공(또는 실패) 사례가 본질적으로 잘못된 선택이 아닌, 변동성을 늘리는 의사 결정에서 비롯되었다는 사실을 보여 준다. 이러한 점에 착안하면 성과를 개선하는 자질을 구분하는 눈이 생긴다. 스스로 여과형 지도자인지, 비여과형 지도자인지 아는 지도자들은 더 나은 경영 조직을 만들 수 있고, 조직의 강점과 약점을 조절하게 되고, 어떠한 개인적 성향을 강조하고 개발해야 하는지 알 수 있다.

이는 진술하지 못해도 좋다는 뜻이 아니다. 필자가 생각하기에 자신을 잘못 규정하는 것만큼 실패의 나락으로 떨어지기 쉬운 경우도 드물다. 지도자들이 지도자 입장에서 깊이 사색하고, LFT를 활용해 강점과 약점을 분석해 보았으면 하는 것이 필자의 바람이다.

팀 조직하기

LFT가 제시하는 의사 결정의 기본적인 원칙은 각 유형이 지니는 장단점에 유념하라는 것이다. 당신이 새로운 조직에 입성하는 비여과형 지도자라면, 조직이 당신에 대해 모르는 부분이 많은 것처럼, 당신도 조직에 대해 모르는 부분이 많을 것이다. 새로운 환경에 들어가는 여러 지도자들은 자연스럽게 '집안을 청소'하려 들고, 최고 경영 팀 전원을 자신의 사람으로 교체하고 싶어 한다. 조직의 성과를 극적으로 개선하고 싶은 지도자들에게 이러한 성향이 특히 두드러진다. LFT는 이러한 유혹을 물리쳐야 한다는 점을 매우 강조한다.

지도자의 특성과 마찬가지로 최고 경영 팀의 특성 또한 조직의 성과에 영향을 미칠 수 있다. 이러한 팀을 조직하고 운영하면서 지도자들은 커다란 기회를 경험할 수도, 커다란 난관을 경험할 수도 있다. 팀의 조직과 운영을 의사 결정의 핵심에 둔다면 좀 더 효율적인 지도자가 될 수 있다. 최고 경영 팀의 이질성(팀원들의 배경, 기술이 다른 정도를 의미한다)은 급변하는 기업 환경에서 중요한 자산이 된다.[12] LFT는 팀을 조직할 때 고려해야 할 새롭고 핵심적인 요소를 제안한다. '팀원들이 얼마나 여과되었는가'가 바로 당신이 고려해야 할 요소다.

조직의 원로들은 조직의 내부 절차를 통해 여과를 거쳤다. 그들이 조직에 대해 원하는 바가 조직에 도움이 되지 않을 수도 있다. 그러나 조직의 여과 과정이 잘못된 인물을 윗자리에 올릴 정도로 심각하게 잘못되지 않은 이상(당신이 완전히 새로운 사람들로 새롭게 출발하려는 상황) 잘못 판단할 충분한 이유가 있으며, 그들의 판단을 비판하는 목소리에 귀를 막지는 않을 것이다. 그들 또한 충분한 이유를 갖고 계획을 세우며, 새로운 지도자가 된 당신은 그들에 비해 조직에 대한 정보가 부족하기 마련이다. 그들이 틀렸을 수도 있으나 그들의 시각을 진지하게 검토하고, 그들의 생각을 당신의 생각으로 바꿔 보고, 그들이 합리적인 근거를 제시한다면 당신의 계획을 수정해 보라고 용인하는 태도가 필요하다.

이와 반대로, 당신이 여과형 지도자라면 의식적으로 비여과형 외부인을 당신의 사람으로 끌어들일 수 있다. 그들을 선택하는 결정을 내리기는 어려우나, 한번 선택하면 당신의 시각을 보완해 주는 귀중한 존재가 될 수 있다.

또한 당신과 팀원들은 비여과형 외부인을 영입하고 가까이 관찰하면서 그를 평가할 기회를 가질 수 있다. 당신이 맡은 조직이 새로운 지도자를 선택해야 할 시점이라면, 그를 비여과형 지도자 후보로 고려해 볼 수 있다.

자원 배분하기

당신이 속한 지도자 유형의 강점과 약점을 알게 된다면 조직의 문제와 전략의 문제를 해결하는 데 도움을 얻을 수 있다. 클레이턴 크리스텐슨Clayton Christensen은 급작스러운 개혁을 단행해 성공하려는 기업은 독립적인 조직을 통해 개혁을 추진해야 한다는 사실을 보여 주었다. 독립적인 조직이 필요한 이유는 기업 문화의 벽이 내부적 개혁을 가로막을 수 있기 때문이다.[13] 당신이 여과형 지도자라면 이러한 기업 문화에서 자유롭기 힘들다. 따라서 더욱 적극적으로 독립적인 조직을 마련해 꼭대기에 비여과형 지도자를 배치하고, 이 조직에 대한 개입을 최대한 줄여야 한다. 반면, 당신이 비여과형 지도자라면, 다른 사람들에 비해 새로운 조직과 해당 조직의 업무 수행 방식에 훨씬 우호적이기 쉽다. 따라서 이러한 조직의 활동에 훨씬 깊이 개입하고, 다른 회사 동료들과 함께 새로운 조직을 감싸는 방식으로 행동할 확률이 높다.

...

진정으로 위대한 지도자

...

필자가 지도자들에게 LFT를 바탕으로 제시하는 마지막 조언은 가장 귀중하면서도 가장 실천하기 어려운 것이다. LFT는 좋은 지도자와 진정으로 위대한 지도자의 차이를 다음과 같이 설명한다. 좋은 지도자가 더 좋은 지도자가 된다고 해서 위대한 지도자로 인정받는 것이 아니며, 좋은 지도자와 위대한 지도자는 애당초 다른 자질을 갖춘 사람이라는 것이다. 즉 두 지도자의 차이는 정도의 차이가 아닌 종류의 차이에 해당한다. 최극단 지도자는 다른 사람들이 하기 힘든 일을 감행하며, 다른 사람들이 말려도 자신의 뜻을 고집하곤 한다. 잃을 것이 많은 상황에서 이러한 선택을 하려면 대단한 자신감이 필요하다. 그러나 최극단 지도자를 말리는 조언자들의 견해가 옳은 경우가 종종 발생한다. 이러한 상황에서 위대한 최극단 지도자들은 조언자들의 판단을 따르는 겸손함을 발휘한다. 남달리 위대한 지도자가 되는 비결은 자신감과 겸손함이라는 상반되는 자질을 조합하는 것이다.[14]

짐 콜린스Jim Collins는 '레벨 5'라고 부르는 최고 지도자를 "개인적인 겸손함과 전문적인 의지가 역설적으로 섞여 있는" 인물로 묘사했다.[15] 그러나 LFT가 의미하는 겸손함은 개인적인 겸손과 살짝 다른, 지식에 있어서의 겸손을 의미한다. 진정으로 위대한 최극단 지도자는 자신들이 틀렸다는 사실을 알고 있다. 말로만 그러는 것이 아니라 실제로 틀렸다는 사실을 인정하고 행동으로 보여 준다. 자신의 실수를 인정하는 겸손함이 사태를 헤쳐 나가려는 결단력과 짝을 이룰 때, 운 좋은 지도자에서 벗어나 진정으로 위대한 지도자가 탄생하게 된다.

이 책에서 소개한 아홉 명의 인물 가운데, 겸손함과 자신감을 함께 구현한 인물로는 주다 포크먼과 에이브러햄 링컨을 들 수 있다. 포크먼은 자신감이 떨어지지 않는 인물이었다. 그는 말로 표현하기 힘든 혹독한 비평과 묵살에 시달리고, 외과 의사의 경력을 그만두어야 했는데도 기성 종양학계에 대한 기나긴 도전을 그치지 않았다. 그러면서 그는 자신이 틀렸을 수도 있다는 사실을 항상 인정했다. 포크먼 자신이 이렇게 말한 적이 있다. "끈기와 고집 사이에는 가느다란 선이 놓여 있습니다. 이 선을 넘고서도 넘었다는 사실을 알지 못하죠." 그럼에도 그는 자신의 이론을 증명하는 결과를 찾기 위해 10년 넘게 매진했다. "당신의 아이디어가 성공하면 모든 사람들로부터 끈기 있다는 평판을 들을 테지만, 실패하면 고집만 센 사람이 되는 겁니다"라고 말한 그는 현실을 잘 알고 있었다.[16]

겸손함과 자신감을 갖춘 지도자의 궁극적인 모범 사례는 링컨일 것이다. 희대의 문장으로 꼽히는 링컨의 두 번째 대통령 취임사는 그의 이러한 자질이 녹아든 독특한 연설이었다. 링컨은 취임사를 꼼꼼하게 작성했고, 첫 번째 취임사와 달리 연설 전에 다른 이들의 조언이나 의견을 구하지 않았던 것 같다. 실제로 연설문에 담긴 단어 하나하나가 의미로 가득 차 있다. 이 연설문이 발표된 시점은 미국 역사상 전무후무한 4년간의 전쟁을 치른 다음이었다. 전쟁은 승리로 매듭지어지는 분위기였으나, 학살은 아직까지도 지속되고 있었다. 링컨은 다음과 같이 연설을 끝맺었다.

이 무시무시한 참화가 하루빨리 지나가기를 마음 깊이 바라고 온 힘을 다해 기도합니다. 그러나 250년간 노예들의 보상 없는 노고로 쌓아 온 재물이 바닥나고, 3천 년 전 주님의 말씀대로 칼이 앗아 간 마지막 피 한 방울이 채찍이 강요한 마지막 피 한 방울의 대가를 치를 때까지 이 전쟁을 계속하라고 주님이 뜻하신다면, 우리는 "주님의 판단은 하나같이 진실하고 의롭습니다"라고 화답해야 할 것입니다.

누구에게도 원한을 품지 않고, 모두에게 자비를 베풀며, 정의를 보여 주신 주님의 뜻을 따라 확고한 정의감으로 무장해 우리 앞에 주어진 과업을 수행하고, 국가가 입은 상처를 치유하며, 전쟁의 짐을 떠맡은 사내, 남편을 잃은 아내, 부모를 잃은 자녀들을 보살펴 우리 자신은 물론, 다른 국가들과 함께 영원히 지켜 나갈 정의로운 평화를 쟁취하기 위해 그 어떤 일도 주저해서는 안 될 것입니다.[17]

그가 외친 평화의 갈구 한복판에는 냉엄한 전쟁 지도자의 의지 어린 기도가 담겨 있었다. "칼이 앗아 간 마지막 피 한 방울이 채찍이 강요한 마지막 피 한 방울의 대가를 치를 때까지"라는 말은 그 어느 미국 대통령도 감히 입 밖에 내지 못한 무자비하고 끔찍한 전쟁을 부르짖는 발언이었다. 그러나 같은 문장에서 완벽한 양면성을 보여 주는 문구를 찾을 수 있다. "정의를 보여 주신 주님의 뜻을 따라, 확고한 정의감으로 무장"해야 한다는 문구의 후단은 어떠한 대가를 치르더라도 끝까지 과업을 완수하겠다는 확고한 의지를 천명하고 있다. 반면 완벽한 겸양의 태도를 보여 주는 이 문구의 전단에는 국가를 끔찍한 전쟁으로 몰아가 수천, 수만 명의 목숨을 강요한 자신의 결정이 틀렸을 수도 있다는 한 지도자의 고백이 들어 있다. 조지 W. 부시는 이 문구의 후단을 부르짖었을지는 몰라도, 전단에 대해서는 무관심했다. 지미 카터Jimmy Carter는 전단에만 관심이 있고, 후단에 대해서는 깊이 생각하지 않았다. 링컨은 위대한 지도자와 연관된 여러 가지 자질을 갖추고 있었다. 그러나 그가 최극단 지도자 중에서도 가장 존경받는 지도자가 될 수 있었던 비결은 완전히 상반되는 자질을 하나로 통합하는 능력을 갖추었기 때문이다.

F. 스콧 피츠제럴드F. Scott Fitzgerald는 유명한 말을 남겼다. "최고의 지성을 시험하는 척도는 상반되는 두 가지 사고를 한꺼번에 의식에 담고 꾸준한 작동을 유지하는 능력이다." 로저 L. 마틴Roger L. Martin은 이러한 능력을 바탕으로 잘못된 선택을 물리치고 새로운 대안을 창출하는 지도자가 최고 지도자라고 주장했다.[18] 그러나 LFT는 이와 다른 관점을 취하고 있다. 위대한 지도자가 되려면 단지 이러한 상반된 사고를 한꺼번에 품는 것으로는 부족하며, 완전히 상반되는 두 가지 자질(최극단의 자신감과 최극단의 겸손함)이 한 사람에게 녹아들어야 한다. 이들은 조언을 물리칠 정도의 결단력을 갖추는 동시에 조언을 받아들일 정도의 애매함을 갖추어야 하고, 언제 각각의 선택을 해야 하는지도 알고 있어야 한다.

위대한 지도자를 찾으려면 이와 같은 딜레마를 해결해야 한다. 따라서 위대한 지도자를 찾는 시도는 늘 비극으로 마무리된다. LFT에 따르면 최고 지도자를 찾으려는 시도는 거의 필연적으로 최악의 지도자를 선택하는 시나리오를 맞게 된다. 대부분의 경우 실패한 지도자들은 최고 지도자들조차 수습하기 어려울 정도로 상황을 망쳐 놓는다. 위대한 지도자를 찾는 시도를 그만둔다고 해서 이러한 비극을 피할 수 있는 것은 아니다. 최빈값 지도자가 맡은 조직이, 새로운 상황을 맞아 알맞게 대처할 준비가 미비하거나 남달리 뛰어난 최극단 지도자가 통솔하는 라이벌 조직이 등장하는 경우에는 매우 불리한 상황에 처해 다른 양상의 비극을 경험하기 쉽다.

지도력의 승리를 의미하게 될 이러한 비극으로부터의 탈출은 상황에 따라 자신감과 겸손함을 오가며 딜레마를 해결할 수 있는 지도자를 확보하느냐에 달려 있다. 누군가에게 이러한 기준을 적용한다는 것은 불공평해 보인다. 그러나 지도자가 한없이 복잡한 결정을 내려야 하고, 그러한 결정이 수조 달러의 이익과 수백만 명의 목숨을 좌우할 수도 있는 오늘날의 현실을 감안한다면, 이러한 기준을 완화한다는 것은 상상할 수도 없는 일이다.

감사의 말

　여느 책들과 마찬가지로 『인디스펜서블』이 탄생하기까지는 수많은 사람들의 노력이 필요했다. 그럼에도 실수가 있거나 좋은 결과를 가져오지 못한다면, 그 책임은 전적으로 나에게 있다. 이 책은 내 박사 논문에 뿌리를 두고 있으므로, 우선 박사 논문의 심사를 맡은 네 명의 위원들에게 감사를 전하고 싶다. 스탠리 호프만, 케네스 오이, 로저 피터슨, 스티븐 반 에브라 모두 내 프로젝트의 모든 단계마다 시간과 에너지를 아끼지 않았고, 연구 방향이 그들의 예상과 다르게 흘러갈 때조차 변함없는 성원을 보내 주었다. 그 다음으로는 내 소중한 친구, 대니얼 서머스 미넷에게 감사를 전하고 싶다. 그는 내 연구에 가치를 매길 수 없을 정도로 많은 것들을 이바지했고, 특히 양적인 부분에 있어 상상하기조차 어려운 헌신을 보여 주었다. 탁월한 편집장 팀 설리번과 내 비범한 에이전트 대니 스턴에게도 특별한 고마움을 전한다. 데이비드 퍼빈은 이 책의 제안서 준비에 큰 도움을 주었다. 나의 조교 니콜 그레그가 일정을 관리해 주지 않았다면, 출간 전 마지막 몇 달간 평정심을 잃고 말았을 것이다.

MIT와 하버드를 비롯해 곳곳에 포진한 수많은 친구들은 원고에 대한 피드백에서부터 연구에 대한 아이디어 제공에 이르기까지 너무나 귀중한 도움을 아끼지 않았다. 니콜 아르고, 제이슨 바르톨로메이, 네이선 블랙, 필립 블리크, 마이클 그린, 켈리 그리에코, 필 혼, 설리 헝, 피터 크라우즈, 크리스 로슨, 오스틴 롱, 타라 말러, 찰스 J. 매클로린 4세, 윌 노리스, 미란다 프리에베, 톰 라이더, 재스민 세시, 조시 시프린슨, 에버릿 스페인, 폴 스타닐런드, 데이비드 와인버그, 레이철 웰하우젠, 수민 라이, 서닐 베르마는 굳이 해야 할 필요가 없는 일까지 마다하지 않으면서 너무나 헌신적으로 작업을 도왔다.

나의 위대한 멘토, 매킨지의 라제시 가르그와 케네디 스쿨의 존 리퍼트는 내가 지도력에 대해 배우리라 기대한 것보다 훨씬 많은 것들을 가르쳐주셨다. 두 분으로부터 너무나 큰 은혜를 받았다. 또한 쟁쟁한 학자들 또한 특별한 도움을 아끼지 않았다. 에이미 에드먼슨, 리처드 N. 포스터, 린다 힐, 라케시 구라나, J. 샤펠 로슨 , 리처드 로크, 조슈아 마골리스, 로즈 맥더모트, 세들 닐리, 니틴 노리아, 윌리 시, 스티븐 솜크, 아슈토시 바슈니에게 이 지면을 빌려 감사의 뜻을 전하며, 특히 M. 자카리 테일러에게는 특별한 고마움을 표시하고 싶다.

클레이턴 크리스텐슨이 나에게 준 도움은 말로 표현할 수 없을 정도이며, 그를 만나 내 인생이 달라졌다고 일말의 거리낌도 없이 말할 수 있다. 그를 알게 되는 사람들 모두가 그러하겠지만, 그의 총명함, 겸손, 용기는 항상 나에게 영감을 안겨 주었다. 이 책을 탄생시킨 일련의 생각들은 2001년, 당시 대령이었고 지금은 중장으로 진급한 윌리엄 트로이 장군과 대화를 나누면서 싹텄다. 그는 위대한 지도력에 필요한 겸손의 역할을 이야기했고, 나는 여기에서 영감을 받아 이 책의 결론을 집필할 수 있었다.

그 밖에도 미국국립과학재단, 종합생명공학연구센터, 폴 앤 데이지 소로스의 새로운 미국을 여는 재단은 이 연구의 재정을 일부 지원해 주었다.

마지막으로, 어떤 표현을 써도 모자라겠지만 부모님께 무한히 감사드린다. 이 책을 두 분께 바치며, 이 책이 조금이라도 명성을 얻게 된다면 그 모든 영광을 나를 낳아 주신 아버지와 어머니에게 돌리고 싶다.

부록: 미국 대통령의 통계학적 검증

LFT를 뒷받침하는 데이터가 통계학적으로 의미를 가지는지 알아보려면, 핵심 가설을 수학적 개념으로 치환해야 한다. 이렇게 치환된 가설은 다음과 같다. "비여과형 대통령들의 서열을 평균한 값이 모든 대통령들의 서열을 평균한 값과 다른 정도는 여과형 대통령들의 서열을 평균한 값이 모든 대통령들의 서열을 평균한 값과 다른 정도에 비해 매우 크다." 여기에서의 귀무가설은 '여과형 대통령들의 서열의 평균값과 비여과형 대통령들의 서열의 평균값이 산포도의 차이를 보이지 않는다'이다.

평균값과의 차이는 이격도離隔度의 절대값ABS, absolute variance을 활용해 검증되어야 한다.* 서열i는 해당 대통령의 서열을 평균화한 수치다(〈표 2-2〉를 참조하라). 이에 서열워싱턴은 3.0의 값을 가진다. 모든 대통령의 서열을 평균

---

* variance는 분산이라 번역하는 것이 적절한데, 통계학적으로 분산은 이격도의 절대값을 제곱한 값이다. 여기에서는 제곱하지 않은 '해당 수치와 평균의 차이의 절대값'을 variance라고 표현하고 있기 때문에 분산이라는 단어 대신 이격도의 절대값이라고 번역한다.

한 수치는 20.8이며 평균값(서열)=20.8로 표시된다. 비여과형 대통령은 총 19명이며, 여과형 대통령은 총 21명이다. 비여과형 대통령이 평균 값에서 떨어진 정도 대(對) 여과형 대통령이 평균값에서 떨어진 정도의 비율로 비율ABS의 최종 값을 확정하면, 표본이 늘어나더라도 결과값이 영향을 받지 않는다. 즉 대통령의 수가 늘어나더라도, 이 비율은 동일하게 유지된다.

$$\text{비율}_{ABS} = (\Sigma \mid \text{서열}_{\text{비여과형}} - 20.8 \mid /19) / (\Sigma \mid \text{서열}_{\text{여과형}} - 20.8 \mid /21)$$

비율ABS 값이 높다는 것은 비여과형 대통령이 여과형 대통령에 비해 높은 산포도를 보인다는 신호이다. 귀무가설은 '비율ABS 값이 1이다'이며, 비율ABS의 관측치는 1.84이다.

통계학적 유의성을 검증하려면 비율ABS 값이 이 수치를 상회하는 확률을 알아보아야 한다. 'F 검정'이나 '바틀렛 검정'과 같이 산포도의 차이를 검증하는 여러 표준적인 검정 수단은 본 사례와 맞지 않는 기본 가정을 차용하는 탓에 본 사례의 표본을 데이터로 활용할 수 없다. 실제로 비여과형 대통령과 여과형 대통령으로 구분되는 두 가지 샘플은 독립적이지도 않고, 정규 분포를 이루지도 않는다. 하지만 '몬테카를로 시뮬레이션'은 이러한 상황에서 강력한 통계학적 방법론으로 활용될 수 있다. 대통령이 여과형인지, 비여과형인지가 서열에 아무런 영향을 미치지 못한다면, 이러한 서열은 균일하게 분포되어야 한다. 현대적 의미의 전산학이 등장한 이후, '몬테카를로 시뮬레이션'은 사회 과학에서 활용될뿐더러, 물리학에서도 주된 통계학적 수단으로 자리 잡은 지 오래다. 몬테카를로 시뮬레이션은 숨겨진 가정을 전제하지 않는다. 기존에 존재하는 변수 대신, 사용자가 정의한 변수를 따라 분

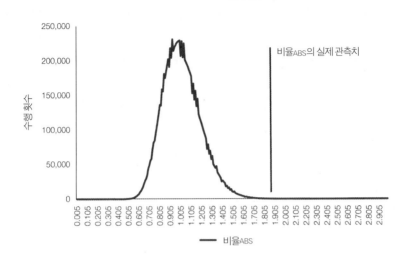

〈도표 A-1〉 비율ABS 값을 산출하기 위한 수행 횟수

포도를 구성하기 때문이다.

LFT를 몬테카를로 시뮬레이션으로 분석하는 경우, 무작위로 대통령 40명의 서열을 매기는 작업을 1천만 번 수행한다. 비율의 범위는 관측된 수치가 얼마나 자주 등장했는지를 보여 준다. 몬테카를로 시뮬레이션을 50만 번 수행했을 때 관측치보다 높은 값이 산출된다면 귀무가설은 기각될 수 없다. 〈도표 A-1〉은 몬테카를로 시뮬레이션을 1천만 번 수행했을 때 비율ABS 값이 어떻게 분포되는지를 보여 준다. 이 값은 0.01 단위로 구간을 나눴고, 각 구간에서 수행한 횟수는 도표를 그리기 위해 합산했다.[1]

1.84보다 높은 값을 도출한 횟수는 1천만 번 가운데 2,189번이었다(〈도표 A-1〉을 참조하라). 따라서 귀무가설은 압도적으로 기각될 수 있다. 실제로 비율ABS가 1.84 이상일 확률이 0.0219±0.0005퍼센트에 지나지 않는 것을 볼 수 있다.[2]

비율ABS이 보여 주는 신호는 특별히 강력하다. 비여과형 대통령이 여과형 대통령에 비해 우연적으로 높은 산포도를 보이는 경우는 4천 번 중 1번을 넘지 못했다. 이러한 비율은 귀무가설을 기각하기 위해 필요한 최소값을 200배나 뛰어넘는 것이다. 이 결과는 LFT의 가장 중요한 가정을 뒷받침해 준다.

...
오류를 범할 수 있는 가능성
...

네 가지 요소가 이러한 결과의 신빙성을 떨어뜨릴 수 있다. 첫째, 대통령의 유형을 분류하면서 편견이 작용할 수 있다. 이를 최소화하는 방법에는 두 가지가 있다. 거의 모든 대통령들은 확실히 유형이 분류되나, 앤드루 잭슨을 여과형으로 분류하고, 제임스 포크를 비여과형으로 분류하고, 재커리 테일러를 여과형으로 분류하는 것에는 논란의 여지가 있을 수 있다. 그러나 이 세 사람의 분류를 전부 뒤바꾼다고 해도, 이론의 신빙성에는 전혀 영향이 없거나, 오히려 신빙성을 강화할 수도 있다. 테일러의 서열은 어느 정도 억지스러운 면이 있다. 대통령이 되고 나서 1년 만에 세상을 떠난 그에게 높은 성취를 기대한다는 것은 사리에 맞지 않을 수도 있다. 그가 역사학자들에게 좋은 평가를 받지 못한 이유 중에는 이러한 부분 또한 작용했을 것이다. 포크와 잭슨의 유형을 뒤바꾸면 여과형 대통령들에 비해 비여과형 대통령들이 보여 주는 높은 산포도가 더욱 높아질 것이다.

필자는 유형을 분류하는 규칙을 특별히 엄격하게 적용했다. 예컨대, 몇 가지 이유로 공직을 맡은 기간이 8년 이상이면 여과형 대통령으로, 8년 이하면 비여과형 대통령으로 구분했다. 8년이라는 기간은 대통령은 두 번, 주지사 또한 두 번(대부분의 주에서), 하원 의원은 네 번을 맡을 수 있는 기간이다. 상원 의원 또한 8년이라는 시간이 주어진다면 임기를 꼬박 채워 동료들에게 검증을 받고 대통령 출마를 준비할 수 있다.*

그러나 8년이라는 기준을 달리한다고 해도 기존에 분류한 결과는 거의 뒤바뀌지 않는다. 여과용 직책을 맡은 기간에 따라 여과형, 또는 비여과형으로 분류된 대통령의 수는 29명에 달한다. 이러한 29명 가운데 8년의 커트라인에 걸리는 대통령은 잭슨과 레이건 두 명뿐이다. 두 사람은 여과형으로 분류되지만, 이러한 분류가 뒤바뀐다고 해서 LFT의 가정에 중대한 영향을 미치지는 못한다. 이 기준을 7년이나, 이보다 더한 6년으로 줄인다 해도 두 사람을 제외한 그 어떤 대통령의 유형도 바꾸지 못한다. 심지어 5년으로 줄여도 단 한 명, 하딩의 분류만 바뀔 뿐이다. 줄이지 않고 9년으로 늘리는 경우에도 잭슨과 레이건이 비여과형으로 바뀔 뿐 다른 사람들의 결과는 바뀌지 않는다. 10년으로 늘리면 트루먼, 헤이스, 태프트의 분류가 애매해지는 정도에 그칠 뿐이다. 이는 곧 8년이라는 기간이 두 그룹을 나누는 상한이라는 점을 시사한다. 또한 두 그룹 사이의 데이터에는 자연스러운 단절 부위가 존재한다는 사실을 아울러 짐작할 수 있는데, 이를 통해 두 그룹을 나누는 지점이 제멋대로 정한 기준이 아닌 사건의 바탕에 깔린 객관적 현상의 산물이라는 시사점을 얻을 수 있다.

나아가, 남달리 강력한 신호는 분류의 정확성에 대한 의문을 상당 부분 덜어 준다. 관측된 데이터를 똑같이 재현하기 힘든 점 또한 분류의 정확성

---

* 미국 상원 의원의 임기는 6년이다.

에 대한 의문을 해소해 준다.

둘째, 변수의 측정 오류에서 비롯되는 내재적 문제가 더욱 심각한 영향을 미칠 수 있다. 대통령 선거와 맞물려 닥친 여건 탓에 비여과형 대통령이 선출되고, 이러한 여건으로 말미암아 역사가들이 극단적인 평가를 내린 경우 나타나는 높은 통계적 유의성은 제3의 숨겨진 변수가 초래한 결과일 수 있다. 분명 이러한 현상은 어느 정도 실제로 일어난다. 워싱턴은 선출 당시 탁월한 국가적 영웅이자 미국 최초의 대통령이었다는 근거에 따라 비여과형으로 분류된다. 그러나 이러한 조건은 사실상 그에게 서열의 수위를 보장해 주는 것이나 다름없다. 이와 마찬가지로, 링컨의 당선은 남북 전쟁을 촉발했다. 그가 공화당 대통령 후보로 지명된 이유 중 하나는 공화당 내의 경쟁자들에 비해 정치 경력이 짧았기 때문이다. 그는 연방을 이끈 지도력 덕택에 서열의 수위를 차지할 수 있었다. 남북 전쟁에 쏟은 노력이 실패로 돌아갔다면, 그는 꼴찌 수준을 면치 못했을 것이다. 이에 당시 상황에서는 그 누가 대통령에 선출되더라도 서열의 극단을 차지했을 테고, 이러한 상황 자체가 비여과형으로 분류되기 쉬운 자질을 갖춘 후보자들에게 모종의 이익을 선사했을 것이다.

이러한 주장은 워싱턴, 링컨, 프랭클린 루스벨트로 요약되는 '위기 상황의 대통령' 세 명을 표본에서 제거하는 방법으로 검증할 수 있다. 이는 LFT 이론에 너무나 가혹한 테스트다. 이 세 명을 제거하면 표본은 40명으로 줄어들게 된다. 그다음에 몬테카를로 시뮬레이션을 다시 한 번 수행한다. 이 경우 관측치는 1.54로 늘어나며, 1천만 번 중 85,279번, 즉 0.85퍼센트가 관측치에 비해 더 높은 수치를 기록하게 된다(〈도표 A-2〉 참고). 3명을 표본에서 제거하더라도 LFT의 가정은 99퍼센트 수준에서 통계적 유의성을 확보하게

〈도표 A-2〉 비율ABS 값을 산출하기 위한 수행 횟수(위기 상황의 대통령을 표본에서 제거함)

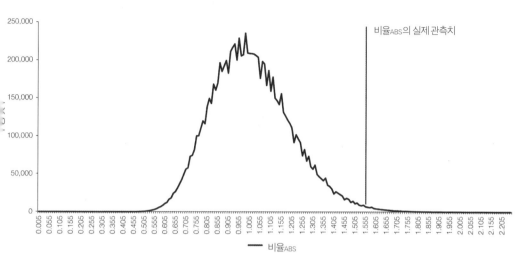

비율ABS의 실제 관측치

— 비율ABS

된다.

이러한 결과를 보면, 내재적 상황이 특별히 강력한 신호의 의미를 설명해 주는 반면 모든 의문을 해결해 주지는 못한다는 사실을 알 수 있다.

개인의 사례를 관찰해 보면 이러한 허점이 더욱 잘 드러난다. 예컨대 공화당 내에서 링컨과 경쟁했던 수어드와 체이스가 대통령으로 선출되었다면 여과형 대통령으로 분류되었을 것이다. 그러나 링컨이 아닌 그들이 당선되었다고 해도 남북 전쟁은 발발했을 테고, 전쟁에서 승리했다면 서열의 수위를 링컨 대신 그들이 차지했을 것이다. 물론 그들이 승리했으리라는 보장은 없다. 만일 링컨의 능력이 남달리 뛰어났고, 그러한 능력이 북부의 승리에 반드시 필요했다면 LFT를 더욱 확고하게 뒷받침하는 근거가 될 수 있다. 마찬가지로 워싱턴에 대해서도 같은 의문을 제기할 수 있다. 그가 서열의 수위를 차지한 이유는 1대 대통령이라는 점도 있겠지만, 그의 능력이 특별했기 때문일 수도 있다. 역사가들 대부분은 능력이 특별했다는 점을 긍정하고 있으나, 그와 동시대를 살았던 사람들은 이러한 의문 자체를 불합리하다고 생각할 수도 있다.[3]

전반적으로 이 모든 결과는 LFT를 뚜렷이 뒷받침해 준다. 첫 테스트에서 드러난 강력한 신호는 그 자체로 매우 고무적이다. 견고한 테스트는 이러한 신호가 단지 통계적 조작이 아님을 확인해 주며, 이러한 테스트를 양적 증거로 뒷받침하면서 해당 증거는 더욱 강력한 힘을 얻게 된다. 이러한 조합은 LFT가 실제 현상을 대변한다는 사실을 증명해 준다. 최소한 미국 대통령에 관해서는 확실한 근거를 보여 준다. 우연에 불과할 수도 있다는 의문, 지도자 여과 이론이 가정하는 기제가 공상에 불과한 것 아니냐는 의문, 내재성과 외부 타당도(LFT가 대통령 말고 다른 직책에도 적용이 가능한지의 문제)에 대한 의문은 3장에서 8장에 이르는 사례 연구를 통해 가장 시원한 해답을 얻을 수 있다.

주

제1장 영향력이 높은 지도자들

1   Thomas Carlyle, *On Heroes, Hero-Worship, & the Heroic in History*, ed. Murray Baumgarten, The Norman and Charlotte Strouse Edition of the Writings of Thomas Carlyle (Berkeley: University of California Press, 1993); Karl Marx, "The Eighteenth Brumaire of Louis Bonaparte," in *The Marx-Engels Reader*, ed. Robert C. Tucker (New York: W.W. Norton, 1978), 595; Plato, *The Republic*, trans. Allan Bloom, paperback ed. (New York: Basic Books, 1991), 153-154; and Thucydides, *History of the Peloponnesian War*, trans. Rex Warner, paperback ed., Penguin Classics (Hammondsworth, England: Penguin, 1972), 10-11.

2   지도자의 영향력이 미미하다는 정치학 자료를 찾고 싶은 독자들은 다음 문헌을 참조할 것. Fred I. Greenstein, "The Impact of Personality on the End of the Cold War: A Counterfactual Analysis," *Political Psychology* 19, no. 1 (1998). 경영 분야에서 동일한 취지의 자료를 찾고 싶은 독자들은 다음 문헌을 찾아볼 것. Rakesh Khurana, *Searching for a Corporate Savior: The Irrational Quest for Charismatic CEOs* (Princeton: Princeton University Press, 2002). 지도자 개개인이 중요하지 않은 시점에도 지도력은 중요할 수 있다는 근거로는 다음 자료를 참조할 것. Michael D. Cohen, James G. March, and Carnegie Commission on Higher Education, *Leadership and Ambiguity: The American College President* (Boston: Harvard Business School Press, 1986), 282.

3   Christopher A. Bartlett and Meg Wozny, "GE's Two-Decade Transformation: Jack Welch's Leadership," Case 39915 (Boston: Harvard Business School, 2005); "*Fortune* Selects Henry Ford Businessman of the Century," TimeWarner, November 1, 1999, http://www.timewarner.com/corp/newsroom/pr/0,20812,667526,00.html; Janet Lowe, *Welch: An American Icon* (New York: Wiley, 2001); Rob Walker, "Overvalued: Why Jack Welch Isn't God," 2001, http://www.robwalker.net/contents/mm_welch.html; and Jack Welch and John A. Byrne, *Jack: Straight from the Gut* (New York: Warner Business Books,2001).

4   Tommy Bennett and Colin Wyers, *Baseball Prospectus 2011: The Essential Guide*

to the 2011 Baseball Season, 16th ed. (Hoboken, NJ: Wiley, 2011).

5   Pier A. Abetti, "General Electric After Jack Welch: Succession and Success?" *International Journal of Technology Management* 22, no. 7/8 (2001); Samuel P. Huntington, *The Soldier and the State: The Theory and Politics of Civil-Military Relations* (New York: Random House, 1964); Morris Janowitz, *The Professional Soldier, a Social and Political Portrait* (Glencoe, IL: Free Press, 1960); and Diane K. Mauzy, "Leadership Succession in Singapore: The Best Laid Plans," *Asian Survey* 33, no. 12 (1993).

6   허먼 '더치' 레너드Herman "Dutch" Leonard 교수의 도움으로 이러한 주장을 명확하게 정리할 수 있었다. 그에게 특별한 감사를 표하며, 나심 탈레브의 이론에 따르면 최극단 지도자들을 '블랙 스완' 지도자로 생각할 수 있다. 이러한 지도자들은 권력을 쥘 확률이 낮으나, 한 번 쥔 이상 중요한 영향력을 발휘한다. 나심 탈레브의 다음 서적을 참고할 것. *The Black Swan: The Impact of the Highly Improbable* (New York: Random House, 2007); and Nassim Nicholas Taleb, *Fooled by Randomness*, trade paperback ed. (New York: Random House, 2005).

7   Khurana, *Searching for a Corporate Savior.*

8   낮은 직책에 있을 때 일군 빛나는 성과는 단지 운의 결과일 뿐이거나, 시간이 지나면 실체가 드러날 환상에 불과할 수도 있다.

9   자리를 차지한 이후에 받는 평가가 잘못될 확률이 적다면, 상대적으로 빈약한 기준이 될 수 있다.

10 Taleb, *Fooled by Randomness.*

11 Mancur Olson, *The Rise and Decline of Nations: Economic Growth, Stagflation, and Social Rigidities* (New Haven, CT: Yale University Press, 1982). 이 내용은 올슨의 주장을 논리적으로 확장한 것이다. 올슨은 지도자 선택을 둘러싼 의문을 명시적으로 제시하는 것은 아니나, 그가 확인한 요소들은 여기에서도 무리 없이 적용할 수 있다.

12 Michael Maccoby, *The Productive Narcissist: The Promise and Peril of Visionary Leadership* (New York: Broadway Books, 2003); Max Weber, *Politics as a Vocation*, trans. H. H. Gerth and C. Wright Mills, ed. Franklin Sherman, Social Ethics Series (Philadelphia: Fortress Press, 1965); and Ann Ruth Willner, *The Spellbinders: Charismatic Political Leadership* (New Haven, CT: Yale University Press, 1984), 8.

13 Roy F. Baumeister and Steven J. Scher, "Self-Defeating Behavior Patterns Among Normal Individuals: Review and Analysis of Common Self-Destructive Tendencies," *Psychological Bulletin* 104, no. 1 (1988); Robert D. Hare, *Without Conscience: The Disturbing World of the Psychopaths Among Us* (New York: Guilford Press, 1999); Robert Hogan and Robert B. Kaiser, "What We Know About Leadership," *Review of General Psychology* 9, no. 2 (2005); Arnold M. Ludwig, *King of the Mountain* (Lexington: The University Press of Kentucky, 2002); and Delroy L. Paulhus, "Interpersonal and Intrapsychic Adaptiveness of Trait Self-Enhancement: A Mixed Blessing?" *Journal of Personality and Social Psychology* 74, no. 5 (1998). 후보자가 나르시시스트라는 이유로 탈락되어야 한다는

뜻은 아니다. 만약 그랬다면, 미국 정치의 저변이 훨씬 빈약해졌을 것이다. 나르시시즘과 같은 성향은 단기적 관점에서 좋은 성과로 '보이는' 결과를 창출할 수도 있으나, 장기적 관점에서 빈약한 성과로 귀결되기 마련이다. 다른 모든 조건이 동일하다면, 실제 능력과 스스로 포장하는 첫인상과의 괴리가 드러날 시간이 충분할 경우 나르시시스트 후보자들은 여과 과정을 통해 걸러질 것이다.

14 Antonio E. Bernardo and Ivo Welch, "On the Evolution of Overconfidence and Entrepreneurs," *Journal of Economics and Management Strategy* 10, no. 3 (2001); Lowell B. Busenitz and Jay B. Barney, "Differences Between Entrepreneurs and Managers in Large Organizations: Biases and Heuristics in Strategic Decision-Making," *Journal of Business Venturing* 12 (1997); Arnold C. Cooper, Carolyn Y. Woo, and William C. Dunkelberg, "Entrepreneurs' Perceived Chances for Success," *Journal of Business Venturing* 3, no. 2 (1988); David de Meza and Clive Southey, "The Borrower's Curse: Optimism, Finance and Entrepreneurship," *The Economic Journal* 106, no. 435 (1996); and Manju Puri and David T. Robinson, "Optimism, Entrepreneurship, and Economic Choice," working paper, Duke University, Durham, NC, 2005.

15 당시 경제 상황으로 볼 때, 민주당에서 내세운 웬만한 후보는 거의 승리가 예상되었다. 클린턴의 영향력을 평가하면서 던져야 할 바른 질문은 "클린턴이 취한 정책과 부시가 취했을 정책의 차이는 무엇인가?"가 아닌, "선출될 가능성이 있었던 다른 민주당 후보와 클린턴의 차이는 무엇인가?"가 되어야 한다. 확신할 수는 없으나, 다른 민주당 후보와 클린턴과의 차이가 클린턴과 부시의 차이보다 크지는 않았을 것이다.

16 Yehezkel Dror, "Main Issues of Innovative Leadership in International Politics," in *Innovative Leaders in International Politics*, ed. Gabriel Sheffer (Albany: State University of New York Press, 1993), 31; and Barry R. Posen, *The Sources of Military Doctrine: Britain, France, and Germany Between the Wars* (Ithaca, NY: Cornell University Press, 1984).

17 Taleb, *Fooled by Randomness*.

18 Daniel L. Byman and Kenneth M. Pollack, "Let Us Now Praise Great Men: Bringing the Statesman Back In," *International Security* 25, no. 4 (2001): 135.

19 George W. Downs and David M. Rocke, "Conflict, Agency, and Gambling for Resurrection: The Principal-Agent Problem Goes to War," *American Journal of Political Science* 38, no. 2 (1994).

20 이것은 오직 철저한 여과를 거치느냐, 거치지 못하느냐의 문제만으로는 볼 수 없다. 이는 본질적으로 정확도accuracy와 정밀도precision의 차이로 설명할 수 있다. 철저한 여과 과정은 극도로 정밀하며, 모든 지도자들이 기본적으로 동일하다는 점을 보장해 준다. 이처럼 철저한 여과 과정을 거쳐 선택되는 자질은 좋은 지도자가 갖추고 있는 자질과 필연적으로 연관되지 않는다. 이러한 체계 속에서는 지속적으로 형편없는 지도자를 선택할 수도 있다. 부정확성 탓에 매번 같은 과정을 반복하면서도 목표하는 바를 빗나갈 수 있는 것이다. Lauren B. Alloy and Lyn Y. Abramson, "Judgment of Contingency in Depressed and Nondepressed Students: Sadder but Wiser?" *Journal of Experimental Psychology: General* 108, no. 4 (1979); and Martin E. P. Seligman, *Authentic Happiness: Using the New Positive Psychology to Realize Your Potential for Lasting Fulfillment*, hardcover ed. (New York: The Free Press, 2002), 37-38.

제2장 미국 대통령의 사례

1 Marty Cohen et al., *The Party Decides: Presidential Nominations Before and After Reform*, Chicago Studies in American Politics (Chicago, IL: University of Chicago Press, 2008).

2 Dean Keith Simonton, *Why Presidents Succeed: A Political Psychology of Leadership* (New Haven, CT: Yale University Press, 1987); Dean Keith Simonton, "Presidential Style: Personality, Biography, and Performance," *Journal of Personality and Social Psychology* 55, no. 6 (1988); Dean Keith Simonton, "Putting the Best Leaders in the White House: Personality, Policy, and Performance," *Political Psychology* 14, no. 3 (1993); Dean Keith Simonton, "Presidential IQ, Openness, Intellectual Brilliance, and Leadership: Estimates and Correlations for 42 U.S. Chief Executives," *Political Psychology* 27, no. 4 (2006); Max J. Skidmore, *Presidential Performance: A Comprehensive Review* (Jefferson, NC: McFarland & Co., 2004).

3 두 가지 문제점이 대두될 수도 있으나, 역사적 우연이 이러한 문제점을 해결해 주고 있다. 미국 육군은 창립 이후로 죽 장군들을 배출해 왔으나 해군은 남북 전쟁 당시 데이비드 패러컷David Farragut이 장군으로 취임하기 전까지 단 한 명의 장군도 배출하지 못했고, 그 결과 뛰어난 장군을 보유할 수 없었다. 대통령이 된 고위 장교도 없었다. 마찬가지로 뉴욕이나 LA와 같은 대도시의 시장은 대부분의 하원 의원에 비해 더 많은 여과 과정에 노출되나, 뉴욕의 시장이나 LA의 시장을 역임한 인물이 대통령이 된 적은 한 번도 없었다. James P. Duffy, *Lincoln's Admiral: The Civil War Campaigns of David Farragut* (New York, NY: Wiley, 1997).

4 M. J. Simonton, "Presidential IQ, Openness, Intellectual Brilliance, and Leadership: Estimates and Correlations for 42 U.S. Chief Executives"; Skidmore, *Presidential Performance*, 1.

5 William A. DeGregorio, *The Complete Book of U.S. Presidents* (Ft. Lee, NJ: Barricade Books, 2001); Charles F. Faber and Richard B. Faber, *The American Presidents Ranked by Performance* (Jefferson, NC: McFarland, 2000); Alvin S. Felzenberg, "'There You Go Again': Liberal Historians and the *New York Times* Deny Ronald Reagan His Due," *Policy Review*, no. 82 (1997); Robert K. Murray and Tim H. Blessing, *Greatness in the White House: Rating the Presidents* (University Park, PA: Pennsylvania State University Press, 1993); Associated Press, "List of Presidential Rankings: Historians Rank the 42 Men Who Have Held the Office," MSNBC, http://www.msnbc.msn.com/id/29216774/; William J. Ridings and Stuart B. McIver, *Rating the Presidents: A Ranking of U.S. Leaders, from the Great and Honorable to the Dishonest and Incompetent* (New York, NY: Carol Pub. Group, 1997); Arthur M. Schlesinger, Jr., "Rating the Presidents: Washington to Clinton," *Political Science Quarterly* 112, no. 2 (1997); Skidmore, *Presidential Performance*; James Taranto and Leonard Leo, *Presidential Leadership: Rating the Best and the Worst in the White House*, A Wall Street Journal Book (New York: Wall Street Journal Books, 2004); Wikipedia Contributors, "Historical Rankings of United States Presidents," Wikipedia,

http://en.wikipedia.org/w/index.php?title=Historical_rankings_of_United_
States_Presidents&oldid=291501476.

6   나는 여러 학자들의 평가를 총합한 본 결과에 대체적으로 동의한다. 생각을 달리하는
    부분은 워싱턴이 1등이나 2등을 차지해야 하고, 그랜트의 순위가 올라가야 하고, 윌슨
    의 순위는 위에서 6번째가 아닌 밑에서 6번째가 되어야 한다는 것이다.

7   Kenneth N. Waltz, *Foreign Policy and Democratic Politics: The American and
    British Experience* (Boston: Little, Brown and Company, 1967).

제3장 "식민지 전체를 넘길 생각이야"

1   Susan Dunn, *Jefferson's Second Revolution: The Election Crisis of 1800 and the
    Triumph of Republicanism* (Boston: Houghton Miffl in, 2004), 214; and Willard
    Sterne Randall, *Thomas Jefferson: A Life* (New York: Henry Holt, 1993), 595.

2   Dunn, *Jefferson's Second Revolution*, 214.

3   Ralph Louis Ketcham, *James Madison: A Biography* (New York: Macmillan,
    1971), 421; Randall, *Thomas Jefferson*, 565; and Max J. Skidmore, *Presidential
    Performance: A Comprehensive Review* (Jefferson, NC: McFarland, 2004), 31.

4   Richard B. Bernstein, *Thomas Jefferson* (Oxford, UK: Oxford University Press,
    2003), 1, 3-4, 5-7, 8, 15, 22-23, 29.

5   Ibid., 37, 43-50; and David G. McCullough, *John Adams* (New York: Simon &
    Schuster, 2001), 315-316.

6   Bernstein, *Thomas Jefferson*, 51-54, 85-91, 96-103; Ron Chernow, *Alexander
    Hamilton* (New York: Penguin Press, 2004); and Joseph J. Ellis, *American
    Sphinx: The Character of Thomas Jefferson* (New York: Alfred A. Knopf, 1997).

7. Bernstein, *Thomas Jefferson*, 111-116.

8   Ibid., 124-128; Dunn, *Jefferson's Second Revolution*, 109; and John E. Ferling,
    Adams vs. *Jefferson: The Tumultuous Election of 1800, Pivotal Moments in
    American History* (Oxford, UK: Oxford University Press, 2004), 111-112, 126-
    140.

9   McCullough, *John Adams*, 31, 35, 44, 54.

10 Ibid., 59-136.

11 Ibid., 174-175, 209, 219-220, 225, 267-284, 330, 383.

12 Ibid., 393-394, 422, 429-431, 439, 462-465, 471.

13 Ibid., 486-489.

14 Bernstein, *Thomas Jefferson*, 113-114.

15 Ketcham, *James Madison*, 1-85.

16 Ibid., 95-112, 158, 179.

17 Catherine Drinker Bowen, *Miracle at Philadelphia: The Story of the
    Constitutional Convention, May to September, 1787* (Boston: Little, Brown,
    1986); Ketcham, *James Madison*, 190-230; and Garry Wills, *James Madison*, The
    American Presidents Series (New York: Times Books, 2002).

18   Ketcham, *James Madison*, 232, 253–264; and Clinton Rossiter et al., *The Federalist Papers* (New York: New American Library, 1961).

19   Ketcham, *James Madison*, 277, 280–282, 290–292, 304–310, 337–368, 388.

20   Nancy Isenberg, *Fallen Founder: The Life of Aaron Burr* (New York: Viking, 2007), 3–76.

21   Ibid., 87–126, 146–155.

22   Ferling, *Adams vs. Jefferson*, 8–9; and Isenberg, *Fallen Founder*, 155, 178–188, 196–198.

23   Bernstein, *Thomas Jefferson*, 127–128, 140.

24   Ferling, *Adams vs. Jefferson*, 127–128.

25   Dunn, *Jefferson's Second Revolution*, 145–146.

26   James E. Lewis Jr., "'What Is to Become of Our Government?' The Revolutionary Potential of the Election of 1800," in *The Revolution of 1800: Democracy, Race, and the New Republic*, ed. James Horn, Jan Ellen Lewis, and Peter S. Onuf (Charlottesville, VA: University of Virginia Press, 2002), 4–8.

27   Ibid.

28   Dunn, *Jefferson's Second Revolution*, 192; and Ferling, *Adams vs. Jefferson*, 156–159.

29   Dunn, *Jefferson's Second Revolution*, 193–195; Ferling, *Adams vs. Jefferson*, 174; and Joanne B. Freeman, "Corruption and Compromise in the Election of 1800: The Process of Politics on the National Stage," in Horn, Lewis, and Onuf, *The Revolution of 1800* (Charlottesville, VA: University of Virginia Press, 2002), 91–92.

30   Dunn, *Jefferson's Second Revolution*, 196; and Ferling, *Adams vs. Jefferson*, 185.

31   Edward J. Larson, *A Magnificent Catastrophe: The Tumultuous Election of 1800, America's First Presidential Campaign* (New York: Free Press, 2007), 244–246.

32   Ferling, *Adams vs. Jefferson*, 182–183, 185–186; and Larson, *A Magnificent Catastrophe*, 246.

33   Dunn, *Jefferson's Second Revolution*, 202–204; and Larson, *A Magnificent Catastrophe*, 248.

34   Ferling, *Adams vs. Jefferson*, 187–189; and Larson, *A Magnificent Catastrophe*, 264–266.

35   Bernstein, *Thomas Jefferson*, 202; and Ferling, *Adams vs. Jefferson*, 189–192.

36   Ferling, *Adams vs. Jefferson*, 193.

37   Freeman, "Corruption and Compromise in the Election of 1800," 110–111.

38   Thomas J. Fleming, *The Louisiana Purchase* (Hoboken, NJ: Wiley, 2003), 8–10.

39   Mark S. Joy, *American Expansionism, 1783-1860: A Manifest Destiny?* Seminar Studies in History (New York: Longman, 2003), 18.

40   Charles A. Cerami, *Jefferson's Great Gamble: The Remarkable Story of Jefferson, Napoleon and the Men Behind the Louisiana Purchase* (Naperville, IL: Sourcebooks, 2003), 27, 64–65, 119–125; Joy, *American Expansionism*, 18; and James E. Lewis, *The Louisiana Purchase: Jefferson's Noble Bargain?* Monticello

Monograph Series (Charlottesville, VA: Thomas Jefferson Foundation, 2003), 24, 32-33.

41 Frank W. Brecher, *Negotiating the Louisiana Purchase: Robert Livingston's Mission to France, 1801-1804* (Jefferson, NC: McFarland, 2006), 21, 30-32; and Fleming, *The Louisiana Purchase*, 35.

42 Cerami, *Jefferson's Great Gamble*, 125-127.

43 Noble E. Cunningham, *Jefferson and Monroe: Constant Friendship and Respect*, Monticello Monograph Series (Charlottesville, VA: Thomas Jefferson Foundation, 2003), 38; and Fleming, *The Louisiana Purchase*, 70-71, 81.

44 Cerami, *Jefferson's Great Gamble*, 182-185; and Lewis, *The Louisiana Purchase*, 49-50.

45 Cerami, *Jefferson's Great Gamble*, 45-54, 164; and Fleming, *The Louisiana Purchase*, 8-10, 106-107.

46 Cerami, *Jefferson's Great Gamble*, 55; Robert Harvey, *The War of Wars: The Great European Conflict 1793-1815*, hardcover ed. (New York: Carroll & Graf Publishers, 2006), 90, 115, 117, 143, 487, 556; and Lewis, *The Louisiana Purchase*, 57-58.

47 Cerami, *Jefferson's Great Gamble*, 153-154, 162; and Lewis, *The Louisiana Purchase*, 109.

48 Cerami, *Jefferson's Great Gamble*, 163-164; and Fleming, *The Louisiana Purchase*, 110.

49 Cerami, *Jefferson's Great Gamble*, 169-170; and Fleming, *The Louisiana Purchase*, 111-112.

50 Cerami, *Jefferson's Great Gamble*, 176-177; and Fleming, *The Louisiana Purchase*, 115-117.

51 Cerami, *Jefferson's Great Gamble*, 191, 194-195, 201-205, 208; and Fleming, *The Louisiana Purchase*, 124-125, 130.

52 John Adams and John Quincy Adams, *The Selected Writings of John and John Quincy Adams* (New York: Alfred A. Knopf, 1946), 158; Fleming, *The Louisiana Purchase*, 133-137; and McCullough, *John Adams*, 586.

53 Jeremy D. Bailey, *Thomas Jefferson and Executive Power* (Cambridge, UK: Cambridge University Press, 2007), 172-173.

54 Ibid., 177-178; and Fleming, *The Louisiana Purchase*, 140.

55 Bailey, *Thomas Jefferson and Executive Power*, 179-180; and Fleming, *The Louisiana Purchase*, 141-143.

56 Bailey, *Thomas Jefferson and Executive Power*, 181; Cerami, *Jefferson's Great Gamble*, 211-212; and Lewis, *The Louisiana Purchase*, 71-73.

57 Bailey, *Thomas Jefferson and Executive Power*, 183-184; and Cerami, *Jefferson's Great Gamble*, 214-215.

58 Bailey, *Thomas Jefferson and Executive Power*, 186-191.

59 Noble E. Cunningham, *The Process of Government Under Jefferson* (Princeton, NJ: Princeton University Press, 1978), 25.

60   Bailey, *Thomas Jefferson and Executive Power*, 183; and Cerami, *Jefferson's Great Gamble*, 240.

제4장 "우리들 중 최고야"

1   Don E. Fehrenbacher, ed., *Abraham Lincoln: Speeches and Writings, 1859-1865*, The Library of America (New York: Penguin Books, 1989), 199; and Merrill D. Peterson, *Lincoln in American Memory* (New York: Oxford University Press, 1994).

2   Richard Carwardine, *Lincoln: A Life of Purpose and Power* (New York: Alfred A. Knopf, 2006), 91.

3   기묘한 우연으로, 찰스 다윈도 같은 날 태어났다. Ibid.; David Herbert Donald, *Lincoln* (New York: Touchstone, 1996), 22-44, 52-111; William E. Gienapp, *Abraham Lincoln and Civil War America: A Biography* (New York: Oxford University Press, 2002), 22; Adam Gopnik, *Angels and Ages: A Short Book About Darwin, Lincoln, and Modern Life* (New York: Alfred A. Knopf, 2009); William C. Harris, *Lincoln's Rise to the Presidency* (Lawrence: University Press of Kansas, 2007), 13, 40-57; and John C. Waugh, *One Man Great Enough: Abraham Lincoln's Road to Civil War* (Orlando, FL: Harcourt, 2007).

4   한 살인 사건의 변호를 맡은 링컨은 증인을 신문하면서 보름달의 달빛에 의지해 살인 현장을 목격했다는 증언을 12번도 넘게 반복하도록 유도했다. 그 이유는 사법적 인지(司法的 認知, judicial notice. 주지의 사실 입증을 필요로 하지 않고, 법원이 스스로 어떤 사실의 존재 또는 진실을 인식하고 있는 것-옮긴이)라는 흔치 않은 전략을 활용하기 위해서였다. 링컨은 살인 사건 발생 직전에 달이 이미 저물어 있었다는 사실이 담긴 연감 서적을 법정에 제출했고, 이로써 증인의 신뢰성을 탄핵하고 사건을 승리로 이끌 수 있었다. 존 포드John Ford 감독은 이 공판을 그의 영화 『젊은 링컨Young Mr. Lincoln』의 소재로 삼았다. Donald, *Lincoln*, 149, 170-172; John Ford, *Young Mr. Lincoln* (Hollywood: Twentieth Century Fox, 1939); Harris, *Lincoln's Rise*, 66-68; James M. McPherson, *Battle Cry of Freedom: The Civil War Era* (New York: Ballantine Books, 1988).

5   Donald, *Lincoln*, 178-185; Gary L. Ecelbarger, *The Great Comeback: How Abraham Lincoln Beat the Odds to Win the 1860 Republican Nomination* (New York: Thomas Dunne Books, 2008), 5; Harris, *Lincoln's Rise*, 72-74; and Waugh, *One Man Great Enough*, 229.

6   Michael Burlingame, *Abraham Lincoln: A Life*, Kindle ed. (Baltimore, MD: Johns Hopkins University Press, 2008), 12640-12646; Fehrenbacher, ed., *Speeches and Writings, 1832-1858*, 384.

7   Gerald Mortimer Capers, *Stephen A. Douglas: Defender of the Union*, Library of American Biography (Boston: Little, Brown, 1959); Fehrenbacher, *Speeches and Writings, 1832-1858*; Allen C. Guelzo, *Lincoln and Douglas: The Debates That Defined America* (New York: Simon & Schuster, 2008), 29; Robert Walter Johannsen, *Stephen A. Douglas* (New York: Oxford University Press, 1973); and George Fort Milton, *The Eve of Conflict: Stephen A. Douglas and the Needless*

War (Boston: Houghton Mifflin, 1934).

8   Donald, *Lincoln*, 209; Fehrenbacher, *Speeches and Writings, 1832-1858*, 426; Guelzo, *Lincoln and Douglas*, 288; and Harris, *Lincoln's Rise*, 92-95.

9   Harris, *Lincoln's Rise*, 147-151.

10   Ecelbarger, *The Great Comeback*, 22; Harris, *Lincoln's Rise*, 152, 158-159.

11   Doris Kearns Goodwin, *Team of Rivals: The Political Genius of Abraham Lincoln*, 1st ed. (New York: Simon & Schuster, 2005), 14; and Glyndon G. Van Deusen, *William Henry Seward* (New York: Oxford University Press, 1967), 2-7.

12   Van Deusen, *William Henry Seward*, 16, 26-28, 48-86.

13   Garrard Glenn, review of *The Cravath Firm and Its Predecessors, 1819-1947*, Vol. I, *The Predecessor Firms, 1819-1906*, by Robert T. Swaine, *Virginia Law Review* 33, no. 4 (1947); Van Deusen, *William Henry Seward*, 88-98.

14   Burlingame, *Abraham Lincoln*, 23344-23346, 24502-24505; and Van Deusen, *William Henry Seward*, 110-111, 123, 124, 160, 176-177, 180.

15   Goodwin, *Team of Rivals*, 15; and Van Deusen, *William Henry Seward*, 193.

16   Frederick J. Blue, *Salmon P. Chase: A Life in Politics* (Kent, OH: Kent State University Press, 1987), 1-28.

17   Ibid., 28-40.

18   Ibid., 42-63.

19   Ibid., 68-70.

20   Ibid., 79-115.

21   Burlingame, *Abraham Lincoln*, 16467-16468; Evan Carton, *Patriotic Treason: John Brown and the Soul of America* (New York: Free Press, 2006), 296-313; Carwardine, *Lincoln*, 96; Harris, *Lincoln's Rise*, 174-175; and Stephen B. Oates, *To Purge This Land with Blood: A Biography of John Brown* (Amherst, MA: The University of Massachusetts Press, 1984), 353-361.

22   Ecelbarger, *The Great Comeback*, 86-90, 97-108.

23   Harris, *Lincoln's Rise*, 161.

24   Ecelbarger, *The Great Comeback*, 112-114.

25   Ibid., 122-123, 125, 126, 127.

26   Ibid., 127-133.

27   Ibid., 139; Fehrenbacher, *Speeches and Writings, 1859-1865*, 115-130.

28   Carwardine, *Lincoln*, 98-99; and Ecelbarger, *The Great Comeback*, 136-153.

29   Fehrenbacher, *Speeches and Writings, 1859-1865*, 152.

30   Ecelbarger, *The Great Comeback*, 161.

31   Ibid., 162-165, 171, 174, 183-184.

32   Ibid., 188.

33   Blue, *Salmon P. Chase*, 123, 126-127; and Harris, *Lincoln's Rise*, 193.

34   Goodwin, *Team of Rivals*, 13.

35   Ecelbarger, *The Great Comeback*, 190, 191-192.

36   Ibid., 191-193; and Harris, *Lincoln's Rise*, 201.

37   Ecelbarger, *The Great Comeback*, 193-194, 197-198, 201.

38 Harris, *Lincoln's Rise*, 165.

39 Ecelbarger, *The Great Comeback*, 204–205.

40 Ibid., 199, 205, 206–207.

41 Ibid., 208–210; and Harris, *Lincoln's Rise*, 207–208.

42 Ecelbarger, *The Great Comeback*, 211; and Goodwin, *Team of Rivals*, 246.

43 Ecelbarger, *The Great Comeback*, 219, 221–225.

44 Ibid., 225–230; and Harris, *Lincoln's Rise*, 213.

45 Goodwin, *Team of Rivals*, 258–259; and Johannsen, *Stephen A. Douglas*, 756–771.

46 Goodwin, *Team of Rivals*, 257–278; Russell McClintock, *Lincoln and the Decision for War: The Northern Response to Secession, Civil War America* (Chapel Hill, NC: University of North Carolina Press, 2008), 21.

47 Goodwin, *Team of Rivals*, 254.

48 Ibid., 253.

49 National Park Service, "Abraham Lincoln Birthplace National Historic Site," http://www.nps.gov/history/nr/travel/presidents/lincoln_birthplace.html.

50 Donald, *Lincoln*, 57; Goodwin, *Team of Rivals*, 98–99; Joshua Wolf Shenk, *Lincoln's Melancholy: How Depression Challenged a President and Fueled His Greatness* (Boston: Houghton Miffl in, 2005), 18–19, 23, 56–57.

51 Fehrenbacher, ed., *Speeches and Writings, 1832-1858*, 68–69; Goodwin, *Team of Rivals*, 99–100; and William Lee Miller, *President Lincoln: The Duty of a Statesman* (New York: Alfred A. Knopf, 2008), 39.

52 Donald, *Lincoln*, 163–164, 371, 517; and Shenk, *Lincoln's Melancholy*, 108.

53 Shenk, *Lincoln's Melancholy*, 11, 23, 99.

54 Ibid., 136, 159, 165.

55 Harris, *Lincoln's Rise*, 281.

56 David M. Potter, "Horace Greeley and Peaceable Secession," *Journal of Southern History* 7, no. 2 (1941): 146.

57 Robert Leckie, *None Died in Vain: The Saga of the American Civil War* (New York: HarperCollins, 1990), 136–142; and McPherson, *Battle Cry of Freedom*, 264–275.

58 Milton, *The Eve of Conflict*, 521–522.

59 Jay Monaghan, *Diplomat in Carpet Slippers* (New York: Charter Books, 1962), 155–333.

60 McClintock, *Lincoln and the Decision for War*, 277–279; Stephen Skowronek, *The Politics Presidents Make: Leadership from John Adams to Bill Clinton* (Cambridge, MA: The Belknap Press of Harvard University Press, 1997), 201–202.

61 Roy Prentice Basler, ed., *Collected Works of Abraham Lincoln*, 9 vols., vol. 4 (New Brunswick, NJ: Rutgers University Press, 1953), 261.

62 Goodwin, *Team of Rivals*, 326; Fehrenbacher, *Speeches and Writings, 1859-1865*, 217, 220, 222, 224.

63 Donald, *Lincoln*, 267.
64 Milton, *The Eve of Conflict*, 522.
65 Donald, *Lincoln*, 268.
66 Van Deusen, *William Henry Seward*, 276, 287.
67 Burlingame, *Abraham Lincoln: A Life*, 24609-24631; Goodwin, *Team of Rivals*, 336; and McClintock, *Decision for War*, 200, 203, 212-214.
68 Goodwin, *Team of Rivals*, 340; McClintock, *Decision for War*, 231-232; and Van Deusen, *William Henry Seward*, 279.
69 Goodwin, *Team of Rivals*, 341-342; McClintock, *Decision for War*, 236-237; and Van Deusen, *William Henry Seward*, 247-248, 283.
70 Goodwin, *Team of Rivals*, 341-342; and McClintock, *Decision for War*, 236-237.
71 Burlingame, *Abraham Lincoln: A Life*, 25388-25393; Fehrenbacher, *Speeches and Writings, 1859-1865*, 227-228; Goodwin, *Team of Rivals*, 342; and Van Deusen, *William Henry Seward*, 282.
72 McClintock, *Decision for War*, 241-243; and Van Deusen, *William Henry Seward*, 284.
73 McClintock, *Decision for War*, 246-251.
74 McPherson, *Battle Cry of Freedom*, 274.
75 McClintock, *Lincoln and the Decision for War*, 254, 256-259.
76 Fehrenbacher, *Speeches and Writings, 1859-1865*, 686.
77 Ronald C. White Jr., *The Eloquent President: A Portrait of Lincoln Through His Words* (New York: Random House, 2005); Ronald C. White Jr., *Lincoln's Greatest Speech: The Second Inaugural* (New York: Simon & Schuster, 2006); Garry Wills, *Lincoln at Gettysburg* (New York: Simon & Schuster, 1992); and Douglas L. Wilson, *Lincoln's Sword: The Presidency and the Power of Words* (New York: Alfred P. Knopf, 2006).
78 McClintock, *Decision for War*, 278-279.
79 Eliot A. Cohen, *Supreme Command: Soldiers, Statesmen, and Leadership in Wartime*, 1st ed. (New York: Sim on & Schuster, 2002), 18-19; David M. Potter, "Jefferson Davis and the Political Factors in Confederate Defeat," in *Why the North Won the Civil War*, ed. David Herbert Donald (New York: Touchstone, 1996), 111.
80 T. Harry Williams, *Lincoln and His Generals*, paperback ed. (New York: Vintage Books, 1952), vii.
81 Roy Prentice Basler, ed., *Collected Works of Abraham Lincoln*, 9 vols., vol. 6 (New Brunswick, NJ: Rutgers University Press, 1953), 408, 468; Cohen, *Supreme Command*, 30-31; and Williams, *Lincoln and His Generals*, 7-8.
82 Cohen, *Supreme Command*, 40-41; George Gordon Meade, "Meade's Congratulatory Order for the Battle of Gettysburg: General Orders, No. 68," July 4, 1863, http://www.civilwarhome.com/meadeorder68.htm; and Williams, *Lincoln and His Generals*, 265.
83 Roy Prentice Basler, ed., *Collected Works of Abraham Lincoln*, 9 vols., vol.

7 (New Brunswick, NJ: Rutgers University Press, 1953), 324, 476, 499; and Williams, *Lincoln and His Generals*, 60-61, 331-332.

84 Goodwin, *Team of Rivals*, 486; McPherson, *Battle Cry of Freedom*, 571-574; and Geoffrey Perrett, *Lincoln's War: The Untold Story of America's Greatest President as Commander in Chief* (New York: Random House, 2004), 260.

85 L. P. Brockett, *Our Great Captains: Grant, Sherman, Thomas, Sheridan, and Farragut* (New York: C.B. Richardson, 1865), 175; and Cohen, *Supreme Command*, 37.

86 McPherson, *Battle Cry of Freedom*, 584; Basler, *Collected Works of Abraham Lincoln*, 78-79.

87 Cohen, *Supreme Command*, 20; Potter, "Jefferson Davis and Political Factors," 103-104; and Williams, *Lincoln and His Generals*, 213.

88 Roy Prentice Basler, ed., *Collected Works of Abraham Lincoln*, 9 vols., vol. 1 (New Brunswick, NJ: Rutgers University Press, 1953), 108-115; Donald, Lincoln, 80-81; and White Jr., *The Eloquent President*, 14-16.

89 Donald, *Lincoln*, 81.

90 Waugh, *One Man Great Enough*, 418; and John C. Waugh, *Reelecting Lincoln: The Battle for the 1864 Presidency* (New York: Crown Publishers, 1997), 17.

제5장 "윌슨은 항상 믿음직해요. 한 번도 우리를 실망시킨 적이 없거든요."

1 H. W. Brands, *Woodrow Wilson*, The American Presidents (New York: Times Books, 2003); Robert H. Ferrell, *Woodrow Wilson and World War I, 1917-1921*, The New American Nation Series (New York: Harper & Row, 1985), 136-137; and Thomas J. Knock, *To End All Wars: Woodrow Wilson and the Quest for a New World Order* (New York: Oxford University Press, 1992), 190-197.

2 Thomas Andrew Bailey, *Woodrow Wilson and the Lost Peace* (New York: Macmillan, 1944), 15, 182-183; and James Chace, *1912: Wilson, Roosevelt, Taft & Debs: The Election That Changed the Country* (New York: Simon & Schuster, 2004), 248.

3 Sigmund Freud and William Christian Bullitt, *Thomas Woodrow Wilson, Twenty-Eighth President of the United States; A Psychological Study* (Boston: Houghton Miffl in, 1967).

4 John Milton Cooper Jr., *Woodrow Wilson: A Biography* (New York: Alfred A. Knopf, 2009), 12, 25, 26, 30-31, 33, 38-40, 44, 47-51, 53, 61, 62, 67, 73.

5 Henry W. Bragdon, *Woodrow Wilson: The Academic Years* (Cambridge, MA: Belknap Press of Harvard University Press, 1967), 269-270, 275-304; Cooper, *Woodrow Wilson*, 77-78, 83; and Alexander L. George and Juliette L. George, *Woodrow Wilson and Colonel House: A Personality Study* (Mineola, NY: Dover Publications, 1964), 34-35.

6   George and George, *Wilson and House*, 35; and W. Barksdale Maynard, *Woodrow Wilson: Princeton to the Presidency* (New Haven, CT: Yale University Press, 2008), 75.

7   Cooper, *Woodrow Wilson*, 71; Maynard, *Princeton to the Presidency*, 126–127; and Edwin A. Weinstein, *Woodrow Wilson: A Medical and Psychological Biography* (Princeton, NJ: Princeton University Press, 1981), 141, 165–168, 176–177.

8   Bragdon, *The Academic Years*, 317–318; and George and George, *Wilson and House*, 90–94.

9   Bragdon, *The Academic Years*, 319–321; and Maynard, *Princeton to the Presidency*, 137–138.

10   Bragdon, *The Academic Years*, 324–326; and Maynard, *Princeton to the Presidency*, 153.

11   Bragdon, *The Academic Years*, 326–341; and Maynard, *Princeton to the Presidency*, 155, 168–170.

12   Bragdon, *The Academic Years*, 354, 361–372, 376–378; Maynard, *Princeton to the Presidency*, 181, 207–208, 216–221, 228–230; and Weinstein, *Woodrow Wilson*, 195–201.

13   Maynard, *Princeton to the Presidency*, 224.

14   Cooper, *Woodrow Wilson*, 120–122.

15   Ibid., 120, 122–126; and Maynard, *Princeton to the Presidency*, 243.

16   Cooper, *Woodrow Wilson*, 125–128; and George and George, *Wilson and House*, 71.

17   Cooper, *Woodrow Wilson*, 132–135; and Maynard, *Princeton to the Presidency*, 253.

18   Chace, *1912*, 127–128; and Cooper, *Woodrow Wilson*, 136–139.

19   John Milton Cooper Jr., *The Warrior and the Priest: Woodrow Wilson and Theodore Roosevelt* (Cambridge, MA: Belknap Press of Harvard University Press, 1983), 79; and Kathleen Dalton, *Theodore Roosevelt: A Strenuous Life* (New York: Alfred A. Knopf, 2002), 267–268.

20   Chace, *1912*, 6, 23, 32; Dalton, *Theodore Roosevelt*, 338, 347–359; and Edmund Morris, *Theodore Rex* (New York: Random House, 2001), 458, 463.

21   Chace, *1912*, 14–18, 95.

22   Ibid., 93–100; and Lewis L. Gould, *Four Hats in the Ring: The 1912 Election and the Birth of Modern American Politics*, American Presidential Elections (Lawrence: University Press of Kansas, 2008), 50–53.

23   Chace, *1912*, 100–106; and Gould, *Four Hats in the Ring*, 54.

24   Chace, *1912*, 11–12, 56.

25   Ibid., 107–110.

26   Ibid., 110–111.

27   Ibid., 109; and Gould, *Four Hats in the Ring*, 65–66.

28   Chace, *1912*, 116; and Gould, *Four Hats in the Ring*, 66–67, 71–72.

29   Chace, *1912*, 122–125.

30   Ibid., 125; and Arthur Stanley Link, *The Higher Realism of Woodrow Wilson, and Other Essays* (Nashville, TN: Vanderbilt University Press, 1971), 216.

31   Gould, *Four Hats in the Ring*, 77–80.

32   Chace, *1912*, 143; Cooper, *Woodrow Wilson*, 149, 152; Gould, *Four Hats in the Ring*, 81–84; and Link, *Higher Realism*, 218.

33   Chace, *1912*, 43, 131–132, 135–137; and Gould, *Four Hats in the Ring*, 84.

34   Chace, *1912*, 142; Cooper, *Woodrow Wilson*, 151, 154; Gould, *Four Hats in the Ring*, 86–88; and Link, *Higher Realism*, 235–236.

35   Cooper, *Woodrow Wilson*, 155–156; and Link, *Higher Realism*, 229–233.

36   Chace, *1912*, 156; and Gould, *Four Hats in the Ring*, 93.

37   Chace, *1912*, 157–158; Gould, *Four Hats in the Ring*, 76, 93; and Link, *Higher Realism*, 241–242.

38   Chace, *1912*, 191; and Gould, *Four Hats in the Ring*, 124–125, 155.

39   Chace, *1912*, 213; and Cooper, *Woodrow Wilson*, 170–171.

40   Chace, *1912*, 3; and Gould, *Four Hats in the Ring*, 162.

41   Chace, *1912*, 230–232; and Gould, *Four Hats in the Ring*, 170–171.

42   Chace, *1912*, 231–233.

43   Ibid., 234–238.

44   Ibid., 238–239.

45   Ibid., 6–7, 23, 115, 261; and Gould, *Four Hats in the Ring*, 41.

46   John Milton Cooper Jr., *Breaking the Heart of the World: Woodrow Wilson and the Fight for the League of Nations* (Cambridge, UK: Cambridge University Press, 2001), 117, 119–121.

47   Bailey, *The Lost Peace*, 10–11, 53; Cooper, *Breaking the Heart*, 112; and Henry Cabot Lodge, *The Senate and the League of Nations* (New York: C. Scribner's Sons, 1925), 146–147.

48   Bailey, *The Lost Peace*, 13, 49–50; and Cooper, *Breaking the Heart*, 34–35.

49   Cooper, *Breaking the Heart*, 140–147, 149, 154–155.

50   Bailey, *The Lost Peace*, 57–58.

51   Thomas Andrew Bailey, *Woodrow Wilson and the Great Betrayal* (New York: Macmillan, 1945), 67–68; Bailey, *The Lost Peace*, 188; Cooper, *Breaking the Heart*, 12–13, 134–135; and Lodge, *The Senate and the League*, 129–135.

52   Bailey, *The Great Betrayal*, 70, 197–198; and Lodge, *The Senate and the League*, 184–185, 218–226.

53   Bailey, *The Great Betrayal*, 76.

54   Ibid., 117; and Cooper, *Breaking the Heart*, 152, 159, 163, 190.

55   Bailey, *The Great Betrayal*, 93–97.

56   Ibid., 93–97, 99–101.

57   Ibid., 99–101, 146; Cooper, *Breaking the Heart*, 264; and Weinstein, *Woodrow Wilson*, 355–361.

58   Cooper, *Breaking the Heart*, 247–249.

59 Bailey, *The Great Betrayal*, 178-179.
60 Ibid., 153-166, 171-172; and Cooper, *Breaking the Heart*, 224.
61 Bailey, *The Great Betrayal*, 183-185.
62 Ibid., 199; and Cooper, *Breaking the Heart*, 226-269.
63 Cooper, *Breaking the Heart*, 283-298.
64 Bailey, *The Great Betrayal*, 244-245, 254-256; and Cooper, *Breaking the Heart*, 303.
65 Bailey, *The Great Betrayal*, 265-271; Cooper, *Breaking the Heart*, 352-362; and Lodge, *The Senate and the League*, 214.
66 Rose McDermott, *Presidential Leadership, Illness, and Decision Making*, paperback ed. (New York: Cambridge University Press, 2008), 71-73; and Weinstein, *Woodrow Wilson*, 141.
67 Bailey, *The Great Betrayal*, 173.
68 McDermott, *Presidential Leadership, Illness, and Decision Making*, 82.
69 Lodge, *The Senate and the League*, 212.
70 Maynard, *Princeton to the Presidency*, 253.

제6장 "제가 믿어 왔던 모든 것들이 산산이 무너져 내렸습니다."

1 Dennis Kavanagh, *Crisis, Charisma, and British Political Leadership: Winston Churchill as the Outsider*, Sage Professional Papers in Contemporary Political Sociology (London: Sage Publications, 1974), 26-27; and Kenneth N. Waltz, *Foreign Policy and Democratic Politics: The American and British Experience* (Boston: Little, Brown, 1967).
2 John A. Phillips and Charles Wetherell, "The Great Reform Act of 1832 and the Political Modernization of England," *American Historical Review* 100, no. 2 (1995).
3 Waltz, *Foreign Policy and Democratic Politics*, 54.
4 Frank McDonough, *Neville Chamberlain, Appeasement and the British Road to War*, New Frontiers in History (Manchester, UK: Manchester University Press, 1998), 1; and Robert Alexander Clarke Parker, *Chamberlain and Appeasement: British Policy and the Coming of the Second World War*, The Making of the Twentieth Century (New York: St. Martin's Press, 1993), 347.
5 Nick Smart, *Neville Chamberlain* (London: Routledge, 2010), 1-7; and Graham Stewart, *Burying Caesar: The Churchill-Chamberlain Rivalry* (New York: The Overlook Press, 2001), 31-33.
6 Smart, *Neville Chamberlain*, 9-38.
7 Ibid., 52-65.
8 Ibid., 87, 96-98, 103, 105-106, 108-110; and Stewart, *Burying Caesar*, 31-33.
9 Smart, *Neville Chamberlain*, 122-127; and Stewart, *Burying Caesar*, 34-35.
10 Smart, *Neville Chamberlain*, 130-143.

11 Ibid., 146-147; and Stewart, *Burying Caesar*, 71.
12 Smart, *Neville Chamberlain*, 160-162, 175, 187-188, 199; and Stewart, *Burying Caesar*, 113-114, 130, 137-139.
13 Stewart, *Burying Caesar*, 224-227, 231-232.
14 Charles Lewis Broad, *The Abdication: Twenty-Five Years After, a Re-appraisal* (London: Muller, 1961); Stewart, *Burying Caesar*, 264-266, 270-271; and A. Susan Williams, *The People's King: The True Story of the Abdication* (London: Allen Lane, 2003).
15 McDonough, *Neville Chamberlain*, 74-75; and William L. Shirer, *The Rise and Fall of the Third Reich: A History of Nazi Germany* (New York: MJF Books, 1990), 187-230, 279-298.
16 Martin Gilbert and Richard Gott, *The Appeasers* (Boston: Houghton Miffl in, 1963), 9, 32; and McDonough, *Neville Chamberlain*, 18-19.
17 John Charmley, *Chamberlain and the Lost Peace* (London: Hodder & Stoughton, 1989), 11-20; Ian Goodhope Colvin, *The Chamberlain Cabinet: How the Meetings in 10 Downing Street, 1937-9, Led to the Second World War; Told for the First Time from the Cabinet Papers* (London: Gollancz, 1971), 50-51, 55; Gilbert and Gott, *The Appeasers*, 73-76; Mc-Donough, *Neville Chamberlain*, 50-51; and Parker, *Chamberlain and Appeasement*, 171.
18 Colvin, *The Chamberlain Cabinet*, 63-64.
19 Charmley, *Lost Peace*, 46-50; Colvin, *The Chamberlain Cabinet*, 97; McDonough, *Neville Chamberlain*, 53-54; and Parker, *Chamberlain and Appeasement*, 119-123.
20 Parker, *Chamberlain and Appeasement*, 74-75; and Shirer, *Rise and Fall*, 322-347.
21 Colvin, *The Chamberlain Cabinet*, 106, 109-117; and Parker, *Chamberlain and Appeasement*, 134.
22 Colvin, *The Chamberlain Cabinet*, 109-114; and Parker, *Chamberlain and Appeasement*, 135-138.
23 Colvin, *The Chamberlain Cabinet*, 109-114; and Parker, *Chamberlain and Appeasement*, 135-138.
24 Charmley, *Lost Peace*, 59, 64, 66; Keith Eubank, *Munich* (Norman, OK: University of Oklahoma Press, 1963), 35-36; Martin Gilbert, *Churchill: A Life*, 1st Owl Book ed.(New York: H. Holt, 1992), 591; and Parker, *Chamberlain and Appeasement*, 137-138.
25 Henry Kissinger, Diplomacy (New York: Simon & Schuster, 1994), 311; Shirer, *Rise and Fall*, 358-359.
26 Eubank, *Munich*, 43-44, 44-46; Shirer, *Rise and Fall*, 359-361.
27 Eubank, *Munich*, 50, 55, 78-81, 101-102; and Parker, *Chamberlain and Appeasement*, 143, 149-151.
28 Colvin, *The Chamberlain Cabinet*, 129-132; Eubank, *Munich*, 59-69, 78-81; and Shirer, *Rise and Fall*.

29 Colvin, *The Chamberlain Cabinet*, 141-145; Eubank, *Munich*, 118-119; and Stewart, *Burying Caesar*, 296-297.

30 Gilbert and Gott, *The Appeasers*, 143; McDonough, *Neville Chamberlain*, 63-64; Parker, *Chamberlain and Appeasement*, 162-163; and Stewart, *Burying Caesar*, 299-300.

31 Colvin, *The Chamberlain Cabinet*, 156-160; and Parker, *Chamberlain and Appeasement*, 164-165.

32 Colvin, *The Chamberlain Cabinet*, 161; Gilbert and Gott, *The Appeasers*, 155-156; Parker, *Chamberlain and Appeasement*, 167-169; and Stewart, *Burying Caesar*, 302.

33 Eubank, *Munich*, 193-194; Shirer, *Rise and Fall*, 393-395.

34 Colvin, *The Chamberlain Cabinet*, 162; and Parker, *Chamberlain and Appeasement*, 168-169.

35 Colvin, *The Chamberlain Cabinet*, 162-163.

36 Ibid., 163-165; and Parker, *Chamberlain and Appeasement*, 170-171.

37 Parker, *Chamberlain and Appeasement*, 172-174.

38 Eubank, *Munich*, 179-181, 190-191.

39 Ibid., 190-191; McDonough, *Neville Chamberlain*, 69; and Parker, *Chamberlain and Appeasement*, 177.

40 Eubank, *Munich*, 193-195.

41 Ibid., 197-199, 202-203; McDonough, *Neville Chamberlain*, 69; and Parker, *Chamberlain and Appeasement*, 179.

42 Eubank, *Munich*, 206, 213-214; and Parker, *Chamberlain and Appeasement*, 179-181.

43 Eubank, *Munich*, 218-221; and Parker, *Chamberlain and Appeasement*, 179-181.

44 Eubank, *Munich*, 227; Stuart Hodgson, *The Man Who Made the Peace: Neville Chamberlain* (New York: E. P. Dutton, 1938), 110; McDonough, *Neville Chamberlain*, 70; and Parker, *Chamberlain and Appeasement*, 181.

45 Colvin, *The Chamberlain Cabinet*, 169-171; and Stewart, *Burying Caesar*, 327-328.

46 Eubank, *Munich*, 286; and Stewart, *Burying Caesar*, 326.

47 Robert Blake, "How Churchill Became Prime Minister," in *Churchill*, ed. Robert Blake and William Roger Louis (New York: W.W. Norton, 1993), 260; and Stewart, *Burying Caesar*, 328-331.

48 McDonough, *Neville Chamberlain*, 74, 128-129; Shirer, *Rise and Fall*, 430-434; and Stewart, *Burying Caesar*, 339.

49 Colvin, *The Chamberlain Cabinet*, 261-262; McDonough, *Neville Chamberlain*, 108-109; and Stewart, *Burying Caesar*, 333-334, 336-338, 340-344.

50 Colvin, *The Chamberlain Cabinet*, 261-262; McDonough, *Neville Chamberlain*, 108-109; and Stewart, *Burying Caesar*, 333-334, 336-338, 340-344.

51 Colvin, *The Chamberlain Cabinet*, 261-262; McDonough, *Neville Chamberlain*, 108-109; and Stewart, *Burying Caesar*, 333-334, 336-338, 340-344.

52 Shirer, *Rise and Fall*, 437-450.

53 Eubank, *Munich*, 281-283.

54 Colvin, *The Chamberlain Cabinet*, 186; and McDonough, *Neville Chamberlain*, 79.

55 Colvin, *The Chamberlain Cabinet*, 187-189, 191-192.

56 Ibid., 196-197; McDonough, *Neville Chamberlain*, 80-81; Parker, *Chamberlain and Appeasement*, 214-219; and Stewart, *Burying Caesar*, 358-359.

57 Colvin, *The Chamberlain Cabinet*, 201-204, 211-212, 215; McDonough, *Neville Chamberlain*, 82-84; and Parker, *Chamberlain and Appeasement*, 230-231.

58 Parker, *Chamberlain and Appeasement*, 227, 237; and Smart, *Neville Chamberlain*, 258.

59 Parker, *Chamberlain and Appeasement*, 224, 232, 237-238, 243.

60 McDonough, *Neville Chamberlain*, 86-87; and Parker, *Chamberlain and Appeasement*, 244.

61 Neville Chamberlain, "Speech by the Prime Minister in the House of Commons on September 1, 1939," WWII Archives Foundation, http://wwiiarchives.net/servlet/doc/Bbb_105; Colvin, *The Chamberlain Cabinet*, 245; and Stewart, *Burying Caesar*, 380.

62 Neville Chamberlain, "Speech by the Prime Minister in the House of Commons on September 2, 1939," WWII Archives Foundation, http://wwiiarchives.net/servlet/doc/Bbb_116; and Colvin, *The Chamberlain Cabinet*, 248-251.

63 Colvin, *The Chamberlain Cabinet*, 251-253.

64 Neville Chamberlain, "Speech by the Prime Minister in the House of Commons on September 3, 1939," WWII Archives Foundation, http://wwiiarchives.net/servlet/doc/Bbb_120; and Stewart, *Burying Caesar*, 445.

65 Geoffrey Roberts, *Stalin's Wars: From World War to Cold War, 1939-1953* (New Haven, CT: Yale University Press, 2006), 30-32.

66 Colvin, The *Chamberlain Cabinet*, 166-167.

67 McDonough, *Neville Chamberlain*, 157.

68 Smart, *Neville Chamberlain*, 241.

69 Colvin, *The Chamberlain Cabinet*, 324-327.

70 Sir Walter Scott and Margaret Loring Andrews Allen, *The Lay of the Last Minstrel: A Poem, in Six Cantos* (Boston: Ginn and Co., 1897), 117.

제7장 "우리는 결코 항복하지 않을 것입니다."

1 Robert Rhodes James, *Churchill: A Study in Failure, 1900-1939* (New York: The World Publishing Company, 1970), 310, 85.

2 Martin Gilbert, *Churchill: A Life*, 1st Owl Book ed. (New York: H. Holt, 1992), 1-18, 37; Roy Jenkins, *Churchill: A Biography* (New York: Plume, 2001), 1-21; Graham Stewart, *Burying Caesar: The Churchill-Chamberlain Rivalry* (New

York: The Overlook Press, 2001), 11-3.

3   Gilbert, *Churchill*, 59, 62-3, 68, 75-9, 86, 91-101; Jenkins, *Churchill*, 22-4.
4   Gilbert, *Churchill*, 107, 12, 17-9, 31, 35; Jenkins, *Churchill*, 45-50, 65.
5   Gilbert, *Churchill*, 139, 46-47, 53-54, 57-65; Jenkins, *Churchill*, 86; Stewart, *Burying Caesar*, 18-19.
6   James, *Churchill: A Study in Failure, 1900-1939*, 22-23.
7   Gilbert, *Churchill*, 168, 73-79; Jenkins, *Churchill*, 104, 109, 200.
8   Gilbert, *Churchill*, 193-195, 201-202, 210-211; Jenkins, *Churchill*, 130, 152, 169-170.
9   Gilbert, *Churchill*, 212; James, *Churchill: A Study in Failure, 1900-1939*, 42-43; Jenkins, *Churchill*, 194-195, 198-199.
10   Gilbert, *Churchill*, 237-238, 243-244; James, *Churchill: A Study in Failure, 1900-1939*, 52-55, 59-60; Jenkins, *Churchill*, 205, 211; Michael Howard, "Churchill and the First World War," in *Churchill*, ed. Robert Blake and Wm. Roger Louis (New York: W.W. Norton & Company, 1993), 130.
11   Gilbert, *Churchill*, 283-284; Howard, "Churchill and the First World War," 132-134.
12   Gilbert, *Churchill*, 289-320; Jenkins, *Churchill*, 246-274; Howard, "Churchill and the First World War," 137-138.
13   Gilbert, *Churchill*, 289-320; Jenkins, *Churchill*, 246-274; Howard, "Churchill and the First World War," 137-138.
14   James, *Churchill: A Study in Failure, 1900-1939*, 98-99; Howard, "Churchill and the First World War," 138.
15   Jenkins, *Churchill*, 289-309; Howard, "Churchill and the First World War," 138; Gilbert, *Churchill*, 354-361.
16   ———, *Churchill*, 368-374.
17   Ibid., 375-402.
18   Ibid., 404-405; James, *Churchill: A Study in Failure, 1900-1939*, 123-137; Jenkins, Churchill, 341, 348, 351; John Grigg, "Churchill and Lloyd George," in *Churchill*, ed. Robert Blake and William Roger Louis (New York: W.W. Norton & Company, 1993), 104-105.
19   William Manchester, *The Last Lion: Winston Spencer Churchill*, 2 vols., vol. 1 (Boston: Little, Brown, 1983), 692; Arthur Herman, *Gandhi & Churchill: The Epic Rivalry That Destroyed an Empire and Forged Our Age* (New York: Bantam Books, 2008), 242-243.
20   Manchester, *The Last Lion*, 1: 693; Herman, *Gandhi & Churchill*, 255.
21   Manchester, *The Last Lion*, 1: 693-694; Herman, *Gandhi & Churchill*, 257.
22   Gilbert, *Churchill*; James, *Churchill: A Study in Failure, 1900-1939*, 144-149, 156-161; Jenkins, *Churchill*, 368.
23   ———, *Churchill*, 370-376, 379-380.
24   Ibid., 384-392; Gilbert, *Churchill*, 459-463.
25   Jenkins, *Churchill*, 393-417; John Maynard Keynes, *The Economic Consequences*

of *Mr. Churchill* (London: L. and V. Woolf, 1925); Stewart, *Burying Caesar*, 36-37.

26 Brian Gardner, *Churchill in His Time: A Study in a Reputation 1939-1945* (London: Methuen, 1968), 1.

27 Herman, *Gandhi & Churchill*, 315-316, 319-321; Martin Gilbert, *Winston Churchill: The Wilderness Years* (Boston: Houghton Miffl in Company, 1982), 26.

28 Sarvepalli Gopal, "Churchill and India," in *Churchill*, ed. Robert Blake and William Roger Louis (New York: W.W. Norton & Company, 1993), 457, 59; L. S. Amery, John Barnes, and David Nicholson, *The Empire at Bay: The Leo Amery Diaries 1929-1945*(London: Hutchinson, 1988), 832, 993; James, *Churchill: A Study in Failure, 1900-1939*, 223; Jenkins, *Churchill*, 434-435.

29 Herman, *Gandhi & Churchill*.

30 Ibid., 323-324, 343-354.

31 Ibid., 354-360; Stewart, *Burying Caesar*, 68.

32 Gilbert, *Winston Churchill: The Wilderness Years*, 34-35; Herman, *Gandhi & Churchill*, 360-363; James, *Churchill: A Study in Failure, 1900-1939*, 225; Jenkins, *Churchill*, 439.

33 James, *Churchill: A Study in Failure*, 1900-1939, 225-226.

34 Stewart, *Burying Caesar*, 175-179; Jenkins, *Churchill*, 455-463; Gilbert, *Churchill*, 527-528; ———, *Winston Churchill: The Wilderness Years*, 65-67, 74-76.

35 Herman, *Gandhi & Churchill*, 418-419; James, *Churchill: A Study in Failure, 1900-1939*, 235-237, 255, 273; Jenkins, *Churchill*, 457, 480.

36 Gilbert, *Churchill*, 544, 547.

37 ———, *Winston Churchill: The Wilderness Years*, 155; ———, *Churchill*, 555-556.

38 Stewart, *Burying Caesar*, 251.

39 Jenkins, *Churchill*, 498-501; Gilbert, *Winston Churchill: The Wilderness Years*, 169-170; Philip Ziegler, "Churchill and the Monarchy," in *Churchill*, ed. Robert Blake and William Roger Louis (New York: W.W. Norton & Company, 1993), 187.

40 Jenkins, *Churchill*, 501-502.

41 Gilbert, *Winston Churchill: The Wilderness Years*, 170-171; ———, *Churchill*, 568-569; James, *Churchill: A Study in Failure, 1900-1939*, 297-304; Jenkins, *Churchill*, 502; Lynne Olson, *Troublesome Young Men: The Rebels who Brought Churchill to Power in 1940 and Helped to Save Britain* (London: Bloomsbury, 2007), 81-82.

42 A. J. P. Taylor, "The Statesman," in *Churchill Revised: A Critical Assessment* (New York: The Dial Press, 1969), 32-33; Winston Spencer Churchill, *The Gathering Storm*, vol. 1, The Second World War (Boston: Houghton Miffl in Company, 1948), 218-219; James, *Churchill: A Study in Failure, 1900-1939*, 306.

43 Michael Howard, "Review: The End of Churchillmania? Reappraising the Legend," *Foreign Affairs* 72, no. 4 (1993): 145.

44 Robert Blake, "How Churchill Became Prime Minister," in *Churchill*, ed. Robert Blake and William Roger Louis (New York: W.W. Norton & Company, 1993), 259;

Dennis Kavanagh, *Crisis, Charisma, and British Political Leadership: Winston Churchill as the Outsider*, Sage professional papers in contemporary political sociology (London: Sage Publications, 1974), 8-9, 30.

45 Gilbert, *Winston Churchill: The Wilderness Years*, 77; James, *Churchill: A Study in Failure, 1900-1939*, 219-220.

46 Jenkins, *Churchill*, 551-552; Gilbert, *Winston Churchill: The Wilderness Years*, 245, 267; ———, *Churchill*, 623-624; Churchill, *The Gathering Storm*, 1, 409-410.

47 David Reynolds, "Churchill in 1940: The Worst and Finest Hour," in *Churchill*, ed. Robert Blake and William Roger Louis (New York: W.W. Norton & Company, 1993), 242-244; Gautam Mukunda, "We Cannot Go On: Disruptive Innovation and the First World War Royal Navy," *Security Studies* 19, no. 1 (2010); Jenkins, *Churchill*, 559-561.

48 Olson, *Troublesome Young Men*, 258.

49 Reynolds, "Churchill in 1940: The Worst and Finest Hour," 244; Andrew Roberts, *The Holy Fox: A Biography of Lord Halifax* (London: Weidenfeld and Nicolson, 1991), 190-191; Martin Kitchen, "Winston Churchill and the Soviet Union During the Second World War," *The Historical Journal* 30, no. 2 (1987): 416.

50 Olson, *Troublesome Young Men*, 265; Roberts, *The Holy Fox*, 189.

51 Olson, *Troublesome Young Men*, 274-276; Churchill, *The Gathering Storm*, 1, 584-585; Gilbert, *Churchill*, 635. 여러 문헌에서 4월 2일, 4일 또는 5일로 기재되어 있으나 가장 자주 인용되는 날짜는 4월 4일이다.

52 Jenkins, Churchill: 573-6; Olson, *Troublesome Young Men*, 277-87.

53 ———, *Troublesome Young Men*, 268; Gilbert, *Churchill*, 638.

54 Olson, *Troublesome Young Men*, 290-295; William Roger Louis, *In the Name of God, Go!: Leo Amery and the British Empire in the Age of Churchill* (New York: W. W. Norton, 1992), 121-122; Jenkins, *Churchill*, 578-579.

55 ———, *Churchill*, 579; Olson, *Troublesome Young Men*, 296-297.

56 Jenkins, *Churchill*, 579-581; Olson, *Troublesome Young Men*, 296-297.

57 Jenkins, *Churchill*: 581-582; Olson, *Troublesome Young Men*, 299-304; Roberts, *The Holy Fox*, 197; Nick Smart, *Neville Chamberlain* (London: Routledge, 2010), 276-277.

58 Blake, "How Churchill Became Prime Minister," 263-264.

59 Amery, Barnes, and Nicholson, *The Empire at Bay*, 610-613; Olson, *Troublesome Young Men*, 306-310; Blake, "How Churchill Became Prime Minister," 264-265; Roberts, *The Holy Fox*, 201-202.

60 Blake, "How Churchill Became Prime Minister," 265-266; Roberts, *The Holy Fox*, 198-199; Charles McMoran Wilson Baron Moran, *Churchill, Taken from the Diaries of Lord Moran: The Struggle for Survival, 1940-1965* (Boston: Houghton Miffl in, 1966), 346-347.

61 처칠의 회고록 『폭풍 전야The Gathering Storm』를 보면, 처칠은 날짜를 5월 10일로 잘못 기억하고 마게손이 참석했다는 사실을 잊어버린 것 같다. 처칠은 회동 이후 6년이 지나 당시의 기억을 글로 묘사했고, 그가 쓴 글은 핼리팩스가 당시에 설명했던 내용에 비해

훨씬 드라마틱했다. Jenkins, *Churchill*, 584-585; Olson, *Troublesome Young Men*, 309-310; Roberts, *The Holy Fox*, 203-207; Blake, "How Churchill Became Prime Minister," 266; John Lukacs, *Blood, Toil, Tears and Sweat: The Dire Warning* (New York: Basic Books, 2008), 39.

62 Blake, "How Churchill Became Prime Minister," 266-267; Churchill, *The Gathering Storm*, 1, 661-662; Jenkins, *Churchill*, 585-586.

63 Blake, "How Churchill Became Prime Minister," 268-270; Churchill, *The Gathering Storm*, 1, 665; Jenkins, *Churchill*, 586-588.

64 Blake, "How Churchill Became Prime Minister," 270, 273; Roberts, *The Holy Fox*, 199; Stewart, *Burying Caesar*, 421.

65 Jenkins, *Churchill*, 590-591; John Lukacs, *The Duel: Hitler vs. Churchill: 10 May-31 July 1940* (London: Bodley Head, 1990), 61; ———, *Blood, Toil, Tears, and Sweat*, 42-44; Gilbert, *Churchill*, 646; Ian Kershaw, *Fateful Choices: Ten Decisions That Changed the World, 1940-1941* (New York: Penguin Press, 2007), 24; Roberts, *The Holy Fox*, 224.

66 Lukacs, *The Duel*, 62-66, 75-76.

67 Ibid., 76; Gilbert, *Churchill*, 648; Lukacs, *Blood, Toil, Tears, and Sweat*, 84; Kershaw, *Fateful Choices*, 26; John Lukacs, *Five Days in London: May 1940* (New Haven, CT: Yale Nota Bene, 2001), 73.

68 Lukacs, *Five Days in London*, 39-49; William L. Shirer, *The Rise and Fall of the Third Reich: A History of Nazi Germany* (New York: MJF Books, 1990), 728-729.

69 Lukacs, *Five Days in London*, 92-95; Roberts, *The Holy Fox*, 212.

70 Lukacs, *Five Days in London*, 105-108; Roberts, *The Holy Fox*, 216.

71 Lukacs, *Five Days in London*, 108-112; Roberts, *The Holy Fox*, 216.

72 Lukacs, *The Duel*, 92; ———, *Five Days in London*, 112-113; Kershaw, Fateful Choices, 33.

73 Jenkins, *Churchill*, 602; Lukacs, *The Duel*, 92-93; ———, *Five Days in London*, 113.

74 Jenkins, *Churchill*, 587-588, 590-591, 602; Stewart, *Burying Caesar*, 421; Lukacs, *Five Days in London*, 120-122.

75 Lukacs, *The Duel*, 93-94; ———, *Five Days in London*, 113-117.

76 Jenkins, *Churchill*, 601-602; Lukacs, *The Duel*, 94; ———, *Five Days in London*, 116-118, 130, 132, 136-137.

77 Lukacs, *Five Days in London*, 136-145.

78 Ibid., 146-149; Kershaw, *Fateful Choices*, 38-39.

79 Ibid.

80 Lukacs, *The Duel*, 96; ———, *Five Days in London*, 149-150; Roberts, *The Holy Fox*, 220-221.

81 Lukacs, *The Duel*, 97; ———, *Five Days in London*, 151; Roberts, *The Holy Fox*, 221; Kershaw, *Fateful Choices*, 40.

82 Lukacs, *The Duel*, 97; ———, *Five Days in London*, 153-156; Roberts, *The Holy Fox*, 221-222; Kershaw, *Fateful Choices*, 41.

83 Kershaw, *Fateful Choices*, 28; Lukacs, *Five Days in London*, 174-177.

84 Jenkins, *Churchill*, 606; Lukacs, *The Duel*, 98-99; ———, *Five Days in London*, 180-183; Roberts, *The Holy Fox*, 224-225.

85 로버트는 해당 시점에 핼리팩스가 이미 패배했다고 주장한다. 그러나 이러한 주장은 아무리 긍정적으로 보아도 신빙성이 떨어지며, 처칠이 내각 위원 전원을 상대로 연설하던 중에 보였던 행동과도 부합하지 않는다. 젠킨스와 루카치의 해석이 분명 우월하지만, 이 결정이 이루어진 정확한 시점을 안다고 해서 LFT의 검증에 도움이 되지 않는다는 것은 명백하다. Jenkins, *Churchill*, 607; Lukacs, *The Duel*, 99; ———, *Five Days in London*, 183; Roberts, *The Holy Fox*, 224-225.

86 처칠의 말은 정확히 기록되지 않았다. 이 구절은 당시 자리에 있던 참석자의 말을 인용한 것이다. 그러나 내 귀에는 지나칠 정도로 처칠스럽게Churchullian 들린다. Gilbert, *Churchill*, 651; Jenkins, *Churchill*, 607-608; Lukacs, *Five Days in London*, 1-5; Winston Spencer Churchill, *Their Finest Hour*, vol. 2, The Second World War (Boston: Houghton Miffl in Company, 1949), 99-100.

87 Gilbert, *Churchill*, 651-652; Lukacs, *The Duel*, 100; ———, *Five Days in London*, 185-186; Roberts, *The Holy Fox*, 225-226; Jenkins, *Churchill*, 609.

88 Lukacs, *Blood, Toil, Tears, and Sweat*, 102-103; Kershaw, *Fateful Choices*, 46-47; Gilbert, *Churchill*, 655-656.

89 Amery, Barnes, and Nicholson, *The Empire at Bay*, 943, 950, 993; Gopal, "Churchill and India," 465-466; Herman, *Gandhi & Churchill*, 513; Pankaj Mishra, "Exit Wounds: The Legacy of Indian Partition," *The New Yorker*, August 13, 2007; Amartya Sen, *Poverty and Famines: An Essay on Entitlement and Deprivation* (New York: Oxford University Press, 1982), 52-85.

90 P. M. H. Bell, *A Certain Eventuality: Britain and the Fall of France* (London: Saxon House, 1974), 48; Lukacs, *Five Days in London*, 152-153.

제8장 정치 외 분야

1 Samuel P. Huntington, *The Soldier and the State: The Theory and Politics of Civil-Military Relations*, Vintage Book (New York: Random House, 1964); Barry R. Posen, *The Sources of Military Doctrine: Britain, France, and Germany between the Wars* (Ithaca, NY: Cornell University Press, 1984).

2 Robert K. Massie, *Castles of Steel: Britain, Germany, and the Winning of the Great War at Sea* (New York: Random House, 2003), 65-71.

3 Richard Alexander Hough, *First Sea Lord: An Authorized Biography of Admiral Lord Fisher* (London: Allen & Unwin, 1969), 6-58; Ruddock F. Mackay, *Fisher of Kilverstone* (Oxford, UK: Clarendon Press, 1973), 1-170.

4 Hough, *First Sea Lord*, 62-119; Nicholas A. Lambert, *Sir John Fisher's Naval Revolution*, ed. William N. Still Jr., Studies in Maritime History (Columbia, SC: University of South Carolina Press, 1999), 74; Mackay, *Fisher of Kilverstone*, 171-

215.

5   Hough, *First Sea Lord*, 6-58; Mackay, *Fisher of Kilverstone*, 1-170.

6   Hough, *First Sea Lord*, 119-120; Lambert, *Sir John Fisher's Naval Revolution*, 74-75; Mackay, *Fisher of Kilverstone*, 216-225.

7   Hough, *First Sea Lord*, 127-146; Lambert, *Sir John Fisher's Naval Revolution*, 80, 91; Mackay, *Fisher of Kilverstone*, 243-285.

8   Lambert, *Sir John Fisher's Naval Revolution*, 18-36, 90-91, 97, 109-110; Charles H. Fairbanks, Jr., "The Origins of the Dreadnought Revolution: A Historiographical Essay," *The International History Review* 13, no. 2 (1991): 258, 262; Jon Tetsuro Sumida, *In Defense of Naval Supremacy* (London: Routledge, 1993), 18-28; Mackay, *Fisher of Kilverstone*, 285, 295-297, 305-310; Hough, *First Sea Lord*, 143-144, 178.

9   Lambert, *Sir John Fisher's Naval Revolution*, 97-106; Hough, *First Sea Lord*, 196-206, 234.

10 Nicholas A. Lambert, "Admiral Sir John Fisher and the Concept of Flotilla Defense, 1904-1909," *The Journal of Military History* 59, no. 4 (1995): 641-642; Sumida, *In Defense of Naval Supremacy*, 37-61; Jon Tetsuro Sumida, "Sir John Fisher and the Dreadnought: The Sources of Naval Mythology," *The Journal of Military History* 59, no. 4 (1995): 620; Geoffrey Till, "Review of Sir John Fisher's Naval Revolution by Nicholas Lambert," *The Journal of Military History* 64, no. 1 (2000).

11 Lambert, "Admiral Sir John Fisher and the Concept of Flotilla Defense, 1904-1909," 642-643; Fairbanks, "The Origins of the Dreadnought Revolution: A Historiographical Essay," 269-270.

12 Lambert, "Admiral Sir John Fisher and the Concept of Flotilla Defense, 1904-1909," 246; Lambert, *Sir John Fisher's Naval Revolution*, 116-126.

13 Lambert, "Admiral Sir John Fisher and the Concept of Flotilla Defense, 1904-1909," 644-645; Lambert, *Sir John Fisher's Naval Revolution*, 247-249.

14 Nicholas A. Lambert, "'Our Bloody Ships' or 'Our Bloody System'? Jutland and the Loss of the Battle Cruisers, 1916," *The Journal of Military History* 62, no. 1 (1998).

15 Hough, *First Sea Lord*, 78, 311, 314.

16 Rakesh Khurana, *Searching for a Corporate Savior: The Irrational Quest for Charismatic CEOs* (Princeton, NJ: Princeton University Press, 2002), 181, 188.

17 Albert J. Dunlap and Bob Andelman, *Mean Business: How I Save Bad Companies and Make Good Companies Great* (New York: Times Business, 1996); David Plotz, "Al Dunlap: The Chainsaw Capitalist," Slate Magazine, http://www.slate.com/id/1830/.

18 John A. Byrne, *Chainsaw: The Notorious Career of Al Dunlap in the Era of Profit-at-Any-Price* (New York: HarperBusiness, 1999), 20-24, 98-99.

19 Ibid., 24-33; Plotz, "Al Dunlap"; Robert F. Hartley, *Management Mistakes and Successes* (New York: John Wiley & Sons, 2003), 57-61.

20   Byrne, Chainsaw, 24-33; Plotz, "Al Dunlap"; Hartley, Management Mistakes and Successes, 57-61.

21   Byrne, Chainsaw, 33-37, 70-92.

22   Floyd Norris, "The Incomplete Résumé: A Special Report. An Executive's Missing Years: Papering over Past Problems," New York Times, July 16, 2001.

23   Byrne, Chainsaw, 42-69.

24   Norris, "The Incomplete Résumé."

25   Byrne, Chainsaw, 127-170.

26   Ibid., 187-207; Hartley, Management Mistakes and Successes, 61-62.

27   Byrne, Chainsaw, 208-222.

28   Ibid., 234-291; Hartley, Management Mistakes and Successes, 62-63.

29   Byrne, Chainsaw, 208-222.

30   Byrne, Chainsaw, 290-327; Floyd Norris, "Will Justice Department Go after Dunlap?," New York Times, September 6, 2002.

31   Byrne, Chainsaw, 94-95, 352.

32   Duff McDonald, Last Man Standing: The Ascent of Jamie Dimon and JPMorgan Chase(New York: Simon & Schuster, 2009), 1-16, 24-35; Monica Langley, Tearing Down the Walls: How Sandy Weill Fought His Way to the Top of the Financial World—and Then Nearly Lost It All, A Wall Street Journal Book (New York: Simon & Schuster, 2003), 74, 87-92, 109-122; Amey Stone and Michael Brewster, King of Capital: Sandy Weill and the Making of Citigroup (New York: Wiley, 2002), 144-145, 48-51, 71-76.

33   Langley, Tearing Down the Walls, 125-191; McDonald, Last Man Standing, 36-57; Stone and Brewster, King of Capital, 177-188.

34   McDonald, Last Man Standing, 57-85; Stone and Brewster, King of Capital, 194-209.

35   Langley, Tearing Down the Walls, 272-311; McDonald, Last Man Standing, 86-104; Stone and Brewster, King of Capital, 222-236.

36   Stone and Brewster, King of Capital, 236-241; Langley, Tearing Down the Walls, 311-323; McDonald, Last Man Standing, 104-130.

37   Rakesh Khurana, Searching for a Corporate Savior, 1-19, 26-27; McDonald, Last Man Standing, 145-150, 155.

38   McDonald, Last Man Standing, 154-60, 71-78; Daniel Gross, "The $7 Billion Ego," The Washington Post Company, http://www.slate.com/id/2103543/.

39   McDonald, Last Man Standing, 181-204; Shawn Tully, "In This Corner! The Contender," Fortune, http://money.cnn.com/magazines/fortune/fortune_archive/2006/04/03/8373068/.

40   개인적인 사연이지만, 나는 다이먼을 만난 적이 있다. 그를 일대일로 만나며 그의 인성에서 느껴지는 힘에 놀라지 않을 수 없었다. 그의 사람을 잡아끄는 매력은 말로 표현하기 어려울 정도로, 내가 지금껏 만난 사람들 가운데 비견할 대상을 찾기 힘들었다. Khurana, Searching for a Corporate Savior, 23, 27, 69, 160-61, 81.

41   McDonald, Last Man Standing, 204-214.

42 Ibid., 214-221, 228.

43 Andrew Ross Sorkin, *Too Big to Fail*, 1st paperback ed. (New York: Penguin Books, 2010), 76-77; McDonald, *Last Man Standing*, 227, 231.

44 Sorkin, *Too Big to Fail*, 77-78; McDonald, *Last Man Standing*, 244-300.

45 Ibid.

46 McDonald, *Last Man Standing*, 302-317.

47 Monica Langley, "Inside J.P. Morgan's Blunder; CEO Dimon Blessed the Concept Behind Disastrous Trades; 'Blood in the Water,'" www.wallstreetjournal.com, May 18, 2012; Julia La Roche and Lisa Du, "Remarkable New Details of JP Morgan's London Whale Disaster," www.businessinsider.com; Ron Rimkus, "JPMorgan Chase and the London Whale: Understanding the Hedge That Wasn't," www.seekingalpha.com; Felix Salmon, "Jamie Dimon's Failure," blogs.reuters.com/felix-salmon; Dawn Kopecki and Max Abelson, "Dimon Fortress Breached as Push from Hedging to Betting Blows Up," May 14, 2012, http://www.bloomberg.com/news/2012-05-14/dimon-fortressbreached-as-push-from-hedging-to-betting-blows-up.html; Tracy Alloway and Sam Jones, "How JPMorgan's Storm in a Teapot Grew," www.ft.com, http://www.ft.com/intl/cms/s/2/6197ab2a-9f64-11e1-8b84-00144feabdc0.html#axzz1v9RTVTYN; Matt Scuffham, Edward Taylor, and Matthew Davies, "JPMorgan Investment Unit Played by Different High-Risk Rules," www.ifre.com, May 16, 2012; Jon Macaskill, "Inside JPMorgan's $2 Billion Loss-Making CIO Division," www.euromoney.com, May 2012, http://www.euromoney.com/Article/3024619/Inside-JPMorgans-2-billion-loss-making-CIOdivision.html?LS=EMS652612&single=true; Dawn Kopecki, Michael J. Moore, and Christine Harper, "JPMorgan Loses $2 Billion on Unit's 'Egregious Mistakes,'" www.bloomberg.com, May 11, 2012, http://www.bloomberg.com/news/2012-05-11/jpmorgan-loses-2-billion-as-mistakes-trounce-hedges.html.

48 John Maynard Keynes, *Essays in Persuasion* (New York: Palgrave MacMillan, 2010), 96.

49 Khurana, *Searching for a Corporate Savior*, 188-190.

50 Thomas S. Kuhn, *The Structure of Scientific Revolutions* (Chicago: University of Chicago Press, 1996).

51 Gina Kolata, "Grant System Leads Cancer Researchers to Play It Safe," *New York Times*, June 28, 2009; Pierre Azoulay, Joshua S. Graff Zivin, and Gustavo Manso, "Incentives and Creativity: Evidence from the Academic Life Sciences," in *NBER Working Paper* (Cambridge, MA: National Bureau of Economic Research, 2009); Josh Lerner and Julie Wulf, "Innovation and Incentives: Evidence from Corporate R&D," *Review of Economics & Statistics* 89 (2007).

52 개인적인 이야기를 하자면, 나는 포크먼이 죽기 전에 그를 잠깐 만난 적이 있다. 그는 내가 지금까지 만난 사람들 가운데 특출한 지적 능력을 비롯해 남다른 따뜻함과 관대함을 갖춘 가장 인상적인 인물이었다.

53 Robert Cooke and M. Judah Folkman, *Dr. Folkman's War: Angiogenesis and the*

Struggle to Defeat Cancer (New York: Random House, 2001), 17–37.

54 Ibid., 38–69; Jocelyn Selim, "Folkman's Foresight," American Association for Cancer Research, http://www.crmagazine.org/archive/fall2008/Pages/FolkmansForesight.aspx.

55 Cooke and Folkman, *Dr. Folkman's War,* 58–64, 70–71.

56 Ibid., 78–90.

57 Ibid., 119–124; M. Judah Folkman, "Foundations for Cancer Therapy," Academy of Achievement, http://www.achievement.org/autodoc/page/fol0int-1.

58 Cooke and Folkman, *Dr. Folkman's War.*

59 Ibid., 181–3.

60 Ibid., 183–7.

61 Ibid., 188–98; Selim, "Folkman's Foresight"; "Timeline: Highlights of Angiogenesis Research in the Folkman Lab," Children's Hospital, http://www.childrenshospital.org/cfapps/research/data_admin/Site2580/mainpageS2580P5.html; "Remembering Judah Folkman: A Bright Light," Children's Hospital, http://www.childrenshospital.org/cfapps/research/data_admin/Site2580/mainpageS2580P0.html; Catherine Arnst, "Inside Judah Folkman's Lab," *BusinessWeek,* http://www.businessweek.com/magazine/content/05_23/b3936016.htm.

62 Folkman, "Foundations for Cancer Therapy"; Cooke and Folkman, *Dr. Folkman's War,* 5–6.

제9장 지도력이 초래하는 성공과 비극

1 Ronald S. Burt, *Brokerage and Closure: An Introduction to Social Capital,* Kindle ed.(New York: Oxford University Press, 2005), 1612–1815.

2 Rakesh Khurana, *Searching for a Corporate Savior: The Irrational Quest for Charismatic CEOs* (Princeton, NJ: Princeton University Press, 2002), 210; Karl R. Popper, The *Open Society and Its Enemies,* 5th ed., 2 vols., vol. 1: The Spell of Plato (Princeton, NJ: Princeton University Press, 1966), 126, 34–35.

3 E. L. Thorndike, "A Constant Error on Psychological Rating," *Journal of Applied Psychology* IV (1920).

4 Nassim Nicholas Taleb, *Fooled by Randomness,* trade paperback ed. (New York: Random House, 2005); ———, *The Black Swan: The Impact of the Highly Improbable* (New York: Random House, 2007).

5 Popper, *The Open Society and Its Enemies,* 1: The Spell of Plato: 121.

6 Phil Rosenzweig, *The Halo Effect ... and the Eight Other Business Delusions That Deceive Managers* (New York: Free Press, 2007); Thorndike, "A Constant Error on Psychological Rating."

7 Boris Groysberg, Andrew N. McLean, and Nitin Nohria, "Are Leaders Portable?,"

Harvard Business Review, May 2006; Anthony J. Mayo and Nitin Nohria, "Zeitgeist Leadership," *Harvard Business Review*, October 2005; ——, *In Their Time: The Greatest Business Leaders of the Twentieth Century* (Boston: Harvard Business School Press, 2005); Boris Groysberg, Ashish Nanda, and Nitin Nohria, "The Risky Business of Hiring Stars," *Harvard Business Review*, May 2004.

8   Dacher Keltner, "The Power Paradox," *Greater Good*, Winter 2007-2008; Joris Lammers and Diederik A. Stapel, "Power Increases Dehumanization," *Group Processes & Intergroup Relations* 14, no. 1 (2011).

9   Joseph L. Bower, *The CEO Within : Why Inside Outsiders Are the Key to Succession* (Boston: Harvard Business School Press, 2007), 16.

10   Ibid., 51.

11   Kenneth N. Waltz, *Foreign Policy and Democratic Politics: The American and British Experience* (Boston: Little, Brown and Company, 1967); and Wasserman, Anand, and Nohria, "When Does Leadership Matter? A Contingent Opportunities View of CEO Leadership."

12   David A. Garvin and Michael A. Roberto, "What You Don't Know About Making Decisions," *Harvard Business Review*, September 2001; Donald C. Hambrick, "Corporate Coherence and the Top Management Team," *Strategy and Leadership* 25, no. 5 (1997); Sydney Finkelstein and Donald C. Hambrick, "Top-Management-Team Tenure and Organizational Outcomes: The Moderating Role of Managerial Discretion," *Administrative Science Quarterly* 35 (1990); Jerayr Haleblian and Sydney Finkelstein, "Top Management Team Size, CEO Dominance, and Firm Performance: The Moderating Roles of Environmental Turbulence and Discretion," Academy of Management Journal 36, no. 4 (1993); Donald C. Hambrick, Theresa Seung Cho, and Ming-Jer Chen, "The Influence of Top Management Teams Heterogeneity on Firms' Competitive Moves," *Administrative Science Quarterly* 41, no. 4 (1996); John G. Michel and Donald C. Hambrick, "Diversifi cation Posture and Top Management Team Characteristics," *Academy of Management Journal* 35, no. 1 (1992).

13   Clayton M. Christensen, *The Innovator's Dilemma: When New Technologies Cause Great Firms to Fail* (Boston: Harvard Business School Press, 1997); Gautam Mukunda, "We Cannot Go On: Disruptive Innovation and the First World War Royal Navy," *Security Studies* 19, no. 1 (2010).

14   유사한 견해를 찾아보고 싶은 독자는 다음 문헌을 참조할 것. Joshua D. Margolis, "Psychological Pragmatism and the Imperative of Aims: A New Approach for Business Ethics," *Business Ethics Quarterly* 8, no. 3 (1998): 415; Karl E. Weick, "The Collapse of Sensemaking in Organizations: The Mann Gulch Disaster," *Administrative Science Quarterly* 38, no. 4 (1993): 641-642; Donald A. Schön, *The Reflective Practitioner: How Professionals Think in Action* (New York: Basic Books, 1983).

15   Jim Collins, *Good to Great: Why Some Companies Make the Leap... and Others Don't* (New York: HarperCollins, 2001).

16 Robert Cooke and M. Judah Folkman, *Dr. Folkman's War: Angiogenesis and the Struggle to Defeat Cancer* (New York: Random House, 2001), 5-6; M. Judah Folkman, "Foundations for Cancer Therapy," Academy of Achievement, http://www.achievement.org/autodoc/page/fol0int-1.

17 Ronald C. White Jr., *Lincoln's Greatest Speech: The Second Inaugural* (New York: Simon & Schuster, 2006), 48-51; Don E. Fehrenbacher, ed., *Abraham Lincoln: Speeches and Writings 1859-1865,* The Library of America (New York: Penguin Books, 1989), 687.

18 Roger Martin to Roger Martin, September 18, 2010, http://blogs.hbr.org/martin/2010/01/barack-obamas-integrative-brai.html; Roger L. Martin, *The Opposable Mind: How Successful Leaders Win Through Integrative Thinking* (Boston: Harvard Business School Press, 2007).

부록: 미국 대통령의 통계학적 검증

1 Branislav L. Slantchev, "How Initiators End Their Wars: The Duration of Warfare and the Terms of Peace," *American Journal of Political Science* 48, no. 4 (2004); Daniel C. Minette, "Neutral and Charged Particle Production in 300 Gev/C Proton-Neon Interactions" (PhD diss., University of Wisconsin-Madison, 1982); G. E. P. Box, "Non-Normality and Tests on Variances," *Biometrika* 40, no. 3/4 (1953): 318-335; Carol A. Markowski and Edward P. Markowski, "Conditions for the Effectiveness of a Preliminary Test of Variance," *American Statistician* 44, no. 4 (1990): 322-326; and George W. Snedecor and William G. Cochran, *Statistical Methods,* 8th ed. (Ames: Iowa State University Press, 1989).

2 오류를 도시한 막대는 평균값으로부터의 표준 편차를 나타낸다. 이 수치는 관측치보다 큰 결과값이 정규 분포를 이룬다는 가정 하에 산정된다. 따라서 산정 공식은 $\sqrt{(\text{기대값보다 높은 결과값이 도출되는 수행 횟수: 2189 또는 495,890}) / (10,000,000)}$이 된다.

3 Richard Brookhiser, *Founding Father: Rediscovering George Washington* (New York: Free Press, 1996); Joseph J. Ellis, *His Excellency: George Washington* (New York: Alfred A. Knopf, 2004); and James Thomas Flexner, *Washington, The Indispensable Man* (Boston: Little, Brown, 1974).

참고문헌

Abetti, Pier A. "General Electric After Jack Welch: Succession and Success?" *International Journal of Technology Management* 22, no. 7/8 (2001): 656-669.

Adams, John, and John Quincy Adams. *The Selected Writings of John and John Quincy Adams.* New York: Alfred A. Knopf, 1946.

Allison, Graham T., and Philip Zelikow. *Essence of Decision: Explaining the Cuban Missile Crisis*, 2nd ed. New York: Longman, 1999.

Alloway, Tracy, and Sam Jones. "How JPMorgan's Storm in a Teapot Grew." www. ft.com, May 16, 2012, http://www.ft.com/intl/cms/s/2/6197ab2a-9f64-11e1-8b84-00144feabdc0.html#axzz1v9RTVTYN.

Alloy, Lauren B., and Lyn Y. Abramson. "Judgment of Contingency in Depressed and Nondepressed Students: Sadder but Wiser?" *Journal of Experimental Psychology: General* 108, no. 4 (1979): 441-485.

Amery, L. S., John Barnes, and David Nicholson. *The Empire at Bay: The Leo Amery Diaries 1929-1945.* London: Hutchinson, 1988.

Arnst, Catherine. "Inside Judah Folkman's Lab." *BusinessWeek.* http://www.businessweek.com/magazine/content/05_23/b3936016.htm.

Associated Press. "List of Presidential Rankings: Historians Rank the 42 Men Who Have Held the Office." MSNBC. http://www.msnbc.msn.com/id/29216774/.

Azoulay, Pierre, Joshua S. Graff Zivin, and Gustavo Manso. "Incentives and Creativity: Evidence from the Academic Life Sciences." NBER working paper w15466, National Bureau of Economic Research, Cambridge, MA, 2009.

Bailey, Jeremy D. *Thomas Jefferson and Executive Power.* Cambridge, UK: Cambridge University Press, 2007.

Bailey, Thomas Andrew. *Woodrow Wilson and the Great Betrayal.* New York: Macmillan, 1945.

———, *Woodrow Wilson and the Lost Peace.* New York: Macmillan, 1944.

Bartlett, Christopher A., and Meg Wozny. "GE's Two-Decade Transformation: Jack Welch's Leadership." Case 399150-PDF-ENG. Boston: Harvard Business School, 2005.

Basler, Roy Prentice, ed. *Collected Works of Abraham Lincoln.* 9 vols. New Brunswick, NJ: Rutgers University Press, 1953.

————, ed. *Collected Works of Abraham Lincoln*. 9 vols., vol. 1. New Brunswick, NJ: Rutgers University Press, 1953.

————, ed. *Collected Works of Abraham Lincoln*. 9 vols, vol. 4. New Brunswick, NJ: Rutgers University Press, 1953.

————, ed. *Collected Works of Abraham Lincoln*. 9 vols, vol. 6. New Brunswick, NJ: Rutgers University Press, 1953.

Baumeister, Roy F., and Steven J. Scher. "Self-Defeating Behavior Patterns Among Normal Individuals: Review and Analysis of Common Self-Destructive Tendencies." *Psychological Bulletin* 104, no. 1 (1988): 3-22.

Beasley, Ryan K., Juliet Kaarbo, Charles F. Hermann, and Margaret G. Hermann. "People and Processes in *Foreign Policy*making: Insights from Comparative Case Studies." *International Studies Review* 3, no. 2 (Summer 2001): 217-250.

Bell, P. M. H. *A Certain Eventuality: Britain and the Fall of France*. London: Saxon House, 1974.

Bennett, Tommy, and Colin Wyers. *Baseball Prospectus 2011: The Essential Guide to the 2011 Baseball Season*. 16th ed. Hoboken, NJ: Wiley, 2011.

Bernardo, Antonio E., and Ivo Welch. "On the Evolution of Overconfi dence and Entrepreneurs." *Journal of Economics and Management Strategy* 10, no. 3 (2001): 301-330.

Bernstein, Richard B. *Thomas Jefferson*. Oxford, UK: Oxford University Press, 2003.

Bertrand, Marianne, and Antoinette Schoar. "Managing with Style: The Effect of Managers on Firm Policies." *The Quarterly Journal of Economics* 118, no. 4 (November 2003): 1169-1208.

Blake, Robert. "How Churchill Became Prime Minister." In *Churchill*, edited by Robert Blake and William Roger Louis, 257-273. New York: W.W. Norton, 1993.

Blue, Frederick J. *Salmon P. Chase: A Life in Politics*. Kent, OH: Kent State University Press, 1987.

Bowen, Catherine Drinker. *Miracle at Philadelphia: The Story of the Constitutional Convention, May to September, 1787*. Boston: Little, Brown, 1986.

Bower, Joseph L. *The CEO Within: Why Inside Outsiders Are the Key to Succession*. Boston: Harvard Business School Press, 2007.

Box, G. E. P. "Non-Normality and Tests on Variances." *Biometrika* 40, no. 3/4 (1953): 318-335.

Bragdon, Henry W. *Woodrow Wilson: The Academic Years*. Cambridge, MA: Belknap Press of Harvard University Press, 1967.

Brands, H. W. *Woodrow Wilson*. The American Presidents. New York: Times Books, 2003.

Braybrooke, David, and Charles E. Lindblom. *A Strategy of Decision*. London: The Free Press of Glencoe, 1963.

Brecher, Frank W. *Negotiating The Louisiana Purchase: Robert Livingston's Mission to France, 1801-1804*. Jefferson, NC: McFarland, 2006.

Broad, Charles Lewis. *The Abdication: Twenty-Five Years After, a Re-appraisal*. London: Muller, 1961.

Brockett, L. P. *Our Great Captains: Grant, Sherman, Thomas, Sheridan, and Farragut*. New York: C.B. Richardson, 1865.

Brookhiser, Richard. *Founding Father: Rediscovering George Washington*. New

York: Free Press, 1996.

Bueno de Mesquita, Bruce. *The Logic of Political Survival.* Cambridge, MA: MIT Press, 2003.

Bueno de Mesquita, Bruce, James D. Morrow, Randolph M. Siverson, and Alastair Smith. "Testing Novel Implications from the Selectorate Theory of War." *World Politics* 56, no. 3 (April 2004): 363-388.

Burlingame, Michael. *Abraham Lincoln: A Life.* Kindle ed. Baltimore, MD: Johns Hopkins University Press, 2008.

Burt, Ronald S. *Brokerage and Closure: An Introduction to Social Capital.* Kindle ed. New York: Oxford University Press, 2005.

Busenitz, Lowell B., and Jay B. Barney. "Differences Between Entrepreneurs and Managers in Large Organizations: Biases and Heuristics in Strategic Decision-Making." *Journal of Business Venturing* 12 (1997): 9-30.

Byman, Daniel L., and Kenneth M. Pollack. "Let Us Now Praise Great Men: Bringing the Statesman Back In." *International Security* 25, no. 4 (2001): 107-146.

Byrne, John A. *Chainsaw: The Notorious Career of Al Dunlap in the Era of Profi t-at-Any-Price.* New York: HarperBusiness, 1999.

Capers, Gerald Mortimer. *Stephen A. Douglas: Defender of the Union.* Library of American Biography. Boston: Little, Brown, 1959.

Carlyle, Thomas. *On Heroes, Hero-Worship, & the Heroic in History.* Edited by Murray Baumgarten. The Norman and Charlotte Strouse Edition of the Writings of Thomas Carlyle. Berkeley: University of California Press, 1993.

Carton, Evan. *Patriotic Treason: John Brown and the Soul of America.* New York: Free Press, 2006.

Carwardine, Richard. *Lincoln: A Life of Purpose and Power.* New York: Alfred A. Knopf, 2006.

Cerami, Charles A. *Jefferson's Great Gamble: The Remarkable Story of Jefferson, Napoleon and the Men Behind The Louisiana Purchase.* Naperville, IL: Sourcebooks, 2003.

Chace, James. *1912: Wilson, Roosevelt, Taft & Debs: The Election That Changed the Country.* New York: Simon & Schuster, 2004.

Chamberlain, Neville. "Speech by the Prime Minister in the House of Commons on September 1, 1939." WWII Archives Foundation. http://wwiiarchives.net/servlet/doc/Bbb_105.

————. "Speech by the Prime Minister in the House of Commons on September 2, 1939." WWII Archives Foundation. http://wwiiarchives.net/servlet/doc/Bbb_116.

————. "Speech by the Prime Minister in the House of Commons on September 3, 1939." WWII Archives Foundation. http://wwiiarchives.net/servlet/doc/Bbb_120.

Charmley, John. *Chamberlain and the Lost Peace.* London: Hodder & Stoughton, 1989.

Chernow, Ron. *Alexander Hamilton.* New York: Penguin Press, 2004.

Christensen, Clayton M. *The Innovator's Dilemma.* New York: HarperBusiness Essentials, 2003.

Churchill, Winston Spencer. *The Second World War.* Vol. 1, The Gathering Storm. Boston, MA: Houghton Miffl in, 1948.

————. *The Second World War*. Vol. 2, *Their Finest Hour*. Boston: Houghton Miffl in, 1949.

Cohen, Eliot A. *Supreme Command: Soldiers, Statesmen, and Leadership in Wartime*. 1st ed. New York: Simon & Schuster, 2002.

Cohen, Marty. *The Party Decides: Presidential Nominations Before and After Reform*. Chicago Studies in American Politics. Chicago: University of Chicago Press, 2008.

Cohen, Michael D., James G. March, and Carnegie Commission on Higher Education. *Leadership and Ambiguity: The American College President*. Boston: Harvard Business School Press, 1986.

Collins, Jim. *Good to Great: Why Some Companies Make the Leap... And Others Don't*. New York: HarperCollins, 2001.

Colvin, Ian Goodhope. *The Chamberlain Cabinet: How the Meetings in 10 Downing Street, 1937-9, Led to The Second World War; Told for the First Time from the Cabinet Papers*. London: Gollancz, 1971.

Cooke, Robert, and M. Judah Folkman. *Dr. Folkman's War: Angiogenesis and the Struggle to Defeat Cancer*. New York: Random House, 2001.

Cooper, Arnold C., Carolyn Y. Woo, and William C. Dunkelberg. "Entrepreneurs' Perceived Chances for Success." *Journal of Business Venturing* 3, no. 2 (1988): 97-108.

Cooper, John Milton, Jr. *Breaking the Heart of the World: Woodrow Wilson and the Fight for the League of Nations*. Cambridge, UK: Cambridge University Press, 2001.

————. *The Warrior and the Priest: Woodrow Wilson and Theodore Roosevelt*. Cambridge, MA: Belknap Press of Harvard University Press, 1983.

————. *Woodrow Wilson: A Biography*. New York: Alfred A. Knopf, 2009.

Cunningham, Noble E. *Jefferson and Monroe: Constant Friendship and Respect*. Monticello Monograph Series. Charlottesville, VA: Thomas Jefferson Foundation, 2003.

————. *The Process of Government Under Jefferson*. Princeton, NJ: Princeton University Press, 1978.

Dalton, Kathleen. *Theodore Roosevelt: A Strenuous Life*. New York: Alfred A. Knopf, 2002.

DeGregorio, William A. *The Complete Book of U.S. Presidents*. Fort Lee, NJ: Barricade Books, 2001.

de Meza, David, and Clive Southey. "The Borrower's Curse: Optimism, Finance and Entrepreneurship." *The Economic Journal* 106, no. 435 (1996): 375-386.

Donald, David Herbert. *Lincoln*. New York: Touchstone, 1996.

Downs, George W., and David M. Rocke. "Conflict, Agency, and Gambling for Resurrection: The Principal-Agent Problem Goes to War." *American Journal of Political Science* 38, no. 2 (1994): 362-380.

Driver, Michael J. "Individual Differences as Determinants of Aggression in the Inter-Nation Simulation." In *A Psychological Examination of Political Leaders*, edited by Margaret G. Hermann and Thomas W. Milburn, 335-353. New York: The Free Press, 1977.

Dror, Yehezkel. "Main Issues of Innovative Leadership in International Politics." In *Innovative Leaders in International Politics*, edited by Gabriel Sheffer, 21-42.

Albany: State University of New York Press, 1993.

Druckman, Daniel. "The Person, Role, and Situation in International Negotiations." In *A Psychological Examination of Political Leaders*, edited by Margaret G. Hermann and Thomas W. Milburn, 406-456. New York: The Free Press, 1977.

Duffy, James P. *Lincoln's Admiral: The Civil War Campaigns of David Farragut.* New York: Wiley, 1997.

Dunlap, Albert J., and Bob Andelman. *Mean Business: How I Save Bad Companies and Make Good Companies Great.* New York: Times Business, 1996.

Dunn, Susan. *Jefferson's Second Revolution: The Election Crisis of 1800 and the Triumph of Republicanism.* Boston: Houghton Miffl in, 2004.

Ecelbarger, Gary L. *The Great Comeback: How Abraham Lincoln Beat the Odds to Win the 1860 Republican Nomination.* New York: Thomas Dunne Books, 2008.

Ellis, Joseph J. *American Sphinx: The Character of Thomas Jefferson.* New York: Alfred A. Knopf, 1997.

————. *His Excellency: George Washington.* New York: Alfred A. Knopf, 2004.

Eubank, Keith. *Munich.* Norman: University of Oklahoma Press, 1963.

Faber, Charles F., and Richard B. Faber. *The American Presidents Ranked by Performance.* Jefferson, NC: McFarland, 2000.

Fairbanks, Charles H., Jr. "The Origins of the Dreadnought Revolution: A Historiographical Essay." *International History Review* 13, no. 2 (1991): 246-272.

Fama, Eugene F. "Efficient Capital Markets: A Review of Theory and Empirical Work." *The Journal of Finance* 25, no. 2 (1970): 383-417.

Fama, Eugene F., and Kenneth R. French. *The Capital Asset Pricing Model: Theory and Evidence.* SSRN, 2003. doi:10.2139/ssrn.440920.

Fehrenbacher, Don E., ed. *Abraham Lincoln: Speeches and Writings, 1832-1858.* The Library of America. New York: Penguin Books, 1989.

————, ed. *Abraham Lincoln: Speeches and Writings, 1859-1865.* The Library of America. New York: Penguin Books, 1989.

Felzenberg, Alvin S. "'There You Go Again': Liberal Historians and The New York Times Deny Ronald Reagan His Due." *Policy Review*, no. 82 (1997): 51-53.

Ferling, John E. *Adams vs. Jefferson: The Tumultuous Election of 1800.* Pivotal Moments in American History. Oxford, UK: Oxford University Press, 2004.

Ferrell, Robert H. *Woodrow Wilson and World War I, 1917-1921.* The New American Nation Series. New York: Harper & Row, 1985.

Finkelstein, Sydney, and Donald C. Hambrick. "Top-Management-Team Tenure and Organizational Outcomes: The Moderating Role of Managerial Discretion." *Administrative Science Quarterly* 35 (1990): 484-503.

Fleming, Thomas J. *The Louisiana Purchase.* Hoboken, NJ: J. Wiley, 2003.

Flexner, James Thomas. *Washington, the Indispensable Man.* Boston: Little, Brown, 1974.

Folkman, M. Judah. "Foundations for Cancer Therapy." Academy of Achievement. http://www.achievement.org/autodoc/page/fol0int-1.

Ford, John. *Young Mr. Lincoln.* Hollywood: Twentieth Century Fox, 1939.

Freeman, Joanne B. "Corruption and Compromise in the Election of 1800: The Process of Politics on the National Stage." In *The Revolution of 1800: Democracy, Race, and the New Republic*, edited by James Horn, Jan Ellen Lewis, and Peter S. Onuf, 87-120. Charlottesville, VA: University of Virginia Press, 2002.

Freud, Sigmund, and William Christian Bullitt. *Thomas Woodrow Wilson, Twenty-Eighth President of the United States; A Psychological Study.* Boston: Houghton Miffl in, 1967.

Gallagher, Maryann E. "High Rolling Leaders: The 'Big Five' Model of Personality and Risk-Taking During War." In *International Studies Association-South Conference.* Miami, 2005.

Gardner, Brian. *Churchill in His Time: A Study in a Reputation 1939-1945.* London: Methuen, 1968.

Garvin, David A., and Michael A. Roberto. "What You Don't Know About Making Decisions." *Harvard Business Review,* September 2001.

George, Alexander L. "The Causal Nexus between Cognitive Beliefs and Decision-Making Behavior: The 'Operational Code' Belief System." In *Psychological Models in International Politics,* edited by Lawrence S. Falkowski, 95-124. Boulder, CO: Westview Press, 1979.

———. "The 'Operational Code': A Neglected Approach to the Study of Political Leaders and Decision-Making." *International Studies Quarterly* 13, no. 2 (June 1969): 190-222.

———. *Presidential Decisionmaking in Foreign Policy: The Effective Use of Information and Advice.* Westview Special Studies in International Relations. Boulder, CO: Westview Press, 1980.

George, Alexander L., and Juliette L. George. *Woodrow Wilson and Colonel House: A Personality Study.* Mineola, NY: Dover Publications, 1964.

Gienapp, William E. *Abraham Lincoln and Civil War America: A Biography.* New York: Oxford University Press, 2002.

Gilbert, Martin. *Churchill: A Life.* 1st Owl Book ed. New York: H. Holt, 1992.

———. *Winston Churchill: The Wilderness Years.* Boston: Houghton Mifflin, 1982.

Gilbert, Martin, and Richard Gott. *The Appeasers.* Boston: Houghton Mifflin, 1963.

Glad, Betty. "Why Tyrants Go Too Far: Malignant Narcissism and Absolute Power." *Political Psychology* 23, no. 1 (March 2002): 1-37.

Glenn, Garrard. Review of *The Cravath Firm and Its Predecessors, 1819-1947,* vol. 1, *The Predecessor Firms, 1819-1906,* by Robert T. Swaine. *Virginia Law Review* 33, no. 4 (1947): 540-546.

Goodwin, Doris Kearns. *Team of Rivals: The Political Genius of Abraham Lincoln.* 1st ed. New York: Simon & Schuster, 2005.

Gopal, Sarvepalli. "Churchill and India." In *Churchill,* edited by Robert Blake and William Roger Louis, 457-471. New York: W.W. Norton, 1993.

Gopnik, Adam. *Angels and Ages: A Short Book About Darwin, Lincoln, and Modern Life.* New York: Alfred A. Knopf, 2009.

Gould, Lewis L. *Four Hats in the Ring: The 1912 Election and the Birth of Modern American Politics.* American Presidential Elections. Lawrence: University Press of Kansas, 2008.

Greenstein, Fred I. "The Impact of Personality on the End of the Cold War: A Counterfactual Analysis." *Political Psychology* 19, no. 1 (1998): 1-16.

Grigg, John. "Churchill and Lloyd George." In *Churchill,* edited by Robert Blake and William Roger Louis, 97-112. New York: W.W. Norton, 1993.

Gross, Daniel. "The $7 Billion Ego." *Slate.* July 7, 2004. http://www.slate.com/id/2103543/. Groysberg, Boris, Andrew N. McLean, and Nitin Nohria. "Are Leaders

Portable?" *Harvard Business Review*, May 2006, 92-100.

Groysberg, Boris, Ashish Nanda, and Nitin Nohria. "The Risky Business of Hiring Stars." *Harvard Business Review*, May 2004, 92-100.

Guelzo, Allen C. *Lincoln and Douglas: The Debates That Defi ned America.* New York: Simon & Schuster, 2008.

Gupta, Anil K., and V. Govindarajan. "Business Unit Strategy, Managerial Characteristics, and Business Unit Effectiveness at Strategy Implementation." *Academy of Management Journal* 27, no. 1 (March 1984): 25-41.

Haleblian, Jerayr, and Sydney Finkelstein. "Top Management Team Size, CEO Dominance, and Firm Performance: The Moderating Roles of Environmental Turbulence and Discretion." *Academy of Management Journal* 36, no. 4 (1993): 844-863.

Hambrick, Donald C. "Corporate Coherence and the Top Management Team." *Strategy and Leadership* 25, no. 5 (1997): 24-29.

Hambrick, Donald C., Theresa Seung Cho, and Ming-Jer Chen. "The Infl uence of Top Management Teams Heterogeneity on Firms' Competitive Moves." *Administrative Science Quarterly* 41, no. 4 (1996): 659-684.

Hannan, Michael T., and John Freeman. "The Population Ecology of Organizations." *American Journal of Sociology* 82, no. 5 (1977): 929-964.

Hannan, Michael T., and John H. Freeman. *Organizational Ecology.* Cambridge, MA: Harvard University Press, 1989.

Hare, Robert D. *Without Conscience: The Disturbing World of the Psychopaths Among Us.* New York: Guilford Press, 1999.

Harris, William C. *Lincoln's Rise to the Presidency.* Lawrence: University Press of Kansas, 2007.

Hartley, Robert F. *Management Mistakes and Successes.* New York: John Wiley & Sons, 2003.

Harvey, Robert. *The War of Wars: The Great European Confl ict 1793-1815.* Hardcover ed. New York: Carroll & Graf Publishers, 2006.

Herman, Arthur. *Gandhi & Churchill: The Epic Rivalry That Destroyed an Empire and Forged Our Age.* New York: Bantam Books, 2008.

Hermann, Charles F. "Changing Course: When Governments Choose to Redirect *Foreign Policy.*" *International Studies Quarterly* 34, no. 1 (March 1990): 3-21.

Hermann, Margaret G. "Explaining *Foreign Policy* Behavior Using the Personal Characteristics of Leaders." *International Studies Quarterly* 24, no. 1 (March 1980): 7-46.

――――. "Leaders and Foreign Policy Decision-Making." In *Diplomacy, Force, and Leadership: Essays in Honor of Alexander L. George*, edited by Dan Caldwell and Timothy J. McKeown, 77-94. Boulder, CO: Westview Press, 1993.

――――. "Verbal Behavior of Negotiators in Periods of High and Low Stress: The 1965-66 New York City Transit Negotiations." In *A Psychological Examination of Political Leaders*, edited by Margaret G. Hermann and Thomas W. Milburn. 354-382. New York: The Free Press, 1977.

――――. "When Leader Personality Will Affect *Foreign Policy*: Some Propositions." In *In Search of Global Patterns*, edited by James N. Rosenau, 326-333. New York: The Free Press, 1976.

――――. "Who Becomes a Political Leader? Some Societal and Regime Infl uences on Selection of a Head of State." In *Psychological Models in International Politics*, edited by Lawrence S. Falkowski, 15-48. Boulder, CO: Westview Press, 1979.

Hermann, Margaret G., and Joe D. Hagan. "International Decision Making: Leadership Matters." *Foreign Policy*, no. 110 (Spring 1998): 124-137.

Hermann, Margaret G., Thomas Preston, Baghat Korany, and Timothy M. Shaw. "Who Leads Matters: The Effects of Powerful Individuals." *International Studies Review* 3, no. 2, Leaders, Groups, and Coalitions: Understanding the People and Processes in *Foreign Policy*making (Summer 2001): 83-131.

Hirschman, Albert O. *Exit, Voice, and Loyalty: Responses to Decline in Firms, Organizations, and States*. Cambridge, MA: Harvard University Press, 1970.

Hodgson, Stuart. *The Man Who Made the Peace: Neville Chamberlain*. New York: E. P. Dutton, 1938.

Hogan, Robert. "Trouble at the Top: Causes and Consequences of Managerial Incompetence." *Consulting Psychology Journal: Practice and Research* 46, no. 1 (1994): 9-15.

Hogan, Robert, Gordon J. Curphy, and Joyce Hogan. "What We Know About Leadership: Effectiveness and Personality." *American Psychologist* 49, no. 6 (June 1994): 493-504.

Hogan, Robert, and Robert B. Kaiser. "What We Know About Leadership." *Review of General Psychology* 9, no. 2 (2005): 169-180.

Holsti, Ole R. "Foreign Policy Decision Makers Viewed Psychologically: 'Cognitive Process' Approaches." In *Search of Global Patterns*, edited by James N. Rosenau, 120-144. New York: The Free Press, 1976.

———. *Public Opinion and American Foreign Policy*. Ann Arbor, MI: University of Michigan Press, 2004.

———. "U.S. Leadership Attitudes toward the Soviet Union, 1976-1988." In *Diplomacy, Force, and Leadership: Essays in Honor of Alexander L. George*, edited by Dan Caldwell and Timothy J. McKeown, 9-40. Boulder, CO: Westview Press, 1993.

Hough, Richard Alexander. *First Sea Lord: An Authorized Biography of Admiral Lord Fisher*. London: Allen & Unwin, 1969.

Howard, Michael. "Churchill and the First World War." In *Churchill*, edited by Robert Blake and William Roger Louis, 129-148. New York: W.W. Norton, 1993.

———. "The End of Churchillmania? Reappraising the Legend." *Foreign Affairs* 72, no. 4 (1993): 144-150.

Huntington, Samuel P. *The Soldier and the State: The Theory and Politics of Civil-Military Relations*. New York: Random House, 1964.

Isenberg, Nancy. *Fallen Founder: The Life of Aaron Burr*. New York: Viking, 2007.

James, Robert Rhodes. *Churchill: A Study in Failure, 1900-1939*. New York: The World Publishing Company, 1970.

Janowitz, Morris. *The Professional Soldier, a Social and Political Portrait*. Glencoe, IL: Free Press, 1960.

Jenkins, Roy. *Churchill: A Biography*. New York: Plume, 2001.

Johannsen, Robert Walter. *Stephen A. Douglas*. New York: Oxford University Press, 1973.

Jones, Benjamin F., and Benjamin A. Olken. "Do Leaders Matter? National

Leadership and Growth since World War II." *The Quarterly Journal of Economics* 120, no. 3 (August 2005): 835-864.

──────. "Hit or Miss? The Effect of Assassinations on Institutions and War." *American Economic Journal: Macroeconomics* 1, no. 2 (July 2009): 55-87.

Joy, Mark S. *American Expansionism, 1783-1860: A Manifest Destiny?* Seminar Studies in History. New York: Longman, 2003.

Kaiser, Robert B., Robert Hogan, and S. Bartholomew Craig. "Leadership and the Fate of Organizations." *American Psychologist* 63, no. 2 (February-March 2008): 96-110.

Kavanagh, Dennis. *Crisis, Charisma, and British Political Leadership: Winston Churchill as the Outsider.* Sage Professional Papers in Contemporary Political Sociology. London: Sage Publications, 1974.

Keltner, Dacher. "The Power Paradox." *Greater Good,* Winter 2007-2008.

Kershaw, Ian. *Fateful Choices: Ten Decisions That Changed the World, 1940-1941.* New York: Penguin Press, 2007.

Ketcham, Ralph Louis. *James Madison: A Biography.* New York: Macmillan, 1971.

Kets de Vries, Manfred F. R., and Danny Miller. "Neurotic Style and Organizational Pathology." *Strategic Management Journal* 5, no. 1 (January-March 1984): 35-55.

Keynes, John Maynard. *The Economic Consequences of Mr. Churchill.* London: L. and V. Woolf, 1925.

──────. *Essays in Persuasion.* New York: Palgrave MacMillan, 2010.

Khurana, Rakesh. *Searching for a Corporate Savior: The Irrational Quest for Charismatic CEOs.* Princeton, NJ: Princeton University Press, 2002.

Kissinger, Henry. *Diplomacy.* New York: Simon & Schuster, 1994.

Kitchen, Martin. "Winston Churchill and the Soviet Union During the Second World War." *The Historical Journal* 30, no. 2 (1987): 415-436.

Knock, Thomas J. *To End All Wars: Woodrow Wilson and the Quest for a New World Order.* New York: Oxford University Press, 1992.

Kolata, Gina. "Grant System Leads Cancer Researchers to Play It Safe." *The New York Times,* June 28, 2009.

Kopecki, Dawn, and Max Abelson. "Dimon Fortress Breached as Push from Hedging to Betting Blows Up." www.bloomberg.com, May 14, 2012, http://www.bloomberg.com/news/2012-05-14/dimon-fortress-breached-as-push-from-hedging-to-bettingblows-up.html.

Kopecki, Dawn, Michael J. Moore, and Christine Harper. "JPMorgan Loses $2 Billion on Unit's 'Egregious Mistakes.'" www.bloomberg.com, May 11, 2012, http://www.bloomberg.com/news/2012-05-11/jpmorgan-loses-2-billion-as-mistakes-trouncehedges. html.

Kowert, Paul A., and Margaret G. Hermann. "Who Takes Risks? Daring and Caution in *Foreign Policy* Making." *The Journal of Conflict Resolution* 41, no. 3 (October 1997): 611-637.

Kuhn, Thomas S. *The Structure of Scientific Revolutions.* Chicago: University of Chicago Press, 1996.

Lambert, Nicholas A. "Admiral Sir John Fisher and the Concept of Flotilla Defense, 1904-1909." *Journal of Military History* 59, no. 4 (1995): 639-660.

──────. "'Our Bloody Ships' or 'Our Bloody System'? Jutland and the Loss of the Battle Cruisers, 1916." *Journal of Military History* 62, no. 1 (1998): 29-55.

———. *Sir John Fisher's Naval Revolution*. Edited by William N. Still Jr. Studies in Maritime History. Columbia: University of South Carolina Press, 1999.

Lammers, Joris, and Diederik A. Stapel. "Power Increases Dehumanization." *Group Processes & Intergroup Relations* 14, no. 1 (2011): 113-126.

Langley, Monica. *Tearing Down the Walls: How Sandy Weill Fought His Way to the Top of the Financial World—and Then Nearly Lost It All*. New York: Simon & Schuster, 2003.

Larson, Edward J. *A Magnifi cent Catastrophe: The Tumultuous Election of 1800, America's First Presidential Campaign*. New York: Free Press, 2007.

Leckie, Robert. *None Died in Vain: The Saga of the American Civil War*. New York: HarperCollins, 1990.

Lerner, Josh, and Julie Wulf. "Innovation and Incentives: Evidence from Corporate R&D." *Review of Economics & Statistics* 89 (2007): 634-644.

Lewis, James E. *The Louisiana Purchase: Jefferson's Noble Bargain?* Monticello Monograph Series. Charlottesville, VA: Thomas Jefferson Foundation, 2003.

Lewis, James E., Jr. "'What Is to Become of Our Government?' The Revolutionary Potential of the Election of 1800." In *The Revolution of 1800: Democracy, Race, and the New Republic*, edited by James Horn, Jan Ellen Lewis, and Peter S. Onuf, 3-29. Charlottesville, VA: University of Virginia Press, 2002.

Lieberson, Stanley, and James F. O'Connor. "Leadership and Organizational Performance: A Study of Large Corporations." *American Sociological Review* 37, no. 2 (1972): 117-130.

Link, Arthur Stanley. *The Higher Realism of Woodrow Wilson, and Other Essays*. Nashville, TN: Vanderbilt University Press, 1971.

Lodge, Henry Cabot. *The Senate and the League of Nations*. New York: C. Scribner's Sons, 1925.

Louis, William Roger. *In the Name of God, Go! Leo Amery and the British Empire in the Age of Churchill*. New York: W. W. Norton, 1992.

Lowe, Janet. *Welch: An American Icon*. New York: Wiley, 2001.

Ludwig, Arnold M. *King of the Mountain*. Lexington: The University Press of Kentucky, 2002.

Lukacs, John. *Blood, Toil, Tears and Sweat: The Dire Warning*. New York: Basic Books, 2008.

———. *The Duel: Hitler vs. Churchill: 10 May-31 July 1940*. London: Bodley Head, 1990.

———. *Five Days in London: May 1940*. New Haven, CT: Yale Nota Bene, 2001.

Macaskill, Jon. "Inside JPMorgan's $2 Billion Loss-Making CIO Division." www.euromoney.com, May 26, 2012, http://www.euromoney.com/Article/3024619/Inside-JPMorgans-2-billion-loss-making-CIO-division.html?LS=EMS652612&single=true.

Maccoby, Michael. *The Productive Narcissist: The Promise and Peril of Visionary Leadership*. New York: Broadway Books, 2003.

Mackay, Ruddock F. *Fisher of Kilverstone*. Oxford, UK: Clarendon Press, 1973.

Malmendier, Ulrike, and Geoffrey Tate. "CEO Overconfi dence and Corporate Investment." *The Journal of Finance* 60, no. 6 (December 2005): 2661-2700.

Manchester, William. *The Last Lion: Winston Spencer Churchill*. 2 vols. Vol. 1. Boston: Little, Brown, 1983.

March, James G., and Herbert A. Simon. *Organizations*. New York: John Wiley and Sons, 1959.

Margolis, Joshua D. "Psychological Pragmatism and the Imperative of Aims: A New Approach for Business Ethics." *Business Ethics Quarterly* 8, no. 3 (1998): 409-430.

Markovits, Andrei S., and Simon Reich. *The German Predicament: Memory and Power in the New Europe*. Ithaca, NY: Cornell University Press, 1997.

Markowski, Carol A., and Edward P. Markowski. "Conditions for the Effectiveness of a Preliminary Test of Variance." *American Statistician* 44, no. 4 (1990): 322-326.

Martin, Joanne. *Cultures in Organizations: Three Perspectives*. New York: Oxford University Press, 1992.

Martin, Roger. "Barack Obama's Integrative Brain." HBR Blog Network. January 29, 2010. http://blogs.hbr.org/martin/2010/01/barack-obamas-integrative-brai.html.

Martin, Roger L. *The Opposable Mind: How Successful Leaders Win Through Integrative Thinking*. Boston: Harvard Business School Press, 2007.

Marx, Karl. "The Eighteenth Brumaire of Louis Bonaparte." In *The Marx-Engels Reader*, edited by Robert C. Tucker, 594-617. New York: W.W. Norton, 1978.

Massie, Robert K. *Castles of Steel: Britain, Germany, and the Winning of the Great War at Sea*. New York: Random House, 2003.

Mauzy, Diane K. "Leadership Succession in Singapore: The Best Laid Plans." *Asian Survey* 33, no. 12 (1993): 1163-1174.

Maynard, W. Barksdale. *Woodrow Wilson: Princeton to the Presidency*. New Haven, CT: Yale University Press, 2008.

Mayo, Anthony J., and Nitin Nohria. *In Their Time: The Greatest Business Leaders of the Twentieth Century*. Boston: Harvard Business School Press, 2005.

———. "Zeitgeist Leadership." *Harvard Business Review*, October 2005, 45-60.

McClintock, Russell. *Lincoln and the Decision for War: The Northern Response to Secession*. Civil War America. Chapel Hill, NC: University of North Carolina Press, 2008.

McCullough, David G. *John Adams*. New York: Simon & Schuster, 2001.

McDermott, Rose. *Presidential Leadership, Illness, and Decision Making*. Paperback ed. New York: Cambridge University Press, 2008.

McDonald, Duff. *Last Man Standing: The Ascent of Jamie Dimon and JPMorgan Chase*. New York: Simon & Schuster, 2009.

McDonough, Frank. *Neville Chamberlain, Appeasement and the British Road to War*. New Frontiers in History. Manchester, UK: Manchester University Press, 1998.

McPherson, James M. *Battle Cry of Freedom: The Civil War Era*. New York: Ballantine Books, 1988.

Meade, George Gordon. "Meade's Congratulatory Order for the Battle of Gettysburg: General Orders, No. 68." http://www.civilwarhome.com/meadeorder68.htm.

Michel, John G., and Donald C. Hambrick. "Diversification Posture and Top Management Team Characteristics." *Academy of Management Journal* 35, no. 1 (1992): 9-37.

Miller, Danny, Manfred F. R. Kets de Vries, and Jean-Marie Toulouse. "Top

Executive Locus of Control and Its Relationship to Strategy-Making, Structure, and Environment." *Academy of Management Journal* 25, no. 2 (1982): 237-253.

Miller, William Lee. *President Lincoln: The Duty of a Statesman*. New York: Alfred A. Knopf, 2008.

Milton, George Fort. *The Eve of Confl ict: Stephen A. Douglas and the Needless War.* Boston: Houghton Mifflin, 1934.

Minette, Daniel C. "Neutral and Charged Particle Production in 300 Gev/C Proton-Neon Interactions." PhD diss., University of Wisconsin-Madison, 1982.

Mishra, Pankaj. "Exit Wounds: The Legacy of Indian Partition." *The New Yorker,* August 13, 2007.

Monaghan, Jay. *Diplomat in Carpet Slippers*. New York: Charter Books, 1962.

Moran, Charles McMoran Wilson, Baron. *Churchill: The Struggle for Survival, 1945-1960, Taken from the Diaries of Lord Moran*. Boston: Houghton Miffl in, 1966.

Morris, Edmund. *Theodore Rex*. New York: Random House, 2001.

Mukunda, Gautam. "We Cannot Go On: Disruptive Innovation and the First World War Royal Navy." *Security Studies* 19, no. 1 (2010): 124-159.

Murray, Robert K., and Tim H. Blessing. *Greatness in the White House: Rating the Presidents*. University Park: Pennsylvania State University Press, 1993.

National Park Service. "Abraham Lincoln Birthplace National Historic Site." http://www.nps.gov/history/nr/travel/presidents/lincoln_birthplace.html.

Norris, Floyd. "The Incomplete Résumé: A Special Report. An Executive's Missing Years: Papering over Past Problems." *The New York Times*, July 16, 2001.

———. "Will Justice Department Go After Dunlap?" *The New York Times*, 2002.

Oates, Stephen B. *To Purge This Land with Blood: A Biography of John Brown.* Amherst: The University of Massachusetts Press, 1984.

Olson, Lynne. *Troublesome Young Men: The Rebels Who Brought Churchill to Power in 1940 and Helped to Save Britain*. London: Bloomsbury, 2007.

Olson, Mancur. *The Rise and Decline of Nations: Economic Growth, Stagfl ation, and Social Rigidities*. New Haven, CT: Yale University Press, 1982.

Paige, Glenn D. *The Scientifi c Study of Political Leadership*. New York: The Free Press, 1977.

Papayoanou, Paul A. *Power Ties: Economic Interdependence, Balancing, and War*. Ann Arbor, MI: University of Michigan Press, 1999.

Parker, Robert Alexander Clarke. *Chamberlain and Appeasement: British Policy and the Coming of The Second World War*. The Making of the Twentieth Century. New York: St. Martin's Press, 1993.

Paulhus, Delroy L. "Interpersonal and Intrapsychic Adaptiveness of Trait Self-Enhancement: A Mixed Blessing?" *Journal of Personality and Social Psychology* 74, no. 5 (1998): 1197-1208.

Perrett, Geoffrey. *Lincoln's War: The Untold Story of America's Greatest President as Commander in Chief.* New York: Random House, 2004.

Peterson, Merrill D. *Lincoln in American Memory*. New York: Oxford University Press, 1994.

Pfeffer, Jeffrey. "The Ambiguity of Leadership." *Academy of Management Review* 2, no. 1(1977): 104-112.

Phillips, John A., and Charles Wetherell. "The Great Reform Act of 1832 and the Political Modernization of England." *American Historical Review* 100, no. 2

(1995): 411-436.

Plato. *The Republic*. Translated by Allan Bloom. Paperback ed. New York: Basic Books, 1991.

Plotz, David. "Al Dunlap: The Chainsaw Capitalist." *Slate*. August 31, 1997. http://www.slate.com/id/1830/.

Popper, Karl R. *The Open Society and Its Enemies*. Fifth ed. 2 vols. Vol. 1: *The Spell of Plato*. Princeton, NJ: Princeton University Press, 1966.

Posen, Barry R. *The Sources of Military Doctrine: Britain, France, and Germany Between the Wars*. Ithaca, NY: Cornell University Press, 1984.

Post, Jerrold M. "Current Concepts of the Narcissistic Personality: Implications for *Political Psychology*." *Political Psychology* 14, no. 1 (March 1993): 99-121.

————. *Leaders and Their Followers in a Dangerous World*. Ithaca, NY: Cornell University Press, 2004.

————— ,ed. *The Psychological Assessment of Political Leaders*. Ann Arbor, MI: University of Michigan Press, 2003.

Post, Jerrold M., and Robert S. Robins. "The Captive King and His Captive Court: The Psychopolitical Dynamics of the Disabled Leader and His Inner Circle." Political Psychology 11, no. 2 (June 1990): 331-351.

————. *When Illness Strikes the Leader: The Dilemma of the Captive King*. New Haven, CN: Yale University Press, 1993.

Potter, David M. "Horace Greeley and Peaceable Secession." *Journal of Southern History* 7, no. 2 (1941): 145-159.

————. "Jefferson Davis and the Political Factors in Confederate Defeat." In *Why the North Won the Civil War*, edited by David Herbert Donald, 93-114. New York: Touchstone, 1996.

Puri, Manju, and David T. Robinson. "Optimism, Entrepreneurship, and Economic Choice." Working paper, Duke University, Durham, NC, 2005.

Randall, Willard Sterne. *Thomas Jefferson: A Life*. New York: H. Holt, 1993.

Rasler, Karen A., William R. Thompson, and Kathleen M. Chester. "*Foreign Policy Makers, Personality Attributes, and Interviews: A Note on Reliability Problems*." *International Studies Quarterly* 24, no. 1 (March 1980): 47-66.

"Remembering Judah Folkman: A Bright Light." Children's Hospital.http://www.childrenshospital.org/cfapps/research/data_admin/Site2580/mainpageS2580P0.html.

Reynolds, David. "Churchill in 1940: The Worst and Finest Hour." In *Churchill*, edited by Robert Blake and William Roger Louis, 241-255. New York: W.W. Norton, 1993.

Ridings, William J., and Stuart B. McIver. *Rating the Presidents: A Ranking of U.S. Leaders, from the Great and Honorable to the Dishonest and Incompetent*. New York: Carol Publishing Group, 1997.

Rimkus, Ron. "JPMorgan Chase and the London Whale: Understanding the Hedge That Wasn't." www.seekingalpha.com, 2012.

Roberts, Andrew. *The Holy Fox: A Biography of Lord Halifax*. London: Weidenfeld and Nicolson, 1991.

Roberts, Geoffrey. *Stalin's Wars: From World War to Cold War, 1939-1953*. New Haven, CT: Yale University Press, 2006.

Robins, Robert S. "Introduction to the Topic of Psychopathology and Political

Leadership."In *Psychopathology and Political Leadership*, edited by Robert S. Robins. Tulane Studies in Political Science, 1-34. New Orleans, LA: Tulane University, 1977.

————. "Recruitment of Pathological Deviants into Political Leadership." In *Psychopathology and Political Leadership*, edited by Robert S. Robins. Tulane Studies in Political Science, 53-78. New Orleans, LA: Tulane University, 1977.

Roche, Julia La, and Lisa Du. "Remarkable New Details of JPMorgan's London Whale Disaster." www.businessinsider, 2012.

Rosenau, James N. *Public Opinion and Foreign Policy: An Operational Formulation.* New York: Random House, 1961.

Rosenau, James N., ed. *Domestic Sources of Foreign Policy.* New York: Free Press, 1967.

Rosenzweig, Phil. *The Halo Effect... And the Eight Other Business Delusions That Deceive Managers.* New York: Free Press, 2007.

Rossiter, Clinton, John Jay, James Madison, and Alexander Hamilton. *The Federalist Papers.* New York: New American Library, 1961.

Salmon, Felix. "Jamie Dimon's Failure." blogs.reuters.com/felix-salmon, 2012.

Saunders, Elizabeth Nathan. "Wars of Choice: Leadership, Threat Perception, and Military Interventions." Dissertation, Yale University, 2007.

Schlesinger, Arthur M., Jr. "Rating the Presidents: Washington to Clinton." *Political Science Quarterly* 112, no. 2 (1997): 179-190.

Schön, Donald A. *The Reflective Practitioner: How Professionals Think in Action.* New York: Basic Books, 1983.

Scott, Sir Walter, and Margaret Loring Andrews Allen. *The Lay of the Last Minstrel: A Poem, in Six Cantos.* Boston: Ginn and Co., 1897.

Scuffham, Matt, Edward Taylor, and Matthew Davies. "JPMorgan Investment Unit Played by Different High-Risk Rules." www.ifre.com, May 19, 2012, http://www.ifre.com/jp-morgan-investment-unit-played-by-different-high-risk-rules/21018207.article.

Seligman, Martin E. P. *Authentic Happiness: Using the New Positive Psychology to Realize Your Potential for Lasting Fulfillment.* Hardcover ed. New York: The Free Press, 2002.

Selim, Jocelyn. "Folkman's Foresight." American Association for Cancer Research. http://www.crmagazine.org/archive/fall2008/Pages/FolkmansForesight.aspx.

Sen, Amartya. *Poverty and Famines: An Essay on Entitlement and Deprivation.* New York: Oxford University Press, 1982.

Shenk, Joshua Wolf. *Lincoln's Melancholy: How Depression Challenged a President and Fueled His Greatness.* Boston: Houghton Miffl in, 2005.

Shirer, William L. *The Rise and Fall of the Third Reich: A History of Nazi Germany.* New York: MJF Books, 1990.

Simmons, Beth A. *Who Adjusts?: Domestic Sources of Foreign Economic Policy During the Interwar Years.* Princeton Studies in International History and Politics. Princeton, NJ: Princeton University Press, 1994.

Simon, Herbert A. *Administrative Behavior.* New York: The Free Press, 1968.

Simonton, Dean Keith. *Greatness: Who Makes History and Why.* New York: The Guilford Press, 1994.

————. "Mad King George: The Impact of Personal and Political Stress on Mental and Physical Health." *Journal of Personality* 66, no. 3 (June 1998): 443-466.

―――――. "Presidential Style: Personality, Biography, and Performance." *Journal of Personality and Social Psychology* 55, no. 6 (1988): 928-936.

―――――. "Putting the Best Leaders in the White House: Personality, Policy, and Performance." *Political Psychology* 14, no. 3 (1993): 537-548.

―――――. *Why Presidents Succeed: A Political Psychology of Leadership.* New Haven, CT: Yale University Press, 1987.

Simonton, Dean Keith. "Presidential IQ, Openness, Intellectual Brilliance, and Leadership: Estimates and Correlations for 42 U.S. Chief Executives." *Political Psychology* 27, no. 4 (2006): 511-526.

Skidmore, Max J. *Presidential Performance: A Comprehensive Review.* Jefferson, NC: McFarland, 2004.

Skowronek, Stephen. *The Politics Presidents Make: Leadership from John Adams to Bill Clinton.* Cambridge, MA: The Belknap Press of Harvard University Press, 1997.

Slantchev, Branislav L. "How Initiators End Their Wars: The Duration of Warfare and the Terms of Peace." *American Journal of Political Science* 48, no. 4 (2004): 813-829.

Smart, Nick. *Neville Chamberlain.* London: Routledge, 2010.

Smith, Jonathan E., Kenneth P. Carson, and Ralph A. Alexander. "Leadership: It Can Make a Difference." *Academy of Management Journal* 27, no. 4 (1984): 765-776.

Snedecor, George Waddel, and William G. Cochran. *Statistical Methods.* 8th ed. Ames: Iowa State University Press, 1989.

Sorkin, Andrew Ross. *Too Big to Fail.* 1st paperback ed. New York: Penguin Books, 2010.

Steinbruner, John D. *The Cybernetic Theory of Decision.* Princeton, NJ: Princeton University Press, 1974.

Stewart, Graham. *Burying Caesar: The Churchill-Chamberlain Rivalry.* New York: The Overlook Press, 2001.

Stewart, Louis H. "Birth Order and Political Leadership." In *A Psychological Examination of Political Leaders*, edited by Margaret G. Hermann and Thomas W. Milburn, 205-236. New York: The Free Press, 1977.

Stone, Amey, and Michael Brewster. *King of Capital: Sandy Weill and the Making of Citigroup.* New York: Wiley, 2002.

Sumida, Jon Tetsuro. *In Defense of Naval Supremacy.* London: Routledge, 1993.

―――――. "Sir John Fisher and the Dreadnought: The Sources of Naval Mythology." *Journal of Military History* 59, no. 4 (1995): 619-637.

Taleb, Nassim Nicholas. *The Black Swan: The Impact of the Highly Improbable.* New York: Random House, 2007.

―――――. *Fooled by Randomness.* Trade paperback ed. New York: Random House, 2005.

Taranto, James, and Leonard Leo. *Presidential Leadership: Rating the Best and the Worst in the White House.* New York: Wall Street Journal Books, 2004.

Taylor, A. J. P. "The Statesman." In *Churchill Revised: A Critical Assessment*, 15-62. New York: The Dial Press, 1969.

Thomas, Alan Berkeley. "Does Leadership Make a Difference to Organizational

Performance?" *Administrative Science Quarterly* 33, no. 3 (September 1988): 388-400.

Thompson, James D. *Organizations in Action*. New York: McGraw-Hill, 1967.

Thorndike, E. L. "A Constant Error on Psychological Rating." *Journal of Applied Psychology* 4 (1920): 25-29.

Thucydides. *History of the Peloponnesian War*. Translated by Rex Warner. Paperback ed. Penguin Classics. Hammondsworth, UK: Penguin, 1972.

Till, Geoffrey. Review of *Sir John Fisher's Naval Revolution*, by Nicholas Lambert. *Journal of Military History* 64, no. 1 (2000): 216-217.

"Timeline: Highlights of Angiogenesis Research in the Folkman Lab." Children's Hospital. http://www.childrenshospital.org/cfapps/research/data_admin/Site2580/mainpageS2580P5. html.

Tully, Shawn. "In This Corner! The Contender." *Fortune*. April 3, 2006. http://money.cnn.com/magazines/fortune/fortune_archive/2006/04/03/8373068/.

Van Deusen, Glyndon G. *William Henry Seward*. New York: Oxford University Press, 1967.

Van Vugt, Mark, Robert Hogan, and Robert B. Kaiser. "Leadership, Followership, and Evolution." *American Psychologist* 63, no. 3 (April 2008): 182-196.

Walker, Rob. "Overvalued: Why Jack Welch Isn't God." http://www.robwalker.net/contents/htm_welch.html.

Walker, Stephen G., Mark Schafer, and Michael D. Young. "Profi ling the Operational Codes of Political Leaders." In *The Psychological Assessment of Political Leaders*, edited by Jerrold M. Post, 215-245. Ann Arbor, MI: University of Michigan Press, 2003.

Wallace, Michael D., and Peter Suedfeld. "Leadership Performance in Crisis: The Longevity-Complexity Link." *International Studies Quarterly* 32, no. 4 (December 1988): 439-451.

Waltz, Kenneth N. *Foreign Policy and Democratic Politics: The American and British Experience*. Boston: Little, Brown, 1967.

———. *Theory of International Politics*. 1st ed. Boston: McGraw Hill, 1979.

Wasserman, Noam, Bharat Anand, and Nitin Nohria. "When Does Leadership Matter? A Contingent Opportunities View of CEO Leadership." In *Handbook of Leadership Theory and Practice*, edited by Nitin Nohria and Rakesh Khurana, 27-64. Boston: Harvard Business Press, 2010.

Waugh, John C. *One Man Great Enough: Abraham Lincoln's Road to Civil War*. Orlando, FL: Harcourt, 2007.

———. *Reelecting Lincoln: The Battle for the 1864 Presidency*. New York: Crown Publishers, 1997.

Weber, Max. *Politics as a Vocation*. Translated by H. H. Gerth and C. Wright Mills. Edited by Franklin Sherman. Social Ethics Series. Philadelphia: Fortress Press, 1965.

Weick, Karl E. "The Collapse of Sensemaking in Organizations: The Mann Gulch Disaster." *Administrative Science Quarterly* 38, no. 4 (December 1993): 628-652.

Weiner, Nan. "Situational and Leadership Infl uence on Organizational Performance." *Administrative Science Quarterly* 33 (1978): 388-400.

Weiner, Nan, and Thomas A. Mahoney. "A Model of Corporate Performance as a Function of Environmental, Organizational, and Leadership Infl uences."

Academy of Management Journal 24, no. 3 (1981): 453-470.

Weinstein, Edwin A. *Woodrow Wilson: A Medical and Psychological Biography.* Princeton, NJ: Princeton University Press, 1981.

Welch, Jack, and John A. Byrne. *Jack: Straight from the Gut.* New York: Warner Business Books, 2001.

White, Ronald C, Jr. *The Eloquent President: A Portrait of Lincoln Through His Words.* New York: Random House, 2005.

———. *Lincoln's Greatest Speech: The Second Inaugural.* New York: Simon & Schuster, 2006.

Wikipedia. "Historical Rankings of United States Presidents." Wikipedia. http://en.wikipedia.org/w/index.php?title=Historical_rankings_of_United_States_Presidents&oldid=291501476.

Williams, A. Susan. *The People's King: The True Story of the Abdication.* London: Allen Lane, 2003.

Williams, T. Harry. *Lincoln and His Generals.* Paperback ed. New York: Vintage Books, 1952.

Willner, Ann Ruth. *The Spellbinders: Charismatic Political Leadership.* New Haven, CT: Yale University Press, 1984.

Wills, Garry. *James Madison.* The American Presidents Series. New York: Times Books, 2002.

———. *Lincoln at Gettysburg.* New York: Simon & Schuster, 1992.

Wilson, Douglas L. *Lincoln's Sword: The Presidency and the Power of Words.* New York: Alfred P. Knopf, 2006.

Young, Michael D., and Mark Schafer. "Is There Method in Our Madness? Ways of Assessing Cognition in International Relations." *Mershon International Studies Review* 42, no. 1 (May 1998): 63-96.

Ziegler, Philip. "Churchill and the Monarchy." In *Churchill,* edited by Robert Blake and William Roger Louis, 187-198. New York: W.W. Norton, 1993.

옮긴이의 말

  법과대학원 시절, '일반국법학연구' 강좌에서 진정한 의미에서의 자유 민주주의를 정치철학적으로 고민한 크로퍼드 브러 맥퍼슨Crawford Brough Macpherson의 텍스트를 연구하며, 한국 사회에 자유 민주주의를 가장 바람 직한 방향으로 펼칠 방법론을 고민했던 적이 있다. 그러나 이와 관련된 이 론적 개념과 실천 방안을 연구하면서도 '지도자'의 역할을 차치한 논의는 어느 정도 한계를 지닐 수밖에 없다는 생각을 어렴풋이 했던 것 같다. 이러 한 아쉬움에도 지도자의 선택, 지도자가 이 사회에 미치는 역할에 대해 다 른 분야의 이론과 융합이 가능한 적절한 패러다임을 제시해 주는 이론은 좀처럼 찾아보기 어려웠다. 처음 이 책을 접하고 번역을 진행하면서, 드디어 그러한 이론을 접했다는 생각에 그동안 묵은 체증이 해소되는 느낌이었다.

  이 책은 '진정으로 중요한 지도자는 언제, 어떻게 우리 앞에 등장하며 이 러한 지도자를 선택할 수 있는 방법은 무엇인가'라는 중차대한 질문의 해답 을 상당히 매력적인 이론으로 제시한다. 가우탐 무쿤다 교수는 지도자 여 과 이론LFT을 바탕으로 여과형 지도자, 비여과형 지도자, 최극단 지도자, 최 빈값 지도자라는 새로운 개념을 제시해 지도자의 역할을 분석한다. 사회 체계 내에서 수많은 검증을 거친 여과형 지도자와 그렇지 못한 비여과형 지도자, 어디로 튈지 모르는 예측 불가능한 최극단 지도자와 일반적인 예상에서 벗어나지 않는 최빈값 지도자를 과학적이고도 통계적인 시각으로 분류해 각 유형의 지도자가 어떠한 상황에서 어떠한 성과를 낼 수 있는지, 개별적인 상황에서 어떠한 유형의 지도자가 필요한지, 이러한 지도자를 실패 없이 선택할 수 있는 방법은 무엇인지, 진정으로 위대한 지도자가 갖추어야 할 자질은 무엇인지 등을 탁월한 논리로 서술한다.

책을 관통하는 이론들을 충분히 음미한 후, 국내의 정치 현실과 금전 및 이해관계에 휘둘리는 일부 학계의 현실을 곱씹으면서 세 가지 영감이 떠올랐다. 첫째, 비여과형 지도자가 등장하는 과정 또한 객관적 사실에 기초해야 한다. 대표적으로 나르시시스트가 객관적 사실에 근거하지 않은 거짓말과 자기 포장을 일삼아 비여과형 후보자로 등장하는 경우를 예로 들 수 있다. 앨버트 던랩의 사례가 유사한 영감을 제공하지만, 우리 사회가 거짓말과 자기 포장을 거르지 못해 자질 미달의 인물이 비여과형 후보자로 대중의 주목을 받는다면 사회가 상당한 위험에 빠질 수 있다. 예컨대 논문 조작으로 국가적 영웅이 된다거나, 예능 프로그램에 출연하여 사실에 어긋나는 자기 포장을 일삼아 국가적 지도자로 부상하는 등의 사건은 엄청난 사회적 비용을 소모하고 국가와 조직을 대단히 위험한 방향으로 끌고 갈 수 있으므로 LFT를 적용하려면 항상 객관적 사실에 초점을 맞추어야 한다.

둘째, 지도자가 조직의 번영과 구성원의 복리를 위하지 않고, 오직 개인의 탐욕을 위해 그러한 자리를 차지하려는 극단적인 예외를 고려해야 한다. 실제로 오랜 정치 역사를 지닌 국가에서는 이러한 유형의 후보자가 등장하기도 어렵고, 등장한다고 해도 여과 과정에서 탈락할 가능성이 높다. 그러나 근대 정치의 역사가 일천한 국가의 현실은 이와 반대일 수 있다. 예컨대 '민주주의'와 '진보'라는 수사로 실체를 포장한 좌익 혁명 세력, 권력의 탐욕 말고는 아무런 관심이 없는 비양심 세력들에게 LFT를 그대로 적용하려 한다면, 이리저리 이가 맞지 않을뿐더러 중대한 오판으로 귀결될 수 있다.

셋째, 위대한 지도자가 금전과 이해관계로 똘똘 뭉친 기성 체계의 극단적인 핍박에 시달리는 경우다. 자신의 밥그릇을 챙기기 위해 학문적 양심을 팔아 버린 조직화된 기성 체계는 조직의 '여과 과정'이라는 시스템에 대한 회의와 의문을 불러일으키는 측면이 있다. 실제로 이러한 기성 체계는 단지 외면과 무시를 넘어 한 개인을 완전히 파멸시키려는 극단적인 배척을 감행하고, 군중은 아무런 죄책감 없이 이에 편승해 엘리아스 카네티^{Elias Canetti}가 말한 이른바 '추적 군중^{bating crowd}'으로 돌변한다. 이 책에서는 이와 관련된 사례로 주다 포크먼을 언급하고 있으나, 반체제 에이즈 이론을 주장해 갖은 핍박에 시달리고 있는 종양 이수체론의 거장, 피터 듀스버그^{Peter Duesberg} 박사님을 외면과 무시를 넘어선 극단적 배척의 사례로 들었으면 더욱 드라마틱했을 것이라는 생각을 해 보았다. 개인적으로 2009년 미국 오클랜드에서 열린 제1차 세계 반체제 에이즈 회의에 참가해 피터 듀스버그 박사를 직접 뵙고 함께 사진까지 찍었던 영광스러운 경험을 생각하며, 이 책의 미주에 나온 지은이의 주다 포크먼에 대한 느낌과 생각이 역자가 피터 듀스버그 박사를 직접 만나고 받았던 느낌과 어쩌면 그렇게 똑같은지 눈물이 핑 돌 정도였다. 기성 체계의 엄청난 핍박과 음해 속에서도 학문적 양심을 버리지 않으며, 위대한 지도자에게 필요한 겸손과 용기라는 두 가지 자질을 명확히 갖춘 피터 듀스버그 박사가 진정 위대한 지도자로 역사의 한 페이지에 기억되기를 희망한다.

여러 분야를 다루고 있는 이 책의 매력답게, JP모건체이스의 제이미 다이먼의 사례는 특히 인상적이다. 항상 업무를 처리하는 과정에서 절감했던 바는 철저한 리스크 관리는 위기 상황에서 몇 배로 성장할 수 있는 기회를 안겨 준다는 것이다. 제이미 다이먼의 실례를 통해 어렴풋이 생각해 왔던 리스크 관리의 철학을 비여과형 지도자의 역할이라는 새로운 패러다임의 틀 안에 정리하는 계기를 마련하게 되어 저자에게 감사한 마음이다.

국내 지도자들에 대한 평가는 독자들이 시도할 만한 흥미로운 과제가 될 수 있다. 소련의 핵 보유와 중국의 공산화, 미국의 애치슨라인 발표라는 극도로 어려운 상황에서도 자유 민주주의의 기틀을 닦고, 1인당 국민 소득이 100달러에도 못 미치던 현실에서 40년 만에 세계 10위권의 경제 대국으로 부상한 대한민국의 역대 대통령들을 객관적 사실을 바탕으로 LFT에 따라 분석해 본다면 미국 대통령들보다 더욱 드라마틱한 결과가 나올 수도 있을 것이다.

이 책은 정치, 경영, 학계 등 모든 분야에서 차용할 수 있는 경영 지침서 겸 교양서다. 정치, 경제, 사회, 문화 각 분야를 아우르는 모든 학문과 실무를 집대성한 오케스트라와도 같은 작품으로, 대학의 MBA 과정이나 각종 기업의 경영자 지도 과정에서도 교재로 활용할 수 있는 탁월하고도 신선한 이론을 담고 있다. 아무쪼록 조직을 건설적인 방향으로 이끌 지도자를 선택하는 데 도움을 주고, 이 사회와 국가의 체계를 정립하는 데 이바지하는 책으로 남기를 희망한다. 아울러, 현시대를 이끄는 지도자들이 진정 겸손과 용기를 갖춘 역사에 길이 남을 지도자로 기억되기를 바라는 마음으로 쉽지 않았던 번역의 여정을 마무리하려 한다.

2014년 5월, 박지훈

찾아보기